"十三五"国家重点图书出版规划项目

新版《列国志》与《国际组织志》联合编辑委员会

主　　任　谢伏瞻
副 主 任　李培林　蔡　昉
秘 书 长　马　援　谢寿光
委　　员（按姓氏音序排列）
陈东晓　陈　甦　陈志敏　陈众议　冯仲平　郝　平　黄　平
贾烈英　姜　锋　李安山　李晨阳　李东燕　李国强　李剑鸣
李绍先　李向阳　李永全　刘北成　刘德斌　刘新成　罗　林
彭　龙　钱乘旦　秦亚青　饶戈平　孙壮志　汪朝光　王　镭
王灵桂　王延中　王　正　吴白乙　邢广程　杨伯江　杨　光
于洪君　袁东振　张倩红　张宇燕　张蕴岭　赵忠秀　郑秉文
郑春荣　周　弘　庄国土　卓新平　邹治波

列国志 新版

GUIDE TO THE WORLD NATIONS

贾瑞霞 编著

SWEDEN

瑞典

社会科学文献出版社
SOCIAL SCIENCES ACADEMIC PRESS (CHINA)

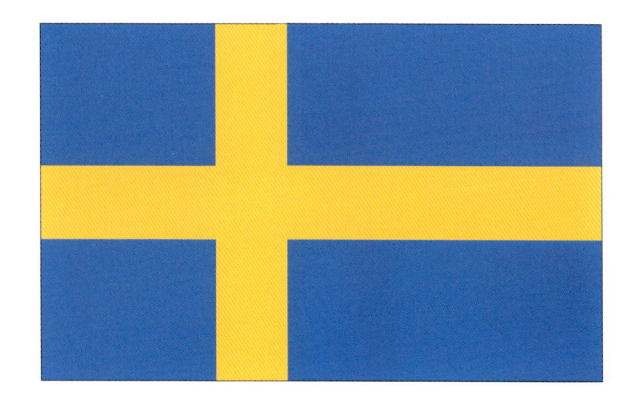

瑞典国旗

瑞典国徽（大国徽）

瑞典政府官方徽章（小国徽）

瑞典国家议会(贾瑞霞 摄)

斯德哥尔摩市政厅(贾瑞霞 摄)

斯德哥尔摩市政厅"蓝厅"——诺贝尔奖晚宴举办地
(贾瑞霞 摄)

皇后岛皇宫（贾瑞霞　摄）

斯德哥尔摩老城皇宫克里斯蒂娜女王像（贾瑞霞　摄）

国王花园（贾瑞霞　摄）

贵族院（贾瑞霞　摄）

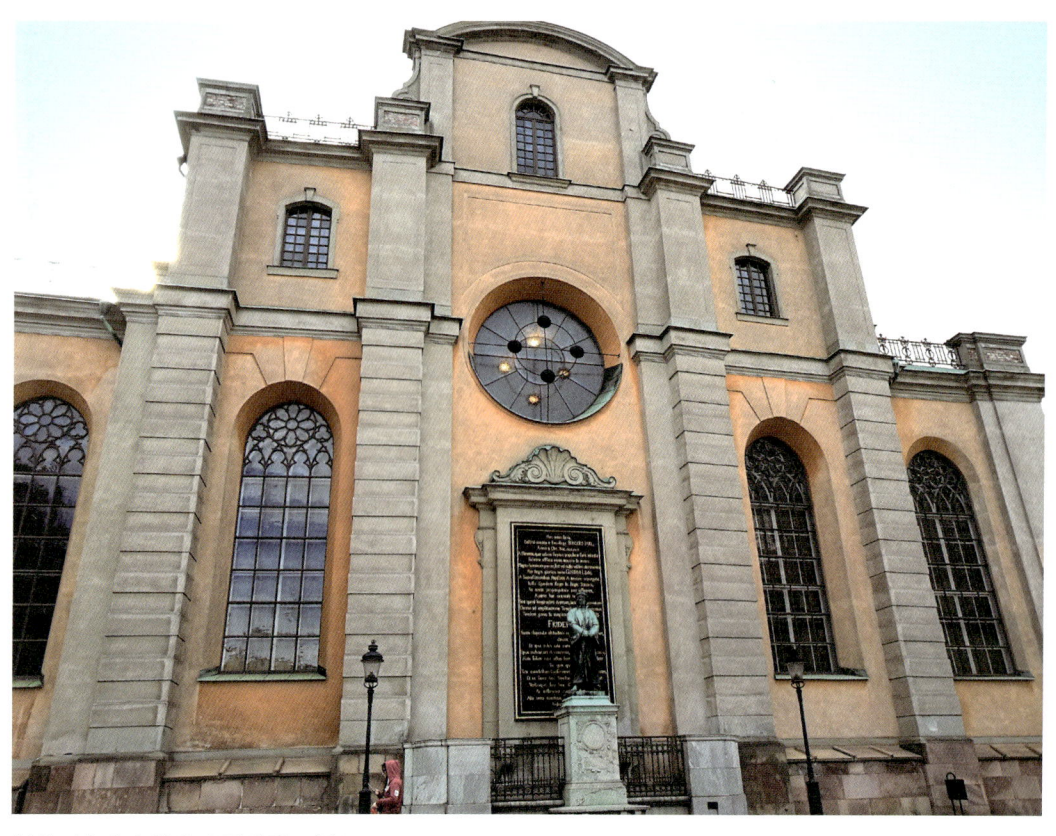

斯德哥尔摩大教堂（贾瑞霞 摄）

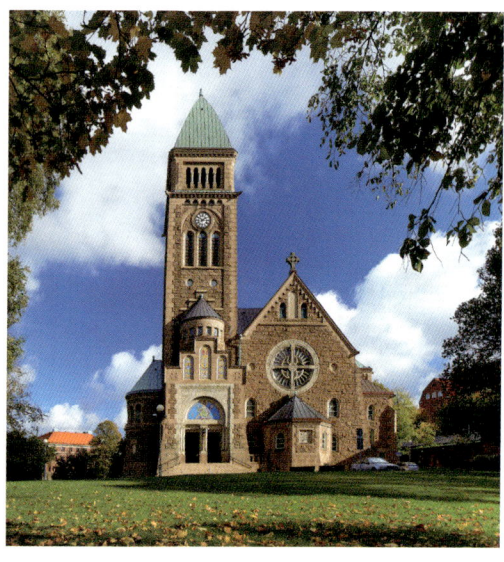

哥德堡瓦萨教堂

斯德哥尔摩骑士岛教堂（贾瑞霞 摄）

诺贝尔博物馆（贾瑞霞　摄）　　　　瓦萨沉船博物馆（贾瑞霞　摄）

摄影博物馆（贾瑞霞　摄）

隆德大学（贾瑞霞 摄）

中国剧院（贾瑞霞 摄）

位于西格纳图市的北欧最古老咖啡馆（贾瑞霞 摄）

斯德哥尔摩老城广场（贾瑞霞 摄）

韦斯特罗斯市 ABB 集团（贾瑞霞 摄）

斯德哥尔摩商业中心（贾瑞霞 摄）

斯德哥尔摩市中心波罗的海海景（贾瑞霞　摄）

吕里奥市景（贾瑞霞　摄）

出版说明

《列国志》编撰出版工作自1999年正式启动，截至目前，已出版144卷，涵盖世界五大洲163个国家和国际组织，成为中国出版史上第一套百科全书式的大型国际知识参考书。该套丛书自出版以来，受到社会各界的广泛好评，被誉为"21世纪的《海国图志》"，中国人了解外部世界的全景式"窗口"。

这项凝聚着近千学人、出版人心血与期盼的工程，前后历时十多年，作为此项工作的组织实施者，我们为这皇皇144卷《列国志》的出版深感欣慰。与此同时，我们也深刻认识到当今国际形势风云变幻，国家发展日新月异，人们了解世界各国最新动态的需要也更为迫切。鉴于此，为使《列国志》丛书能够不断补充最新资料，更好地服务于社会各界，我们决定启动新版《列国志》编撰出版工作。

与已出版的144卷《列国志》相比，新版《列国志》无论是形式还是内容都有新的调整。国际组织卷次将单独作为一个系列编撰出版，原来合并出版的国家将独立成书，而之前尚未出版的国家都将增补齐全。新版《列国志》的封面设计、版面设计更加新颖，力求带给读者更好的阅读享受。内容上的调整主要体现在数据的更新、最新情况的增补以及章节设置的变化等方面，目的在于进一步加强该套丛书将基础研究和应用对策研究相结合，将基础研究成果应用于实践的特色。例如，增加

瑞 典

了各国有关资源开发、环境治理的内容；特设"社会"一章，介绍各国的国民生活情况、社会管理经验以及存在的社会问题，等等；增设"大事纪年"，方便读者在短时间内熟悉各国的发展线索；增设"索引"，便于读者根据人名、地名、关键词查找所需相关信息。

顺应时代发展的要求，新版《列国志》将以纸质书为基础，全面整合国别国际问题研究资源，构建列国志数据库。这是《列国志》在新时期发展的一个重大突破，由此形成的国别国际问题研究与知识服务平台，必将更好地服务于中央和地方政府部门应对日益繁杂的国际事务的决策需要，促进国别国际问题研究领域的学术交流，拓宽中国民众的国际视野。

新版《列国志》的编撰出版工作得到了各方的支持：国家主管部门高度重视，将其列入"'十二五'国家重点图书出版规划项目"；中国社会科学院将其列为创新工程学术出版资助项目，王伟光院长亲自担任编辑委员会主任，指导相关工作的开展；国内各高校和研究机构鼎力相助，国别国际问题研究领域的知名学者相继加入编辑委员会，提供优质的学术咨询与指导。相信在各方的通力合作之下，新版《列国志》必将更上一层楼，以崭新的面貌呈现给读者，在中国改革开放的新征程中更好地发挥其作为"知识向导"、"资政参考"和"文化桥梁"的作用！

新版《列国志》编辑委员会
2013年9月

前　言

　　自1840年前后中国被迫开关、步入世界以来，对外国舆地政情的了解即应时而起。还在第一次鸦片战争期间，受林则徐之托，1842年魏源编辑刊刻了近代中国首部介绍当时世界主要国家舆地政情的大型志书《海国图志》。林、魏之目的是为长期生活在闭关锁国之中、对外部世界知之甚少的国人"睁眼看世界"，提供一部基本的参考资料，尤其是让当时中国的各级统治者知道"天朝上国"之外的天地，学习西方的科学技术，"师夷之长技以制夷"。这部著作，在当时乃至其后相当长一段时间内，产生过巨大影响，对国人了解外部世界起到了积极的作用。

　　自那时起中国认识世界、融入世界的步伐就再也没有停止过。中华人民共和国成立以后，尤其是1978年改革开放以来，中国更以主动的自信自强的积极姿态，加速融入世界的步伐。与之相适应，不同时期先后出版过相当数量的不同层次的有关国际问题、列国政情、异域风俗等方面的著作，数量之多，可谓汗牛充栋。它们对时人了解外部世界起到了积极的作用。

　　当今世界，资本与现代科技正以前所未有的速度与广度在国际间流动和传播，"全球化"浪潮席卷世界各地，极大地影响着世界历史进程，对中国的发展也产生极其深刻的影响。面临不同以往的"大变局"，中国已经并将继续以更开放的姿态、更快的步伐全面步入世界，迎接时代的挑战。不同的是，我们所

瑞 典

面临的已不是林则徐、魏源时代要不要"睁眼看世界"、要不要"开放"的问题,而是在新的历史条件下,在新的世界发展大势下,如何更好地步入世界,如何在融入世界的进程中更好地维护民族国家的主权与独立,积极参与国际事务,为维护世界和平,促进世界与人类共同发展做出贡献。这就要求我们对外部世界有比以往更深切、全面的了解,我们只有更全面、更深入地了解世界,才能在更高的层次上融入世界,也才能在融入世界的进程中不迷失方向,保持自我。

与此时代要求相比,已有的种种有关介绍、论述各国史地政情的著述,无论就规模还是内容来看,已远远不能适应我们了解外部世界的要求。人们期盼有更新、更系统、更权威的著作问世。

中国社会科学院作为国家哲学社会科学的最高研究机构和国际问题综合研究中心,有11个专门研究国际问题和外国问题的研究所,学科门类齐全,研究力量雄厚,有能力也有责任担当这一重任。早在20世纪90年代初,中国社会科学院的领导和中国社会科学出版社就提出编撰"简明国际百科全书"的设想。1993年3月11日,时任中国社会科学院院长胡绳先生在科研局的一份报告上批示:"我想,国际片各所可考虑出一套列国志,体例类似几年前出的《简明中国百科全书》,以一国(美、日、英、法等)或几个国家(北欧各国、印支各国)为一册,请考虑可行否。"

中国社会科学院科研局根据胡绳院长的批示,在调查研究的基础上,于1994年2月28日发出《关于编纂〈简明国际百科全书〉和〈列国志〉立项的通报》。《列国志》和《简明国际百科全书》一起被列为中国社会科学院重点项目。按照当时的计划，首先编写《简明国际百科全书》，待这一项目完成后，再着手编写《列国志》。

1998年，率先完成《简明国际百科全书》有关卷编写任务的研究所开始了《列国志》的编写工作。随后，其他研究所也陆续启动这一项目。为了保证《列国志》这套大型丛书的高质量，科研局和社会科学文献出版社于1999年1月27日召开国际学科片各研究所及世界历史研究所负责人会议，讨论了这套大型丛书的编写大纲及基本要求。根据会议精神，科研局随后印发了《关于〈列国志〉编写工作有关事项的通知》，陆续为启动项目拨付研究经费。

为了加强对《列国志》项目编撰出版工作的组织协调，根据时任中国社会科学院院长李铁映同志的提议，2002年8月，成立了由分管国际学科片的陈佳贵副院长为主任的《列国志》编辑委员会。编委会成员包括国际片各研究所、科研局、研究生院及社会科学文献出版社等部门的主要领导及有关同志。科研局和社会科学文献出版社组成《列国志》项目工作组，社会科学文献出版社成立了《列国志》工作室。同年，《列国志》项目被批准为中国社会科学院重大课题，新闻出版总署将《列国志》项目列入国家重点图书出版计划。

在《列国志》编辑委员会的领导下，《列国志》各承担单位尤其是各位学者加快了编撰进度。作为一项大型研究项目和大型丛书，编委会对《列国志》提出的基本要求是：资料翔实、准确、最新，文笔流畅，学术性和可读性兼备。《列国志》之所以强调学术性，是因为这套丛书不是一般的"手册""概览"，而是在尽可能吸收前人成果的基础上，体现专家学者们的研究所得和个人见解。正因为如此，《列国志》在强调基本要求的同时，本着文责自负的原则，没有对各卷的具体内容及学术观点强行统一。应当指出，参加这一浩繁工程的，除了中国社会科学院的专业科研人员以外，还有院外的一些在该领域颇有研究的专家学者。

现在凝聚着数百位专家学者心血，共计141卷，涵盖了当今世界151个国家和地区以及数十个主要国际组织的《列国志》丛书，将陆续出版与广大读者见面。我们希望这样一套大型丛书，能为各级干部了解、认识当代世界各国及主要国际组织的情况，了解世界发展趋势，把握时代发展脉络，提供有益的帮助；希望它能成为我国外交外事工作者、国际经贸企业及日渐增多的广大出国公民和旅游者走向世界的忠实"向导"，引领其步入更广阔的世界；希望它在帮助中国人民认识世界的同时，也能够架起世界各国人民认识中国的一座"桥梁"，一座中国走向世界、世界走向中国的"桥梁"。

《列国志》编辑委员会
2003年6月

CONTENTS

目 录

第一章 概 览 / 1

  第一节 国土与人口 / 1

    一 地理位置与国土面积 / 1

    二 地形特点 / 2

    三 气候 / 3

    四 行政区划 / 5

    五 人口与民族 / 7

    六 语言 / 11

    七 国旗、国徽与国歌 / 12

  第二节 宗教与民俗 / 13

    一 宗教 / 13

    二 民俗 / 14

    三 节日 / 19

  第三节 特色资源 / 20

    一 国家公园 / 21

    二 主要城市和历史名胜 / 21

    三 建筑艺术 / 27

    四 传统工艺与现代设计 / 29

    五 诺贝尔奖 / 30

第二章 历 史 / 33

  第一节 从史前史到中古时代 / 33

CONTENTS
目 录

　　一　史前史 / 33

　　二　温代尔时期 / 34

　　三　中古时代 / 34

第二节　瓦萨时期 / 40

　　一　宗教改革和民族国家的建立 / 40

　　二　经济和社会阶级 / 41

　　三　国王与贵族的权力斗争 / 43

　　四　对波罗的海的控制 / 45

　　五　卡尔十二世和大国地位的结束 / 48

第三节　自由时代和古斯塔夫独裁统治时代 / 51

　　一　议会制宪法 / 51

　　二　农业的发展 / 52

　　三　贸易和经济 / 54

　　四　自由时代的党派斗争 / 55

　　五　古斯塔夫时代（1771～1809）/ 57

第四节　19世纪的瑞典 / 59

　　一　贝纳多特家族第一位国王和新的外交政策 / 59

　　二　社会政治改革 / 60

　　三　从结盟到中立 / 63

　　四　瑞典-挪威联盟 / 64

　　五　社会变迁和工业化 / 65

第五节　20世纪的瑞典 / 67

　　一　议会民主制的最终确立 / 67

CONTENTS
目 录

　　二　"第二个兴盛时期" / 70

　　三　政治不稳定和软弱的政府 / 71

　　四　福利国家的滥觞 / 73

　　五　中立、团结和第二次世界大战 / 75

　　六　福利国家的建设和瑞典模式的形成 / 77

　　七　宪法改革 / 82

　　八　中立和国际参与 / 83

　　九　危机和政府的更迭 / 85

　　十　社会民主党人再度执政和加入欧洲一体化进程 / 88

第六节　著名历史人物 / 89

第三章　政　治 / 101

第一节　国体与政体 / 102

　　一　历史沿革 / 102

　　二　国王和王室 / 103

第二节　宪法 / 105

第三节　选举制度 / 107

　　一　历史沿革 / 107

　　二　全民公投 / 109

第四节　议会 / 109

　　一　议会、议会党团 / 109

　　二　议会职责 / 110

第五节　政府 / 112

CONTENTS

目录

　　一　中央政府／112

　　二　省（区）与自治市政府／114

　　三　欧洲级政府／115

　　四　萨米议会／116

第六节　司法／116

　　一　司法制度／116

　　二　司法机关／117

第七节　主要政党与重要社团组织／118

　　一　主要政党／121

　　二　重要社团组织／132

第四章　经　济／135

第一节　概况／136

　　一　经济发展阶段／136

　　二　基本经济制度及其演化／139

　　三　经济结构及其特点／142

第二节　农林渔业／144

　　一　农业／144

　　二　林业／147

　　三　渔业／149

第三节　工业／149

　　一　发展历程／150

　　二　20世纪90年代中期以来的主要发展趋势／152

CONTENTS
目 录

　　三　主要工业部门／156

第四节　服务业／167

　　一　部门结构／168

　　二　国际化趋势／170

　　三　旅游业／172

第五节　交通和通信／174

　　一　交通运输／174

　　二　通信／174

第六节　财政和金融／175

　　一　财政／175

　　二　金融／177

第七节　对外经济关系／179

　　一　基本方针政策／180

　　二　对外贸易／181

　　三　对外投资和外来投资／182

第五章　军　　事／185

第一节　概述／185

　　一　建军简史／185

　　二　国防政策／186

　　三　国防体制／188

　　四　国防预算／189

第二节　军种和兵种／190

CONTENTS 目 录

  一　陆军／191

  二　海军／193

  三　空军／194

  四　本土卫队／196

  五　信息服务、给养、医疗和培训／197

 第三节　兵役制度和军事训练／198

  一　兵役制度／198

  二　军事训练／199

  三　军事训练机构／199

 第四节　对外军事关系／201

第六章　社　会／205

 第一节　国民生活／205

  一　就业／205

  二　工资／207

  三　物价／207

  四　住房／208

  五　社会保障与福利／209

  六　税收／211

 第二节　移民／212

  一　移民变迁／212

  二　移民政策特点／214

  三　华人华侨在瑞典／218

CONTENTS
目 录

第三节　医疗卫生 / 219

　　一　多责任主体与分散共享式医疗 / 220

　　二　90天内获得专科医疗服务 / 222

　　三　卫生保健 / 222

第四节　环境保护 / 223

　　一　概述 / 223

　　二　"零废"生活 / 225

　　三　环境保护和环保技术 / 226

第七章　文　化 / 229

第一节　教育 / 229

　　一　学前教育 / 230

　　二　九年制综合义务教育 / 231

　　三　高中教育 / 235

　　四　高等教育 / 238

　　五　成人教育 / 243

　　六　职业教育 / 244

　　七　特殊教育 / 245

　　八　21世纪的若干教育改革 / 245

第二节　科学技术 / 247

　　一　深厚的科学传统 / 247

CONTENTS

目 录

　　二　研究体系 / 250

　　三　技术创新 / 253

　　四　人文社会科学 / 256

第三节　文学艺术 / 258

　　一　文学 / 259

　　二　戏剧和电影 / 267

　　三　音乐和舞蹈 / 277

　　四　美术 / 284

　　五　文化政策和文化设施 / 291

第四节　体育 / 294

　　一　体育组织和经费投入 / 294

　　二　体育水平 / 296

　　三　体育设施 / 298

第五节　新闻出版 / 298

第八章　外　交 / 301

第一节　外交简史与政策 / 301

　　一　中立政策和国际主义 / 301

　　二　加入欧盟对瑞典外交政策的意义 / 303

　　三　加入欧盟与军事不结盟：寻求平衡点 / 305

　　四　重视与北欧其他国家的关系 / 308

第二节　与欧盟的关系 / 308

CONTENTS
目录

  一 支持《里斯本条约》，担任轮值主席国 / 309

  二 参与欧洲一体化进程，但坚持自身利益 / 309

  三 与欧盟成员国加强合作 / 310

第三节 与中国的关系 / 311

  一 双边政治关系 / 311

  二 双边经贸关系和经济技术合作 / 313

  三 文化、科技、教育与军事等方面的双边交往与合作 / 314

  四 领事关系 / 315

  五 友好省市 / 315

  六 重要双边协定及文件 / 317

第四节 与联合国的关系 / 319

  一 积极参与联合国事务，重视全球性问题 / 319

  二 促进发展合作 / 320

大事纪年 / 323

参考文献 / 329

索 引 / 335

后 记 / 339

第一章

概　览

瑞典王国（Konungariket Sverige），简称瑞典（Sverige）。"瑞典"这个名称，在瑞典语中为"斯维尔叶"（Sverige），在英语中为"斯维登"（Sweden）。汉译时采用音译原则，以英语发音为基础翻译为"瑞典"。据考证，瑞典的名称来源于瑞典中部梅拉伦湖地区一个同名古代部落，在古斯堪的纳维亚语中，"斯维尔叶"的含义是"亲属"。

第一节　国土与人口

一　地理位置与国土面积

瑞典是一个人口稀少的国家，拥有漫长的海岸线、广阔的森林和大量的湖泊。

瑞典是世界上最北端的国家之一，位于北欧斯堪的纳维亚半岛的东半部，濒临波罗的海。它的极点坐标为：最北点北纬69°4′，最南点北纬55°10′，最西点东经10°58′，最东点东经24°10′。瑞典西面以斯堪的纳维亚山脉为界与挪威接壤，东部和芬兰隔托尔尼奥河与波的尼亚湾相望，南面隔着波罗的海相望的是丹麦、德国、波兰、俄罗斯、立陶宛、拉脱维亚和爱沙尼亚等国。陆地边界线长2205公里，其中同芬兰和挪威的陆地边界线分别为586公里和1619公里。海岸线总长为2181公里，领海宽度为12海里，专属经济区为200海里，目前实际延伸至与邻国的中心分界线。瑞典的国境线自1905年以来没有发生过变化。

瑞典国土呈纵向长条状，南北最大长度为1600公里，东西最大宽度为500公里，长度是宽度的3倍多。瑞典领土面积为45万平方公里，其中农业用地占比为8%。

二 地形特点

瑞典领土的53%为森林覆盖，9%为湖泊与河流，9%为沼泽，草原占7%，裸露的岩石与山地占12%，其余为平原。

瑞典大部分地区属于中等海拔的山地、高原和丘陵，为森林所覆盖。全国地势从西北向东南逐渐倾斜。从地形上看，可以分为北部诺尔兰高山丘陵区、中部韦姆兰和达拉纳平原湖区、南部斯莫兰（Småland）小森林高原区和最南端的斯科讷（Skåne）小平原区四部分。

诺尔兰区（北部区）占全国总面积的3/5，它又可以分为3个纵向的不同高度的地区。西部是靠近挪威边界的斯堪的纳维亚山脉（亦称为舍伦山脉），平均海拔1829米，有"斯堪的纳维亚半岛脊梁"之称。由于冰川的侵蚀作用，山峰陡峭，到处可见不毛的裸露岩石。该山脉中的凯布讷山是瑞典全国最高峰（2117米）。瑞典有200多条冰川，多数为阿尔卑斯型，主要分布在这一地区，总面积为400多平方公里，其中最大的长6公里、宽3公里，面积15平方公里。斯堪的纳维亚山脉东缘陡峭的悬崖下面是诺尔兰丘陵地区，从西部海拔600米逐渐降到沿海地区约100米。波的尼亚湾沿岸是一条宽30~80公里的低地带。诺尔兰区自然资源丰富，有茂密的森林、湍急的河流和丰富的矿藏。

中部是从西岸斯卡格拉克海峡到东岸波罗的海靠近厄兰岛的一片平原湖区。由于地层的垂直变位，这一带的大部分地区曾经被大海淹没，在重新上升到海平面以上之后，形成了许多湖泊和小平原。

南部的斯莫兰小森林高原区的北半部是较高的丘陵地带，长满了林木，最高处为海拔377米的托塔巴肯高地，南半部与沿海低地平原相邻处为许多断层和放射状的深谷所割裂。最南端的斯科讷半岛大部分是平原，与丹麦的地形相似，但它的基础岩石为花岗岩和片麻岩，并在半岛的东北部地区露出地表，有的地方高达220多米。

同其他北欧国家一样，瑞典在沿海有众多的岛屿，特别是东部海岸外有许多岛屿和海湾。在斯德哥尔摩地区外海，大大小小的海岛星罗棋布。南部海岸则多为长长的沙滩。波罗的海中的哥特兰岛是瑞典最大的岛屿，属于单一的石灰质海岛，高出海面50～80米，面积为3001平方公里。哥特兰岛自然环境、地理位置以及历史文化独具特色，极受旅游者青睐。

瑞典全国地表以灰化土为主，但在未被海水淹没过的地区则为砾石或小碎石。沼泽土和沼泽灰化土在北部较多，最南部斯科讷半岛为褐色森林土，是全国最肥沃的土地。

瑞典从南到北水源丰富，河流、湖泊众多，有"千湖国"之称，境内有95700个面积超过10000平方米的湖泊，其中有一个湖名的意思是"周六的洼地"。北部诺尔兰区分布着许多冰川湖泊，多数在海拔305米以上。这里最大的托讷湖面积为317平方公里。许多冰川湖与冰川河相连，构成梯级式瀑布群。中部地区有众多湖泊与小平原交错分布，瑞典著名的四大湖泊就在这一地区。其中最大的维纳恩湖面积为5650平方公里，是北欧最大的湖泊，也是欧洲第三大湖。维纳恩湖长145公里，宽80公里，最深处达98米。另外三大湖是韦特恩湖、梅拉伦湖和耶尔玛湖。

在瑞典，大多数河流发源于西北部山区，主要河流大都发源于斯堪的纳维亚山脉，自西北向东南贯穿瑞典流入波罗的海，最长的托尔尼奥河长566公里。众多的河流曾对木材运输起到关键作用，如今其水力资源已被充分利用，为工业发展提供动力。

三 气候

瑞典靠近地球北端，阳光斜射，这自然也影响到气候。按照其高纬度位置，应当属寒带，但由于受到流经北大西洋的墨西哥湾暖流，以及来自挪威西海岸的海洋暖流（"湾流"）的影响，年平均气温远高于内陆同纬度地区。

瑞典地域狭长，南北温差较大。在最南端，气候温暖，可以种植葡萄；而在最北端，冬季有8周无日照，5月初至8月末则太阳整日不落。

四季也有些特别，当气温低于0℃时，一般认为是冬天；当气温高于10℃时，则为夏季；春、秋季节十分短促，且不明显。

瑞典气候区域可分为三个地区：中南部地区、东北地区以及西北或最北部地区。瑞典中南部地区的冬季短暂寒冷，夏季气温接近英格兰南部地区气温，但日照和白昼时间持续较长。东北部地区冬季较寒冷，越往北气候越寒冷，而夏季那里的气候极其宜人。最北部地区冬季相当寒冷，高纬度地区全年被冰雪覆盖，夏季短暂，天气变化无常。瑞典拥有悠长的夏日和同等漫长的冬夜，二者之间形成了极大的差异。5月初至8月末，瑞典出现极昼现象。在夏季，瑞典处于北极圈以北的地区，太阳整日都停留在空中；即便在斯德哥尔摩（北纬59°）这样靠南的地区，6月的夜晚也仅有几个小时的半黑暗时间。每年9月至次年3月，北极圈以北的瑞典地区是最佳的北极光观赏地区。位于阿比斯库的极光天空站是最佳观赏极光之处，吸引着世界各地的游客。

南北差异很大是瑞典气候的最显著特征。最南端国土所在的纬度为北纬55°10′，属温带阔叶林地带；最北部则有15%的领土处在北极圈之内，属寒带苔原气候。一般而论，南部属于潮湿的海洋性气候，北部属于干燥的大陆性气候，中部则介于二者之间。瑞典多西南风，中部和北部有时受西北风和北风的影响。冬季的西南风使瑞典南部相当温暖，而北极冷空气的侵入则使北部大部分地区非常寒冷。2月平均气温南部为-0.7℃，北部为-12.9℃。在地球大气环流作用之下，从冰岛西部的北大西洋不断向东流动的低气压气旋，使瑞典冬季多阴雨天气，降水日数在南部所占比重达80%，北部为65%。夏季的西南海风使瑞典南部的炎热大为减弱，西北风和北风也同样冲淡了北部地区的大陆酷暑，所以瑞典夏季气温全国差异不是很大，7月平均气温南部为17.2℃，北部为12.8℃。北部漫长的冬季达7个多月，积雪时间亦为7个月；南部沿海每年11月开始结冰；中部斯德哥尔摩地区从12月末进入结冰期；最南部则要到次年1月初才开始结冰，冰期不超过1个月，其他大部分沿海地区冰期一般持续80天左右；最北部的港口到5月末才能完全解冻。与冬季情况相反，北部的夏季不过1个月，南部的夏季可达3个月。由于地形和海拔高度的不同，瑞典各地区降水量差别较大，年降水量西部山地为 1000～2000 毫米，北部的诺尔兰区内陆只有 300～400 毫米。

四　行政区划

瑞典通常被划分为三大传统地区：约塔兰区（Gotaland）、斯维娅区（Svealand）和诺尔兰区（Norrland，又称"北部区"）。约塔兰区位于南方，该地区得名于公元 300 年居住在此地的约塔兰人。这里气候温和，有肥沃的平原与多石的高地。斯维娅区位于瑞典的中部，也是以当地古代居民——斯维娅人命名。这里有密集的工业、数以万计的湖泊，同时生长着茂盛的植物。首都斯德哥尔摩即在此区域内。自公元 1100 年以后，"斯维娅"女王就是瑞典的象征。诺尔兰区占瑞典总面积的 3/5，有广袤的森林与丰富的铁矿资源，但人口稀少。在北部山区，居住着少数民族萨米人，其他人口多集中在通往东面海域的几条河流旁的城镇里。

瑞典全国划分为 21 个省（区）和 290 个自治市。21 个省（区）分别是：斯德哥尔摩大区、乌普萨拉省、南曼兰省、东约特兰省、延雪平省、克鲁努贝里省、卡尔马省、哥特兰区[①]、布莱金厄省、斯科讷省、哈兰省、西约塔兰省、韦姆兰省、厄勒布鲁省、西曼兰省、达拉纳省、耶夫勒堡省、西诺尔兰省、耶姆特兰省、西博滕省、北博滕省。关于瑞典各省（区）人口、首府等，参见表 1-1。

表 1-1　瑞典各省（区）人口（2016）、人均国民生产总值（2017）和首府等

省（区）名	人口（万人）	各省（区）国民生产总值增长率（%）	各省（区）人均国民生产总值（万瑞典克朗，现价）	人均可支配收入（万瑞典克朗，现价）	首府	所辖市（个）
斯德哥尔摩（Stockholm）	225.0	0.9	62.9	24.2	斯德哥尔摩（Stockholm）	26
乌普萨拉（Uppsala）	35.8	4.1	42.8	21.0	乌普萨拉（Uppsala）	8

---

① 本区不设区议会，市政府负责与区议会有关的事务。

续表

省(区)名	人口(万人)	各省(区)国民生产总值增长率(%)	各省(区)人均国民生产总值(万瑞典克朗,现价)	人均可支配收入(万瑞典克朗,现价)	首府	所辖市(个)
南曼兰(Södermanland)	28.6	5.6	34.0	19.9	诺尔雪平(Norrkoping)	9
东约特兰(Östergötland)	44.9	0.5	39.0	20.2	林雪平(Linköping)	13
延雪平(Jönköping)	35.0	3.9	41.2	20.6	延雪平(Jönköping)	13
克鲁努贝里(Kronoberg)	19.3	3.2	43.0	20.2	韦克舍(Växjö)	8
卡尔马(Kalmar)	24.0	0.5	34.4	20.0	卡尔马(Kalmar)	12
哥特兰(Gotland)	5.8	1.5	33.9	19.7	维斯比(Visby)	1
布莱金厄(Blekinge)	15.7	-1.5	33.5	19.7	卡尔斯克鲁纳(Karlskrona)	5
斯科讷(Skåne)	131.4	4.1	39.8	20.9	马尔默(Malmö)	33
哈兰(Halland)	31.8	1.1	35.2	22.4	哈姆斯塔德(Halmstad)	6
西约塔兰(Västra Götaland)	166.0	3.3	46.7	21.3	哥德堡(Göteborg)	49
韦姆兰(Värmland)	27.8	2.9	35.9	20.2	卡尔斯塔德(Karlstad)	16
厄勒布鲁(Örebro)	29.3	3.2	40.0	19.7	厄勒布鲁(Örebro)	12
西曼兰(Vastmanland)	26.6	2.3	38.5	20.6	韦斯特罗斯(Västerås)	10
达拉纳(Dalarna)	28.3	-1.3	37.1	20.3	法伦(Falun)	15
耶夫勒堡(Gävleborg)	28.3	0.2	35.8	19.9	耶夫勒(Gävle)	10

续表

省(区)名	人口(万人)	各省(区)国民生产总值增长率(%)	各省(区)人均国民生产总值(万瑞典克朗,现价)	人均可支配收入(万瑞典克朗,现价)	首府	所辖市(个)
西诺尔兰（Västernorrland）	24.5	0.9	38.8	20.2	海讷桑德（Härnösand）	7
耶姆特兰（Jämtland）	12.8	2.2	36.6	20.1	厄斯特松德（Östersund）	8
西博滕（Västerbotten）	26.5	0.0	38.0	19.9	于默奥（Umeå）	15
北博滕（Norrbotten）	25.0	3.8	45.4	21.0	吕里奥（Luleå）	14
合计（全国）	992.4	2.1	45.5	21.5	—	290

资料来源：瑞典统计局网站，https://www.scb.se。

五 人口与民族

瑞典是世界上民族成分比较单一的国家之一，唯一的原住民是萨米人（早先也称为拉普人），约2万人。另外还有芬兰族人、少量挪威人、丹麦人、德意志人和犹太人。在1910年以前，瑞典人的构成保持了较高的同一性。二战以后，有来自原南斯拉夫、伊拉克、伊朗以及非洲的难民或移民生活在瑞典。

主体民族瑞典人为北欧民族之一，属欧罗巴人种北欧类型，身材高大，皮肤白皙，金发碧眼。瑞典人形成单独民族的时间在公元9~11世纪，由斯维尔人和高特人（又称约特人）等古代日耳曼部落结合而成。

瑞典的人口统计是以教会登记数字为依据的。从1686年开始，瑞典就有了按教区登记人口的体系。1749年，瑞典开始了以这些数字为依据的全国人口普查，因此积累了长达250年的比较准确的人口数字。在1749年首次调查时，瑞典有180万人，到1850年增加到350万人，1950年又上升为700万人，1994年底为880万人，2006年11月底人口为

9110972人。2017年1月，瑞典人口超过1000万；2017年10月，瑞典人口为10103843人。2018年8月，瑞典人口为10196177人。

20世纪30年代，当移民的移入超过移出时，大多数移民是移出再移入的瑞典人。第二次世界大战期间，移居瑞典的主要是波罗的海国家躲避战争的难民。20世纪50年代到60年代，瑞典的移民历史开始了一个新的阶段，工业的快速发展和大量的劳工需求，导致迁入移民急速增多。这些移民当中，除了很大一部分来自其他北欧国家（尤其是芬兰，主要是受到1954年形成的北欧共同劳动力市场的影响）之外，其他基本上来自前南斯拉夫、希腊、联邦德国、土耳其、英国、波兰和意大利。从20世纪70年代初开始，瑞典的经济状况改变，对外来劳工的需求减少，移民受到了限制。20世纪70年代到90年代，移民中大多数是政治难民和他们的家庭成员。

近年来，来自伊拉克等战乱国家的移民有所增多。20世纪80年代初，寻求庇护的难民及其家庭成员的数量相对较少。但到了80年代末和90年代初，移居瑞典的难民人数迅速增多。

萨米人主要居住在北欧斯堪的纳维亚半岛的拉普兰地区，也称为拉普人，是欧洲最古老的民族之一，属乌拉尔人种，为蒙古人种和欧罗巴人种的混合类型。他们一般身材矮小，肤色偏黄，高高的颧骨，头发大多是深褐色或棕灰色，甚至是黑色。语言拉普语属乌拉尔语系芬兰－乌戈尔语族，共有9种土著方言。宗教上，多信仰基督教路德宗，少数信仰东正教，并广泛保留原始宗教残余。

萨米人的祖先早在1万年前便开始从乌拉尔地区陆续迁入斯堪的纳维亚，原分布地区较广，后受日耳曼部落和芬兰部落排挤，逐渐北移，部分人被后来者同化。萨米人原以捕鱼和猎捕野鹿为生，在1000多年前饲养驯鹿成功后，随即将此作为他们的主要谋生手段。养鹿业的发展，直接影响到他们的社会、经济、文化和生活方式，他们创造了独具一格的驯鹿文明，发展出了适应北极环境的经济活动类型。传统拉普社会以父系大家族和氏族为单位，过着原始社会生活。他们没有建立自己独立的国家，不受任何人统治。16世纪后，欧洲白人进入了萨米人的世界，占领了他们的

第一章 概览

土地和资源。萨米人逐渐落入外族统治,被人为分割到挪威、瑞典、芬兰和俄罗斯。后来,经过斗争,萨米人在北欧三国建立了萨米议会,把整个北极地区视作一个"萨米国家",增强了自主权。受到现代文明的影响,萨米人已经大部分转向定居,并兴建现代化设施,使用现代化生活用品,生活方式发生了明显变化。但是,仍有一部分人继续过着游牧生活,不受国界限制,无拘无束地驰骋在北极一望无际的冰原上。

萨米人不论男女老少,都喜欢用具有独特民族风格的服饰穿戴打扮。基本色调是以蓝、红、黄三种鲜艳夺目的色彩相搭配,上衣多为深蓝和天蓝色,领口、前襟、肩部、袖口和下摆都镶有金黄和大红两色相间的花边。妇女戴着镶有花边的红色遮耳帽。男子的高筒帽上带有蓝色的四只尖形角,喜欢在腰际佩戴漂亮的芬兰刀,脚蹬足尖翘起的鹿皮靴,显示出粗犷豪爽、威武阳刚的英姿。

驯鹿是萨米人经济生活和文化生活的重要组成部分。驯鹿属于北极鹿家族,是唯一雌雄都长角的鹿种,主要以荒野上的植物和菌类为食。在萨米语中,描写驯鹿的词语就有400多个。尽管今天大部分萨米人已经不再过游牧生活,但饲养驯鹿依旧是他们重要的谋生方式和生活内容之一。他们实行季节性放牧,在自家的驯鹿耳朵上用小刀刻上一个特殊的记号,然后将驯鹿撒出围栏,与邻家驯鹿混合成群,任其在野外自行觅食、繁衍。每年10月到次年2月围捕驯鹿,对萨米人来说是一个紧张繁忙的收获活动。他们把鹿群从一望无际的荒野赶拢到一起,家家户户都清点自家的驯鹿数量,进行分隔,同时将紧跟在母鹿身后没有做记号的幼鹿做上自家的标记。围捕结束后,剩下的鹿群又被放回原野。一般来说,萨米人每年要屠宰四分之一的驯鹿,加工成各种半成品。

熬过漫长的寒冬,每年3月,萨米人都要带着心爱的驯鹿聚集在芬兰北部最大的湖泊伊纳里湖上,参加一年一度的传统民间节日——赛鹿节。赛鹿节上最精彩的比赛要属"驯鹿王之赛"。每头赛鹿由一名手执缰绳、脚踏滑雪板的驯鹿者驾驭,号令一响,赛鹿飞快地在冰冻的湖面上飞奔起来。一些未经驯服的鹿时而跑得飞快,时而脚步缓慢,有时又会突然改变方向,使驾驭者冷不防失去平衡,重重地摔倒在冰面上。只有那些技术熟练的驭驯鹿者能顺利跑完2公里的赛程。这是一项具有浓郁民族风情的传统比赛项目，既能锻炼人们勇敢顽强的精神，也能检验驭手的驯鹿技巧。赛鹿节上还进行传统的套鹿比赛，这是萨米人从小就能掌握的扔套索技术竞赛。参赛选手站在十多米开外，将长长的绳索投向目标，经验丰富的选手得心应手，套索一出手便张开成椭圆形的套圈，缓缓落下时恰到好处地套住目标。

瑞典政府对萨米人的政策经历了很大的变化。20世纪初，政府的政策主要是基于将萨米人当作"未开化人种"加以保护。后来，萨米人将驯鹿养殖现代化的做法与政府的环境保护和发展旅游业政策一度出现矛盾。尽管1971年通过、1993年修订的《驯鹿养殖业法》规定萨米人拥有某种程度的管理自己事务的权利，但由于经济的发展，过去几十年中养殖驯鹿的萨米人失去了大片草场，特别是现代化的林业使萨米人在冬季难以驯养驯鹿。他们曾通过法律等方式来保护自己的土地，但往往遭到失败。如何保护萨米人的传统文化和权益、协调环境保护与驯鹿养殖现代化等问题，在瑞典并没有完全得到解决。萨米人的文化和语言权利也直到20世纪60年代以后才受到广泛重视。从那时以来，瑞典在萨米人居住地区已相当重视当地语言的教育和传统文化的保存。与此同时，萨米人的现代教育事业也得到了较快发展。

萨米人很重视保持自己的民族文化传统。口述故事在萨米文化中占有重要地位，萨米音乐也是其中的一部分。"Yoiking"这种独特的歌唱形式是萨米人记忆历史、描绘自然、讲述故事的方法，这一传统一直保留到今天。1910年，约翰·图里（Johan Turi）出版了《萨米人的故事》一书，第一次用萨米（拉普）语记述了萨米人的历史、传奇、日常生活和民间信仰。此后，在20世纪下半叶，又涌现出若干位用拉普语写作的作家。

萨米人的手工艺品不仅美观，而且实用。"诺埃迪"（noaidi）鼓是他们常用的一种乐器。穿在外面的长袍"科尔特"（kolt）有精致的手工刺绣和鲜艳的色彩，不仅暖和，而且漂亮。刀具、碗和饰物也十分精美别致。如今，有的萨米人家既养驯鹿，又接待旅游者。一间小木屋就是小型的家庭博物馆，里面陈列着萨米人过去使用过的打猎工具、脚踏纺车和各式各样的萨米族服装等。院子里悬挂着用鹿角做的旅游纪念品。曾作为运输工具的驯鹿雪橇也成为旅游交通工具，游客们乘坐驯鹿雪橇穿行在林海雪原之中，不仅可以尽情地饱览拉普兰的自然风光，也可从阵阵清脆的鹿铃声中寻找当年萨米人游牧生活的感觉。

六　语　言

虽然没有明文规定，但瑞典语实际上是瑞典的官方语言。加入欧盟后，瑞典语也成为欧盟的官方语言之一。除了瑞典语之外，瑞典议会还承认萨米语、芬兰语、Meänkieli语（又称Tornedalen Finnish，芬兰语的一种方言）、依地语（Yiddish，东欧犹太人及其在各国的后裔使用的一种从高地德语派生的语言，以希伯来语字母书写，包括从希伯来语、俄语、波兰语和英语等借来的词语）、罗姆语（Romani Chib）（一种吉卜赛语言）等的少数民族语言地位。

瑞典语是瑞典本土居民的母语，移民人口绝大多数也通晓瑞典语。1000多万人口中的大部分人说瑞典语。在芬兰，瑞典语是第二官方语言；另外，还有移民到美国和加拿大的人会瑞典语，挪威人、丹麦人也能听懂瑞典语。

瑞典语和丹麦语、挪威语、冰岛语、法罗语同属日耳曼语族北日耳曼语支中的斯堪的纳维亚语分支，是最大的北欧语言。在斯堪的纳维亚语支中，又分出东部和西部语支。瑞典语和丹麦语同属东部语支，挪威语、冰岛语和法罗语归入西部语支。瑞典语与丹麦语、挪威语关系比较密切，互通性颇高，这三种语言均源自1000年前的古北欧语（Old Norse），受低地日耳曼语（Low German）影响。瑞典语、丹麦语、挪威波克马尔语（挪威语两种主要方言中的一种）均属东斯堪的纳维亚语。对于瑞典人来说，挪威语比丹麦语更容易明白。

在瑞典，因为地理等方面的原因，语言之间存在一些地区差异。斯德哥尔摩和乌普萨拉一带、赫尔辛堡、隆德和哥德堡几个地方的口音被认为比较标准。与此同时，"标准"的瑞典口语在今天受到现代媒体的很大影响，这些媒体语言主要是基于斯德哥尔摩周围的方言。

七 国旗、国徽与国歌

国旗 瑞典国旗的旗底为蓝色,黄色宽条十字把旗底分为四部分,远离旗杆的十字水平条稍长。国旗图案虽然与丹麦的相同,但它的十字略宽。十字图案来源于历史上基督教的影响,蓝、黄颜色来自瑞典王徽,蓝底黄十字旗帜的最早记录要追溯到16世纪。瑞典军旗上始终有着这个黄色的十字,因为瑞典盾形纹章的蓝底上面,就有一个金色的十字架。蓝底黄十字旗原为王用旗,也是瑞典海军军旗。1906年6月2日,瑞典法律正式规定王旗为国旗。国王的王旗则在国旗之上加绘国徽图案。

国徽 瑞典国徽分为大小两种。三王冠图案至少早在1336年就被用作瑞典的国徽,一般称为大国徽。大国徽是1908年确定的,外形是一座敞开的貂皮帐篷,帐篷内衬白色貂皮,外面为红色锦缎,顶部罩有大型瑞典皇家圆顶冠冕。王冠两侧各有一个红色锦缎彩球。帐篷里边是两个金狮扶持着一枚盾牌。雄狮头上戴有红色圆顶王冠,盾牌上方为一顶与大王冠相同的中型王冠。王冠上都镶着金子与珠宝。盾牌周围为六翼天使(九级天使中最高一级的天使)勋章的链条所环绕,链条上镶着天使,勋章垂于盾牌和金狮共同金座的正下方。盾牌由金色十字分成四部分,左上部分与右下部分为相同的图案,是在蓝底上以倒品字形摆放着三顶镶着珠宝的多尖金色王冠;右上部分与左下部分图案相同,是以蓝、白相间的斜条为背景的头戴王冠的金狮。盾牌的中央是一枚小型盾徽,盾徽图案的左半部,是在红底上由银色带系着的一把金壶;右半部上方为蓝色天空衬托下的一只金色雄鹰和满天星斗,下方为银白色的双塔城堡。国徽中的圆顶王冠代表瑞典的王权,三个尖顶王冠是历史上曾经对瑞典有过重大影响的德国北部哥特族和文德君主的象征,盾徽中的图案则是瑞典王族中瓦萨家族与其后继者贝纳多特家族的族徽图案。

瑞典政府使用小国徽作为其官方徽章。徽章主体为盾形,顶部饰有一顶王冠。

国歌 尽管没有明文规定,但瑞典将《你古老,你自由》(*Du gamla, du fria*)视为本国国歌。它最早于1844年被采用,采用的是19

世纪中叶在西曼兰省流传的民歌旋律，由埃德温·卡尔斯滕纽斯（Edvin Kallstenius）改编，理查·迪贝克（Richard Dybeck）作词。歌词共有两段。

第一段大意是：

你古老、光荣的北国山乡，自由欢乐的心在跳荡。祝福你人间最美的地方，向你的太阳、你的天空致敬，愿山花烂漫的溪谷永放光芒。

第二段大意是：

王冠依托于往昔伟大时光的记忆；享誉世界，就是勇猛的回报。我知道，你的英名、你的技艺一如从前。啊，瑞典，吾将生于斯，逝于斯！啊，瑞典，吾将生于斯，逝于斯！

第二节 宗教与民俗

一 宗教

瑞典居民大多数信奉基督教路德宗。基督教路德宗在长时期里是瑞典的国教。国王信奉国教，法律规定非信奉国教的公民不得担任首相。教会分为13个主教区、2365个堂区。瑞典教会在国家享有特权，国王是教会的最高首脑，有权就宗教会议推荐的三人候选名单指定大主教和主教；国家征收教会税，由教会用于民事支出。

基督教是10～11世纪在瑞典逐渐传播开来的。1164年，乌普萨拉教会建立。16世纪，这个教派采用马丁·路德的教义，并断绝与罗马天主教的联系。直到2000年，它一直是瑞典的国教。1604～1873年，瑞典曾禁止国民信奉天主教。时至今日，天主教徒仍以外来移民和难民为多。19世纪后半期独立教会的出现，使瑞典国教的垄断势力有所减弱。独立教会当中，主要包括五旬节派教会组织、（宗教改革后的）宣教契约教会、多种浸礼会组织和救世军。不过，当时的一个特点是，这些独立教会团体的成员通常也保留有瑞典教会的会员资格。

政教分离的过程在瑞典早已开始。自1951年起，允许教徒退出国教会。2000年，教会与国家的密切关系正式终结。今天，人们不再将基督教路德宗称为国教，国家和地方政府当局之下不再设立教会机构，而是由教会自行决定其规则。

自1996年起，新教教会会员标准开始实施。以前，一个小孩的父母中有一方为国教成员，这个小孩将自动获得成员资格，现在则需要到教堂洗礼或有其他的特殊申请方可。如今，尽管参加礼拜这一基督教主要活动的人数已经大为减少，但很多人都过基督教的节日。据统计，在一生中的重要时刻，人们通常会戴上教徽举行仪式。在瑞典，70%以上的儿童受过洗礼，其中有超过40%的儿童受过按手礼，87.5%的葬礼是在教会的主持下进行的，约2/3的婚姻选择采用宗教的仪式。

目前，除了路德新教教会之外，瑞典拥有相当多的独立教会，最主要的有五旬节派教会组织、宣教契约教会、瑞典浸礼会联盟、卫理公会教会等。20世纪40年代以来，外国移民涌入，带来了新的宗教。在移入瑞典的新教教会中，爱沙尼亚路德新教会规模最大，拥有1万多名成员。在新教以外，以罗马天主教徒最多，超过15万人。东正教教徒也大量增加，人数一度达10万人。如果受洗礼的儿童都算他们的成员，这些教会势力都已有所增长。

20世纪末以来，瑞典的穆斯林迅速增多，而且在很多地方建有清真寺，其中约10万人定期参加清真寺的宗教活动。此外，还有大约3万名犹太人（按父方为犹太人计算），其中1万人属于教会会众。不少犹太人已经在瑞典生活了多代。瑞典还有佛教徒与印度教徒。

当代瑞典世俗化程度非常高。路德教是瑞典国教，但教会的宗教神圣性已经减弱，教会成为一种文化传统，更多具有礼仪性功能。几乎80%的瑞典人归属瑞典教会，他们去教会举行洗礼、成年礼、婚礼以及葬礼。移民的到来形成了"新瑞典人"，宗教信仰日益多元，瑞典不再是单纯的路德教社会。

二 民俗

瑞典的民俗南北方差异较大。在北方，森林逐渐消失为冰冻的土地，在这里，传统和民俗有很深的影响；而在气候比较温和、土壤更加肥沃的南方，基本上流行的是欧洲大陆的风俗习惯。

第一章 概览

瑞典人交织着形式主义与自发性这两种对比鲜明的个性。这个国家比其他国家更依赖教育所培养出来的规律，这种规律塑造出的人彬彬有礼。他们热爱秩序，追求正确，尊重正义。总体而言，瑞典人有较高的文化修养，言谈文明，行为规矩。在与客人交谈时，一般不喜欢距离过近，认为保持1.2米的距离比较适宜。他们在与客人谈话时，喜欢注视对方，认为这样既显得重视对方，又表示相互间很亲密。

瑞典人注重形式，礼貌规矩严格。宴请宾客非常正式，有一套繁复的礼仪。宴会一般安排在傍晚，应邀赴宴的客人必须准时赴约，并应给女主人带一束鲜花（务必是奇数）或巧克力。对于同桌的客人，要记住名字和头衔，因为在餐桌上，不只是说客套话而已，一定要称呼每一位客人的头衔。席间，客人要等主人、年长者或职位高的人敬酒之后才能敬酒；在主人没说"请"之前不能碰杯。女客得有男性举杯相邀，才能饮酒作陪。女主人通常要向所有来宾敬酒。举杯敬酒时，要将杯子举到鼻子的高度，注视着对方的眼睛，打干杯招呼之后再喝酒。男性若不先向坐在左侧的女性敬酒的话，就不可以向其他的女性敬酒。瑞典人待客用酒，多为度数较高的斯堪的纳维亚特制透明白兰地，酒量小者多饮易醉，所以来客一般不向女主人敬酒。宴请结束后，客人离桌前要向主人表示感谢，还要在次日打电话或写信再次表示谢意，否则可能被认为缺乏礼貌。

瑞典人酷爱戴戒指，戒指既作为装饰品，又是职业的象征。戒指上有橡树叶图案的，多为中学教师；有刺槐叶图案的，多为木匠；饰有一顶桂冠图案者，可能是擦玻璃工。此外，家族戒指、行业戒指也以树叶形状为标志。不过，象征职业的戒指戴在食指上，不同于结婚戒指戴在无名指上。

与宾客见面，瑞典人一般惯以握手为礼。他们也施接吻礼，但不多见。萨米人见面以互相擦鼻子为礼节。

像其他西方国家人一样，瑞典人忌讳陌生人询问他们的政治倾向、家庭经济情况、年龄、宗教信仰、行动去向等问题。瑞典是个半禁酒的国家，国营酒局（Systembolaget）对酒类实行专卖制度，出售酒精浓度在3.5%以上的酒。禁止在酒局买酒转送给未成年的瑞典人。他们忌讳"13"，认为"13"只会给人带来灾难和悲伤。忌讳在众人面前擦鼻涕或挖鼻孔，认为这是不体面和不道德的行为。他们对在公共场合出现的过分亲昵言行很看不惯，认为有伤风化。忌讳在公共场所随便吸烟，认为有损他人的健康。瑞典人不喜欢太油腻的食物。

在瑞典，邻居之间见面一般只点头问好，深交者不多，有些甚至互不相识。乘坐火车，同座者可以一路无话，各看各的书。但他们相互间也并非冷漠无情，儿女在节假日经常与父母团聚，朋友间关系真诚，熟人间谈笑无拘无束，富有幽默感。各种群众团体众多，几乎每个瑞典人都参加不同的协会、俱乐部或学习班。这些团体经常举行聚会、郊游或其他活动，为人们提供交往机会。

相对于广阔的国土，瑞典人口稀少，在森林和莽原上，到处可以看到驯鹿的身影。如果愿意，人们可以享受到散步数公里不碰到任何人的乐趣。生活在这样土地上的瑞典人，与大自然形成了亲密的关系，心中对一切怀抱着某种"幸福的忧郁"的感情。也正由于这个原因，他们非常注意保护自然环境，认为为了营造一个比较清洁的自然环境，即使付出一些物质代价也应在所不惜。瑞典就自然环境保护制定了一系列法规，而且做到有法必行、有法必依。

在瑞典人的日常生活中有许多传说。比如，狩猎的传说讲述了魔法如何把人变成野兽的故事。据说，反复无常且奇怪的夜间生物"特罗尔"可以变化为各种不同的形态，出现的时候就会做坏事，戏弄人类。它住在林地深处或是微风之中，可谓无处不在。如果人类对它心存敬意，有事相求的话它会给予帮助。藏身森林之中的"斯克格丽罗"则是美丽的精灵，它像希腊神话中在海上迷惑船员的妖精一样，以魔力迷惑在森林中赶路的单独旅人。此外，还有很多有关住在泉水和小河中的精灵"南茜"、守卫地下宝藏的小地精等精灵妖怪的传说。根据这些传说，人们认为一大早看到野兔是会倒霉的，但如果碰到狼或熊则是一个好兆头，因为这预示着狩猎的顺利。

在生育方面，瑞典乡村地区也有一些古老的习俗。孩子出生后，这家的女人必须抱着孩子绕父母房间的壁炉转三圈，然后检查孩子的胎记。如果孩子的身上带有膜状的东西，那就意味着守护神将会一直伴随其左右。

第一章 概览

人们担心没有守护神保护的孩子有可能被女巫偷走,变成游魂。

瑞典的乡村婚礼也很有趣,一般通过传统的形式来庆祝。新郎必须在谷仓正式向新娘求婚,因为嫁妆就放在那里。结婚当天,家中的女人帮助新娘穿上民族服装,戴上银制的饰物和新娘花冠。与此同时,朋友和男性亲戚则在厨房里一边等候,一边喝着啤酒。当新娘准备就绪,由年轻人骑马在前面领路,所有的亲戚和客人们随后列队前往。他们在教堂与新郎一方的迎亲队伍会合后,双方互相祝贺,象征着联结彼此的亲戚关系正式形成。结婚仪式结束后,客人们便回到新娘家里参加婚宴。

当代瑞典人普遍感觉到,追求安乐的个性是自己最大的缺点。这种国民性可以说在世界上是独一无二的。在完善的福利制度下,他们仍然有某种幻灭的感觉。近两个世纪没有经历过战争,人民几乎完全专注于社会经济建设,虽然从政府那里享受各种福利,但很多人处于一种微妙的不安之中,希望能够逃出这种受到过分保护的社会。他们深恐自己被过于娇宠,成为温室的花朵。

对于瑞典人而言,"Fika"跟空气一样无所不在。在瑞典语中,"Fika"最早是指商业公司中一日两次的工休时间。如今"Fika"这一生活习惯已有百年历史,它不仅仅是商业人士的专属,从公司到大学,从工厂到超市,不分职业和场合,几乎所有人都可以享有"Fika"。放下手中的事情,端起一杯咖啡或者茶,配上各种甜点、面包,和周围的伙伴一起聊天、吃东西,放松一下。在工作场合中,"Fika"的时间是下午三点。经典的"Fika"由一杯咖啡和一块肉桂卷组成,当然,咖啡也可以被茶、果汁代替。"Fika"也随季节各有不同的内容:圣诞节的点心变成姜饼和藏红花面包;春天即将到来的时候,甜品变成夹着杏仁霜和香草奶油的Semla小蛋糕和华夫饼;在夏天,草莓挞则是"Fika"的主角。在瑞典西部,甚至有个名为"Fika之都"的小镇——阿灵索斯(Alingsås)。只有去过这里,才算真正体验过瑞典人的日常。在瑞典最有名的餐饮名录《白色指南》里,阿灵索斯以30家烘焙小店和咖啡屋而备受推崇。当地推出的"Fika"旅游线路,是由当地的美食专家指引,以让游客品尝特色小店的休闲美食。

瑞 典

此外，肉桂面包节、奶油杏仁蛋糕节、龙虾节都是让人大饱口福的幸福节日。"野宴之国"（The Edible Country）是瑞典 2018 年推出的一项美食体验项目，旨在推广来自瑞典大自然的天然食材和健康食品。四位瑞典的顶级厨师深度参与，并根据瑞典的天然农产品定制菜单，供每位体验瑞典美食的游客享用。菜单上还提供了如何寻找食材和正确烹饪的说明。目前"野宴之国"的七处就餐地点分别位于斯德哥尔摩群岛（Stockholm Archipelago）、南部的斯科讷和斯莫兰、西瑞典（West Sweden）、中部的韦姆兰、北部的耶姆特兰以及北极地区的拉普兰（Lapland）。"野宴之国"为开放邀请，每个人都可以体验瑞典"接近自然"的生活方式，并且享用瑞典自然中的天然食品。这个活动与米其林旗下的在线餐饮预定网站 Bookatable.com 合作，向全球开放预订。

瑞典城市居民普遍穿戴现代的服饰，农民也几乎不再穿传统的民族服装。传统的服装除了结婚典礼、葬礼或节庆之外，通常看不到，但在中部的达拉纳省则是个例外。在达拉纳的各个城镇，各具特色的民族服装争奇斗艳。这些服装色彩丰富。女装通常是刺绣的短上衣，粗布花围裙，配以颜色或红或黑、别具特色的头巾。男性服装则是红色的背心，加上布制的或白毛线编织成的图案。配色鲜丽、手工精巧的毛织品，是当地人引以为豪的工艺品。今天，在达拉纳和其他一些地区的乡村婚礼上，仍经常可以看到瑞典的民族婚礼服装，新娘的头上戴着装有许多垂饰和折边的"帽子"，配以世代相传的手镯、别针等首饰。

直到 20 世纪 80 年代中期，瑞典人的饮食还很乡土化，以肉丸、肉卷、土豆以及腌鲱鱼、三文鱼等为主。肉桂面包为瑞典人钟爱。鲱鱼罐头（surströmming）的"开罐仪式"在 8 月底举行，臭鲱鱼的传统吃法是包在"薄面包"三明治中食用。将面包涂上黄油，放上去除内脏的鲱鱼以及土豆切片和剁碎的洋葱，把它折叠起来，用手拿着吃。然而，真正的美食家会吃前一年的臭鲱鱼。当下，瑞典新鲜、绿色的食材使瑞典烹饪业独具创意并在国际美食大赛中战绩辉煌。瑞典的绝对伏特加酒也是全球知名酒品。

三 节 日

国家公共假日有新年（1月1日）、主显节（1月6日）、耶稣受难日（复活节前的星期五）、复活节（Easter Monday）、五一劳动节、耶稣升天节（Ascension）、国庆日（6月6日）、仲夏节、万圣节、圣诞节以及圣斯蒂芬日（12月26日）。

1. 国庆日

在历史上很长一段时期里，瑞典没有法定的国庆日。1632年11月6日，"北方雄狮"、国王古斯塔夫二世·阿道夫在对德国军队的吕岑会战中阵亡，此后每逢11月6日这一天，瑞典的学校和军营里均举行爱国演讲来纪念，但后来这些活动也逐渐停止。1900年前后，瑞典出现了一股浪漫主义的情绪，许多热心人希望瑞典像其他国家一样也有一个国庆日。然而，又过了很长时间，第一次世界大战的阴影和一些人的倡议，才使得瑞典人开始在6月6日庆祝"瑞典国旗日"。选定这一天，是因为中世纪晚期古斯塔夫·瓦萨将瑞典从丹麦统治下解放出来，他在1523年的6月6日当选为瑞典国王。此外，瑞典的一部宪法性文件《政府文约》也于1809年6月6日由国王签署生效。从1916年起，每逢6月6日，国王在斯德哥尔摩体育馆的盛大节日游行中将旗帜交给各团体的代表。这一仪式随后转移到斯坎森露天博物馆进行，其中包含的军事成分已基本消失。直到1983年，6月6日才成为法定的国庆日，并自2005年起成为公众假日。

每年，瑞典国王和王后都会参加在斯德哥尔摩的斯坎森露天博物馆举行的国庆典礼，旗杆上升起黄、蓝两色的瑞典国旗，身穿传统民族服装的孩子们为国王夫妇献上夏季的花束。在国庆节这一天，各地还会举行特别的仪式，欢迎在过去一年内刚刚成为瑞典公民的新移民。

2. 沃尔帕吉斯之夜与五一劳动节

瑞典的一些节日和相关风俗也有自己的特色。

4月30日的沃尔帕吉斯之夜是瑞典人传统的春天庆典活动。这是一个公众活动，一般从下午就开始了，有各种食品或小商品摊位，孩子们奔跑玩耍，大人们开心畅聊。社区或地方政府会承担起组织工作，在社区一块空地中心堆积篝火，入夜之后由一位社区或地方官员讲话并点燃篝火，人们围绕篝火尽情狂欢。第二天是5月1日——自1939年起就是法定假日。人们可以在沃尔帕吉斯之夜无忧无虑地狂欢到深夜。人们参加游行来庆祝劳动节，他们高举写有经典标语或热点话题类标语的横幅，穿过所在城镇或乡村的大街小巷。在首都，国王花园是五一游行的重要场所。

3. 仲夏节

在仲夏节这一天，许多人会开始休为期五周的年假，每个人都赶着在相对较短的夏季完成该做的事情。仲夏夜历来要在乡村庆祝。在此前一天，所有人都离开城市，所有机构都关门停业。仲夏夜在6月19~25日的星期五。人们采摘花朵做成花环放在五月柱上，五月柱竖立在开阔的场地，大家围绕其欢歌舞蹈，庆祝光明与万物繁茂。

4. 露西亚节

12月13日是瑞典传统的露西亚节。据传露西亚女神在每年12月13日夜晚降临人间，给人们带来光明。在斯德哥尔摩，这一天太阳直到上午9点才迟迟升起，而到下午3点便早早落下，从这天以后，漫漫长夜便日渐缩短，而光明的白昼则一天天变长。瑞典人每年都怀着很高的兴致欢度这个节日，置办过节用品。在这一天晚上，许多组织或家庭会让最美丽的姑娘或家中最小的女儿打扮成露西亚女神，头戴饰有小电灯的花冠，象征带来光明。人们围着露西亚女神，唱露西亚颂歌。

第三节 特色资源

瑞典是北欧最大的国家，近三分之二的国土被森林和湖泊覆盖，大自然美景无所不在，南北狭长的地形使得瑞典一年四季呈现不同的风貌。欧洲古典风格的建筑、景色秀美的田园风光、清澈动人的湖光水色与悠然自在的闲适生活，好似浑然天成，令这个北欧国度散发出迷人的魅力。

第一章 概 览

一 国家公园

1910年，瑞典成为第一个建立国家公园的欧洲国家，这些国家公园主要分布在诺尔兰的山区。这使得欧洲最后的原始地带免于被开发的命运。此外，瑞典境内还有许多的自然保护区和文化遗产保护区。根据"公众通行权"（Allemansrätten），任何人无须征得土地所有人的许可，都有权利徒步穿越森林和田野，以采摘浆果和蘑菇；但是该权利还附带一项尊重自然环境和私人财产的义务。凭借复杂的地形，瑞典拥有种类繁多的野生动物，从北方的熊和狼到南方的西方狍和野猪，不一而足。瑞典还拥有丰富的植物和水生物。这些动植物共同造就了瑞典的生物多样性。

瑞典拥有丰富的野生动植物种类。在瑞典北部和中部，狼的栖息地正在扩大，熊、猞猁和野猪的数量也正在增加。全国各地都有大量的驼鹿、西方狍、狐狸和野兔。狩猎活动受到严格的监管，很多动物种类受到全面的保护。虽然冬季瑞典的鸟类只有寥寥几种，但是夏季从南方会飞来大量的候鸟。由于拥有很长的海岸线和很多湖泊，瑞典还有着丰富的水生物。鱼的种类各异，从大西洋咸水鳕鱼和鲭鱼，到盐度较低的波的尼亚湾以及河流与湖泊中发现的鲑鱼和梭鱼，五花八门。鲱鱼和较小的波罗的海鲱鱼过去曾是瑞典人重要的主食，但现在被认为是一种特色佳肴。

二 主要城市和历史名胜

1. 斯德哥尔摩

瑞典首都斯德哥尔摩被誉为世界上最美丽的首都。这座秀丽的水城建造在波罗的海与梅拉伦湖交汇的14座岛屿上，特殊的地理位置成就了它无与伦比的美丽。漫步拥有数百年历史的老城（Gamla Stan）内最主要的两条街道西长街（Västerlånggatan）和东长街（Österlånggatan），在斯德哥尔摩最古老的广场享受阳光，徜徉附近的诺贝尔博物馆与斯德哥尔摩大教堂（王储维多利亚公主在此举行大婚典礼），再于中午时分亲阅王宫士兵隆重的换岗仪式。在去往骑士岛（Riddarholmen）的路上顺路参观贵族院，在挂满贵族徽牌的墙上找找斯文·赫定的贵族徽章。骑士岛上有皇家大教堂，教堂内有历代王室墓葬。在骑士岛码头可以欣赏梅拉伦湖、远眺市政厅，也可以乘坐不同线路的公交船游历一番，甚至可以远达斯德哥尔摩群岛。与老城隔海相望的动物园岛上汇集众多不同风格、不同主题的博物馆与游乐园，如斯坎森露天博物馆、瓦萨博物馆、北欧博物馆、六月坡儿童乐园、ABBA博物馆等，尤金王子花园尤其不能错过。

瑞典自2016年2月起向公众免费开放境内的18家国立博物馆。这些博物馆多数位于斯德哥尔摩，它们可能继续向成人收取临时展览费用，而18岁以下的儿童和青少年可免费参观所有展览。

皇后岛上的皇宫是国王与王后居住之所。建于17世纪的皇后岛宫是当今保存最为完好的皇家宫殿，并被联合国教科文组织（UNESCO）列入世界遗产名录，对游客开放部分空间以供参观。岛上有中国宫，建筑风格、内部陈设具有明清时期的中国风格。皇后岛上的宫廷剧院夏天会举办演出，宫廷花园也是散步的好去处。

在城中其他地方也遍布各种主题的博物馆，斯德哥尔摩大学、瑞典皇家工学院、皇家图书馆和50余个专业博物馆，使斯德哥尔摩市成为名副其实的文化之都。市中心购物广场可以体验斯德哥尔摩现代活力的一面。2010年，斯德哥尔摩被欧盟评为"欧洲绿色之都"。

斯德哥尔摩市政厅位于市中心的梅拉伦湖畔，是斯德哥尔摩的地标性建筑，也是市政委员会的办公场所。市政厅建于1911~1923年，由著名建筑师拉格纳尔·厄斯特贝里（Ragnar Östberg）设计。这是瑞典民族浪漫风格中最杰出的一栋建筑。主体以800万块红砖建造，在高低错落、虚实相谐中保持着北欧传统古典建筑的诗情画意。右侧塔楼高106米，顶端为三个镀金皇冠，是瑞典王国的象征，也代表着当年卡尔马联盟三国——瑞典、挪威和丹麦。登上塔顶则可纵目四望，斯德哥尔摩美丽的城市风光可尽收眼底。在市政厅内25米纵深的"金色大厅"里，用200多万块彩色玻璃镶嵌而成的三幅大型壁画，是斯德哥尔摩市的骄傲。中间一幅是梅拉伦女神，她右手托皇冠，左手执权杖，怀中容纳着斯德哥尔摩城；女神周围簇拥着来自东、西各方的使者，大家对她表达着敬贺与拥戴之情。左、右两幅分别为从波罗的海海盗时期至近代工业化阶段的瑞典历任国王典故和曾经做出贡献的各界名人的画像。市政厅内最大的宴会厅称为"蓝厅",每年12月10日,瑞典国王和王后都要在此为诺贝尔奖获得者举行隆重盛大的宴会。

斯德哥尔摩人引以为傲的地铁最早运行于1950年。1955年,两名瑞典艺术家就向斯德哥尔摩议会提交了两项用艺术装点地铁的方案,这份方案受到议会很多党派的赞成,自那之后,艺术家便成了地铁建设团队的一部分。第一份艺术作品是由维拉·尼尔森和西里·德尔克特两位艺术家于1957年完成的。一百多个地铁站堪称世界上最长的艺术博物馆,每一个站点都是一道不同的风景线,很多地铁站都犹如"原始"山洞。斯德哥尔摩地铁蓝线建设时采用的是爆破式凿洞开采方法,每个站点自然就保留了原始岩石洞的空间特点,这样可最大限度减少对环境的冲击。不论是山洞还是大厅式站台,很多站台的主体空间都有一个主题设计,与周边的地域文化相映成趣。众多艺术家永久和临时的展览作品分布在若干站点,从20世纪50年代到21世纪的雕塑、壁画、油画、装置艺术和浮雕,规模宏大、变化多样,每一组都与地铁站的环境相互辉映。自2004年开始,艺术家不仅用静态的画和雕刻装点地铁站,一些艺术影片也被呈现在地铁站中。地铁之游可以从老城的国王花园站(Kungsträdgården)开启。

市郊有座小岛叫康有为岛,但现在已经找不到康有为当年变法失败流亡至此购岛居留的痕迹了。距离斯德哥尔摩不远的锡格蒂纳(Sigtuna)建于公元980年,曾是瑞典的首都,是瑞典第一个城市。小城居民只有数千人,城中的主街至今还保持一千多年前的格局没变,是瑞典最古老的街道。这里是数个瑞典"第一"的发源地:第一枚硬币、第一所教堂、第一块砖、第一根电话杆。小镇至今还保留着建于16~17世纪的北欧最小的市政厅、最老的电话亭和最老的咖啡馆(Tant Brun,棕色大妈)。

2. 哥德堡

位于瑞典西部海岸,隔卡特加特海峡与丹麦遥遥相望,是瑞典第二大城市和第一大海港。港口终年不冻,是瑞典出口汽车、机械、化学产品与进口石油的主要口岸。自17世纪起,这里就成了重要的商业中心,荷兰人曾经聚居此城,至今哥德堡许多地方仍然具有明显的荷兰风格。瑞典东

瑞 典

印度公司于1731年在这里成立。连接瑞典第一大湖维纳恩湖与卡特加特海峡的约塔运河于1832年凿通后，哥德堡港的作用进一步增强。机械制造、化学工业、纺织工业迅速发展起来，著名的沃尔沃公司的总部就设在该市。它还是瑞典西部地区的文化中心，建有哥德堡大学、查尔姆斯理工大学和海洋研究所及其他机构。这里还是通往西海岸迷人群岛的出发点。微咸清新的海风，美味的牡蛎、小龙虾、螃蟹、比目鱼，凸显出哥德堡的特色。国际媒体将哥德堡称为顶级美食目的地，这里有五家餐厅荣获米其林星级称号，还有数十家一流餐厅。哥德堡一景是港口每周二至周五早上举行的海鲜拍卖会，全年无休。哥德堡的教堂与哈加老城也是游客"打卡"之地。

3. 马尔默

瑞典第三大城市，也是瑞典南部的经济、交通和文化中心。它与丹麦首都哥本哈根相距只有26公里，在厄勒海峡的两侧，如同一对姐妹城市。马尔默始建于12世纪，原属丹麦，1658年划归瑞典，1775年开始建立海港。1905年扩建后发展迅速，目前已经是瑞典重要工业中心之一，主要有化工、纺织、制糖、水泥、橡胶等工业。瑞典南部农业区生产的粮食、甜菜、糖等与其他工业品一起从这里出口国外。城市的老区紧靠海岸，运河纵横其间，古老的荷兰式建筑比比皆是，新区则逐步伸向大陆，具有明显的现代化城市特点。

4. 乌普萨拉

位于瑞典中部梅拉伦湖畔，紧傍费利斯河，原为瑞典古都。它是北欧最早的文明圣地，乌普萨拉教堂是北欧最古老的教堂，是1287年建造的砖结构建筑。瑞典古代的王国曾以此为中心，瑞典国王的加冕典礼至今仍在这里举行。16世纪修建的城堡等历史建筑和古斯塔夫一世等历史人物的陵墓，是人们争相参观的名胜。乌普萨拉大学，特别是它的地震研究所，以及包括中国瓷器馆、中国化石馆在内的十多个博物馆，使这个文化古城扬名世界。

5. 基律纳

到瑞典游览，不能不去北部城市基律纳。它地处北极圈以北140公里，位于罗萨湖东岸。从前，这里的居民主要是靠放牧驯鹿为生的萨米人。19世纪30年代在基律瓦拉山脉发现富铁矿之后，一座矿城迅速出现在荒山野岭之间。据介绍，这里蕴藏着18亿吨高品位铁矿，矿山原为露天开采，后来转为地下采掘，矿层在地下300多米，生产的铁矿砂90%出口国外，目前是世界上最大的铁矿之一。人们到基律纳可以参观地下矿井、宽阔的巷道，还有最先进的设备，感受极高的生产效率。夏季，可以领略几十天不夜的"长昼"；秋天，萨米人把驯鹿从野外赶到临时用栅栏围成的棚圈中，举行传统的"分鹿节"，同时为游人表演套鹿；冬天，可以感受极夜、滑雪以及住冰酒店（Ice Hotel）。世界上第一座冰酒店始建于1989年，位于北极圈以北200公里的尤卡斯亚维（Jukkasjärvi）。每年10~12月的8周内，新生代艺术家和寒冰专家会重新修缮房间。旅馆由1000吨寒冰和3万平方米的冰雪建造而成。每年春季，它需要3个月融化并回归大地。归功于太阳能提供的持续制冷作用，自2016年11月起，一部分冰酒店实现了全年开放。

每年12月到次年2~3月，远方的客人可以到离基律纳100公里之外的阿比斯库，乘坐缆车登上极地天空站——地球上欣赏北极光的绝佳之处，体验欧若拉女神带来的视觉震撼。

6. 维斯比

维斯比是瑞典著名古城，地处哥特兰岛西部，濒临波罗的海。它的历史可上溯到2000年前。早在新石器时代这里就有渔民居住，公元800年成为瑞典的一部分，13世纪发展成为北欧最重要的商业城市之一。1361年，丹麦国王羡慕哥特兰岛之富庶，遂与瑞典在维斯比城外作战。此后，哥特兰岛落入丹麦手中，后又为汉萨同盟所统治，直至1645年复归瑞典。该城自14世纪以来发展缓慢，城市规模未有大的扩充，许多建筑依然保持旧有风采。而正是这种古城风采吸引着现代人，众多游客不畏路程遥远，来此地一睹中世纪的风光。小城周围环绕着石灰石构筑的城垣，城垣自13世纪晚期兴建，14世纪又经加高加固，成为高12米、长达4公里、有44座造型雄伟城楼的城墙。城墙至今已历经600余年的风风雨雨，仍保存完好，非常壮观。市内用碎石铺成的狭长街道大部分也保存完好，建于13~14世纪的沿街房屋更是风采依旧,散落在城内的中世纪教堂有17座之多。完好的旧城风貌,在现代社会中实属罕见。如今,哥特兰的行政中心仍设在老城,而繁荣热闹的商业区则多在城外。维斯比还有"玫瑰之都"的美誉,因为这里气候温和,甚至到了11月,瑞典其他地方已是隆冬,维斯比却仍旧玫瑰盛开,令人备感温暖。

7. 卡尔斯库加

中部城市卡尔斯库加有诺贝尔的旧居,位于卡尔斯库加郊外,人称"白桦山庄",距斯德哥尔摩约200公里。这是诺贝尔晚年居住的地方,1975年改建成纪念馆。这座白色的二层小楼,如今既是旅游名胜,也是经常举办与诺贝尔有关的学术活动的场所。各国科学家不时来此参加学术座谈会,弘扬诺贝尔提倡的"科学造福人类"的伟大思想,研究与探讨新的科学课题。

8. 耶夫勒

耶夫勒是瑞典中东部一座古老的海港城市。这里有着天然的充足的水景。城市围绕着港口延展开来。耶夫勒河和泰斯特河是这里主要的两条水路。位于北岸的哈姆龙厄区以及达尔河上的渔村波南和海德森拥有非常迷人的自然风光。在这里可以看到源于16世纪的铁匠铺、古老庄园和英伦风情的公园。在耶夫勒,人们用在中央广场装饰巨大的稻草制成的"耶夫勒山羊"欢庆圣诞节。在白雪的覆盖下,伴随着闪耀的灯光,以市政厅为华丽背景的"耶夫勒山羊"成为每年圣诞节不可替代的一部分。

9. 吕里奥

瑞典北部的拉普兰地区是一片宁静、神秘的土地。由于已到达北极圈,每年5月下旬到7月中旬可以在这里看到午夜的太阳。而到了阳光稀缺的冬季,这里却暗藏着神秘的北极光以及各种丰富多彩的冬季探险活动。吕里奥是拉普兰的门户城市,从斯德哥尔摩乘坐飞机约1小时即可抵达。这座城市的景色拥有与其他城市迥然不同的风格,现代化设施虽然为人们的生活提供很大便利,但丝毫没有因此而牺牲这片土地本来拥有的宁静与自然。在这里可以体验各种新鲜有趣的冬季活动,比如破冰之旅、狗拉雪橇、雪上摩托车等。

三　建筑艺术

瑞典中世纪的教堂建筑在本民族传统基础上融合了外来的样式，一般墙体厚实，形制简洁，装饰朴素。雕塑受外来影响的痕迹较明显。早期受西多会的影响，盛期主要受巴黎和兰斯地区的影响，到晚期又采用德国和英国的风格。乌普萨拉主教堂的雕塑作坊，成了哥特式雕塑的制作中心，聚集着本国和外来的匠师。15世纪，出现了具有写实因素、充满活力的雕塑作品。《圣乔治与龙》木雕像是这类作品之一，出自活动在斯德哥尔摩的吕贝克匠师诺特克（Bernt Notke）之手。另一位雕塑师迪伦（Adam van Düren）是位多才多艺的艺术家，他的艺术成就以比尔格的贡纳尔松陵墓雕塑为代表。

宗教改革时期，瑞典的建筑成就主要是教堂、皇宫和城堡。建筑样式深受德国和尼德兰文艺复兴风格的影响。尼德兰建筑师博延斯（Günther Boyens）为瑞典建筑艺术发展做出了突出的贡献。他身兼建筑师和雕塑家，设计的斯德哥尔摩圣雅各布教堂由9个穹顶组成星形，是当时最有特点的教堂建筑。17世纪中叶，瑞典皇宫建筑群已经鳞次栉比，规模宏大。这一时期的建筑师当中，最有成就的当属泰辛父子（Nicodemus Tessins, the Elder and the Younger）。1653年老泰辛游历欧洲各国，回国后在瑞典推行巴洛克样式，先后设计了卡尔马主教堂、斯德哥尔摩博物馆、瑞典国家银行等建筑。小泰辛在父亲去世后，于1681年继任宫廷建筑师。他注重建筑的实用与美观，代表作品是斯德哥尔摩皇宫建筑群（旧宫于1697年毁于火灾）。在皇宫建筑设计上，他将世俗形式与巴洛克风格融为一体，这在瑞典建筑史上是一次极有价值的尝试。

约1730年，洛可可艺术传到瑞典，首先使建筑风格发生了变化。霍尔莱曼（Carl Horleman）设计建造了斯德哥尔摩宫，并主持宫殿内部的装修工程。克龙斯泰德（Carl Johan Cronstedt）设计建造了几座洛可可式的贵族采邑。阿代尔兰茨（Carl Fredrik Adelcrantz）仿中国木结构宫殿建筑形制，修建了一座小巧玲珑的木结构宫殿——"基纳·斯洛特"（1760），因宫殿装有蓝绿色琉璃屋顶和深红色的藻井，故又称"中国宫"。他后来

瑞 典

成为古斯塔夫建筑风格的主要代表,斯德哥尔摩皇家歌剧院集中体现了他的成就。帕尔姆斯泰德(Erik Palmstedt)是新古典主义建筑的代表,他设计的古斯塔夫剧院和斯德哥尔摩海关大楼具有里程碑式意义。19世纪初,一种纯朴而市民化的因素渗透到新古典主义建筑之中,主要代表人物是布洛姆(Fredrik Blom)。在他之后,新古典主义建筑失去魅力。1870年前后,瑞典建筑家采用了在欧洲各地流行的折中主义风格,罗马式和哥特式建筑的某些因素再次被采用,出现了新哥特主义建筑,其中以尼斯特勒姆(Axel Nystrm)设计的隆德比斯霍普宫为代表。

建筑艺术在1930年斯德哥尔摩博览会之后,出现了自然主义、结构主义、功能主义等流派,其中以功能主义流派影响最大。这次博览会可以说是瑞典建筑设计历史上的转折点,它象征着新旧的交替,更精致的内饰、更大的窗户、光洁的表面和更开放的空间等,是新的建筑设计的特点。像阿赫伦(Unohrén)、列维伦茨(Sigurd Lewerentz)、阿斯普隆德(Gunar Asplund)、马尔克柳斯(Sven Markelius)等建筑设计师,自由地创造了全新的建筑设计作品。

瑞典地标性建筑众多,有诺贝尔颁奖庆祝晚宴举办地、世界上第一个旋体摩天大楼、微型国家里的大地艺术装置、世界上最大的球形建筑、列入联合国教科文组织世界遗产名录的林地公墓等。

(1)斯德哥尔摩市政厅(Stockholms Stadshus),是建筑师拉格纳尔·厄斯特贝里(Ragnar Östberg)的瑞典民族浪漫主义杰作,于1923年落成。365个阶梯通向106米高的钟楼,尖塔置有瑞典国徽"金色三王冠"。自2010年以来,市政厅便与其东面的斯德哥尔摩港区建筑交相辉映。在市政厅内一层"蓝厅",每年12月10日晚举办诺贝尔颁奖庆祝晚宴。

(2)马尔默市的旋体大厦(Turning Torso),高190米,由圣地亚哥·卡拉特拉瓦(Santiago Calatrava)设计,是世界上第一座旋体摩天大楼,也是斯堪的纳维亚最高的楼。2015年8月27日,它迎来了十周年生日,并于同年荣获世界高层建筑与都市人居学会(CTBUH)"十周年奖"。

(3)Nimis(拉丁语意"太多")是一个争议之地。1980年,拉尔斯·维尔克斯(Lars Vilks)开始制作这个宽100米、塔高25米的特殊艺术装置，参观者既可以攀爬这个由浮木所搭建的建筑，也可以从沙滩、海面和库拉伯格（Kullaberg）自然保护区的高地上远观它。

（4）爱立信球形体育馆（The Ericsson Globe），世界上最大的球形建筑，它的外观像一个高尔夫球，半隐于首都南部的一片居住区中，场馆由贝里设计师工作室（Berg Arkitektkontor）设计，于1989年对外开放，直径110米、高85米。

（5）维多利亚大楼（Victoria Tower），由格特·温高（Gert Wingårdh）设计，完工于2011年，由钢铁和玻璃铸造而成，高117米，是斯堪的纳维亚最高的酒店，荣获2012年世界建筑节一等奖。它矗立在首都的高科技园区西斯塔（Kista），墙体映射出周遭的景象——能从建筑内部看到外面，从外面却瞧不见里面。

（6）林地公墓，由贡纳尔·阿斯普朗德（Gunnar Asplund）和西古德·莱韦伦茨（Sigurd Lewerentz）自1920年始建。阿斯普朗德是第一个安葬在此处的人，朴素的石碑上写着："他的作品永存。"公墓被列入联合国教科文组织世界文化遗产名录。

四　传统工艺与现代设计

瑞典传统手工艺品有着简单、粗犷的北欧民族烙印，地域差别明显。北方拉普兰地区有萨米工艺，南部斯科讷省则是艳丽、粗犷的传统纺织品。木制工艺品、制陶、皮具以及锻铁、编篮也各有特色。瑞典中北部达拉纳省的传统手工艺极其丰富，这里是独特的库比茨（Kurbits）达拉彩绘木马发祥地。达拉木马是瑞典著名的民族标志。

瑞典设计有着民族的传统和鲜明的特色。19世纪末设计师埃伦·凯伊（Ellen Key）先后发表的两篇论文《居家之美》和《美为大家》，20世纪初另一位设计师保尔松（Gregor Paulsson）的著作《让日常用品更美》，提出了至今仍浸透着瑞典设计的精神：设计不光是为了有钱人，它对每个人都很重要。

正是在这种精神的指导下，直到今天，瑞典生产制造的日常用品在强调功能性的同时非常重视艺术性。从20世纪20年代起，瑞典的应用艺术

瑞 典

和工艺品在国际上就以"瑞典式雅致"而闻名遐迩。这在很大程度上要归功于玻璃艺术设计大师盖特（Simon Gate）和哈尔德（Edward Hald），他们设计的玻璃用品显示出了鲜明的瑞典风格。

像建筑一样，对于设计来说，1930年的斯德哥尔摩博览会同样也是历史的转折点。从那时以来，受"将艺术融入工业，创造更美的日常使用的东西"这种观念的启示，瑞典涌现出了很多优秀的设计师。家具设计师马特松（Bruno Mathsson）、马尔姆斯滕（Carl Malmsten）等设计了在国内外很受青睐的家具。宜家家居（IKEA）让瑞典家居用品简约、实用、材质天然等风格风靡全球，其创始人英格瓦·坎普拉德（Ingvar Kamprad）当年开创公司时仅17岁。桑佩（Astrid Sampe）、格拉斯滕（Viola Gråsten）等设计的布艺，影响到了瑞典许多家庭的家居布置。

第二次世界大战后，"工业设计"作为一种职业在瑞典广为流行，设计工作也进一步渗透到各个行业。新材料和新技术在设计中被广泛采用，设计人员也划分为工业设计员和艺术设计师。20世纪60年代，瑞典设计的多种产品，尤其是为残疾人设计的产品，赢得了很高的国际声誉，也极大地推动了瑞典企业的国际化。

在瑞典，无论是一般公众还是企业，对设计都表现出了浓厚的兴趣。"瑞典式雅致与摩登"使时尚、环保、人性化等因素在设计中得到了更多的考虑。斯德哥尔摩成为国际设计师的重要会集地，政府对设计也给予了更多的重视，2005年被定为瑞典"设计年"。瑞典作为设计大国，政府也非常重视设计产业发展与历史延续。2013年，建筑博物馆改名为建筑与设计中心。地区性的设计场馆有位于哥德堡的若斯卡博物馆、马尔默的造型设计中心等。瑞典设计不断创新，渗透到经济生活的细节之中。

五 诺贝尔奖

每年的12月5~11日为斯德哥尔摩诺贝尔周，诺贝尔奖得主抵达并入住位于老城的大饭店（Grant Hotel）。在接下来的几天时间里，他们将发表演讲介绍工作成果，参与专题讨论和其他公开亮相活动；出席诺贝尔奖颁发机构、诺贝尔基金会以及瑞典王室组织的招待会和晚宴。12月10

日是阿尔弗雷德·诺贝尔的逝世周年纪念日，也是诺贝尔奖颁奖典礼日。当日，物理学、化学、生理学或医学、文学以及经济学领域的获奖者会现身斯德哥尔摩音乐厅的诺贝尔奖颁奖典礼，从瑞典国王手中接过奖章、证书和奖金。颁奖典礼结束后来宾们移步斯德哥尔摩市政厅举办庆祝宴会。

诺贝尔奖奖金来源于瑞典人阿尔弗雷德·诺贝尔（1833~1896）的遗产，奖项颁发给"那些在过去的一年里为人类做出了杰出贡献的人"。1895年诺贝尔在签署他最后一份遗嘱时，声明用他的大部分财产建立一支基金，并投资安全证券。当时在瑞典和挪威（两国在1814~1905年为联盟）颁发奖项的四个机构为瑞典皇家科学院、卡罗林斯卡医学院、瑞典文学院以及由挪威议会（Stortinget）选举产生的五人委员会。1900年，四个颁奖机构一致同意成立诺贝尔基金会，这是一个基于阿尔弗雷德·诺贝尔的遗嘱成立的私人机构。诺贝尔基金会负责管理阿尔弗雷德·诺贝尔共计3100万瑞典克朗的遗产、发布公告和组织颁奖典礼。每年的总奖金额根据近期的投资收益而定。目前资本总值约为39亿瑞典克朗，经通胀调整后几乎是最初资本的两倍。2018年，每个类别的诺贝尔奖的奖金均为800万瑞典克朗，每个奖项最多可由三人共同获得。

1968年，瑞典国家银行（Sveriges Riksbank）设立了纪念诺贝尔经济学奖。该奖项资金来自瑞典国家银行在1968年为庆祝银行成立300周年而向诺贝尔基金会捐赠的一笔款项。诺贝尔经济学奖由瑞典皇家科学院遵循诺贝尔奖原则颁发。

第二章

历　史

与一些欧洲大陆国家相比，瑞典有记载的历史不算太久远，但在历史上也曾一度称雄欧洲，并留下了丰富的文化遗产。

第一节　从史前史到中古时代

一　史前史

公元前 1.1 万年之前，现在的整个瑞典尚为厚厚的冰川所覆盖。在地球历史上最近一次冰川期结束、冰川慢慢融化以后，人类才来到瑞典。在瑞典南部发现的第一个居民点，出现在公元前 1 万年前后。公元前 8000～前 6000 年，在今天瑞典中南部地区各处已经居住着较多的居民，他们以渔猎为生，使用简单的石器。今天发现的这一时期的居民点和墓穴越来越多，距今最近的大约在公元前 1800 年。此后，石器逐步改进，尽管瑞典等北欧地区居民的生活用具主要还是石器，但也逐渐进入了青铜器时代（公元前 1800～前 500）。如今出土的这一时期文物中，最典型的是青铜制作的兵器和宗教仪式用具。从这些文物（如手工制品）来看，青铜器时代的北欧特别是瑞典和丹麦已经形成很高程度的文化。公元前 500 年以后，青铜手工制品逐渐减少，铁器越来越普遍。在铁器时代的初期（公元前 500～前 400）、大迁入时期（公元 400～550）和温代尔时期（公元 550～800），瑞典居民才定居下来，农业成为经济和社会的基础，瑞典与罗马帝国之间也建立了贸易上的联系。

二 温代尔时期

公元 550~800 年，是瑞典历史上的"温代尔时期"，因在今乌普兰地区的温代尔教堂附近发现许多豪华船型古墓而得名。考古学家在哥特兰岛还发现了这一时期的很多石壁画。温代尔人有将头盔、剑、盾和各种华丽手工制品用于战士陪葬的习俗。这些制品既有本地制造的，也有外国制造的，表明当时一些富有和掌权的头领已经与外部进行贸易，并经常往返于瑞典与波罗的海对岸。这一时期还形成了一些贸易中心，如梅拉伦湖的赫尔戈（Helgö）。

三 中古时代

历史学家将公元 800 年（温代尔时期结束）至 1521 年（由丹麦、挪威和瑞典组成的卡尔马联盟结束）这一段时期，称为瑞典历史上的中古时代。

1. 海盗时期和基督教的传入（800~1050）

公元 800~1050 年这段时期，斯堪的纳维亚各民族历史的特点是大力扩张，表现为海盗掠夺、向外拓殖甚至建立海盗帝国。这一扩张最早的确凿证据，是丹麦和挪威海盗对英格兰海岸边霍利岛上的林德斯芬修道院的掠夺。在 9 世纪中叶，这些被称为"维京人"的海盗群体，还溯今天法国、德国的各条河流而上，深入内地，最远到达西班牙、葡萄牙，并穿过直布罗陀海峡进入地中海（地中海地区的人们将他们称为"诺曼人"）。10 世纪，来自斯科讷地区（瑞典南端平原地区）和瑞典西海岸的海盗加入了主要由丹麦人和挪威人组成的扩张队伍，在英格兰和诺曼底等地落户并征收土地税。到 11 世纪初海盗掠夺达到高峰，卡努特大帝建立了北海帝国。除了丹麦和挪威外，他还统治了英格兰大部分地区。

瑞典海盗主要来自乌普兰、梅拉伦湖盆地和哥特兰岛。这些地区的考古发现显示，他们主要向东扩张，一是出去掠夺，二是到波罗的海沿岸并深入现今俄罗斯内陆河畔从事贸易。从大约公元 800 年开始，梅拉伦湖比约克岛上的比尔卡（Birka）就成了波罗的海的贸易中心之一。海盗向东扩张时,在所到之处设立商站,并曾建立过一批寿命短暂的公国。他们向东最远曾到达黑海和里海一带,与拜占庭帝国和阿拉伯自治领建立了贸易联系。然而,在公元1050年前后或此后不久,这种海盗扩张和贸易突然停止了。历史学家对公元800～1050年这一时期北欧海盗和贸易活动活跃以及这种情况的突然终止有不同的解释。比利时著名历史学家亨利·皮雷纳（Henri Pirenne）认为,主要是这一时期伊斯兰教和阿拉伯人征服了地中海沿岸的南欧和东南欧地区,阻断了西欧与东方的贸易通道,促使人们寻找新的贸易通道,导致北欧和波罗的海地区贸易的繁荣和大规模的海盗活动。而11世纪中叶地中海地区战争的结束和对海盗的镇压,使西欧到近东、中东的贸易通道得以恢复,从而也使斯堪的纳维亚的繁荣和扩张失去了基础。

同一时期,基督教也第一次随着传教士安斯加（Ansgar）的到来而进入瑞典,安斯加是在9世纪从加洛林帝国到达瑞典的。然而,直到11世纪,瑞典才变成一个基督教国家。即便如此,此前在瑞典流行的原始多神宗教和祖先崇拜仍然延续到12世纪,直到1164年瑞典才有了自己的第一位基督教大主教。基督教的传入和胜利,是一次重大的文化变化,有助于有组织的国家取代原来的部落制度。

2. 王国的诞生和巩固

瑞典王国的形成历时较长。此前,各个省份是独立的。到公元1000年前后,它们才形成一个整体。最早成为全瑞典国王的是奥洛夫·斯科特康农（Olof Skötkonung）,但他是否在全国行使有效统治,仍缺乏史实佐证。可以肯定的是,在他之后,瑞典仍处于分裂状态。直到1130年前后,在大斯维克尔（Sverker the Elder）统治下,瑞典才成为一个王国。12世纪中叶以后,另一个统治集团埃里克家族（Eriks）兴起。此后,斯维克尔家族与埃里克家族之间争夺权力的斗争十分激烈。从1160年到1250年,是这两个家族轮流当政的历史时期。

从各个方面看,13世纪都是瑞典得到较快扩张和发展的时期。大片新土地被开垦为农地,农作物产量也比以前提高。以前村落的组织化程度逐步提高,加上森林地区畜牧业的发展,使得谷物、肉类和黄油等产品的

35

剩余增加，新的富裕者出现，确立了世俗贵族阶层的地位。国王和贵族身边都养了一批随从和战士。贵族们对国王承担一些军事义务，以换取各种税收的减免。与此同时，13世纪也是瑞典基督教会迅速发展的时期。教会被纳入国际性的组织，形成了各个教区，每个教区建有教堂，宗教法规被普遍接受。教会拥有土地和财产，可以征收什一税，因此一批精神贵族产生了。剩余产品的增多，促进了贸易的发展。贸易的发展又促使一批城镇出现。特别是与以吕贝克为首的汉萨同盟内部一些城市之间的贸易，使瑞典出现了一个新的社会群体——自治市的自由民。这些阶层的出现，使社会结构发生了很大变化。

在斯维尔克家族和埃里克家族轮流当政期间，瑞典的主要行政机构仍是省，每个省都有自己的议会、执法吏和法律。直到13世纪下半叶，国王才有了较大的影响，到处建造城堡和设立地方机构，以显示中央政府的权威。全国被划分为若干采邑，推行适用于全国的法律和条例。一种参政会性质的机构逐步形成，它由分别主管法律、军队和行政的王座庭庭长（drots）、掌节大臣（marsk）和首辅大臣（kansler）组成。

埃里克家族的最后一位国王死后，他的小外甥于1250年被选举为国王，但实权操纵在其父亲和监护人比格尔·瓦尔德马尔（Birger Valdmar）手里。在打败对手之后，瓦尔德马尔夺取了王位，开始了所谓的富尔昆加（Folkunga）王朝。与以前两大家族斗争不同，在富尔昆加时期（1250～1364），争权夺利的斗争主要在新王朝内部进行。最初，在丹麦和一些心怀不满的贵族支持下，瓦尔德马尔的两个兄弟马格努斯（Magnus）和埃里克（Erik）起来反对他。1275年，瓦尔德马尔在霍瓦（Hova）之战中被打败。外号"拉都劳斯"（Ladulås，意为"粮仓之锁"）的马格努斯被选举为国王。

马格努斯（1275～1290年在位）于1280年颁布《阿尔斯诺法令》（Alsnö Decree），确立了贵族阶层的社会地位和封建式的社会组织。同时，作为对教会拥护他当权的让步，确认了教会的特权。随后，一个由上层贵族和教会代表组成的参政会宣告成立，为国王出谋划策。

马格努斯1290年去世时，最大的儿子比格尔（Birger）尚年幼，权力为掌节大臣托吉尔斯·克努特松（Torgils Knutsson）操纵下的参政会所控制。克努特松奉行扩张政策，征服了今天芬兰的大片土地，势力一直延伸到今俄罗斯的涅瓦河，并在那里建立了维堡城。与此同时，克努特松的权势及其反对教士的政策，引发他与年轻的国王、国王的两个兄弟埃里克公爵和瓦尔德马尔公爵的冲突。1306年，克努特松被推翻。此后，国王比格尔与其两个兄弟又开始了争夺，权力几度易手。到了1317年，比格尔在诺尔雪平设下"鸿门宴"，将其两个兄弟杀死。此举引起了一场叛乱，他本人随后也被废黜。不久，埃里克公爵三岁的幼子马格努斯·埃里克松（Magnus Eriksson，1319~1364年在位）于1319年被选举为国王。

正是在这次选举中，参政会公布了一份"权利书"（Letter of Privilege），它被称为瑞典的"大宪章"。根据这份文件，王国的所有贵族，不管是世俗人员还是神职人员，都必须宣誓绝对效忠选举出来的国王；国王则承诺未经参政会的同意，不增加新的税收，不任命外国人为参政会成员和城堡监守；依法治理，未经法律程序审查和审判，不得监禁任何人，不管是富人还是穷人。这些条文，在1350年埃里克松颁布全国有效的法典时被纳入其中。与此同时，原来各省使用的法律也被全国统一的法典取代。

14世纪初，农业是瑞典经济生活的基础。由于三圃制（耕地分为三等份，每年休耕一份，并轮流种植各种作物）的引进和农具的改进，农业生产有了较大发展。与此同时，西北欧的经济和文化交往也迅速发展。与以吕贝克为首的汉萨同盟内的一些德国城市之间贸易十分活跃。在直到16世纪中期的两百年间，汉萨同盟一直在瑞典贸易中占主导地位。与汉萨同盟之间蓬勃发展的商业活动，使瑞典在此期间出现了许多城市。形成于1320~1330年、经考证属实的《埃里克编年史》，叙述了富尔昆加王朝的历史，提到了当时宫廷诗歌和欧洲大陆骑士观念传入瑞典的情况。而通过其有关圣母玛利亚跪地降生基督的宗教"灵视"的说法，著名瑞典修女圣布丽吉特（Saint Birgitta）在整个欧洲也产生了很大影响。

瑞 典

马格努斯·埃里克松在当选瑞典国王之前，从其外祖父那里继承了挪威的王位。他还从其母亲那里继承了哈兰省。1332年，通过购买，他又将斯科讷省和布莱金厄省纳入其统治范围。但他与贵族之间仍然冲突不断。为了显示权力，他任命其儿子为共同摄政和王位继承人。1350年后，国王与贵族的对立引起了公开的反叛，导致马格努斯·埃里克松于1364年被放逐。

然而，这一时期，丹麦人于1360年征服了斯科讷省、哈兰省和布莱金厄省，并于1361年夺取了哥特兰岛和该岛上的重要贸易中心维斯比。而瑞典在1364年选举出新国王后，并没有结束国王与贵族之间的冲突。贵族们请来丹麦女王马格丽塔（Margareta，前瑞典国王马格努斯·埃里克松的儿子哈根的遗孀）及其幼子奥洛夫（Olof），以便推举后者继承王位。奥洛夫1387年死后，马格丽塔于1388年被承认为瑞典的"全权霸主和真正的君王"。在她的指使下，瑞典、丹麦和挪威于1389年结成了以她为首的卡尔马联盟。

3. 卡尔马联盟（1389~1521）

14世纪后期王权与贵族冲突频仍，与中世纪后期的农业危机有关。1349~1350年蔓延到瑞典的黑死病，使瑞典陷入一个漫长的经济衰退时期，人口大减，农田荒芜。直到15世纪中叶，经济才有所恢复。此时，瑞典农业也发生了一些变化，谷物产量减少，养牛业有了较快发展，牛肉和黄油的出口量增加。

1397年，丹麦、瑞典和挪威统治者在卡尔马举行会议，会上三国正式结成卡尔马联盟，选举丹麦国王马格丽塔的侄子波美拉尼亚的埃里克（Erik of Pomerania，1412~1439年在位）为三国共同的国王，而实权操纵在马格丽塔本人手里。形式上，马格丽塔不干预联盟各国内部的法律和贵族的特权，所有重要职位均由本族人担任，但到马格丽塔1412年去世时，王权已经大为增强。经济上，贵族的地产被削减；政治上，马格丽塔任命其亲信占据了所有要津，这激化了王权与贵族之间的冲突。这种冲突在马格丽塔死后波美拉尼亚的埃里克掌权时期演变为公开的反叛。在马格丽塔掌权时期，她未敢切断瑞典与主导斯堪的纳维亚经济的汉萨同盟之间的经济联系。而波美拉尼亚的埃里克则企图摆脱对吕贝克和汉萨同盟的经济、政治依赖。这种做法激起了一场战争，虽然战争增加了瑞典的税收，但同时割断了瑞典至关重要的经济联系，影响了铁的出口，这又反过来加剧了瑞典人对波美拉尼亚的埃里克的反抗。来自富裕采矿家族的英格尔布雷克特松（Engelbrekt Engelbrektsson）领导的反叛，得到贵族和参政会的支持，取得了最初的成功，他被选举为"总首领"。不久，他遭到暗杀。但是，在贵族首领卡尔·克努特松·邦德（Karl Knutsson Bonde）的领导下，瑞典人继续进行反抗。这场斗争同时也伴随着上层贵族之间争权夺利的斗争，最后波美拉尼亚的埃里克的侄子、巴伐利亚的克里斯托弗（Kristoffer）被选举为国王。克里斯托弗被迫对贵族的要求做出让步，而贵族虽在瑞典掌握了实权，但卡尔马联盟在形式上仍得到维持。

15世纪下半叶至16世纪初，瑞典历史的特点是，一个以国王和贵族为代表的中央政权与不断起来反抗的农民和市民之间的持续冲突，这些冲突与瑞典为维护民族统一和维护在汉萨同盟的经济利益的努力交织在一起。当时，瑞典被分割为若干非世袭性的采邑，教区牧师之间为争夺各采邑的权力而展开斗争。与此同时，上层贵族与联盟国王之间也在激烈进行争夺权力的斗争。1435年，经过贵族和平民的斗争，瑞典成立了第一个议会，参加者主要有主教、教士、骑士和平民。但议会由国王根据自己的需要而召集，没有固定任期。1471年，大斯滕·斯图尔（Sten Sture the Elder）夺得布伦克堡（Brunkeberg）之战的胜利后，成了瑞典的摄政。他一直当政到1503年去世为止。在随后为夺权而自相残杀的过程中，丹麦国王克里斯蒂安二世（Kristian Ⅱ）进行了干涉。1517年，他在瑞典贵族当中支持者的帮助下企图通过武力恢复卡尔马联盟。1517年和1518年，他两次进攻斯德哥尔摩不克，但最终取得了奥申登湖冰上之战的胜利。在这次战斗中，其主要对手小斯图尔（Sten Sture the Younger）受了致命的重伤。不久，克里斯蒂安二世攻下斯德哥尔摩。1520年，他自封为瑞典国王，宣布所有反对他的人为"异端"，并将反对者当中的80名领袖人物斩首于老城大广场，史称"斯德哥尔摩大屠杀"。

第二节 瓦萨时期

1521~1718年是瑞典历史上辉煌的"瓦萨时期",这一时期,瑞典成为欧洲一大强国,在国际关系中占据重要地位。

一 宗教改革和民族国家的建立

反对克里斯蒂安二世的一个上层贵族家族中一名成员古斯塔夫·瓦萨(Gustav Vasa),逃过了斯德哥尔摩大屠杀。他在此前的1518年被作为人质拘禁于丹麦。后来,他逃到吕贝克,接着又返回瑞典。他获知斯德哥尔摩大屠杀后,往北逃到了达拉纳省,希望那里的人们支持他发起反抗。由于受丹麦委任的城堡监守的压迫和与吕贝克贸易被切断对当地经济的影响,瑞典北部居民经劝说后纷纷支持反抗。与此同时,斯莫兰(Småland)森林地区也发生了另一场反抗。反抗运动的迅速成功,使古斯塔夫·瓦萨赢得了大多数贵族的支持。1521年8月,他当选为摄政。

此时,克里斯蒂安二世仍占领着斯德哥尔摩和瑞典一些城堡,并控制着海上。于是,古斯塔夫·瓦萨转向吕贝克,并在吕贝克的帮助下收复了丹麦人占领的城堡。1523年6月6日,瑞典上层贵族在斯特兰纳召开会议,会上古斯塔夫·瓦萨被推选为国王。这一年的仲夏日,古斯塔夫·瓦萨攻入斯德哥尔摩,整个瑞典从丹麦的统治下获得解放。

然而,吕贝克对瑞典人的支持是有代价的。为了偿还欠下吕贝克的债务,古斯塔夫·瓦萨不得不增加税收。由于教会地产占全国所有份地的21%,而王室只有5%,因此古斯塔夫·瓦萨转向教会,要求他们缴纳白银和什一税,但遭到拒绝。这引发了王权与教会之间的矛盾。

与此同时,马丁·路德的学说在瑞典全国传播,引发了宗教改革运动。奥劳斯·佩特里(Olaus Petri)翻译的瑞典文《新约全书》于1526年出现。在斯德哥尔摩,人们开始用本地语言做弥撒。另外,财政上的困境,迫使古斯塔夫·瓦萨于1527年召开上层贵族代表会议。会议在韦斯特罗斯举行,会上批准了古斯塔夫·瓦萨提出的一项法令,即《韦斯特罗斯退田令》(Västerås Recess)。根据该项法令，教会必须将部分收入交给国王。实际上，这项法令后来极大地削弱了主教们的权力，剥夺了教会的大部分地产，其中多数转为王室所有。教会成为国家机构，教义按路德的学说加以改造。所有这些决定，最终于1593年在召开于乌普萨拉的一次贵族会议上获得批准。

《韦斯特罗斯退田令》的颁布和实施，引发了数次反叛，但均为古斯塔夫·瓦萨的重拳所镇压。在其执政时期（1523~1560），古斯塔夫·瓦萨按德国模式推行了一些改革，加强国家的中央集权，设立了一个德国式的财政官职位来负责征税和管理王国财政，并任命一位大臣协助国王处理日常事务、起草法令，尤其是处理外交事务。这样一种中央集权式行政管理制度，使权力集中到国王手中。长期以来，瑞典实行国王选举制，一旦王位空缺，贵族们都设法谋求权力，导致政治上的不稳定。1544年在韦斯特罗斯举行的第二次上层贵族代表会议上，废除了国王选举制度，实行王位世袭制度，进一步巩固了国王的地位。这些改革，使瑞典成为一个强大、统一的君主制国家。

二 经济和社会阶级

16世纪，瑞典的经济仍然以农业和养牛业为主。中世纪后期农业危机造成的衰退逐渐结束，农业产量和人口都在稳步增加。这一方面导致了对从前无人居住或人烟稀少地区的拓殖，另一方面导致人口较多地区的份地被划分为更小块的份地。当时，瑞典与其他欧洲国家存在一个很大的差异，就是瑞典农民自己拥有土地的比例要大得多。在瑞典，45%的农场为耕种的家族所有，在瑞典统治下的芬兰，这一比例不低于62%。古斯塔夫·瓦萨剥夺教会财产后，王室拥有耕地的份额达到30%，而免征王室税收的贵族庄园在瑞典近25%，在当时瑞典统治下的芬兰不到17%。

这一社会结构和财产分配状况，在17世纪逐步被改变。在古斯塔夫二世·阿道夫（Gustav Ⅱ Adolf）统治时期（1611~1632），瑞典卷入了欧洲大陆发生的数次战争。先是在波罗的海沿岸与波兰发生的战争，随后是在德国发生的三十年战争。为了筹集战争资金，也为了对贵族在战争中的努力做出补偿，国王不得不让出自己的许多庄园，并让出可以征税的份地。国王还号召自耕农大量捐献土地，并且允许购买土地。这些做法从短期看可以为支持王室进行战争，但从长期看减少了王室每年的收入，逐渐使整个经济出现无法解决的问题。

由于国王这种馈赠土地的做法，到17世纪中叶，贵族从全国超过60%的份地上获得税收和其他收益。重新剥夺贵族的地产变得不可避免。这导致了卡尔十一世（Karl XI）统治时期（1672～1697）国王于17世纪80年代进行了一场"地产大退让"，将土地所有权进行大规模的再分配。经过分配，国王拥有的土地达到36%，贵族的土地减少到33%。留给自耕农的土地占31%，这些土地必须向国王纳税。这些做法虽然引起贵族的不满，但得到了农民的拥护，因此卡尔十一世和卡尔十二世（Karl XII，1697～1718年在位）时期国王得以成功实行绝对君主制。

在16世纪，瑞典的城市规模仍然很小，主要居民为工匠。与海外有着重要贸易、有许多富商居住的城市只有几个，如斯德哥尔摩、卡尔马和南雪平（Söderköping），但这些商人中很多是具有德国血统的人。1534年，丹麦国王弗里德里克一世（Frederik I）去世后不久，由于汉萨同盟领导者吕贝克拒绝承认丹麦国王弗里德里克一世之子克里斯蒂安（Kristian）为丹麦国王，丹麦与吕贝克之间爆发战争。在这场战争中，古斯塔夫·瓦萨站在丹麦一边，吕贝克被打败。在1536年实现和平后，吕贝克失去了为其带来巨额利润的贸易特权，瑞典欠吕贝克的大量债务也被取消。由于不再受债务的重压，同时由于可以自由地从事贸易和执行贸易政策，瑞典逐渐与西边的贸易中心进行贸易，并与刚刚获得自由的尼德兰特别是阿姆斯特丹建立了密切的贸易联系。

从17世纪开始，贸易一直在瑞典外交政策中占据重要地位。在沿海港湾，建立了许多新的城镇。当时，瑞典全国的城镇被分为两类：贸易中心城市和内陆城市。只有前者才允许进行对外贸易。贸易的发展，使瑞典吸引了许多来自低地国家的瓦隆人铁匠和德国的能工巧匠，且使瑞典的炼铁业十分发达，铁产量大幅提高。瑞典国王还聘请荷兰金融家路易斯·德·吉尔（Louis de Geer）管理兵工厂和帮助其获得战争所需的贷款。由于德·吉尔带来了许多瓦隆人和他的成功管理,在三十年战争期间,瑞典不仅有充足的武器武装军队,而且能出口武器。由于对当时瑞典成为强国所做出的贡献,路易斯·德·吉尔被誉为"瑞典工业之父"。

在中世纪,神职贵族是瑞典最大的土地所有者。但自1527年韦斯特罗斯议会批准国王夺取他们的城堡之后,神职贵族的地位逐渐降低,主教不再来自名门望族,而是大多数来自路德派教士,他们出身农民或其他阶层,教士的独身禁欲生活方式也已经废除。从数字上看,15世纪的瑞典贵族还是一个人数很少的阶层。晚至1600年,成年男性仅为440人。他们几乎都拥有地产,同时他们当中的很多人逐步参与到国家的行政管理当中,成为富裕的官员阶层。与此同时,高等贵族与低等贵族之间的差别变得明显起来。高等贵族由贵族当中富有和有影响的家族组成,而低等贵族主要是乡村贵族。这种差异从17世纪20年代开始在贵族院中形成了两个地位明显不同的集团,议会中正式形成四个特殊利益集团,分别代表贵族、教士、市民和农民,称为"四级议会"。其中贵族院议员人数在17世纪大幅增加,因为很多战争有功人员被新封为贵族。同时,1634年在贵族院议员努力下通过了《政府文约》,规定设立各种中央行政机构。这些行政机构和国王在各地方政府中设立的行政机构的扩大,又导致很多占据这些位置的无地贵族产生。无地贵族人数很快超过了拥有地产的贵族。到17、18世纪之交,三个贵族中只有一人是土地所有者,贵族阶层变成主要由王国官员集团构成。

三 国王与贵族的权力斗争

综观1521~1718年这段时期,瑞典政治的突出特点是国王与贵族之间不断的权力斗争。1520年那次对斯德哥尔摩贵族领袖的大屠杀,为建立强大的君主制铺平了道路。国王古斯塔夫·瓦萨抓住机会,压制住了对其绝对权力的一切反抗企图。直到其继承人埃里克十四世(Erik XIV)统治时期(1560~1568),贵族阶层才在国王兄弟约翰公爵(Duke Johan)和卡尔公爵(Duke Karl)的支持下再次提出分享权力的要求。根据瓦萨的遗嘱,约翰和卡尔都被封为公爵,并拥有公爵领地,他们在自己领地的行政事务中有着很大影响，而埃里克十四世企图强行对这种安排进行修改，以保持对这些公爵领地所有行政和司法事务的控制。这引发了埃里克十四世与其兄弟约翰之间一场残酷的权力斗争。在斗争中，贵族站在了约翰一边。由于国王强化贵族在战时对国王承担的义务，他们对国王的反抗情绪更加强烈。生性多疑的国王以严重叛国罪起诉贵族领袖，判处数人死刑，后来还将另外几个人谋杀。1568年，贵族发动叛乱，废黜了国王，将他终身监禁，并推举约翰为国王，史称约翰三世（Johan Ⅲ）。

约翰三世统治初期（1568~1592），贵族的地位得到加强。1569年，贵族获得了新的特权。当时，国王发布政令须经参政会同意，贵族领袖企图让国王与贵族共同理政，但约翰三世拒绝让步，结果国王与贵族之间的关系继续紧张。不过，直到1592年约翰三世去世和卡尔公爵夺得权力的时候，这种冲突才白热化。这个时候贵族们支持约翰三世的儿子锡格斯孟（Sigismund）继承王位，同时担任当时瑞典控制的波兰王国的国王。但卡尔打败了锡格斯孟，当上了摄政。他判处一些贵族领袖死刑（史称1600年"林雪平血案"），并于1604年加冕，称为卡尔九世（Karl Ⅸ）。在他统治期间（1599~1611），由瓦萨开创、埃里克十四世短期实行的绝对君主制一度得到恢复。

卡尔九世1611年突然去世的时候，他的儿子、继承人古斯塔夫·阿道夫只有17岁。根据1604年的《继承敕令》，他还是个未成年人，国家必须由一个摄政机构来治理，然而当时瑞典正与丹麦交战，形势紧张。因此，议会和贵族领袖、首辅大臣阿克塞尔·奥克森谢尔纳（Axel Oxenstierna）提出，古斯塔夫·阿道夫应当即刻继承王位，同时拟订规章，要求国王立即满足贵族长期以来提出的要求。在宣誓时，年轻的国王承诺不制定法律，而且未经四级议会和参政会的同意不得宣战、停战或结盟。所有高级行政职位，均由贵族把持。

尽管古斯塔夫·阿道夫具有很强的个性，有些时候对限制其权力的那些誓言不屑一顾，但在其统治期间，他与首辅大臣奥克森谢尔纳的密切合作还是缓解了王权与贵族之间的紧张关系，国家的行政管理得到加强，同时贵族的影响力也得到扩大。随着他在1632年的吕岑会战中死去，贵族的政治地位进一步巩固，1634年的宪法，使所有行政权力控制在五名贵族出身的高级官员手里。

然而，由参政会中的贵族领袖强行做出的这种权力安排，随后的克里斯蒂娜女王（Queen Kristina，1632年开始当摄政，1644～1654年在位）及其继位人卡尔十世·古斯塔夫（Karl X Gustav）拒绝接受，他们取消了摄政机构。直到卡尔十世死后，这种国王与贵族之间的权力分配才恢复。在1660～1672年卡尔十一世（Karl XI）时期，贵族的权力达到新的高峰。

16～17世纪，由于贵族权力的扩大和商业的影响，一些欧洲国家特别是东欧国家出现了一种走向农奴制度的趋势，但这种趋势在瑞典不是那么明显。在大贵族既拥有庞大地产的行政权又拥有司法权的时期，农民的自由受到了限制，因此激起了农民对贵族权力的反抗。与此同时，没有地产的下级贵族人数越来越多，他们转向了大贵族的对立面，在权力斗争中支持国王。1675～1679年与丹麦的战争而引发的严重经济危机，使国王得以在议会中下层贵族代表的支持下削弱了大贵族的权力，同时削减了他们的地产。国王将权力集中在自己手里，一度权力十分强大的参政会被降到咨询机构的地位，并最终被取消。这标志着长达两个世纪的国王与贵族的权力斗争告一段落，瑞典历史也进入了1680～1718年的国王专制统治时期。

四　对波罗的海的控制

在1534～1536年吕贝克与丹麦之间的战争中，古斯塔夫·瓦萨支持丹麦国王克里斯蒂安三世（Kristian Ⅲ），使瑞典与丹麦之间实现了和平，但丹麦控制了穿过厄勒海峡、北海到波罗的海大小海峡的过往商船通行费的征收权，而且继续拥有哥特兰岛。这意味着丹麦在整个16世纪控制了波罗的海。但是，丹麦的统治地位受到了埃里克十四世（Erik XIV）的挑战。在长达250年的时间里，瑞典外交政策目标就一直是获得这一地区的控制权。实现这一目标的第一步是1561年夺得爱沙尼亚，这使瑞典控制了对俄贸易的很大一部分。瑞典人的意图是既进入俄国市场，也扩大与西欧的联系。这种政策必然与丹麦发生冲突,并引发了"北方七年战争"(1563~1570)。在这场战争中,瑞典被打败,丹麦人占领了瑞典通向北海的唯一出口——埃耳夫斯堡要塞。在随后签订的《什切青和约》中,瑞典为收回该要塞不得不向丹麦支付巨额赎金。

进入17世纪后,围绕厄勒海峡的通行费问题和对俄国市场的争夺,瑞典与丹麦之间的矛盾进一步激化。17世纪初,争夺主要围绕卡尔马和埃耳夫斯堡这两个要塞进行,因此两国间的战争又称"卡尔马战争"。丹麦人一度占领这两个要塞,迫使瑞典签订《纳雷埃特和约》,瑞典又一次被迫支付赎金。1618年三十年战争爆发,信仰新教的丹麦国王克里斯蒂安四世(Kristian Ⅳ)进行干涉,但被天主教军队彻底打败,整个日德兰半岛和波罗的海沿岸部分地区被天主教军队占领,丹麦被迫退出战争。这个时候,信仰新教的瑞典受到了威胁。

但是,此时瑞典国王古斯塔夫二世·阿道夫主动出击。他首先在1617年通过《斯托尔波瓦和约》结束了与俄国的长期战争。接着,在17世纪20年代,他转向波兰,征服利沃尼亚(今拉脱维亚)。1629年,通过《阿特尔马克停战协定》,他迫使波兰让出在波罗的海一些重要港口的征税权。最后,1630年,古斯塔夫二世·阿道夫对三十年战争进行了干涉,与天主教联盟对抗。1631年,在取得布赖滕费尔德之战的胜利后,他在美因茨建立了自己的总部,德意志新教诸侯、荷兰和英国的使节纷纷争取他的支持。接着,他在1632年春夺取了纽伦堡、奥格斯堡和慕尼黑。这一年的11月6日,他的军队与天主教帝国军队进行了吕岑会战。尽管打败了帝国军队,但有"北方雄狮"之称的古斯塔夫二世·阿道夫却不幸战死。

古斯塔夫二世·阿道夫死后,首辅大臣奥克森谢尔纳继续推行战争政策,并于1633年成功将德意志新教诸侯组织成"海尔斯布隆联盟"。但在第二年,瑞典军队在讷德林根遭到惨败,之后联盟遂告解体。直到1636年法国出兵干涉并站在新教诸侯一边,战争形势才变得对瑞典有利。1638~1641年,瑞典军队在易北河沿岸取得了一系列战役的胜利,征服了德意志南部大片地区。接着,1641~1643年,瑞典统帅又取得了几场关键战役的胜利。由于瑞典势力日益增强，而且瑞典参政会1636年曾做出决定，一旦德意志战场形势发生变化，瑞典军队不经过宣战便可以从南面夺取丹麦的日德兰半岛，因此同样信仰新教的丹麦逐渐走向与瑞典敌对的一方。

1644年，瑞典军队占领日德兰，并向丹麦在斯堪的纳维亚的两个省份斯科讷和布莱金厄胜利推进。1645年，瑞典迫使丹麦与其签订了《布伦塞布诺条约》。根据条约，瑞典得到了耶姆特兰、哈赫达伦（Harhedalen）、哥特兰和奥塞兰（Oseland），并一度控制哈兰，使丹麦失去了厄勒海峡的船只通行费和税款征收权，这意味着丹麦失去了对波罗的海的控制。

1648年，瑞典军队在德意志南部取得几场战役的胜利之后进入布拉格。正是这些战役的胜利，使《威斯特伐利亚和约》打上了瑞典的烙印。根据该和约，瑞典不仅获得了西波美拉尼亚、吕根岛、什切青、维斯马，而且获得了不来梅和费尔登两个公爵领地。

17世纪，由于战争和维持大国地位的需要，瑞典逐渐变成一个军事化的国家，一切都服从军事需要。但是，长期的战争耗尽了国力，当时瑞典军队中只有20%是瑞典人和芬兰人，其他都是外籍军团。战争期间，瑞典军队在金钱上曾得到法国和荷兰的大力支持。但随着战争的结束，瑞典再也无力维持相对于其稀少人口而言的庞大军队，甚至军官的复员补助问题也无法解决。当时，国王非常缺乏资金，因此1650年四级议会开会时贵族与其他三个较低等级——教士、市民和农民——之间发生了面对面的冲突。克里斯蒂娜女王（古斯塔夫二世·阿道夫的女儿）利用这一冲突强行通过了王位继承人的选举，选他的表兄弟巴拉汀·卡尔·古斯塔夫（Palatine Karl Gustav）公爵作为其继承人。四年后，她自己退位，离开瑞典，皈依天主教并定居罗马。

巴拉汀·卡尔·古斯塔夫1654年继位之后，称为卡尔十世·古斯塔夫。无论是在王国财政还是支撑军队方面，他都面临着无法解决的问题。他解决这两个问题的办法是进攻波兰。这场战役于1655年夏天开始之后，初期曾获得成功，攻下了华沙和克拉科夫，波兰国王被迫逃走。但瑞典的侵略也激起了波兰人民发起全国性的反抗运动。1656年7月，瑞典军队在华沙郊外赢得了一场胜利，但瑞典在波兰的统治只能勉强支撑。不久，俄国向瑞典宣战，使瑞典陷入艰难境地。更糟糕的是，1657年，长期与瑞典争夺的丹麦看到了报复因《布伦塞布诺和约》失地、夺回波罗的海控制权的机会，因此也对瑞典宣战，这种局面使卡尔十世的地位岌岌可危。

面对这种困境，卡尔十世决定撤出波兰，由南向北进攻丹麦。1657年夏，他夺取了小贝尔特海峡（Little Belt）边的腓特烈索特要塞，占领了整个日德兰半岛。此后，由于丹麦海军占优势，他的进一步进攻受阻。但这一年异常严寒的冬天帮了他的忙，使他得以带领军队渡过封冻的大贝尔特海峡（Great Belt），直接威胁哥本哈根。1658年，瑞典在罗斯基尔德迫使丹麦按瑞典的条件签订和约。根据和约，瑞典获得了斯科讷、哈兰、布莱金厄、博恩霍尔姆、博赫斯兰（Boheslan）和挪威的特隆赫姆。瑞典版图达到了有史以来最大。

这一年秋天，打算征服整个丹麦的卡尔十世再次宣战。但荷兰舰队前来支援丹麦人。1660年2月，未能攻取哥本哈根的卡尔十世突然去世，瑞典与丹麦签订了新的和约。条约规定，博恩霍尔姆和挪威的特隆赫姆归还给丹麦，但瑞典仍保有其他有争议的省份，从而确定了直到今天的瑞典与丹麦疆界。

当时，丹麦并没有放弃重新夺回斯科讷、哈兰和布莱金厄的想法。当瑞典卷入1674年法国与勃兰登堡之间的战争时，丹麦发起了进攻，并于1675年6月在斯科讷登陆。尽管年轻的瑞典国王卡尔十一世（Karl XI）在1676年12月取得了隆德之战的胜利，但丹麦军队仍占据着斯科讷的大片地区。史称"斯科讷战争"的这场战役，是瑞典与丹麦之间最血腥的战争，交战中双方都遭受了惨重损失。在法国的干预下，双方于1679年先后在法国的枫丹白露和瑞典的隆德举行谈判，最后签订了和约，确认两国边界保持不变，瑞典成功地保持了在波罗的海的主宰地位。

五 卡尔十二世和大国地位的结束

在瑞典历史上，1611～1718年又被称为"帝国时期"，当时瑞典面临的主要问题之一是如何维持庞大的军队,以保持其大国地位。在这段时间的前期,战争从未间断,他们依靠榨取和掠夺占领的敌国领土来支撑。从1660年开始,特别是斯科讷战争期间,如何保持军队供给的问题变得尖锐起来。这场战争结束后,瑞典建立了一种新的制度来应付这个问题。

这种制度称为"派役制"(indelningsverket)。在这种制度下,国王委派专任和非专任的官员管理属于王室的农场,他们领取薪金,农场的收入供国家所需,并维持官员的部分生活需要。同时,将农民划分为提供兵源的组织,称为"rotar",每个"rotar"提供一名士兵,并负责其给养和大部分武器装备。通常还为这名士兵建造一座专用的棚屋,国家还为他准备武器装备、提供一定的资金。通过这种方式,人口稀少的瑞典得以维持一支常备军,各地能够在接到参战通知后迅速动员起来。

三十年战争以后,瑞典的对外政策一向以与法国结盟为基础。这种联盟曾使瑞典1674年卷入了与勃兰登堡选侯国的战争。随后,瑞典废除了这套政策,从1680年起,转而与法国的敌人英国和荷兰结盟,同时加紧了与正在崛起的俄国的争夺。当时,彼得大帝正制定积极的外交政策,打算打破瑞典对波罗的海贸易的控制。

1697年,萨克森选帝侯奥古斯都二世(Augustus Ⅱ)被选举为波兰国王,他支持瑞典控制下的利沃尼亚的贵族反抗瑞典的统治。同时,丹麦、波兰和俄国也结成咄咄逼人的联盟,它们计划在1700年2月同时向瑞典发起进攻。瑞典国王卡尔十一世1697年去世时,继位人卡尔十二世(Karl Ⅻ,又称查理十二世)刚刚15岁,但瑞典对战争已做好了充分准备,无论经济上还是军事上都比过去强大。为了避免摄政制度内在的弱点,瑞典很快宣布国王已到正式继位年龄,并赋予他全面的权力。这场所谓的"北方大战"开始后,在英国和荷兰舰队支持下,组织良好的瑞典新常备军立即在丹麦西兰半岛登陆并迅速推进,迫使丹麦根据《特兰温达尔和约》履行不支持瑞典敌人的承诺。此后,1700年夏秋,瑞典军队被迅速运到东部前线,与占据里加的奥古斯都二世和正在进攻纳尔瓦的俄国军队开战。卡尔十二世首先率领军队扑向人数占优势的俄国军队,取得了纳尔瓦之战的胜利,俘虏和消灭了大批俄国人。

接着，他向奥古斯都二世的萨克森军队发起进攻，迫使奥古斯都二世撤退。在接下来进行的波兰战役（1702～1706）中，瑞典获得了几场大的胜利，迫使奥古斯都二世签订了《奥特兰斯塔德和约》（1706），使其宣布放弃波兰王位，反瑞典联盟遂告解体。

在整个1706年冬天至1707年春天，卡尔十二世都留在奥特兰斯塔德（Altranstadt），接受德意志诸侯和各大国使节的示好。英国试图说服他加入当时正在进行的西班牙王位继承战争中的英国一方，但卡尔十二世坚持其进攻俄国的计划，认为俄国是北方大战后瑞典仅剩下的敌人。

在1707年占领波兰之后，卡尔十二世于1708年夏率领4万人的军队入侵俄国，同时另一支1.6万人的军队也从里加地区出发，护卫庞大的战争补给。但是，由于补给线过长，而且俄国人坚壁清野，焚毁了卡尔十二世进军沿途能烧掉的一切东西，1708年冬天也特别寒冷，规模相对较小的瑞典军队还未投入战斗就已经难以为继。卡尔十二世不得不放弃进攻莫斯科的计划，南下乌克兰，指望找到充足的供给并与哥萨克叛军会合。但是，在1709年6月28日的波尔塔瓦之战中，瑞典军队遭到了毁灭性的失败，卡尔十二世被迫逃往土耳其，在土俄边境摩尔达维亚滞留了5年，企图劝说土耳其人向俄国发动进攻，但劳而无功。

经过绕道西欧的漫长、孤独旅途，卡尔十二世直到1715年才回到瑞典。但他的征服雄心丝毫未减，又在隆德设立总部，尽一切努力说服臣民重新投入战争。不过，这时候他的目标是征服挪威。1717年，他夺取了克里斯蒂安尼亚（今奥斯陆），但其他丹麦人的堡垒难以攻取，他最后不得不放弃克里斯蒂安尼亚。翌年，他再次发动进攻弗雷德里克斯滕要塞的战役，但就在进攻过程中，1718年11月30日，正在掩体中的他被一颗子弹射穿了脑袋。他到底是被敌人的子弹打死还是遭到暗杀，至今还是个谜。

卡尔十二世从未结婚，有传言说他的死与王位争夺有关。他死后，王储、卡尔十二世的妹妹鄂尔丽卡·埃勒欧诺拉（Ulrika Eleonora）及其配偶黑森的弗雷德里克（Fredrik of Hesse）行动非常迅速。在夺取权力之后，黑森一派选举鄂尔丽卡·埃勒欧诺拉为女王，第二年（1720），她的丈夫又被选举为国王。

同时，瑞典与交战国的和谈也开始了。在与丹麦和德意志诸侯国的谈判中，瑞典被迫放弃除了波美拉尼亚一小块地区以外的所有德意志属地。接着，1721年与俄国签订《尼斯塔德条约》，瑞典失去了波罗的海东部所有省份，包括芬兰东南部地区和通往俄国的要塞维堡。至此，瑞典又变成了一个二流国家。

第三节 自由时代和古斯塔夫独裁统治时代

自1719年卡尔十二世去世到1809年修订具有君主立宪性质的《政府文约》这段时期，是瑞典受到启蒙思想影响的时代，在历史上被称为"自由时代和古斯塔夫独裁统治时代"。

一 议会制宪法

卡尔十二世之死，预示着即将发生一场不流血的革命，或者说一次政治的全面变革。他死后，瑞典政治活动活跃起来。"在这里，人人都像经历了严冬的飞虫一样，又恢复了生机。"这是当时一封信对1718年斯德哥尔摩政治活动的描述。人们关注的主要问题是王位的继承。根据卡尔十一世的遗愿和四级议会的批准，妇女有权继承王位。一旦君主没有男性继承人，王位就将传给其年龄最大的未婚女儿。但卡尔十一世的大女儿、霍尔斯泰恩-戈陶普公爵夫人赫尔维格·索菲娅（Hedvig Sofia，卡尔十二世的姐姐）1708年就已去世，她的小儿子、霍尔斯泰恩-戈陶普（Holstein-Gottorp）家族的卡尔·弗雷德里克（Karl Fredrik）获得继承权的希望非常渺茫。另外，在卡尔十二世的妹妹鄂尔丽卡·埃勒欧诺拉1715年嫁给黑森的弗雷德里克之前，她拥有无可争议的王位继承权。但是，无论弗雷德里克及其支持者如何竭力申明其妻子的继承权，1719年在斯德哥尔摩召开会议的四级议会就是不接受。只有在鄂尔丽卡·埃勒欧诺拉同意放弃拥有绝对权力的要求后，她才被选为国王。当第二年她企图让她丈夫当共同摄政的时候，她的要求又遭到拒绝，被迫退位，并将王位让给弗雷德里克。甚至弗雷德里克也是在制宪方面做出更多让步之后，才被选为国王。

51

瑞 典

最初，根据1720年修订的《政府文约》，加上1723年制定的议会规则，政治权力的重心是参政会，而国王在参政会中只拥有两票，加上一张决定票。18世纪20年代至30年代，参政会召集人阿尔维德·霍尔恩（Arvid Horn）发挥了主导作用。而四级议会在《政府文约》中也拥有很高的地位。尽管每三年召集一次，但它控制着国家的财政和立法。不仅如此，它还通过议会中的秘密委员会对外交政策起着重大影响，而且可以干预行政和司法。

直到1738～1739年议会开会时，参政会与议会之间的潜在对抗才到了严重关头。在对阿尔维德·霍尔恩的支持者进行资格审查之后，他们被禁止参加所有的议会议程，霍尔恩本人不得不辞职。此后，参政会的构成将通过议会的多数来决定。

霍尔恩政权的反对力量在议会组成了一个称为"便帽派"（Hats）的党派，他们要求改变国家的内外政策。在霍尔恩1738年从权力宝座上下来后，他的支持者也组成了另一个党派；他们的反对者后来被称为"Caps"，但在瑞典议会历史上，他们一般被称为"礼帽派"。

这两个派别之间的斗争，与英国历史上托利党和辉格党的情形很相像，正是在这种斗争中，瑞典的资本主义政治制度逐步发展起来。尽管在瑞典参政会成员的政治职责受到司法程序的强有力约束，但议会既有权任命他们，也有权决定他们应采取的政策。正是自由时代（1719～1772）的这种政治制度，形成了后来瑞典政治传统的基础。

二 农业的发展

在作为大国的时代，瑞典为了维持自己的强权地位，过度利用国家的经济和人口。当时，瑞典人口的90%仍以农业和养牛业为生。这种过度利用在17世纪末的饥荒、北方战争期间（1700～1721）达到极限，加上1710～1711年疫病的流行，致使大批的人死去。一位荷兰旅行者将1719年瑞典的情形描述如下："在瑞典，除了士兵之外，我还没在哪个地方见过20岁到40岁的年轻男子。残酷的战争几乎让这个不幸的王国的所有年轻人消耗殆尽……整个王国变得难以置信的衰弱。我们到馆驿时，通常既看不到人,也看不到马。"

不过,18世纪20年代至30年代农业的连年丰收,很快改变了这种状况,而且在整个18世纪,瑞典农业和养牛业都在发展。这促进了人口的增加和大片耕地的开垦。自耕农因农产品价格的上升而逐步富裕起来,他们在大多数情况下用现金支付的税收负担也由于通货膨胀而减轻。

随着农民资产的增加,土地所有权发生了很大变化。王室田地的耕种者可以以很优惠的价格购进土地,1723年国家制定法律对这种购买做出规定之后,这些以前属于王室的土地成了新的税源。1700年,农民耕种的这种土地占耕地的30%左右,到1800年超过了50%,而贵族(不纳税)的土地仍有33%。不过,农民逐步购进贵族的土地,特别是1789年这种做法合法化以后,原来属于贵族的土地为农民大片购买。这种状况为19世纪后期农民在国家政治生活中占据强大地位打下了基础。

与此同时,阶级之间的差距也在扩大。由于家庭人口的增多,越来越多的份地被分割,但可供分配的耕地仍显不足。无地阶层的人数越来越多,他们从起初占人口的一小部分发展到占人口的大多数,最后变成人数较多的无产阶级,在19世纪成了严重的社会问题,同时也导致了向美洲的大批移民。

18世纪的农业耕作方法也有了很大改进。其中一方面的改进是成立了所谓的"合耕制"(sorskiftet)。以前通常是一个农场主拥有和耕作一块田地,1757~1762年的一系列规定则将农场组织成更大的耕作单位。由于每个农民的农场原则上由一块耕地或畜牧用地构成,因此他可以自行决定什么时候播种和收割,以及是否像邻居一样耕种自己的土地。这种小块土地的合并,并没有让村落社区解体。只是随着19世纪的社会大变迁即土地被不断地细分为互相分离的小农场之后,村落社区才解体。很多地方利用了这种更有效率的做法。最重要的农业革新是向轮作农业的转变,大大增加了农业的产量。铁铧犁的大量使用,农业技术的指导,也都提高了农业生产的效率。与此同时,1791~1817年还产生了农场协会等组织。

53

三 贸易和经济

尽管 17 世纪瑞典在三十年战争以及与丹麦的战争中取得了多次胜利，但瑞典当时还是个穷国，经济资源不足以支撑其大国的地位，瑞典一直缺乏流动性的风险资本。虽然尽了最大努力来增加铜的出口并成立了各种贸易公司，但瑞典经济总体上仍然是易货经济。卡尔十四世·约翰的兵役制度更是阻碍了商业经济的发展。直到 18 世纪初，瑞典仍是一个弱小、贫穷的国家，处在欧洲文明的边缘。

然而，18 世纪 20 年代后，瑞典的经济和文化有了很大发展。只用了 50 年的时间，在古斯塔夫三世（Gustav Ⅲ，1746~1792）统治时期（1771~1792），商业、科学和文化便发展到了与西欧和南欧大多数先进国家同等的水平。工程师克里斯托弗·波勒姆（Christopher Polhem）、天文学家安德斯·摄尔修斯（Anders Celsius，百分制摄氏温标创制者）、生物学家卡尔·林奈（Carl Linnaeus）、自然科学家伊曼纽尔·斯维登伯格（Emmanuel Swedenborg）、诗人奥洛夫·冯·达林（Olof von Dalin）的名字享誉欧洲。贸易变得十分繁荣，新设立的制造厂快速发展。无论从经济上还是从文化上看，18 世纪（特别是 1720~1790 年）都是瑞典历史上的伟大时代。

这种快速的经济、科学和文化发展，需要有流动的风险资本，而这只有通过贸易特别是跨大洋贸易的发展才能获得。在这方面，瑞典的东印度公司发挥了很大作用。它 1731 年创立于哥德堡，在 18 世纪为瑞典提供了大量用于投资的资金。当时瑞典在贸易和工业方面的杰出人物，都是该公司的董事、航运商或投资商。18 世纪中叶，瑞典的钢铁出口占据了总出口的 3/4 以上。当时铁、铜冶炼使用的主要燃料薪炭和木材是大宗出口产品。西海岸捕鱼业，特别是鲱鱼的捕捞和鲱鱼油的加工，也促进了经济的繁荣。

贸易和生产的迅速发展，促使瑞典城市经济繁荣发展，也使得市民对社会的影响进一步扩大。铁矿主和冶炼商对整个国家的经济发挥着很大影响力，在国家各级行政机构中任职的平民越来越多。整个 18 世纪，瑞典也像其他西欧、北欧国家一样，实现了更大程度的社会平等和人口流动。

在北方战争期间及此后不久,很多有战功的人又被封为贵族。1719 年,议会做出了对人数更多的下层贵族有利的改革,废除了高级贵族与低级贵族的划分。尽管 1723 年议会确认高级职位仍由上层贵族担任,他们可以免交地产税,但实际上这种特权已经很难维持。很多平民出身的人被任命担任高级职位,他们还购买了大批免于交税的地产和农场,因此上层贵族的上述两大特权在 1789 年被废除。这种变化也导致了议会中的四等级制度的终结。

四 自由时代的党派斗争

1720~1721 年订立的几个条约使瑞典降到了二流国家的地位,阿尔维德·霍尔恩(Arvid Horn)领导下的政府也因此不得不执行谨慎的外交政策,主要依赖与英国保持良好关系和在大国冲突中保持中立来保护自己。

但是,这种政策在那些年轻的贵族中不受欢迎,他们在 18 世纪 30 年代控制着议会贵族院。瑞典贵族在文化上对法国保持着强烈的纽带情结,他们希望瑞典与俄国开战,洗雪波尔塔瓦之战惨败的耻辱。议会中的"便帽派"正是围绕他们的政策主张形成的。这种政策还得到了一小批市民中大商人的支持,这些大商人主张实行重商主义政策,通过征收高进口关税和强大的国家支持来保护他们新发展起来的工业。

在 1738~1739 年取得议会多数席位后,便帽派党迫使霍尔恩辞职,并以贵族院中便帽派的激进派领袖卡尔·于伦贝里(Carl Gyllenborg)取而代之担任参政会主席,权力很大的议会秘密委员会也迫使参政会改变外交政策,与法国签订了为期 10 年的友好条约。1740 年,以法国、普鲁士为一方,以奥地利、英国、荷兰为另一方的奥地利王位继承战争爆发,使便帽派中的主战派在 1740~1741 年的议会中占了上风。瑞典于 1741 年 3 月向俄国宣战。

这场由便帽派在 1741~1743 年发动的对俄战争,以瑞典遭到失败和俄国占领原属瑞典的芬兰而告终。与俄国谈判缔结和约的时候,瑞典的内部事务也遭到了俄国的干预。当时的国王弗雷德里克一世没有子女,俄国支持卡尔十二世姐姐的孙子、霍尔斯泰-戈陶普家族(当时与俄国结成紧密联盟）的阿道夫·弗雷德里克（Adolf Fredrik）为王位继承人，并以此为条件与瑞典于1743年签订了《奥波条约》。根据该条约，俄国同意芬兰大部分地区仍属于瑞典，但瑞典要将芬兰东南部地区割让给俄国。

对俄战争的失败，并没有动摇便帽派对权力的控制，由于18世纪中期瑞典经济的迅速增长和法国文化的强大影响，他们变得更强大了。1757年，瑞典与法国结成的同盟关系，又使瑞典卷入了另外一场战争——"七年战争"（1756~1763），战争中瑞典站在与普鲁士作战的法国一边。尽管瑞典只参加了在波美拉尼亚的几场小规模战斗，但在1762年与普鲁士签订的《汉堡条约》中，瑞典被迫将自己所属的波美拉尼亚部分土地割让给普鲁士。

战争中的巨大消耗，使便帽派政府遭到了瑞典国内的严厉批评。1765年，便帽派政府被迫辞职。继而上台的礼帽派采取了与过去25年完全不同的政策。在国内，他们大力实行紧缩政策，节省国家资金，限制信贷，削减保护制造业者的关税，撤销若干管制规定；在国外，他们解除了与法国签订的条约，取而代之的是与英国签订了一个类似的条约，并与俄国接近。

但是，礼帽派政权是短命的。在1769年的议会中，便帽派成功地将他们逐出参政会，组成新的便帽派政府。不过，这个时候瑞典政治舞台的主要斗争已经演变为贵族与另外三个等级之间的对抗。在1771~1772年的议会中，后三个等级联合起来限制贵族的特权，而贵族则转而向1771年接替其父阿道夫·弗雷德里克继位的年轻国王古斯塔夫三世（Gustav Ⅲ）寻求支持。

正是利用这种局面，古斯塔夫三世于1772年8月19日发动了一场政变。他利用军队迫使各等级放弃权力，并强加给他们一部新的《政府文约》，它重新采用了国王至高无上的原则，即国王拥有排他性的统治权力，参政会又一次被降到咨询机构的地位。不过，议会仍保留税收和某些立法权，但古斯塔夫三世基本上用自己的独裁统治取代了"自由时代"的议会制政府。

五 古斯塔夫时代（1771～1809）

尽管古斯塔夫三世实行独裁统治，这一时期却是瑞典文化十分繁荣的时期。究其原因，主要是这一时期瑞典在文化上向欧洲其他地区开放，特别是受到当时的法国启蒙运动的影响。前国王阿道夫·弗雷德里克在1771年去世时，王储古斯塔夫正在巴黎访问。巴黎在科学、文学、艺术和建筑方面的巨大成就，给他留下了深刻印象，促使他后来大力扶持文化的发展。不仅国王古斯塔夫，而且贵族、资产阶级、富裕的商人和手工艺人、市民等，都熟悉伏尔泰、孟德斯鸠和卢梭的著作，很多家庭购买和阅读法文和英文作品。

这一时期，瑞典涌现出了一批文学艺术名人，如诗人奥洛夫·冯·达林（Olof von Dalin）、克雷伊茨（Gustav Philip Creutz）、于伦贝里（Gustaf Fredrik Gyllenborg）、贝尔曼（Carl Michael Bellman）、诗人和散文家谢尔格伦（Johan Hendrik Kellgren）、莱奥波尔德（Carl Gustaf Leopold）、林格伦（Anna Maria Lenngren）、画家皮洛（Carl Gustaf Pilo）、罗斯林（Alexander Roslin）、韦特米勒（Adolf Ulrik Wertmüller）和布雷达（Carl Fredrik von Breda）、雕塑家塞尔格尔（Tobias Sergel），建筑家哈勒曼（Carl Hårleman）等。风格独特的建筑在城市中纷纷出现，工艺高超的工匠还制作出了很多独具特色的银器和柜橱。正是这种文化和艺术上的繁荣，促使古斯塔夫三世创立了瑞典学院。

在其统治的前10年里，古斯塔夫三世基本上奉行主张改革的礼帽派的政策。因此，1774年制定了新的《言论自由法》，对自由贸易的很多限制也予以废除，刑罚也变得更加人道。自宗教改革以来，路德新教一直是瑞典的国教，但从1781年开始允许居住在瑞典的外国人有信教自由。所有这些措施，加上他对戏剧的热爱，古斯塔夫三世被视为当时欧洲最开明的君主之一。

但是，18世纪80年代，古斯塔夫三世与反对者的关系也变得紧张起来。随着国王拥有更大的独裁权力，受法国自由主义思想影响的贵族再次提出了分享权力的要求。在1786年的议会中，占据多数席位的反对派对

瑞 典

拨给王室的款项做了限制,并拒绝通过国王提出的几个重要法案。

无论是文化上还是政治上,古斯塔夫三世都是亲法派,而反对派则倾向于与俄国友好。国王看到可以利用这种差别来增强自己的声望,于是转而采取一种更具进攻性的外交政策。1788年,瑞典向俄国开战,企图重新夺回瑞典在《尼斯塔德条约》(1721)和《奥波条约》(1743)中失去的芬兰省份。战争主要在海上进行,尽管瑞典取得了斯文松德(Svensksund)海战的胜利,但在随后签订的《瓦拉拉条约》(1790)中并没有占到便宜,瑞典与俄国在芬兰的边界没有改变。

这场战争爆发之后不久,1788年,一些上层贵族出身的军官反对古斯塔夫三世的政策,认为他违反了宪法,并企图发动兵变。古斯塔夫召集议会,于1789年2月通过颁布《统一和安全法》,建立了全面独裁统治,彻底剥夺了上层贵族土地免税和只有他们才能担任国家高级职位的特权。国王的独断专行,加上法国大革命期间主权在民思想的影响,使他在国内面对更大的反对声浪。1792年3月,他在一次暗杀中受了重伤,并在几个星期后去世。

但是,这些反对绝对君主制的政治活动并没有成功,在古斯塔夫三世的儿子、继承人古斯塔夫四世·阿道夫(Gustav Ⅳ Adolf)统治时期(1796~1809),瑞典仍实行国王独裁统治。不过,这个时期瑞典的内外政策受到了法国大革命和拿破仑的决定性影响。古斯塔夫四世·阿道夫既反对大革命,也反对拿破仑,并参与了反对拿破仑的联盟。拿破仑在取得战争胜利的时期,夺取了瑞典的波美拉尼亚。1807年,法国迫使俄国签订了《提尔西特条约》,条约还规定瑞典必须加入拿破仑的大陆体系,与英国断绝关系。由于与英国的贸易关系对瑞典至关重要,瑞典拒绝接受,俄国立即向芬兰发起进攻。1808~1809年的这场瑞俄战争,以瑞典的彻底失败告终,俄国不仅占领了整个芬兰,而且还占领了瑞典北部的部分地区。

战争尚未结束的时候,1809年3月,瑞典国王古斯塔夫四世·阿道夫被废黜。这次政变由军官团和部分年轻贵族反对派发动,要求实行立宪制政府。他们召集议会,制定了一部新的宪法。1809年6月6日,四级议会正式通过了新的《政府文约》,它主要依据孟德斯鸠的分权思想制定，对国王、参政会和议会的权力做了明确划分。不久，古斯塔夫三世的弟弟被选举为国王，称卡尔十三世（Karl XIII）。从此，瑞典正式进入君主立宪制时期。

第四节 19世纪的瑞典

一 贝纳多特家族第一位国王和新的外交政策

卡尔十三世没有子女，这样又一次出现了继承问题，而且这个问题与外交政策有密切联系。

1809年政变之后不久，丹麦王子、奥古斯滕堡的克里斯蒂安·奥古斯特（Kristian August of Augustenborg）被选为瑞典王储。瑞典做出这样的选择，主要是为了得到丹麦人的支持，在拿破仑战争中实现瑞典与挪威的联合并保持中立。但这位王储不到一年便去世，瑞典不得不另选王储，而且这时候外交政策问题更加复杂。

1810年夏，正值拿破仑处于权力顶峰时期。他在彻底打败奥地利和普鲁士之后，通过《提尔西特条约》迫使俄国加入其大陆体系，切断大陆与英国的联系。尽管该体系使英国无法与欧洲大陆进行贸易，但由于具有海上优势，英国也对大陆进行了封锁，割断了法国与其殖民地的联系。这个时候，虽然瑞典企图实行中立政策，但法国通过将波美拉尼亚归还给瑞典，实际上操纵了瑞典的政治。在这种形势下，法国元帅让－巴蒂斯特·贝纳多特（Jean-Baptiste Bernadotte）被选举为瑞典王储，改信路德宗，取名卡尔·约翰（Karl Johan）。这也是瑞典亲法派做出的选择，目的是得到法国的支持，争取让瑞典与挪威结成联盟，同时重新夺回芬兰。

但是，卡尔·约翰采取了另外一种政策。他首先做出了与俄国接近的决定。1810年12月，在与沙皇使节的秘密谈判中，他一再保证瑞典不再谋求夺回芬兰。同时，他把挪威与瑞典结成联盟作为外交政策的目标。1811~1812年，他试图让法国支持瑞典压服丹麦（当时丹麦是法国的盟国），将挪威的控制权交给瑞典，并得到了俄国的默认。同时，由于俄法

瑞 典

关系紧张，一场俄法大战迫在眉睫，他又于1811年秋秘密与英国谈判。

拿破仑的大陆封锁政策，使包括瑞典在内的欧洲各国受到很大损失，各地走私活动十分猖獗。1812年1月，拿破仑的军队为了厉行实施针对英国的大陆封锁政策，占领了瑞典在德意志的唯一一块领土——波美拉尼亚，用法国人取代了当地的瑞典官员，属于瑞典国家的财产被没收，瑞典军官和士兵被带到法国作为俘虏。法国人的行动在瑞典激起了强烈反应，瑞典迅速采取应对行动，开始与英国和俄国谈判，加入了新的反法联盟。瑞典与俄国的谈判很快取得成果。在拿破仑的大军1812年夏天渡过涅曼河之后，卡尔·约翰与沙皇亚历山大在奥波私下会晤，确认结成瑞俄联盟。1813年春，当拿破仑大军在俄国遭到惨败之后，瑞典又与英国签订了类似的条约。1813年5月，瑞典军队在德国登陆，参与了对法国发起的新战役。拿破仑在莱比锡战役中失败后，卡尔·约翰迫使丹麦签订了《基尔条约》（1814年1月14日），根据该条约，丹麦将挪威割让给瑞典国王卡尔十三世及其继承人。

但是，挪威人要求独立。1814年5月17日，挪威人选举产生的代表在埃兹沃尔召开会议，制定了新宪法《埃兹沃尔宪法》，选举丹麦王子克里斯蒂安·弗雷德里克（Kristian Fredrik）为自己的国王，并要求得到全面自治。卡尔·约翰于1814年夏发动了进攻挪威南部的短暂战役，迫使挪威议会接受与瑞典的联盟，但除了保持联盟之外，瑞典也接受了《埃兹沃尔宪法》的其他内容。这样，挪威人以瑞典国王为国王，但拥有一套完全自主的国内行政管理体系。

拿破仑垮台后，虽然卡尔·约翰为了在法国事务中发挥瑞典的作用而奉行与俄国结盟的政策，但这种政策在国内不受欢迎。从此，瑞典的对外政策逐步出现了中立的倾向。

二 社会政治改革

1809年政变之后瑞典制定的新《政府文约》，使瑞典的政治制度由绝对君主制变成了立宪君主制。根据这份文件，国王只能在参政会成员的监督之下行使其权力。

第二章 历　史

但是，从一开始，卡尔·约翰就与有独立思想的参政会成员发生冲突。他尽量从忠于自己的官僚中选择参政会成员。1818年2月5日，他成为瑞典国王，称卡尔十四世·约翰。他在位时期（1818～1844），政策极其保守，屡次拒绝反对派提出的改革要求。上层贵族马格努斯·布拉赫（Mugnus Brahe）成了他的宠信和顾问。不仅参政会成员，就连他唯一的儿子、继承人奥斯卡王子（Prince Oskar）也必须通过布拉赫才能让国王接受自己的意见。19世纪30年代，进行资本主义民主改革的呼声更加高涨，但卡尔十四世·约翰却通过禁止自由派的报刊、审判这些报刊的出版人来与自由派对抗。直到他统治的晚期，即1840年以后，他才对一些改革要求做出让步。

第一项使政府更具立宪性质的改革，是政府部门的改革。1840年，议会通过了该项改革法案。改革使负责政府各方面事务的参政会成员真正拥有了一些权力，使国王在行政事务上无法再独断专行。

当时，王储奥斯卡是社会改革的支持者。对贫困者的照顾，是19世纪瑞典最大的问题之一。在奥斯卡继位之后，这方面的社会改革摆上了政府最重要的议事日程。1847年，瑞典议会通过了《贫困法》，是世界上第一次通过法律的形式规定了社会对贫困人口承担的义务。奥斯卡还十分关注监狱和犯人的境况。他写了一本《论刑罚和监狱》，描述了他当时看到的瑞典监狱中的不人道状况，强烈反对非人道的刑罚，主张人道地对待监狱中的犯人。该书被翻译成多国文字。对监狱和对待犯人方面的改革，也使瑞典在这方面走在当时最文明的国家前面。奥斯卡的另一项改革是增加妇女的权利。1845年，议会通过了遭到贵族阶层强烈反对的妇女继承权法案。不过，奥斯卡统治时期瑞典最重要的改革是1846年废除行会制度。行会对职业的垄断被打破，被向所有人开放的工厂和手工业者联合会取代。过去，工匠和贸易者只能在城市营业，改革后，他们自中世纪以来第一次可以到城市以外的乡村地区从业。这一改革对瑞典的工业化进程是很大的促进。

奥斯卡一世（Oskar I）在位期间（1844～1859），是瑞典出现很多新事物的时期，如铁路、电报、邮票、十进制等。奥斯卡一世积极支持很

61

多新的思想和发明。正是在他的支持下，瑞典开凿运河，并于1856年做出了修建全国铁路干线的决定。这些基础设施的建设，使19世纪后期瑞典的工业化成为可能。

议会改革是当时自由派提出的主要政治改革要求。自由派主张废除自15世纪以来实行的四级议会制度和贵族的固有特权，但这种要求遭到了保守势力的强烈反对。经过斗争，议会改革法案终于在1866年12月获得通过并得到国王的批准。这次改革是保守派与自由派妥协的结果，改革后新的议会由平等的两院组成。一院（上院）主要代表上层阶级利益，由大地产所有者、高级官员、城市富商和大资本家的代表组成，议员任期9年，每年改选九分之一，对候选人的资格如收入、财产等有严格规定。二院（下院）由国民直接选举产生，对候选人资格方面的要求比较宽松。自耕农的代表在二院具有决定性影响，1867年演变成农民党。

议会改革使瑞典政治在19世纪下半叶陷入了长期的两院争斗。一院要求建立强大的国防和扩大政府行政机构；二院则要求减少政府开支，拒绝通过增加政府开支的法案，并强烈要求废除土地税。很多改革法案因两院之间的矛盾争斗而遭到封杀。直到1892年，在富有政治手腕的布斯特伦（Erik Gunnar Boström）首相主持下，两院才在国防和财政问题上达成妥协。议会通过法案，分阶段取消土地税。1901年通过的《国防法》正式废除了自卡尔十一世以来实行的派役制，改行兵役制。

19世纪50~60年代，瑞典实行的是自由贸易政策。但到了80年代，世界粮食价格下跌引发了农业危机，议会中的农民代表要求实行保护性关税。这种要求得到了部分产业的资产阶级代表的支持，因为他们的产品难以与欧洲其他国家实力更强大的工业竞争。1888年，议会通过了对谷物和某些工业产品实行关税保护的议案，这种保护的范围在随后一些年里还有所扩大。

自19世纪80年代起，随着工业化进程的加快，瑞典的工人运动逐步兴起，与争取普选权的民众运动一起发展。这些运动在19世纪90年代引发了大规模的示威和抗议活动。1889年，瑞典社会民主劳工党（Social Democratic Labor Party）成立，这是瑞典第一个现代政党。1900年，力量也在不断壮大的工业资产阶级自由派的代表演变为人民党（Folkpavtiet），也叫自由党；保守派也于1904年组成了全国性"大选联盟"（General Electors' Fedcration），30年后才形成右派（翼）党（Rightist Party），即后来的温和党（Moderatos）；而农民党则因在关税等问题上的政策分歧而发生分裂，力量被削弱。经过这些变动，现代瑞典政治党派的版图基本形成。

三　从结盟到中立

1809年以后，瑞典进入了长期和平时期，外交政策逐步走向中立。但是，在西方列强的争斗当中，瑞典也无法置身事外，难免受到各方的影响。1812年之后很长一段时期，瑞典的外交政策主要是支持与附和由奥地利帝国首相梅特涅和俄国沙皇主导的神圣同盟。这种政策遭到了自由派的强烈批评和反对，但卡尔十四世·约翰和奥斯卡一世统治初期基本上奉行这一政策。在1848~1850年普丹战争结束后的停战谈判中，奥斯卡一世支持沙皇的立场，以抵消德意志民族主义的影响。

不过，奥斯卡一世统治后期，逐步停止实行他父亲的亲俄外交方针。特别是1853年西方列强与沙俄之间发生克里米亚战争之后，瑞典停止执行亲俄外交政策，重点推行泛斯堪的纳维亚主义。克里米亚战争爆发后，瑞典与丹麦联合发表了中立声明，宣布斯堪的纳维亚港口保持对所有外国战船和商船开放。尽管如此，当时瑞典还是希望英国等西方列强取道波罗的海向彼得堡发起进攻，以抵消沙俄长期以来对瑞典的威胁，夺回对芬兰的控制权，至少是夺回奥兰岛。战争期间，英法舰队确实进攻了俄国在奥兰岛上的波马尔松德要塞，但把主要目标定在夺取黑海要塞塞瓦斯托波尔，这使奥斯卡一世深感失望。战争结束后签订《奥兰公约》，瑞典一无所得，不过奥兰岛实行非军事化，禁止俄国在岛上建立堡垒。

19世纪40~50年代，很多人（特别是瑞典和丹麦的学生和自由派）积极主张斯堪的纳维亚统一的思想。1857年，在奥斯卡一世病重、其子卡尔十五世（Karl XV）接过政权的时候，斯堪的纳维亚主义达到高峰。卡尔十五世对此充满热情，建立瑞、丹两国联盟也成了其外交政策目标。

瑞典

1863年丹麦受到普鲁士威胁的时候，瑞、丹两国国王曾举行会议，瑞典国王表示支持丹麦保卫当时属于丹麦的石勒苏益格。但是，当1864年普丹战争爆发的时候，面对强大的普鲁士军队，瑞典未能履行自己的承诺，斯堪的纳维亚主义外交政策遭到失败。之后，普鲁士取得1866年普奥战争、1870~1871年普法战争的胜利并统一德国，改变了整个欧洲的势力版图。在普法战争中，瑞典正式宣布中立，但瑞典人普遍同情法国。

卡尔十五世1872年去世后，其弟弟奥斯卡二世（Oskar Ⅱ）继位，奥斯卡二世一反过去瑞典的外交倾向，对俾斯麦建立起来的新德国表示尊敬和同情，瑞典与德国的联系也更趋活跃。到了19世纪90年代，由于沙俄在其统治下的芬兰实行俄国化政策，加上与瑞挪联盟中的挪威矛盾加剧，更刺激了瑞典站在德国一边，奉行亲德国的外交政策。与此同时，瑞典国内也兴起了反对十分嚣张的德意志民族主义的声浪。这两种主张的并立，促使瑞典在进入20世纪后长期奉行中立的外交政策。

四 瑞典-挪威联盟

1814年结成的瑞挪联盟，依据的是《基尔条约》和《莫斯公约》，是几个方面妥协的结果。这种妥协之所以能够达成，是由于瑞典和挪威可以对这些条约做出不同的解释。瑞典人认为这个联盟是对其失去芬兰的补偿，而挪威人则视此联盟为使挪威摆脱丹麦控制、走向独立的第一步。因此，虽然挪威接受联盟并奉瑞典国王为国王，但要求瑞典接受《埃兹沃尔宪法》，并承诺尊重挪威在联盟中的自治地位。

正是由于这种妥协，当瑞典企图加强两国的纽带和融合时，遭到了挪威的顽强抵制。根据《埃兹沃尔宪法》，挪威议会拥有很大权力。即使国王否决，也可以通过和实施新的法律。1821年，挪威议会不顾挪瑞共同国王卡尔十四世·约翰的反对，废除贵族制，从而与国王发生冲突。尽管国王曾企图以军队威胁，但最后不得不让步。

19世纪30年代到60年代，联盟双方之间曾试图通过制定一份更明确的联盟条约来规定双方关系，但经过长期讨论之后没有取得成果。1859~1860年，双方还在瑞典派驻挪威的总督将军问题上发生争执。自1829年起，该职位一直由挪威人担任。1855年这一职位空缺出来后，国王打算自己委派总督将军，但遭到了挪威议会的反对，挪威认为这样不平等，最后由卡尔十五世改派一位王子任总督。卡尔十五世还承诺将取消总督制度。此后长时间里，卡尔十五世加强联盟内部关系的企图都遭到了挪威议会和行政机构的抵制，挪威议会一直要求废除总督。卡尔十五世1872年去世后，总督制度于1873年被废除。

1884年后，挪威提出了国外的代表权问题。当时，挪威人已经获得完全的国内自治，但对外事务仍由瑞典国王代表和瑞典外交部门处理。1885年起，挪威人要求在自己政府中设立外交部，遭到了瑞典的反对。1905年5月，挪威议会通过决议，要求成立自己的领事体系，国王奥斯卡二世否决了这项决议，挪威政府以辞职相威胁，要求解决这个问题，而国王又无法组成新的挪威内阁。6月7日，挪威议会正式宣布"在一个国王之下与瑞典结成的联盟解体，瑞典国王已经不再发挥挪威国王的作用"。这意味着联盟的解体，尽管瑞典反对挪威的单方面行动，但已无法改变局面。9月，经过谈判，双方达成一项协定，联盟正式解体。

五 社会变迁和工业化

长期以来，瑞典人口密度很低。虽然生育率高，但高死亡率（特别是高婴儿死亡率）使人口增长缓慢。到了19世纪初，这种情况有了很大改善。在整个19世纪，瑞典人口增长都很快，从1800年的240万人增加到1850年的350万人，1900年则超过了510万人。尽管1840～1900年有85万人移居北美，但瑞典人口在19世纪仍翻了一番。人口快速增加，主要有三个因素：自1814年那次对挪威的短暂战争之后，瑞典就没有再对外用兵，长期处于和平状态；大豆引进和农业耕作技术改善，促使食物增多，大大促进了人们的身体健康；天花疫苗的发明等医疗技术进步和卫生条件的改善，又极大地降低了死亡率。

在19世纪大部分时间里，瑞典人大多数仍以农业为生。只是到了19世纪后期，工业化进程才真正开始。到1900年时，仍有50%的瑞典人是农民。但是，乡村的面貌有了很大的改观。由于发生了所谓的"分耕"

(laga skeftet),即古老村落的分裂和传统耕作社区的解体,瑞典大多数地方逐渐形成了各家各户分别耕种一块土地的农场。由于新耕地的开垦,从1810年到1870年,可耕地增加了2倍,很多农场远离过去的村庄,原来的公地、公用草场和林地也被分割使用。自耕农为了维持自己的农场,通常只传给家庭中的长子。这样,虽然总人口增加了,但农民阶层的人数并没有随之而增加,农村阶级差距越来越大,出现了大量无地人员。结果,从19世纪60年代起,瑞典出现了移民潮,主要是移居北美,这种移民在19世纪80年代达到高峰。瑞典移民主要移居美国中西部明尼苏达、华盛顿等州,很多瑞典人在美国有亲友,使两国长期以来保持着友好合作关系。

19世纪下半期,在西欧国家的影响下,瑞典的工业化逐步开始,钢铁工业有了很大发展。长期以来,炼铁业就是瑞典重要的工业,但在多个世纪里,炼铁业的半手工和行会特点妨碍了钢铁工业的发展。这种状况从19世纪下半期开始改变。1859年,长期主宰着工业经济的最后一批行会规章被废除。19世纪70年代,工业生产开始采用近代的组织形式;到了19世纪末20世纪初,钢铁工业有了迅速的发展。

像以往一样,19世纪瑞典经济中的一个重要部门是木材和林产品工业,林产品是瑞典最大宗的出口产品。以往大量的林木采伐主要是用作炼铁所需的薪炭。19世纪50年代,蒸汽机的使用大大提高了锯木厂的生产能力,英国推行的自由贸易也使瑞典打开了木材市场。1850~1870年,瑞典出口的林产品增长了3倍。到了19世纪末20世纪初,纸浆行业又得到迅速发展。1894~1914年,瑞典的纸浆行业规模扩大了10倍,从而使瑞典在1914年成为世界上最大的林产品出口国。

人口分布的稀疏和地理区域的广大,长期阻碍瑞典交通通信业的发展。1830年,瑞典只有527公里铁路。19世纪50年代,瑞典开始大规模修建铁路。1854年,议会做出了修建铁路主干线、构建全国铁路网络的决定。19世纪60年代至70年代,第一条铁路干线,即连接斯德哥尔摩、哥德堡和马尔默的铁路开通。交通设施的改善,大大促进了金属、工程等行业的发展。到了19世纪末20世纪初,工业化进程加速,各地城镇规模不断扩大。工业化步伐的加速,也使瑞典向外移民的人数有所减少。

与工业化和经济、社会变迁相伴随的是文化上的进步和政治上的改良。瑞典从1842年开始便实行普遍的小学义务教育。到了19世纪下半叶,民众运动和组织纷纷出现。受德国等其他欧洲国家的影响,工会和工人政治运动开始出现。与此同时,出现了合作社运动,推动了个体经济的发展。这些运动给直到今天的瑞典社会政治生活打下了深刻的烙印。

第五节 20世纪的瑞典

一 议会民主制的最终确立

瑞典由封建贵族政治向资本主义民主政治的变革过程是逐步发生的。早在19世纪初,民主政治的进程就已开始,直到1919年才告一段落。这个时候,瑞典人不分男女,普遍获得了选举权。

早在与挪威的联盟解体之前,联盟问题就与普选权问题一起,成为瑞典政治生活中的两大问题。19世纪末20世纪初,随着工人运动的兴起,争取普选权的斗争蓬勃发展,民众提出了"一人,一枪,一票"的要求。1905年秋天,以保守党为首的联合内阁因未能解决瑞挪联盟问题而不得不辞职,人民党领袖卡尔·斯塔夫(Karl Staaff)领导的内阁致力于解决普选权问题。

1906年,斯塔夫内阁向议会提出一项解决普选权问题的法案,法案建议所有瑞典人都有资格投票选举议会下院的代表,每个选区选举一名议员。但议会上院担心该法案会导致左派在下院占据大多数,拒绝接受这一提案,斯塔夫内阁辞职,为阿尔维德·林德曼(Arvid Lindman)领导的保守党内阁所取代。经过长时间的谈判和多方妥协,《选举法》由议会两院于1907年通过、1909年获得国王批准,该法规定,下院通过男性普选产生,地方政府议会选举中减少按财产分配的名额。

1911年的选举是按新法律进行的第一次选举,也是人民党人取得的一次大胜利,他们在下院中的地位变得强大起来。斯塔夫组成了第二届人民党政府。尽管在上院,保守的右翼政党仍占据多数,而且当时国王古斯塔夫五世(Gustav V,1907~1950年在位)拒绝承认该内阁,并认为部长们应该代表国王而不是代表议会,但这次选举结果标志着议会民主制度的一大胜利。

1911年以后,随着同盟国和协约国之间战争威胁加剧,国防问题成了瑞典政治生活中的关键问题。在斯塔夫组织内阁的时候,国王古斯塔夫五世特地留下了他主张建立更强大国防的备忘录。但是,斯塔夫赢得1911年选举的部分原因,是他主张裁军。尽管面临迫在眉睫的战争威胁,但他拒绝向议会提出增加军事拨款和延长240天兵役期的法案。古斯塔夫五世要求立即决定增强国防力量。于是,在右翼的策动下,发生了支持国王政策的"农民大集会"。1914年2月6日,3万多名农民从全国各地集中到斯德哥尔摩王宫前广场,要求立即解决国防问题,宣称他们愿意做出牺牲,支付更多税收和服役更长时间。国王在王宫庭院阳台上向集会农民发表讲话,公开表示与首相在国防问题上存在分歧,因此明确表明了他反对内阁的政策。

古斯塔夫五世不顾议会多数反对,企图通过议会外手段强行实现自己意图的做法是违宪的,这使得问题超出了国防问题本身,迫使斯塔夫内阁迎头回击。斯塔夫要求国王履行义务,公开宣称自己的言论如果未经内阁同意,就不具国家法律效力。这为古斯塔夫五世所拒绝。于是,瑞典发生了宪法危机。

经过长时间的谈判,古斯塔夫五世占了上风,他指令思想保守的高级文官雅尔马·哈马舍尔德(Hjalmar Hammarskjöld,后来的联合国秘书长哈马舍尔德之父)组织内阁。由于缺乏议会支持和合法性,哈马舍尔德内阁完全听命于国王,其第一项措施便是解散下院,举行选举。

这次选举产生了戏剧性的结果,瑞典社会民主党成了下院中的最大政党。由于哈马舍尔德内阁无法在议会下院获得多数来支持国王的政策,王室陷入危机,人们发出了要求国王退位和建立共和国的呼声。但是,1914年6月萨拉热窝的枪声挽救了君主制,因为事实证明,国王在国防问题上要比自由党的斯塔夫和社会民主党的雅尔马·布兰廷（Karl Hjalmar Branting）更有远见。第一次世界大战的爆发，促使各派政治力量消除分歧，一致支持加强国防。同时，国王的违宪行为和哈马舍尔德内阁也没有受到追究。

战争爆发后，1914年12月，古斯塔夫五世与丹麦国王克里斯蒂安十世（Kristian X）、挪威国王哈孔七世（Håkon Ⅶ）以及三国外交部长在瑞典的马尔默开会，决定三国均奉行中立政策，哈马舍尔德内阁宣布严格遵守《海牙公约》规定的中立国对交战双方完全不偏不倚的政策，同时宣称自己有权与交战双方进行贸易。封锁德国是协约国对付同盟国的最有效手段，因此瑞典形式上的中立实际上对德国有利。这导致协约国加强了对瑞典在大西洋上的海上贸易的控制，最终实行完全封锁。然而，这并没有中断瑞典向德国的出口，因为如果瑞典中断与德国的贸易往来，其本身需求的供给也会中断，经济就会瘫痪。到了1916年，粮食短缺问题在瑞典变得严峻起来，大部分物品开始实行配给制。激烈的海上潜艇战，以及1917年美国的参战，几乎切断了瑞典从美国的进口，导致斯德哥尔摩和哥德堡发生抢夺食品的骚乱，要求哈马舍尔德内阁辞职的呼声进一步高涨。1917年春，保守的哈马舍尔德内阁终于被迫辞职，瑞典与协约国谈判并达成协议，瑞典开始从英、美等国进口物品。

战争期间，瑞典人民要求建立真正的议会民主制的呼声并未停止。1917年9月的选举中，主张议会民主制的自由党和社会民主党在议会下院中取得了大多数席位，国王不再能够制裁左翼政府。新内阁由自由党人、大学教授尼尔斯·埃登（Nils Edén）担任首相，社会民主党人第一次入阁，有四人担任部长。从此，社会民主党开始在瑞典政治生活中产生越来越大的影响。

1918年同盟国的战败，促使瑞典人民的民主呼声更加高涨。1918～1921年，瑞典议会对法律进行了修改。通过这次修改，妇女获得了选举权，地方议会机构也实行普选。由于议会下院主要由地方议会选举产生，因此下院更加民主、更有代表性。1917年新内阁的建立和这次修宪，标志着瑞典议会民主制最终完全确立。

二 "第二个兴盛时期"

两次世界大战之间的 20 多年，在瑞典历史上是一个不平静的时期，经济和政治都出现了剧烈的波动。瑞典和其他许多国家一样，在 20 世纪 20 年代前几年和 30 年代初，遭遇了严重的经济衰退，失业人数空前增多，而到了 20 年代后几年，却又出现了空前的繁荣。

尽管 20 世纪 20 年代和 30 年代瑞典发生过多次经济危机，但两次世界大战之间的这段时间确实在经济方面孕育了相当多的积极因素，瑞典社会的工业化和现代化进展迅速。由于第一次世界大战前后的一系列技术发明，在这次战争之前和战争结束以后，特别是在 20 世纪 20 年代，瑞典兴起了一批新的产业。诺贝尔发明的炸药、古斯塔夫·德莱瓦尔（Gustaf de Laval）发明的乳液离心分离器和汽轮机、古斯塔夫·达伦（Gustaf Dalén）发明的自动太阳阀、斯温·文奎斯特（Sven Wingquist）发明的自调节球形轴承、埃里克松（爱立信）（L. M. Ericsson）创新的电话交换机、尤纳斯·温斯特罗姆（Jonas Wenström）发明的三相交流电系统以及普拉顿发明的吸收式冰箱等，都对瑞典新工业的先行一步发挥了重大作用。由于这些发明，瑞典崛起了一批在现代工业史上赫赫有名的企业，如博福斯（Bofors，军火）、Seperator（现改名为 Alfa Laval）、Aga（油气、工业设备用钢材）、SKF（轴承）、爱立信（电信系统）、阿西亚［ASEA，电力工程，1988 年与布朗勃法瑞（Brown Boveri）合并后更名为 ABB］、伊莱克斯（Electrolux，家用电器设备）等。很多企业当时都实行国际化经营。与此同时，传统的主要工业纸浆产业随着技术的进步得到快速发展，造船业也迅速成为一个主要产业。有一段时期，瑞典几乎垄断了全世界的火柴生产。所有这些，使瑞典经济面貌迅速改观。可以说，20 世纪 20 年代是瑞典工业获得突破性发展的时期，许多方面在世界上处于领先地位，因此被称为"瑞典的第二个兴盛时期"。

两次世界大战之间瑞典工业化快速发展的另一个原因，是工资并没有随着工业产值的增长而提高。在此期间，产业工人的人数和城市人口有了很大增长。第一次世界大战前，瑞典人口的一半多仍生活在乡村，而在战后，已经有 3/4 的人口生活在城市。技术和经济的快速发展促进了社会的进一步现代化。1914 年，瑞典开始实行养老金制度。1920 年，开始实行 8 小时工作制。由于工人运动的发展，工会的力量大大增强。不过，由于受到 30 年代初经济危机的影响，这一时期瑞典人民的生活水平提高缓慢，失业率较高，工资水平没有太大提高，阶级差距也没有大幅扩大。到了 30 年代末，瑞典经济才开始稳定下来，重新打开了战后繁荣之路。

三 政治不稳定和软弱的政府

直到 20 世纪 20 年代，自由党和社会民主党因为建立议会民主制的共同要求才站在一起。但 1918～1921 年宪法改革后，其他问题摆在了两个政党的面前，使两党逐渐分道扬镳。社会民主党主张自然资源和工业的国有化，而自由党则主张保护私有财产和自由企业制度。瑞典政治的分野，逐步形成了改良式的社会主义政党与非社会主义政党两大营垒。

社会民主党与自由党联合的破裂，使得 1917 年 9 月上台的埃登内阁在议会中失去了多数支持，被迫于 1920 年 3 月辞职。同时，政治上的重新组合也使得各政党当时在议会中难以形成稳定的多数支持。自由党和各保守政党在许多问题上存在分歧。在这种形势下，1920 年 3 月第一次组成了社会民主党的一党内阁，以布兰廷为首相。但是，当时瑞典政治中的四种主要力量——社会民主党、自由党、各保守党派以及在第一次世界大战期间由农民组织起来的农民党（中间党）——都无法独自组织在议会得到多数支持的政府。从 1920 年到 1933 年，内阁的更替达到 9 次，这使得执行具有长远意义的政策变为不可能。各政党之间纠纷不断，提不出解决瑞典经济问题的有效方案。

非社会主义政党之间的共同点是，它们都反对社会民主党的经济政策。然而在其他问题上，它们之间的分歧很明显，甚至不可调和。由于没有合作的基础，它们也无法在议会中拥有稳定的多数支持。

在非社会主义政党当中，保守派势力最大，在 1921 年第一次男女普遍参加的选举中，由于它在一直受其影响的选民当中做了充分的动员，得到了1/4的选票。保守派竞选的特点是猛烈批评社会民主党，要求选民对社会民主党保持戒心，有关国防和私营企业问题往往是其进行竞选辩论的热点。自由党在1917年选举中曾获得巨大胜利，实现了它所认为的最重要的纲领——选举制度改革。但是此后，这个党的各个派系之间在禁酒等问题上出现了越来越严重的分歧，1923年，因在禁酒问题上存在分歧而分裂成禁酒自由党（自由主义人民党）和反对禁酒的城市自由党两个党。在分裂期间，自由党在选民中只能得到有限的支持。不过，自由党在议会里却发挥着很大作用。禁酒自由党领袖埃克曼（Carl Gustav Ekman）运用各派平衡手法，在一个问题上能够获得社会民主党的支持，在另一个问题上又能得到保守派的支持，左右逢源，置身政坛中心，赢得了政治上的胜利。后来，为了1934年的竞选，两个自由党又合并在一起。

农民党（中间党）在20世纪20年代没有发挥重大作用，它是代表农民的特殊利益集团，在与农业没有直接关系的问题上，它与保守派的立场基本一致。

社会民主党的力量随着工会运动的壮大而不断增强。但是，20世纪20年代初至30年代初，经济危机对瑞典产生很大影响，由于存在大量的失业，同时本国货币的升值使劳工市场状况进一步恶化，劳方的罢工和资方的闭厂停工现象不断发生，社会民主党提不出解决方案。在1921年的选举中，它并没有从选民中得到预期的支持，仅得到36.2%的选票。这一方面由于缺乏明确的纲领，在选民中的动员工作做得不如保守派好，另一方面由于内部出现分裂，其中的左翼另组社会民主左翼党和共产党，拿走了7.8%的选票。因此，社会民主党组阁的时候，无法推行任何重大的改革措施。

瑞典工会联合会是早期社会民主党鼓动家宣传发起的群众性工人组织，一向支持社会民主党。1909年，工联曾发动过一次全国性总罢工，这次罢工是一系列积存已久的劳资矛盾的总爆发。但是，由于选择的时机不当和工会领导的软弱，这次罢工遭到失败，工联被迫接受它早些时候一直拒绝签订的全国性工资协议，雇主取得了胜利。工人们质疑工联的权威和为工人说话的能力，部分工人脱离了该组织。到了20世纪20年代初，工联会员再次迅速增加，恢复了 1909 年前积聚起的规模，成为瑞典政治生活中不可忽视的力量。

但是，20 世纪 20 年代，在瑞典工联下属的各工会成员大量失业的情况下，社会民主党和其他党派一样，无法解决这个空前严重的社会问题，恢复劳动力市场的平静。1928 年，禁酒自由党领导的政府提出了管制劳动力市场的新立法。政府提案要求，劳资双方组织在法律上受双方签订的集体合同的约束，有关合同条款解释上的分歧应提交新成立的全国劳工法院仲裁。社会民主党和工会认为，政府的这个法案势必限制罢工权利。但是，尽管他们发起了几次大规模的抗议示威，该法案最后还是通过了。社会民主党人和工会后来做出了妥协。

20 世纪 30 年代初，由于世界性的经济危机，曾经一度繁荣的瑞典北部诺尔兰地区伐木工业遭受严重打击，劳资对立情况非常严重，奥达伦河谷的锯木厂发生了工人暴动，军队开进工厂，打死了 4 名工人。社会民主党人和共产党人都参加了这次示威活动。奥达伦事件显示出 30 年代早期笼罩在瑞典劳动场所的劳资对立紧张气氛，对瑞典的政治生活产生了长远影响。此后，在全国各地，支持罢工工人、反对军队的游行示威此起彼伏。

瑞典金融家克鲁耶尔（Ivar Kreuger）的倒台，也是当时影响瑞典经济和政治的重大事件。火柴大王克鲁耶尔一度控制世界火柴生产的一半产量，被认为是瑞典"第二个兴盛时期"的象征。但是，1929 年开始的世界经济危机，使其公司股票价格急剧下跌，克鲁耶尔自杀，引起瑞典社会的震动。禁酒自由党政府首相埃克曼曾接受克鲁耶尔的经济支持，结果不得不辞职。

四　福利国家的滥觞

1930 年前后一段时期，许多西方国家的经济政治不稳定使人们对资本主义民主制度产生了怀疑，一些国家出现了法西斯主义思潮。瑞典保守派当中也曾出现受到国家社会主义影响的"国家青年团"。在政坛的左翼，有些人主张在瑞典实行苏联式的社会主义制度。不过，这两种政治倾向在后来的政治生活中都没有产生很大的影响。相反,瑞典逐步走上了社会改良的福利国家道路。

尽管社会民主党当时的纲领中有预言资本主义崩溃和无产阶级胜利的内容,但该党的实际政治主张则是实行改良主义和阶级合作。1930年,社会民主党总结了过去的经验教训,向议会提出了具体建议,试图使国家走出经济萧条的低谷,减少失业人数,提高生产率。1932年,社会民主党提出了一个新的建设性计划,作为竞选纲领。该计划主张通过劳动力市场提高工资标准所引发的经济发展使资本主义经济得到复苏,从而减少失业。计划的经费由增税筹措。这一年秋天,社会民主党取得了议会下院选举的胜利,继承布兰廷去世后遗留的首相职位的是社会民主党领袖佩尔·阿尔宾·汉森(Per Albin Hansson)。他的班子不是多数党内阁,但他的内阁与此前12年的内阁不同,在议会里得到了比较坚实的支持,也有一套应对经济危机的办法。

1933年春,议会进行了解决经济危机的一揽子可行性方案的商讨。三个非社会主义政党力图形成反对社会民主党的统一战线,但没有成功。而社会民主党与农民党却达成了协议。农民党内少壮派接替年老的保守派掌了权,他们同意接受社会民主党应对失业现象的新措施,交换条件是政府实行农产品价格补贴。社会民主党通过部分牺牲自由贸易的政策在议会取得了所需的多数票。不过,两党合作的思想基础是由于世界性经济危机期间瑞典农业遭受了巨大损失,农民和工人都感到,由政府制定的应对经济危机的积极政策与本身利益息息相关,因此两党决定联合在一起,争取瑞典经济朝着低失业、高繁荣的方向发展。1933年的两党协议,使瑞典政府在随后的几年里在议会取得了稳定多数的支持,可以说是瑞典走上福利国家道路的政治基础。而在社会民主党数届政府中担任多年财政大臣的厄恩斯特·威格福斯(Ernst Wigforss),在制定瑞典福利国家经济政策方面具有很大创新性,为后来一些其他资本主义国家所仿效。

社会民主党与农民党达成的应对经济危机的协议,使瑞典政治形势发生了很大变化。政府的权威提高了,从而使推行具有长远意义的政策成为可能,过去政府和议会长期沿用的折中妥协决策方式终于结束。通过两党联合政府实行的新政策和一系列相关的社会改革,逐渐形成了"人民之家"的设想。"人民之家"是改善广大人民生活条件的全面的、粗线条的社会福利计划。1934年,政府开始发放建房经济补贴,同时建立分类失业保险制度。1935年,退休者领取的基本(社会保障)养老金数额得到了相当幅度的增加。随后几年里,议会通过了规定农业工人工作时数、给收入较低的母亲发放补助金、给即将独立成家的年轻夫妇发放贷款、所有工人有两周带薪假期等法案。这些改革措施所需的经费通过提高累进所得税、遗产继承税来筹措。

失业和产业界的持续动荡,曾是20世纪30年代初期瑞典劳动力市场的特点,罢工和关闭工厂的事件频繁发生。政府曾试图通过干预来解决争端,但劳资双方都明确表示反对国家干预,反对就劳资关系立法,认为罢工和关闭工厂都不应受到法律的限制。由于政府经济扩张计划的实施和其他国家的经济复苏,瑞典经济状况在1933年得到迅速改善,失业人数开始下降,劳动力市场的动荡有所缓解。在出现这种转机的情况下,瑞典工联和瑞典雇主联合会开始走到一起,设法解决劳资关系和劳动力市场中的问题。1936年,双方开始在斯德哥尔摩附近的海滨夏季旅游胜地萨尔茨耶巴登协商,经过两年的谈判,在1938年签订了著名的《萨尔茨耶巴登协议》。协议规定瑞典劳动力市场理事会作为全国性劳资协商机构,该理事会的成员包括工联和雇主联合会的代表。协议还规定,任何劳资争端在提交法院审理之前,要先在理事会内部进行充分调解,开除或解雇职工需要遵循一定的程序,劳资纠纷中罢工和关闭工厂之类的做法受到限制,以确保第三方的权利不受侵犯。《萨尔茨耶巴登协议》是1933年社会民主党与农民党之协议的精神的再现,它稳定了劳动力市场。这个协议被认为是"瑞典模式"形成和进一步发展的先决条件。

五 中立、团结和第二次世界大战

瑞典由于奉行中立政策,因此与引发第一次世界大战的一系列事件几乎没有关系。同样,在第二次世界大战前,在国际政治角逐中,瑞典也几乎没有参与。1925年,瑞典曾大幅度裁减军备。但是,国防问题长期以

瑞典

来都对瑞典国内政治产生很大影响。1932～1936年瑞典社会民主党与农民党之间的合作，并不是采取联合政府的形式，但在实际合作中基本上顺利。然而，在国防问题上，两党的意见无法统一。1936年意大利入侵埃塞俄比亚的战争表明，国际联盟无法保证小国的安全。当时，纳粹德国正紧张地进行军备重整，国际形势日趋紧张。在这种情况下，有人呼吁加强瑞典国防。社会民主党内部的和平主义和反军情绪很强烈。结果，几个非社会主义政党于1936年在议会推出一个不同于社会民主党的国防改革方案并获得通过，使社会民主党内阁一度辞职。经过当年的选举，社会民主党才与农民党重新联合执政。

1939年9月第二次世界大战爆发后，如何保持中立、让瑞典置身世界大战之外，成了瑞典政治生活中面临的主要问题。大战一爆发，瑞典就和其他北欧国家一样，发表了中立宣言，但在对德国的要求做出反应时，瑞典政府不得不小心翼翼。当时，对于如何看待纳粹德国，国内意见不一。在社会民主党和自由党的报纸上，批评纳粹德国的舆论很激烈。共产党人和一些社会民主党人曾以志愿兵的身份在西班牙内战中与法西斯作战。但是，一些自称属于自由派的报纸也在为德国的行动辩护。当时瑞典仍存在强烈的反俄情绪，不少人认为威胁不是来自南方或西方，而是来自东方。

在德国进攻波兰和1939年《苏德互不侵犯条约》签订之后，这种情绪更强烈了。苏德条约的结果之一是，德国承认波罗的海国家和芬兰属于苏联的势力范围。苏联当时要求芬兰割让南部卡累利阿的部分地区并租借汉科港，遭到了芬兰的反抗。1939年10月，瑞典、丹麦、挪威的国王和芬兰总统在斯德哥尔摩会晤，这次会晤成了支持芬兰的示威。但是，瑞典国内当时在此问题上分歧严重，尽管舆论强烈支持芬兰，但最终认为芬瑞两国联合对抗苏联不但无助于芬兰，反而会把瑞典置于更危险境地的观点占了上风。1939年11月30日苏芬战争爆发后，瑞典国内要求帮助芬兰的呼声非常强烈。面对严峻的形势，首相佩尔·阿尔宾·汉森不得不组成大联合内阁，吸收除共产党以外的所有党派参加政府，以争取全国上下一致支持政府宣布的中立政策。在苏芬战争期间，瑞典宣布自己为"非交战国",没有给予芬兰直接的军事援助。

保存自己是瑞典在大战期间的唯一现实选择。当时全国实行"枕戈待旦",试图通过各种形式加强国防。年迈的国王古斯塔夫五世成了全国一致共同对外的象征,而首相汉森通过其无可挑战的权威,在瑞典创造了平静、自主的氛围。各个党派之间基本上处于停止争论与和平相处的状态。通过与各交战国达成协议,瑞典能够与外国继续进行贸易,再加上配给制度顺利实施,物资供应状况相对较好。总体上,瑞典避免了第二次世界大战的战火,汉森政府奉行的政策得到了瑞典人民的广泛支持。

但是,在战争过程中,瑞典的中立政策也面临重大挑战。苏芬战争结束一个月后,1940年4月9日,德国入侵挪威和丹麦。丹麦很快投降,挪威国王逃到伦敦,德国在挪威扶植了以吉斯林为首的傀儡政府。同年6月,在挪威军队停止抵抗后,德国要求瑞典允许德国士兵从挪威非武装乘坐火车回国度假,尽管此要求引发了瑞典政府内部很大的分歧,但最终瑞典只好让步。1941年6月,纳粹德国在向苏联发动进攻的同时,要求瑞典同意恩格尔布雷希特将军率领的一支全副武装的陆军师从奥斯陆地区假道瑞典前往芬兰。德国的要求明显侵犯了瑞典早已宣布的中立政策。但是,考虑到拒绝德国人要求的后果,瑞典被迫又一次做出让步。斯大林格勒保卫战和德国在其他各大战役受到挫败之后,瑞典与德国之间的关系才改变,德军假道瑞典的情况于1943年终止。

六 福利国家的建设和瑞典模式的形成

第二次世界大战后,瑞典政治和社会局势稳定,生产设施没有像其他欧洲国家那样受到战争的严重破坏。1946~1950年,国民生产总值以年增长率4.5%的速度增长。但是,大战期间瑞典享受的国内政局平静局面结束,出现了重大的政治分歧。非社会主义的几个政党不能接受社会民主党推行的政策,指责社会民主党阴谋使瑞典"社会主义化"。社会民主党则在厄恩斯特·威格福斯的指导下,制定了一份战后规划。该计划列出了27点,详细说明了社会民主党打算如何改变瑞典社会,其中最重要的目标是争取充分就业。为此,社会民主党主张推行积极的就业政策,建议实施"政府计划经济",以达到充分就业,促进企业界扩大民主,提高效率,从而实现国民收入分配的合理化和国民生活水平的普遍提高。

战时的大联合内阁于1945年7月解散,继而由社会民主党单独组阁。内阁在1946年10月汉森去世后由塔格·埃兰德(Tage Erlander)领导。当时,由于居民大规模迁入城市,住房政策是政府最关切的问题。社会民主党制定的新住房计划主张通过政府贷款和政府补贴资助房屋建造。低收入家庭可以领取住房补贴。与此同时,有未成年子女、养老金领取者和病人的家庭,通过各种渠道得到较多的照顾。政府开始推行统一补助金制度,每个人从此获得同样的基本福利或"安全网"。地方市政府也开始提出更全面的养老、抚幼和其他社会福利计划,由中央政府支付部分费用。教育制度也进行了改革,议会一致通过实行综合学校制度,所有学生接受6年的免费教育。为了给福利政府提供资金,财政大臣威格福斯主持实行税率陡升的累进税制,开征房地产税和财产税,适量增收公司税。这种税收政策的结果是社会财富的大规模再分配,但不涉及生产资料或生产利润。社会民主党的政策赢得了广泛的支持,在1948年议会选举中,得票率为46.1%。

尽管社会民主党在1948年议会选举中仍赢得多数票,但只占微弱优势,地位并不很牢固。为了继续改革,应付任何新出现的危机,还需要在议会内拥有稳定的多数支持。而农民党也谋求防止农民处境继续恶化。因此,两党经过谈判,1951年组成了联合内阁。双方把意见分歧搁置一边,社会民主党提出能为农民党接受的农业政策,农民党则支持社会民主党增加养老金和未成年子女生活补助金、建立全国健康保险制度等改革。社会民主党和农民党(1958年后改名中间党)的联合,保证了瑞典政局的稳定。尽管联合内阁期间没有进行多少重大改革,但早先取得一致的改革方案得到顺利实施。总的来看,战后初期瑞典实行的改革种类繁多,涉及面广,"瑞典模式"逐渐成形,国民税收负担则大幅度增加。这种因素与经济形势的动荡不定一起,使某些社会集团产生不满情绪,企业界发起了"反对计划经济的运动"。

为了保持政治社会稳定,社会民主党采取了积极稳妥的劳动力市场政策。瑞典社会最明显的特色,是存在强大的劳动力市场组织。1938年的《萨尔茨耶巴登协议》显示了这个市场供需两方即瑞典工联和瑞典雇主联合会的强大力量。协议签订后,劳动力市场基本稳定。一般情况下,工联与社会民主党之间能密切合作,关系是融洽的。但在1950年前后举行的工资问题谈判中,这种合作关系受到了严峻考验,社会民主党政府要求工联在提出增加工资时保持克制,以免提高工资造成通货膨胀。社会民主党政府坚持,如果劳资双方不能按正常方式达成协议,政府将进行强制性裁决。1951年,政府采纳了经济学家的一项建议,采取有针对性的措施减少失业现象,实行全国同工同酬的统一工资政策,集中进行工资谈判,政府和议会负责控制购买力的过度增长,用提高工资税取得的收入补充工业成本。这些措施把劳动力的安排和各方面对劳动力的具体需要结合起来,同时提高劳方的岗位流动能力和工种变换能力。劳资集中进行谈判,使分散的全国工会可以实行统一的工资政策,而统一的工资政策缩小了不同行业之间的工资差距,在向效益差的行业和企业无形施加压力的同时,鼓励效益好的行业和企业提高效率,不赢利的企业及早淘汰,经济效益高的企业得以保存下来,以便在国际竞争中取得优势。而在经济结构调整中受影响的企业的职工可以得到帮助,在经济效益好的企业中找到工作。这些措施是战后瑞典经济政策中极其重要的,它们长期保持了劳动力市场和社会的稳定,并在后来几十年里瑞典工业提高结构效率方面发挥了重要作用。

　　1956年,社会民主党提出了一项意义重大的建议:建立一种由政府管理的补充养老金制度,养老金数额与本人原先的劳动收入挂钩。对于这个建议,社会民主党和农民党以及其他政党之间发生了分歧。当时社会普遍一致的意见是,现行基本养老金制度虽然消灭了最严重的贫困,是社会福利安全网的重要组成部分,但其数额不足以维持退休后的生活。大多数白领职工当时与雇主订有协议,领取与本人在职薪金数额挂钩的补充养老金,但退休工人只能领取基本养老金。很多工人发现,他们退休后的生活水平迅速下降。这成了1956年选举中竞选辩论的重要问题。保守党和农民党要求提高基本养老金,而社会民主党则认为基本养老金不足,主张建立新的养老金制度。社会民主党在这次选举中失去了部分选票,但联合执政的社会民主党和农民党票数在议会中仍居多数。大选后，成立了包括各政党代表、劳资双方和农业组织代表的特别调查委员会，就养老金制度改革提出建议。但是，在是否征收和如何征收补充养老金、经费来自何方、养老金基金如何管理等问题上，各方争执不下。自由党和保守党主张进行公民投票表决。社会民主党和农民党起初对全民公投有疑虑，不赞成举行强制性的公投，认为在议会民主制的同时另外采取公民投票是互相矛盾的，会使政府难以保持政策的连续性；但是，两党联合政府权衡形势后，还是同意举行公投。

1957年举行的这次公投是咨询性的，当时提交公投的有三个方案。社会民主党和工联支持的方案主张所有受雇职工取得由雇主提供财源的强制性补充养老金，建立补充养老金特别基金，由政府、企业和职工三方联合管理。农民党和农民组织主张增加基本养老金，个人可自愿加入补充养老金保险。由保守党、自由党和瑞典专业职员联盟下属的工业职员和技术雇员工会则主张劳资双方组织对养老金的构成订立协议，养老金财源由职工缴纳的保险费提供，养老金基金由雇主管理。这次公投吸引了极高的投票率，达到72%。公投的结果是，社会民主党的方案得票45.8%，农民党的方案得票15%，第三种方案得票35.3%。尽管社会民主党方案得票最多，但反对第一种方案的票数也超过了投票人数的一半。

农民党（此时已更名为中间党）、自由党等党派认为，公投对补充养老金方案没有提供明确答案。中间党4名内阁成员提出辞职，部分社会民主党阁员也要求辞职，导致联合内阁地位不稳。国王曾提议三个非社会主义政党组阁，但它们未能达成一致。于是，国王再次要求塔格·埃兰德组阁，建立社会民主党的政府。社会民主党政府认为，它所提出的方案已经得到多数人的支持，所以向议会提出一个议案，主要内容与交付公投的方案相似。该议案遭下院否决，但在上院获得通过。社会民主党坚持不妥协，于是要求国王解散下院，在1958年6月进行临时选举。选举结果是，社会民主党和共产党在下院获得116席，而三个非社会主义政党获得115席。在议会下院就补充养老金问题进行表决时，由于社会民主党人出任的议长无投票权，双方势均力敌。但关键时刻一个蓝领工人出身的自由党议

第二章 历 史

员宣布弃权,使社会民主党的议案获得通过。瑞典战后政治生活中辩论最激烈的问题,就这样以一票之差决定下来了。尽管社会民主党仅以一票赢得了胜利,但这一胜利在形成公众舆论方面起到了决定性作用,其政策后来赢得了更多的支持。

随后,社会民主党与其他非社会主义政党之间的分歧,转到了如何为福利政策提供资金、实现政府财政收支平衡的问题上。1955~1976年一直担任财政大臣、对这一时期瑞典经济政策有重大影响的贡纳尔·斯特伦(Gunnar Sträng),在1959年提出重新征收第二次世界大战期间的营业税。对此,不仅反对赤字预算和政府举债的非社会主义政党反对,工联和社会民主党内部一些人也持反对态度。但斯特伦说服了工联和社会民主党,使他们同意4%的营业税是填补政府财政空缺的办法。重新征收营业税(后改名增值税)对政府后来的经济政策具有重大意义,保证了福利国家政策的顺利推行。到了1985年,增值税达到了瑞典政府财政收入的1/4。

20世纪60年代前半期,社会民主党连同共产党在议会占稳定多数,社会民主党利用这个优势,建设塔格·埃兰德所说的"强大的社会"。中央和地方政府为人民提供教育、保健、老年保障和高标准住房。按照社会民主党的观点,没有庞大的公共部门,瑞典人民就没有安全感。由于居民大批从农村迁入城市、移民大量迁入瑞典和收入水平普遍提高,社会民主党在20世纪60年代早期提出了一个住房政策的重大方案,承诺在从60年代中期开始的10年间建造10万套住房。议会通过新的法律规定,所有职工享受至少4周的带薪假期,每周工作时间一般缩短到40个小时。议会还通过决议,将原来的几项社会保险制度合并成一种社会保险制度。60年代中期,社会福利支出已大约占中央政府预算的30%。与此同时,社会民主党政府还推行强制性的学校改革,目的是消除社会不同阶层子女上不同学校之间的差距,使所有年龄在7~16岁的青少年一律上九年制的综合学校。对高中教育进行改革,将普通高中与技术高中和商业高中合并,三年制高级中学向九年制综合学校的所有毕业生开放。中学生上大学时过去一直必须参加的入学考试也废除了。到70年代初,又把高中、补习学校和职业学校合并成"混合高级中学",进一步实现了社会民主党"学校民主化"的目标。

福利国家的建设和完善，是以经济的稳定增长为前提的。20世纪50年代到70年代初，随着世界经济的增长，瑞典经济也稳定增长，国际贸易额逐步扩大，是瑞典历史上空前繁荣的时期。政治上，1960年后，瑞典各政党之间的对抗日趋缓和，宪法改革成了当时瑞典政治生活中的重大问题之一。

七 宪法改革

直到1970年，瑞典的宪法由《政府文约》、《王位继承法》以及《出版自由法》构成。20世纪早期，瑞典政府的形式发生了变化，但并没有促使成文宪法的诞生。这种变化主要体现为不成文的习惯法的增补。议会惯例就属于这种情况，这些惯例虽然没有写成宪法，但付诸实施已有几十年的历史。许多人认为，原有的宪法性文件不再符合时代实际，需要革新。例如，《政府文约》规定，"国王独自统治王国"，但议会民主制的发展，早已使这条规定成为一纸空文。一些人认为议会划分为两院的理由也已不存在。

自由党首先表达了对议会上院机构本身的不满，认为上院反映的往往是过时的民意，因为它的议员是间接选举产生的，每次选举只能更换少数议员，许多议员还想削减国王的权力。

1954年，政府成立了宪法研究委员会，并赋予其广泛的权力，审查和研究选举程序、议院制和议会惯例。委员会于1963年结束工作，将研究结果提交各界讨论，各政党的主席举行了会议，最后成立了一个宪法研究特别委员会。在1966年的选举中，宪法问题成了辩论的主要问题。经过多次辩论，议会于1969年通过了新政府文约，并在几年内分阶段实施。

新政府文约体现了各种意见的折中，但在大多数问题上，自由党的主张得到采纳，特别是采用了他们提出的议会一院制建议。一院制的议席分布，在最大限度上反映各党派在选举中所得的票数（得票不超过4%的党派除外）。新政府文约的特点是：规定瑞典所有政治权力来自人民，正式废除了国王主持参政会的旧制度，国王仍然是国家元首，但只保持礼仪职能；议会改为一院制，由350名（后因1973年选举中出现议会中"社会主义集团"与"非社会主义集团"席位相等的局面,许多问题难以议决,因此于1976年改为349名)议员组成,议会议席采取比例代表制;议会议长将接替过去国王任命获胜政党领袖组织政府的职能,议长提名的政府首脑(首相)由议会投票表决决定。所有内阁成员由首相本人任命。

八　中立和国际参与

战后很长一段时期,瑞典各种政治力量都支持国家在外交上实行中立政策。但是,随着战后超级大国之间对立的形势变得明朗起来,瑞典坚持中立政策也面临严峻挑战。1948年,瑞典曾设想组建不依附于任何大国集团的北欧防御联盟,但丹麦和挪威先后加入了北约,使瑞典不得不孑然走自己的道路,依靠自身力量保持中立。为此,政府预算中相当大的一部分不得不用于国防。

尽管奉行中立政策,但瑞典对国际事务并没有采取消极态度。1946年,各政党一致同意,瑞典不应使自己孤立,应积极参与国际政治活动,参加联合国和其他一些国际组织,在各种国际冲突中担当调停者的角色,维护世界和平。不过,国际形势的变化,往往也导致瑞典内部发生激烈的外交政策辩论。

战后初年,外交政策辩论主要围绕三个问题,这三个问题都涉及苏联。第一个问题是,是否应苏联要求,将2500名德国士兵和167名在对苏作战中站在德方的波罗的海国家国籍士兵移交给苏联。瑞典战时大联合内阁曾答应过苏联的这个要求,但战后非社会主义政党和舆论强烈反对。社会民主党政府最后仍坚持移交。第二个问题是对瑞典国内外政策具有长远影响的拉乌尔·瓦伦堡(Raoul Wallenberg)的失踪问题。瓦伦堡在战争期间曾任瑞典驻匈牙利使馆秘书,享有外交豁免权,救过很多犹太人。苏军进入匈牙利后,怀疑瓦伦堡是美国间谍,将其拘捕,而且后来对他的下落和是死是活不透露任何消息。这是瑞苏关系中的重要问题,非社会主义政党一直以此向社会民主党政府施加压力。第三个问题是瑞典与苏联和东方国家的贸易问题。战时大联合内阁曾确定战后给苏联信贷,并经议会通过,1945年和1946年,瑞典分别与波兰和苏联签订了贸易协定,但这些政策在战后遭到非社会主义政党的指责，认为是屈从于苏联。

冷战初期，瑞典政府在许多问题（包括朝鲜战争和匈牙利事件等）上的立场与西方国家极为相似。许多人对苏芬战争记忆犹新，对历史上俄国传统的恐惧心理缠绵不散。瓦伦堡的命运等问题也都加重了反苏情绪。但社会民主党政府力主保持与两大军事集团的平衡关系，确保瑞典的中立政策在东西方国家心目中的信誉，保证其在未来超级大国之间的任何军事冲突中能坚持中立。因此，社会民主党和农民党联合内阁核心人物埃兰德和贡纳尔·赫德隆（Gunnar Hedlund）在1956年春访问了苏联。

20世纪60年代，瑞典在国际事务中积极担当调停者的角色，维护世界和平。1960年，比属刚果独立，但比利时军队撤出后，国内派系斗争骤起，当地出现了骚乱，美国开始插手。这个问题提到了联合国，联合国秘书长、瑞典著名外交家哈马舍尔德（Dag Hammarskjöld）大力设法和平解决，主张派遣联合国部队。瑞典积极支持联合国的行动，派遣士兵参与刚果维和行动。1961年，哈马舍尔德在前往刚果执行和平任务时坠机身亡。作为出色的外交家和联合国秘书长，哈马舍尔德在瑞典享有很高的声誉。他的罹难在瑞典引起了深深的悼念，而对他和他的事业的缅怀，也激发了瑞典人对第三世界及其面临的问题的关切和同情。

在国际上，瑞典积极承担责任，为发展中国家提供各种形式的援助，推动联合国在国际政治领域发挥作用。战后初期，瑞典对发展中国家的援助主要通过联合国各附属机构作为发送渠道。1962年，瑞典成立了管理对外发展援助的政府特别机构——瑞典国际援助局。不过，对外援助仍有约30%是拨给一些国际组织，特别是联合国机构和国际开发银行。1968年，议会保证逐年增加发展援助，到70年代中期达到国内生产总值的1%。援助项目主要集中在教育、医疗、食物供应和计划生育领域。

从20世纪50年代中期开始，核武器问题对瑞典的外交政策也产生一定影响。40年代末50年代初美苏核竞争开始后，瑞典人曾出现过是否需要进行核武装的辩论。1959年，社会民主党政府曾决定把这个问题搁置一边。但是，1961年美苏两国恢复了大规模核试验，核武器问题再度成为瑞典外交政策的辩论焦点之一。外交大臣奥斯滕·温登（Östen Undén）

向联合国提出了成立"无核俱乐部"的建议。这个所谓的"温登计划",主张没有核武器的国家在大国发展核武器的前提下保证不拥有核武器。该计划同时表明,按照瑞典的观点,无核国家有权向有核国家施加压力。尽管温登的外交政策并没有立即发挥作用,但1963年美苏在莫斯科签订了禁止核武器的双边条约。禁止核扩散和裁军的多边谈判也在日内瓦开始举行,瑞典积极参加了这些谈判。

越南战争开始后,瑞典是欧洲对越南战争争论最激烈的国家。60年代后半期至70年代初期,瑞典出现过上千次示威游行,反对美国的东南亚政策,支持越南决定自己命运的权利。起初,社会民主党政府的态度比较谨慎。在瑞典,也像在其他西方国家一样,许多人把美国在越南的战争视为反共斗争,瑞典不能触犯一个大国。但是,从1965年夏开始,交通和通信大臣奥洛夫·帕尔梅(Olof Palme)、首相埃兰德和外交大臣托尔斯滕·尼尔松(Torsten Nilsson)等人先后发表谈话和声明,对美国干涉越南提出批评,结果导致60年代末70年代初瑞美官方关系迅速恶化。1973年,美国拒绝接受瑞典派驻华盛顿的大使,同时召回驻瑞典大使。此后几年,瑞美关系实际上处于冻结状态。同一时期,越南战争也成了瑞典公众争论的主要话题。右翼指责政府的行动使瑞典站到了共产主义的一边,而左翼则认为政府对美国的批评过于懦弱。

九　危机和政府的更迭

20世纪60年代一般被认为是社会民主党坐享补充养老金论战胜利的年代。作为党的主席,埃兰德的地位越来越巩固。他担当了"国父"的角色,而1962年80岁高龄的国王古斯塔夫六世·阿道夫被尊称为"国家祖父"。在1968年议会选举中,社会民主党取得了战后最大的胜利。这次选举投票率达到空前的89.3%,社会民主党获得了50%以上的选票。1969年,社会民主党对高层领导进行了调整,埃兰德因年迈退休,由帕尔梅接替。

社会民主党的执政地位似乎动摇不了,但这时候发生了意想不到的事件。1968年5月,受西方许多国家发生的学生骚动影响,瑞典学生联合会占领斯德哥尔摩大学，对政府的高等教育改革方案提出抗议。接着，1969年末1970年初，"野猫罢工"（在集体合同有效期间，工人未经工会允许就停止劳动）一个接一个地发生，最引人注目的是哥德堡等港口工人和拉普兰地区北部铁矿工人的罢工。这些工人宣称他们已经失去了对社会民主党控制的劳工运动的信心。矿工的罢工、非社会主义政党对政府经济政策的抨击以及左翼势力对社会民主党背叛社会主义理想的批评，使社会民主党在宪法改革后于1970年进行的第一次议会一院制选举中遭到了前所未有的挫折。尽管非社会主义政党在选举中没有取得多数票，但一共赢得了350个议席中的170席，而社会民主党只获得163席。依靠共产党（获得17席）的支持，瑞典社会民主党勉强保住了执政地位。

1970~1973年，经济问题成了瑞典政治的争议中心。经历多年繁荣之后，瑞典经济这时候出现了一些危险迹象。作为经济繁荣源泉的制造业部门的相对规模越来越小，国际收支情况恶化，1971~1972年政府的压缩预算政策使国内需求受到限制，经济增长速度放慢。在1973年9月进行的议会选举中，形成了议会两大集团势均力敌的局面，社会民主党继续组阁。接着，10月爆发的中东战争引发了石油危机，石油价格暴涨使许多国家采取紧缩政策，但社会民主党政府认为，不采取这种政策而渡过萧条难关是可能的。政府和某些反对党达成了所谓的"哈格协议"（哈格是斯德哥尔摩一座宫殿的名称）。根据协议，政府决定降低税收，提高雇主缴纳的社会保险金，使劳资合同规定增加的工资不致被交税和通货膨胀吞没。

但1973~1976年世界性的经济萧条要求政府采取更具体的措施，使瑞典经济保持稳定。社会民主党试图通过各种方式与非社会主义政党达成协议，并证明自己即使在议会不占多数，也能有效治理国家。在1976年的选举中，两大集团辩论的主要问题除了社会福利、就业和税制之外，还增添了两个新问题：职工基金和核电。设立职工基金的建议是瑞典工联提出的，建议主张该基金来自公司利润税，由工会控制，可用于购买公司的股票，目的在于增大工人对国民经济和公司的影响。对于这项建议，社会民主党态度是消极的，但非社会主义政党认为，社会民主党原则上接受了瑞典工联的建议，职工基金将导致工会逐渐取得对公司的控制权，使瑞典成为变相的社会主义国家。在能源政策上，几十年来，所有政党都同意瑞典应该投资兴建核电站，但从 1973 年起出现了不同意见，势力增大的中间党以避免环境污染为由反对增加核电设施。各党之间在瑞典应该建设多少核电站这个问题上争执不下。中间党主席图尔比约恩·费尔丁（Thorbjörn Fälldin）提出，如果他担任首相，所建的核反应堆将不再填充核燃料，到 1985 年将拆除所有核反应堆。这些政策辩论使 1976 年的选举竞争异常激烈，中间党的竞选纲领使社会民主党的部分选票被夺走，结果社会民主党 44 年来第一次失去了执政地位，瑞典历史上第一次由三个非社会主义政党联合执政。

　　非社会主义政党联合执政并不轻松。三个主要政党中间党、温和联合党和自由党对联合政府的施政计划事先没有达成一致意见。西南海岸的巴塞贝克核电厂的第二个反应堆已经造好，正等待政府就是否装填核燃料做出决定。费尔丁为了能与其他两党组成联合内阁，不得不违背竞选诺言，同意其他两党装填核燃料的要求，从而组成了由他领导的联合内阁。而且非社会主义政党面临严重的经济问题，这些问题产生的原因除了国际经济衰退之外，还有劳动力成本急剧上升和瑞典产品在国际竞争中地位削弱。另一个影响深远的原因是，瑞典工业存在严重的结构性问题，过去对经济繁荣起过巨大作用的许多工业如造船、炼钢、采矿等，由于石油价格上涨和新兴工业化国家的竞争而遭受沉重打击。费尔丁政府花费很长时间制订度过危机的计划，力图使处于衰退状态的公司摆脱困境，但收效不大。

　　经济困难加重和核电问题的争执，导致中间党于 1978 年 10 月脱离内阁，费尔丁辞职，由自由党主席奥拉·乌尔斯滕（Ola Ullsten）接任首相，但少数执政的自由党政府也难以解决当时的经济问题。在 1979 年选举的竞选过程中，三个非社会主义政党提议选举后就争执不下的核电问题举行公民投票，并在选举后组成了联合内阁，由费尔丁再次出任首相。在随后举行的核电问题的公投表明，瑞典人民赞成通过较长过渡期停止使用核反应堆，核电反对者赢得了胜利。然而，核电问题从政治议事日程上消失，并不意味着非社会主义政党内部不再存在分歧。70 年代中后期瑞典经济持续萧条，政府财政支出以高于 70 年代初期的速度增加，而税收却由于经济增长缓慢而停留在原有水平，导致政府预算出现巨额赤字。非社会主义政党既不想增税，也不想受到图谋破坏社会福利制度的指控，在民意测验中的威信不断下降。而不断增加的失业人数和群众的怨气，使在野的社会民主党又赢回一些支持。正是在这种气氛中，迎来了1982年的选举。

十　社会民主党人再度执政和加入欧洲一体化进程

1982年的选举中，社会民主党达到了预期的目的，获得了45.6%的选票，比过去增加了2.4个百分点。在共产党的支持下，社会民主党结束了6年的反对党地位，再次组成政府。当时，瑞典的邻国丹麦和挪威的社会民主党或工党失去了人们的支持，而且在政治上不再处于优势地位，但瑞典社会民主党仍能重新掌权，主要是由于瑞典社会民主党主张走"第三条道路"，提出了有一定吸引力的让经济走出不景气的方案。首相帕尔梅上台后的第一个决定，就是将瑞典克朗贬值16%，并对物价实行全面冻结。政府还告诫工会，不要通过要求提高工资来补偿货币贬值带来的损失，以免影响瑞典产品在国际市场上的竞争力。社会民主党还不顾反对党的大规模抗议，实施职工基金制度。1982年到1985年社会民主党重新上台执政的3年间，由于国际经济形势的改善，同时政府的措施使瑞典企业能更好地利用国际市场的机会，瑞典国际收支不平衡的状态有所改善，失业人数减少，通货膨胀率下降，外债减少，产业部门的结构调整也比较顺利。1986年2月帕尔梅被刺身亡后，由英瓦尔·卡尔松（Ingvar Carlsson）接任首相。

但是，从20世纪80年代末开始，由于经济结构和劳动力成本等问题，瑞典经济再次出现严重困难，特别是在1990~1993年发生了一次严重危机，工业生产下降，国际收支存在巨额逆差。庞大的公共部门也成了瑞典经济的沉重负担，急剧提高的失业率更使预算出现巨大赤字，国家负债大幅膨胀。在这种背景下，人们对社会民主党政府的不满越来越强烈。在1991年大选中，社会民主党败下阵来，由温和联合党领袖卡尔·比尔特（Carl Bildt）为首相的非社会主义联合政府执政。

不过，瑞典社会民主党并没有像大多数西欧国家的社会民主党那样在

20世纪80年代至90年代初失去力量。尽管以比尔特为首的新政府做出种种努力，鼓励企业经营和大力削减公共部门开支，但仍无法解决失业率居高不下的问题，对急剧扩大的预算赤字和由此带来的国债增加也束手无策。1994年大选中，社会民主党再次领先，组成了以英瓦尔·卡尔松为首的社会民主党少数派政府。1996年3月卡尔松因个人原因辞职，由财政大臣约兰·佩尔松（Göran Persson）接任首相。

20世纪90年代中期以后，国际经济形势的好转，使瑞典国际收支情况也有所好转，出口增加。社会民主党应对高失业率、巨额赤字和国家高负债的主要办法，是提高税收和紧缩开支。随着经济全球化和地区一体化的趋势加速，社会民主党政府的增收节支计划和对社会福利进行了空前规模的调整收到一定效果，产业结构改革取得较大进展，科学教育事业尤其是科技研发和高新技术的采用取得很大进展。1995~2000年，瑞典国内生产总值年增3%强，比1974~1994年20年的平均增长率（1.5%）高一倍，国际收支经常项目实现顺差，失业率和通货膨胀率下降。社会民主党也在1996年、2002年两次大选中继续领先。同时，随着苏联解体、国际形势的改变、1992年《马斯特里赫特条约》的签订和欧洲共同体改组为欧盟，瑞典参与欧洲一体化进程的政策变得积极起来。1995年，瑞典正式加入欧盟。

第六节　著名历史人物

圣布丽吉特（Saint Birgitta，1303~1373）　著名瑞典修女，基督教圣女。生于富裕之家，后来嫁给一个讼师并育有8个子女。1344年，在丈夫死后进入东约特兰的阿尔瓦斯特拉修道院。在那里，产生了著名的圣母玛利亚生育"灵视"。这种处女生育的圣洁情感很快广泛传播，对整个基督教文化以及欧洲中世纪、文艺复兴时期的艺术创作产生了较大影响。为此，瑞典国王马格努斯·埃里克松在1346年赠给她一份地产，使她得以在瓦尔滕湖边的瓦斯泰纳建立一所修道院。后来，擅长表现宗教题材的尼德兰著名画家古斯（Hugo van der Goes）根据她的叙述，创作了一些著名的教堂壁画。1349年，圣布丽吉特离开瑞典前往罗马生活，直到1373年去世。

古斯塔夫·瓦萨（Gustav Vasa，1494~1560） 瑞典瓦萨家族第一代国王，1523~1560年在位。出身贵族世家，年轻时随父参加反对丹麦人统治的斗争。1518年布伦教堂战役失败后，被当作人质羁押。1519年从丹麦逃到吕贝克。1520年回瑞典，1521年在达拉纳发难，开展武装斗争。1523年打败丹麦占领军，被拥立为国王，建立瓦萨王朝，使瑞典人摆脱了丹麦的统治，建立起统一的民族国家。此后，他致力于一系列改革，尤其是实行宗教改革，接受路德宗新教并促使宗教民族化，没收天主教会的城堡和大量财产，解散教会的军队，废除大贵族的封地和采邑，设置直接听命于中央政府的地方政府和官员，建立起一个强有力的中央集权政府，正式确立王位世袭制，废除国王选举制度。他去世前，全国30%以上的耕地直接归属王室。

阿克塞尔·奥克森谢尔纳（Axel Oxenstierna，1583~1654） 贵族领袖，1609年进入参政会。瓦萨家族第五代国王卡尔九世1611年10月去世后，继位的古斯塔夫二世·阿道夫刚刚16岁，但他得到了奥克森谢尔纳这位"股肱之臣"的辅佐。1612年，奥克森谢尔纳被委任为首辅大臣。他曾在德国罗斯托克等地的大学学习，知识丰富、多谋善断、忠心耿耿，给年轻的国王出谋划策，并分别在1613年、1617年和1626年与丹麦、俄国和波兰的和谈中成功地缔结了和约。在内政上，他对中央和地方政府的行政机构进行了大胆的改革。1626年，他被委任为普鲁士省总督。瑞典当时在战争和保持大国地位方面的成功，在很大程度上得益于这位首辅大臣的得力辅佐以及他与国王古斯塔夫二世·阿道夫融洽的合作。古斯塔夫二世·阿道夫战死后，他又为三十年战争后期的瑞典制定了成功的军事和外交政策，并于1634年作为贵族领袖在四级议会中主持通过了具有君主立宪色彩的《政府文约》。

路易斯·德·吉尔（Louis de Geer，1587~1652） 荷兰金融家，17世纪上半叶，他帮助瑞典获得为支撑在欧洲的战争所需的贷款。1620年，从荷兰移居瑞典，负责经营王国的兵工厂。他的成功管理，使得瑞典在三十年战争期间不仅有足够的武器装备武装自己的军队，而且能够出口相当大量的武器。路易斯·德·吉尔还带来了很多移民，在他的多个庄园里劳动。这些人主要是瓦隆人，掌握熟练的制铁工艺和其他技能，并把这些工艺和技能带到了瑞典，大大促进了瑞典制铁工业的发展，使瑞典在一段时间里有足够的经济实力支撑其欧洲大国地位。因此，路易斯·德·吉尔被瑞典人誉为"瑞典工业之父"。

古斯塔夫二世·阿道夫（Gustav Ⅱ Adolf，1594～1632） 瓦萨家族第六代国王，统帅，军事改革家，查理九世之子。1611年即位后，对内采取措施稳定局势，推行政治、经济改革；对外继续谋求波罗的海霸权。1611～1613年在对丹麦的战争中失利，割让西部唯一港口城市埃尔夫斯堡。1614年率军进攻俄国，占领芬兰湾沿岸地区，切断俄国在波罗的海的出海口。此战后，开始进行军事改革：实行派役制，组建训练有素的常备军；压缩部队编制，把步兵团从2000～3000人减至1300～1400人；改进武器装备，部队配备先进的轻型铁炮和火枪，并建立团属炮兵；改行新的军需供给制。通过改革，军队的战斗力提高。1619年打败丹麦，收回埃尔夫斯堡。1621～1629年，发动对波兰战争，夺取利夫兰省和普鲁士大部分港口。1630年，在法、俄等国支持下参加三十年战争。1631年9月，在布赖滕费尔德之战中重创天主教联军，被誉为"北方雄狮"。1632年春，在莱希河交战中再败联军。是年11月16日，在吕岑会战中阵亡。

古斯塔夫二世·阿道夫在欧洲最早采用线式战术，作战战术上强调小部队进攻、预设战场和确保作战线等。其军事思想对欧洲军队建设和军事学术发展具有重大影响，被瑞典人誉为那个时代最伟大的人物之一。

克里斯蒂娜女王（Drottning Kristina，1626～1689） 具有传奇色彩的瑞典女王，1644～1654年在位，古斯塔夫二世·阿道夫之女，年仅6岁时便失去父亲，由大臣辅佐理朝。1644年，克里斯蒂娜亲自执掌王权。她智力超群而又富有个性，自幼受到严谨的教育，被认为具有王者风范。她酷爱学习，14岁已通晓拉丁文、希腊文、德文、法文、意大利文和西班牙文。她还善于招揽人才，在位期间创办了瑞典第一家报社与第一所全国性的学校。最为瑞典人称道的是，她亲手结束了长达三十年的欧洲大战，邀请欧洲大陆包括笛卡尔在内的许多知识分子来到宫廷，探讨哲学和改革社会的良方。在即位10年之后，28岁的克里斯蒂娜却从头上取下王冠，将王位让给了自己的表兄，然后女扮男装，游历欧洲，最后定居罗马，并于1689年在那里去世。

瑞典人一般认为，克里斯蒂娜是为了自己的信仰而放弃王位的。瑞典的国教是新教，而这位深具怀疑精神的女王秘密改信了天主教，于是退位就成了她必然的选择。在由著名影星葛丽泰·嘉宝（Greta Garbo）主演的好莱坞影片《瑞典女王》中，这段故事被浪漫化，改成了"不爱江山爱美人"的女性版。

卡尔十二世（Karl XII，1682~1718） 巴拉汀家族第五代国王，1697~1718年在位。在古斯塔夫二世·阿道夫之后，为保住大国地位，卡尔十世、卡尔十一世继续向外扩张，同时在国内进一步强化王权。而卡尔十二世是古今罕见的马背上的国王。18岁即位后，便统率大军攻打丹麦，此后再未生还首都斯德哥尔摩。他戎马一生，曾迫使瑞典宿敌丹麦就范，又横扫波罗的海沿岸国家，让波兰俯首称臣，令奥匈帝国和法国胆战心惊。继而，他又东征攻打俄国，但在波尔塔瓦大战中被彼得大帝击败，从此一蹶不振。1718年12月，一颗至今也未查明来自何方的子弹击穿他的头颅，他当即倒在战壕里死去。此后，瑞典由称雄一时的欧洲强国沦为二流国家，王室的势力大大削弱，国内政治结构也发生重大变化，实权操在贵族手中。

林奈（Carolus Linnaeus，1707~1778） 瑞典博物学家，现代生物分类学的奠基人。从1727年起，他先后在隆德大学和乌普萨拉大学学习。1730年任乌普萨拉大学讲师。1735年，在荷兰获哈尔德韦克大学医学博士学位。1735~1738年游学丹麦、德、荷、英、法诸国，这是他一生中最重要的时期。1738年回国，先当医师，1741年起一直在乌普萨拉大学任教授。

在荷兰时，林奈出版了著名的《自然系统》一书，首次提出了著名的"植物二十四纲系"。他所提出的分类系统虽属人为分类系统，与自然分类系统相距甚远，但便于检索，因而深受欢迎，他也由此声誉大振。他的重要著作《植物种志》于1753年出版，该书奠定了近代植物分类学的基础。1753年出版的《自然系统》在多次再版过程中，不断大量增补和修订，到1758年第10版时已扩展为1384页的巨著。在这一版中，林奈首次对动物分类采用"双名法"，成为近代动物分类学的起点。生物分类的双名法结束了动、植物分类命名混乱的局面，大大促进了科学分类学的发展。林奈毕生著述浩繁，共180余种。受宗教影响，他相信上帝创造万物，认为物种不变。后来，在长期实践中看到了物种数目渐增的现象，因此在晚年看法有所改变，并在1768年出版的《自然系统》第12版中删去了有关"种不会变"的论述。

古斯塔夫三世（Gustav Ⅲ，1746～1792） 霍尔斯泰-戈陶普家族第二代国王。自1718年卡尔十二世去世后，瑞典国王的王权已被大大削弱，实权由贵族上层所控制。古斯塔夫三世1771年继位后，梦想重振王室雄风，恢复瑞典昔日大国地位。1772年，他发动了一场"不流血政变"，夺回王权，但他生不逢时，国力衰败和国库空虚使他无法实现自己的美梦。他试图实行某些改革，如货币改革、土地改革（农民可以买卖土地）、废除苛刑、提倡新闻自由等，伏尔泰、卢梭等大思想家为此也曾为他喝彩，但这些改革有始无终，一一流产。不过，在他的统治下，瑞典文化奋起直追，文学、音乐、戏剧一片繁荣昌盛。这一时期后来被瑞典人称为"古斯塔夫时代"。瑞典众多的语言学院，文学、历史和文物学院，音乐学院，美术学院等，大多起源于这一时期。1792年3月16日，在斯德哥尔摩皇家歌剧院的一次午夜假面舞会上，一个贵族朝古斯塔夫背后开了一枪。3月29日，古斯塔夫去世。他被暗杀后，贵族逐渐重新操纵实权，并于1809年3月废黜国王古斯塔夫四世·阿道夫，6月通过新的《政府文约》，对君主权力做了明确限制，瑞典实际上进入了君主立宪时代。

卡尔十四世·约翰（Karl Ⅳ Johan，1763～1844） 贝纳多特家族第一代国王，1818～1844年在位，原名让-巴蒂斯特·贝纳多特，1763年生于法国南部波尔图，曾是拿破仑麾下一名元帅。1810年夏，正值拿破仑处于权力巅峰时期。虽然此时瑞典企图实行中立政策，但法国通过将波美拉尼亚归还给瑞典，实际上操纵了瑞典国内政治。在这种形势下，贝纳多特被四级议会选举为瑞典王储，这也是瑞典亲法派做出的选择，目的是得到法国的支持，争取让瑞典与挪威结成联盟，同时重新夺回芬兰。1810年，贝纳多特入主瑞典宫廷。4年后，他成功地将挪威并入瑞典。1818年，贝纳多特正式登基，称卡尔十四世·约翰。经历了几个世纪的战争，19世纪初的瑞典已穷困不堪，为了生存亟须实现和平，卡尔十四世·约翰基本上实行中立政策。时间证明了瑞典人的慧眼独具，在卡尔十四世统治期间，瑞典远离战事。也是从这个时候起，瑞典再也没有卷入过任何战争，而约两百年的和平环境，无疑是建成发达的现代瑞典社会的基本条件。

约翰·埃里克松（John Ericsson，1803~1889） 瑞典发明家，1803年生于韦姆兰省。从少年时期起就对工程学有很大兴趣，13岁画出了约塔运河的技术图纸。1816~1826年，在军队中服役。之后，他前往英国，为推广自己发明的新型热力发动机寻求资助。在伦敦，他与约翰·布莱斯维特（John Braithwaite）在1829年制造出了新型火车头。之后，埃里克松的兴趣转向建造船只，并于1836年成功发明了螺旋桨推进器。由于在英国得不到足够支持，他深感失望，于1839年移居美国，继续进行自己的试验。1849年，他设计出了"普林斯顿"号，这是世界上第一艘金属外壳、由螺旋桨推进器推动的船只，人类从此有了由水线以下引擎驱动器驱动的船只。美国南北战争爆发后，林肯总统命令美国海军建造能打败南方军队的军舰，包括埃里克松在内的几名出色工程师设计出了有两门可转动大炮的全铁制装甲舰"监视者"号，成功封锁了南方海岸。1878年，他又建造了能发射鱼雷的"驱逐者"号。此外，他还探索了利用太阳能和潮汐能量的可能性。

努登舍尔德（Adolf Erik Nordenskjöld，1832~1901） 瑞典著名探险家。由于马可·波罗的中国之行，西方人相信中国是一个黄金遍地、珠宝成山的人间天堂。于是，他们开始寻找通向中国的最短航线——海上丝绸之路。当时的欧洲人相信，只要从挪威外海北上，然后向东或者向西沿

第二章 历 史 **S**weden

着海岸一直航行，就一定能够到达东方的中国。因此，中世纪以来的北极探险考察史，是同北冰洋东北航线和西北航线的发现分不开的。1878年，努登舍尔德乘"维加"号探险船，沿欧亚大陆北部海岸首次打通了北冰洋东北航线。他的勇敢冒险，激起了瑞典人巨大的探险热情，在19世纪末20世纪初掀起了一轮探险热。探险家安德烈（Salemon August Andrée）试图乘坐他的"鹰"号热气球前往北极，但未成功。旅行家斯文·赫定（Sven Hedin）对亚洲大陆腹地中亚地区进行了探险旅行。科学家厄尔兰·努登舍尔德（Erland Nordenskiöld）前往南美大陆考察，写下了著名的《生物学史》。地质学家和考古学家安特生（Johan Gunnar Andersson）则在中国进行了考察。

诺贝尔（Alfred Bernhard Nobel，1833～1896） 化学家、发明家和工业家，诺贝尔奖创立者。其父伊曼纽尔·诺贝尔在俄国拥有大型机械工厂。1840～1859年，伊曼纽尔·诺贝尔在圣彼得堡从事大规模水雷生产，这些水雷及其他武器曾用于克里米亚战争。诺贝尔在圣彼得堡长大和求学，后去法国和美国深造。学成返回瑞典后，从事化学尤其是炸药的研究。诺贝尔父子在斯德哥尔摩市郊建立试验室，首次研制出解决炸药引爆的雷汞管。1863年，开始生产甘油炸药。由于液体炸药容易发生爆炸事故，他在1866年制造出固体的安全烈性炸药，这一产品成为以后诺贝尔国际性工业集团的基石。1867年，他又发明了安全雷管引爆装置。随后，又相继发明多种威力更大的炸药。他毕生共有各类炸药及人造丝等近400项发明，获85项专利。这些发明使诺贝尔在世界化学史上占据重要地位。他创建了诺贝尔化工公司，在西欧各国开设生产炸药的公司，通过制造炸药积累了大量财富。

诺贝尔去世前于1895年立下遗嘱，将其财产中的大部分约920万美元作为基金，以其年息（每年20万美元）设立物理、化学、生理或医学、文学以及和平事业5种奖金（1969年瑞典中央银行增设经济学奖金），奖励当年在上述领域内做出最重要贡献的学者。从1901年开始，奖金在每年诺贝尔逝世日12月10日颁发。

斯塔夫（Karl Staaff，1860～1915） 政治家、律师，1907～1915

年任人民党（自由党）主席，1905~1906年和1911~1914年两度出任首相。他积极推动瑞典的普选权运动。作为人民党领导的联合内阁的首相，他成功地推动了1905年在瑞典开始实行的男子普选。由于主张普选权，他陷入了与保守势力的激烈冲突。保守势力将其抹黑，指责他是瑞典传统和社会的破坏者。他坚定地反对增加军费的和平主义立场，也遭到了保守势力的围攻。1914年，保守派煽动农民在斯德哥尔摩王宫广场集会，按宪法不得干预政治的国王古斯塔夫五世发表讲话，谴责斯塔夫的和平主义国防政策。在保守势力的共同压力下，斯塔夫被迫下台。但他在议会制等民主制度方面的主张，很长时期里对瑞典政治和自由派的政策产生了很大影响。

布兰廷（Karl Hjalmar Branting，1860~1925） 政治家，1860年生于斯德哥尔摩，1882年毕业于乌普萨拉大学天文学系。毕业后，先从事天文学研究，担任过斯德哥尔摩天文台台长的助手。1884~1917年，先后在社会民主党报纸《时代》和《社会民主党人》任编辑和主编。1896~1902年，当选下议院议员。1907~1925年，担任社会民主党主席。1917年，任埃登联合内阁财政大臣。1920~1925年，曾三次组阁，任社会民主党内阁首相兼外交大臣。1925年辞去首相职务，当年2月逝世。

布兰廷是瑞典社会民主党创始人之一。第一次世界大战期间，他主张瑞典执行严格的中立政策，并谋求通过各国社会民主党恢复国际关系。他曾几次参加社会党国际会议，并成了中立国的主要发言人之一。通过对交战国双方社会党人冲突的调解，他在国际社会民主党人中声誉卓著。同时，他还为建立国际联盟而积极活动，认为国际联盟可以实现全面裁军与和平。1923年，他成为国际联盟理事会成员，并当选1924年国际劳工组织会议的主席。作为国际联盟中一位有影响的人物，他努力使国际联盟成为一个为和平、人民之间的和解以及裁军服务的国际机构，在诸如波兰的德意志少数民族问题以及希腊、意大利冲突等问题上做出了不少努力。1921年，他因对国际联盟的和平事业所做出的努力获得诺贝尔和平奖。

汉森（Per Albin Hansson，1885~1946） 曾任首相、社会民主党主席，瑞典福利社会的奠基人之一。1885年10月28日生于马尔默附近的佛西。因家境贫寒，12岁开始边当童仆边学习小学课程。后来曾当店员。1903年积极筹建社会民主党新的青年组织社会民主青年联盟。1911年当选党中央执行委员。1918年当选下院议员。1925年布兰廷去世后，接任社会民主党主席。

作为"福利社会主义"理论的创始人之一，汉森于1928年首次提出把瑞典建成"人民之家"的主张。其核心思想是，通过实行社会和经济民主，消除阶级差别以及一切社会和经济不平等现象，让平等、关心、合作和互助精神贯穿整个社会。1932年，社会民主党在大选中获得决定性胜利，汉森出任首相，推行福利制度。从此，为社会民主党长达44年的长期执政奠定了基础。1936年6月，汉森因修订养老金法、提高养老金数额的政策遭议会否决而辞去首相职务。同年9月，社会民主党再次在大选中获胜，汉森第二次组阁，同农民党组成联合政府。第二次世界大战期间，任战时大联合内阁首相，维护瑞典的中立不结盟地位。1944年，领导社会民主党制定了克服战后危机的27点纲领。1945年第四次出任首相。任内，汉森运用经济学北欧学派和凯恩斯主义的国家干预理论，提出把反对失业、实现充分就业作为社会民主党政府首要任务的反危机纲领，成功克服了20世纪30年代的经济危机。同时，以"人民之家"思想为指导，提供普遍的社会福利，人民生活随着经济增长和社会福利的扩大而不断改善。1946年10月5日，汉森因突发心脏病去世。汉森逝世后，被瑞典人民誉为"国父"和"福利社会的奠基人"。

埃兰德（Tage Erlander，1901~1985） 曾担任社会民主党领袖、首相，瑞典福利国家的奠基人之一。1901年生于韦姆兰省塞特市。1920年进入隆德大学。1928年获隆德大学哲学学士学位，同年加入社会民主党。1944年，当选社会民主党中央委员，同时进入中央执行委员会。1946年10月汉森去世后，埃兰德接任社会民主党主席和政府首相，时年45岁。

埃兰德坚信，社会民主主义是变革社会的根本途径。他把自由、平等、团结、合作称为社会民主主义的4种基本价值，认为瑞典社会民主党推行改良的目标是"建立一个充满自由、平等、团结、合作的无阶级社会"。在任首相期间,他继续推行汉森的福利政策,为把瑞典建成"人民之家"开展了全面的社会改革和福利建设。他吸取了20世纪20年代政府不稳的教训,提出建立"团结的、强有力的政府",确保社会民主党在议会中的多数地位。他从宪法改革着手,先后推动实行比例选举制、公投等重大改革。在议会内,同其他政党建立了协商、妥协和合作的关系,稳定了党的执政地位。在经济方面,努力实施社会民主党《工人运动的战后纲领》,把发展经济、提高人民生活水平、实现充分就业作为社会民主党政府的中心任务,对社会福利制度发展、改革和完善做出贡献。这些政策和措施,使瑞典在各个领域取得了显著成功,成了西方福利国家的橱窗。1969年9月,埃兰德因年迈辞去了党主席和政府首相职务。1985年6月21日病逝。他连任首相长达23年,是瑞典历史上任期最长的首相。

哈马舍尔德(Dag Hammarskjöld,1905~1961) 经济学家、外交家。1905年7月29日生于延雪平。1925年毕业于乌普萨拉大学。1934年获乌普萨拉大学哲学博士学位。1935~1948年,先后任瑞典中央银行秘书、财政部国务秘书及瑞典中央银行总裁等职务。1946年开始从事外交工作。1949~1951年,担任瑞典外交国务秘书。1953~1961年,任联合国秘书长。1961年3月17日,在执行联合国使命时因飞机失事遇难。

1953年,哈马舍尔德率瑞典代表团出席联合国大会第七次会议。同年,以压倒多数当选为联合国秘书长。作为杰出的外交官,在任联合国秘书长期间,他对重大国际问题的解决做出了许多努力和贡献。他认为,"静悄悄的外交",即在有关国家的代表之间进行私下讨论的外交方式,可以解决各种问题。1953年1月,他曾到北京与周恩来总理就释放朝鲜战争中被中方俘获的15名美国飞行员问题举行会谈。在许多重要国际问题上,他展现出了很强的能力和很大的灵活性。1960~1961年,在解决比属刚果(现刚果民主共和国)的问题上,他花了大量的时间和精力。在乘飞机前往加丹加的途中飞机坠毁,不幸以身殉职。1961年,由于他为联合国事务做出的巨大贡献,挪威议会诺贝尔委员会在他死后一个月授予他诺贝尔和平奖。

第二章 历 史

瓦伦堡（Raoul Wallenberg, 1912~1957） 瑞典外交官，1912年8月4日生于显赫的瓦伦堡家族，父亲是海军军官。1935年从美国密歇根大学毕业，获建筑学理学学士学位后返回瑞典。此后，到南非开普敦、以色列海法等地经商。第二次世界大战即将结束的1944年，年仅33岁的瓦伦堡被任命为瑞典驻匈牙利大使馆一等秘书。当时他负有一项特殊的使命：尽可能多地挽救处于纳粹德国手中、极可能遭到杀害的大批犹太人的生命。瓦伦堡冒着生命危险，在半年多的时间里，先后为上万名匈牙利犹太人签发了瑞典签证，使他们逃离虎口。

1945年1月苏联红军攻入布达佩斯之后不久，瓦伦堡失踪了，之后便再也没有露面。苏联方面先是否认拘留他，后来在瑞典方面的一再催问下，苏方于1957年发表声明说，瓦伦堡已于1947年因心脏病发作死于莫斯科的卢比扬卡监狱。有人认为，苏联怀疑瓦伦堡是美国间谍，因而将其逮捕。由于没有任何有关瓦伦堡死亡的证明，苏联的声明并未使这一事件就此了结，此事成了瑞苏关系乃至东西方关系中的一个大问题。直到20世纪80年代末期，仍不断有消息透露说瓦伦堡还活着。历届瑞典政府及瓦伦堡的亲属也不相信瓦伦堡已经死亡。瑞典政府曾多次与苏联进行交涉，苏方在多数情况下根本不予理睬，偶尔也重申1957年的声明。1982年，瑞典政府就这一事件公布了详细的、长达13000页的文件，仍未能使问题得到澄清。多年来，每逢1月17日，一些西方国家便分别举行活动纪念瓦伦堡。1985年1月17日，至少有25个国家的"瓦伦堡委员会"举行了纪念活动。时任瑞典首相帕尔梅发表声明说，"瓦伦堡今天成为人道主义和自我牺牲精神的象征"。2000年12月，俄罗斯首次承认瓦伦堡被囚禁在克格勃监狱22年半，直至去世。

帕尔梅（Olof Palme, 1927~1986） 瑞典著名政治家。1927年1月30日生于斯德哥尔摩。早年在斯德哥尔摩附近的锡格蒂纳学校学习，毕业后服兵役。第二次世界大战后，入美国俄亥俄州凯尼恩学院学习，1948年获文学学士学位。回国后入斯德哥尔摩大学学习，1951年获法学学士学位。1950年参加社会民主党。1953年任瑞典首相特别顾问。1958年当选为议员。1963年起在政府中任职。1969年任社会民主党主席。

瑞 典

1969年、1982年两度出任首相。他在国际舞台上相当活跃,1976年11月当选为社会党国际副主席。1980年9月,在他倡议下成立了"关于裁军和安全问题独立委员会"(也称"帕尔梅委员会"),任主席。1980年11月作为联合国秘书长的特使调停两伊战争。1986年2月28日在斯德哥尔摩遇刺逝世。

第三章

政　治

瑞典王国是世界上政治比较稳定的国家。长期以来，各党派和政治势力普遍尊重宪法，化解政治体系中的各种冲突和矛盾，保证各阶层之间的和平相处。决策上，各党派往往通过妥协来解决不同集团之间的利益分歧，并争取达成共识，从而形成了瑞典现代政治文化传统——"共识政治"。这一传统非常有利于政治稳定和经济发展。

20世纪20年代以来，瑞典政治的另一重要特点，是社会民主党占主导地位，并形成了所谓"社会主义集团"[社会民主党、左翼党等；进入21世纪后，演变为社会民主党、左翼党和绿党（环境党）组成的"中左联盟"]与"非社会主义集团"（自由党、保守党-温和党、农民党-中间党、基督教民主党等；近些年来，演变为温和党、人民党、基督教民主党、中间党等组成的"中右联盟"）的分野。

尽管社会民主党长期在瑞典政治中扮演着主导角色，但从20世纪70年代中后期起，执政权力已在社会民主党和"非社会主义党"政治集团之间屡次易手。2006~2014年的两个选举周期均为中右政党联盟执政。2014年9月的议会大选后，社会民主党和绿党的中左联盟少数派主政。在2018年9月9日的大选中，社会民主党再次位居议会第一大党；但之后的新政府组建颇多曲折，直到2018年12月才组建由社会民主党与绿党联合执政的少数派内阁。

2008年金融危机以来，民粹主义在瑞典凸显，瑞典民主党逐渐通过大选进入议会并成为第二大党。目前主要有8个政党活跃在瑞典政坛。

瑞典

第一节 国体与政体

瑞典实行的是君主立宪形式下的议会民主制度。国王为形式上的国家元首；政权组织形式采用议会内阁制，国家结构形式为单一制，并实行多党制；议会是国家的最高立法机关；内阁为国家的最高行政机关，对议会负责；大法官主管国家司法行政，由政府任命。根据具有宪法性质的《政府文约》（Instrument of Government，一译《政府组织法》），一切公共权力来自人民，议会（Riksdag）是人民的最高代表。

在瑞典，每4年举行一次中央议会以及省、市级议会选举。瑞典的三级政府——国家级、省级与市级政府在各级议会选举出来后予以组建。

一 历史沿革

瑞典11世纪初形成王国。王国建立初期，国王由贵族推举产生。随着封建化的发展，王权逐渐扩大。15世纪下半叶，在反对丹麦干涉的运动中，形成了贵族、教士、自由民和农民组成的"四级议会"。四级议会的作用和权力在历史上不同时期有所不同。1435年成立第一个议会，参加者有主教、教士、骑士和平民。当时，议会由国王根据需要召集，没有固定任期。1523年，议会选举古斯塔夫一世·瓦萨为瑞典终身国王，从此实行王位世袭制。国家元首为世袭国王，国王权力一度很大。随后，瑞典建立和发展了中央集权制度，其间也曾几度实行有限的君主立宪。围绕国王与议会权限的划分，第一部具有宪法性质的《政府文约》于1719年颁布，标志着从专制到议会制度的过渡。1809年6月6日，四级议会通过新的《政府文约》，国王仍是国家的唯一统治者，与议会共同行使立法权和任免内阁首相、大臣的权力，但该文件也对国王权力做了一些限制。

1810年、1812年，议会又分别通过《王位继承法》和《出版自由法》（后1949年及1982年又经修订）。1865年12月，议会通过以两院制取代四级议会的提案。1867年后，议会正式改行两院制：上院由各级地方政府间接选举产生，分级投票，视收入的多少确定等级；下院由选民直

第三章 政 治

接选举产生，拥有一定财产的成年男子每人一票。1876年引入首相内阁制。1919年，瑞典对《政府文约》进行修正，大大削弱了国王的权力，使内阁对议会负责。这些法律对王权都做了不同程度的限制，逐步确立了君主立宪制。1971年，议会从两院制立法机构转变为一院制立法机构。

1974年，议会通过新的《政府文约》，规定该文约和《王位继承法》及1949年的《出版自由法》为其时的瑞典王国基本法，从而确立了现行的政治制度。1991年《表达自由基本法》颁布，成为第四部宪法性文件。国王干预政府工作和参与立法等的权力被取消，实际上成了无实权的国家元首，仅是国家统一的象征，在内阁主持下代表国家履行礼仪性活动。

目前，瑞典的政权组织形式采用议会内阁制。瑞典加入欧盟后，在欧洲层面的治理重要性日益增强，一些原来由议会决定的事务转移到了欧盟层面。多年来，中央政府与地方自治市市政当局之间的任务分工发生了变化。权限主要从中央政府转移到地方市政机构。在市政当局更容易保持决策者与公众之间的联系。

进入21世纪以后，瑞典社会出现了一些新的情况。人们对政党政治的热情下降，投票率持续偏低。随着新的信息通信技术的发展，媒体对政治生活的影响也有增强的趋势。

二 国王和王室

作为国家最高权力的象征，瑞典国王只履行代表性和礼仪性职责，不干预议会和政府的工作。根据《王位继承法》登上瑞典王位的君主是国家元首。但作为瑞典国家元首的卡尔十六世·古斯塔夫（Carl XIV Gustaf）国王，自1973年9月继承王位以来，既无权行使政治权力，也不可参与政治生活。作为国家元首，他是整个国家的代表，以此身份主要履行礼节性义务和职能。

瑞典国王拥有瑞典三军的最高军衔，其职责是：每年宣布议会开幕；主持6月6日的国庆日庆祝活动；主持由议会议长和代表议会各政党的9名人士组成的外交事务咨询委员会会议；在每年2~3次的"信息委员会"上接受政府知会各部当前的问题；在斯德哥尔摩王宫接受外国大使

103

递交国书；签署驻外大使的委任状；接待外国元首的国事访问；在斯德哥尔摩向诺贝尔奖得主颁奖，参加诺贝尔奖有关的重大活动。当国王因在国外旅行或其他原因无法履行职责时，则由王储和王储的兄弟姐妹依次序暂时代行。

瑞典王室是世界上最古老的王室家族之一，同时也是世界上最具现代特质的王室。根据1979年经过议会修改的《王位继承法》，自1980年起，瑞典的王位由国王最年长的子女继承，而不是只能由男性嫡子继承。现任国王为卡尔十六世·古斯塔夫，是贝纳多特家族第七位国王；王储为维多利亚公主。

国王卡尔十六世·古斯塔夫和王后西尔维娅　卡尔十六世·古斯塔夫1946年4月30日生于斯德哥尔摩。1947年，其父亲——当时的王储古斯塔夫·阿道夫亲王因飞机失事遇难，其祖父即瑞典国王古斯塔夫六世立他为王位继承人。卡尔十六世·古斯塔夫自幼接受系统的宫廷教育。服完国家规定的义务兵役后，他进入海军军官学校就读，毕业后到国防学院接受军官训练。1968～1969年，先后在乌普萨拉大学和斯德哥尔摩大学攻读史学、社会学、政治学和经济学，后留学法国。毕业后，致力于瑞典社会的研究工作，还到议会、外交部、法庭、地方政府、福利机构、学校、工厂、工会等部门实习。年满25岁时，其祖父即经常要求他履行皇室责任。1973年古斯塔夫六世逝世后，他于同年9月15日继承王位。

卡尔十六世·古斯塔夫立志做一个不落伍的国王，座右铭是"为了瑞典，与时代齐步并进"。他积极提倡环境保护，对促进瑞典工业技术的对外出口做出了很大贡献。他和王后每年都要到全国各省进行一次民间访问。每年冬天，与王后在斯德哥尔摩颁发诺贝尔奖。1976年，他与西尔维娅结婚，育有两女一男。王后西尔维娅出身平民，父亲是德国商人，母亲是巴西人。她生于1943年，童年时在巴西居住过11年，后毕业于德国慕尼黑的翻译学校，1972年在慕尼黑举行的奥运会上与国王相识。工作上的朝夕相处，使他们之间产生了纯洁而真挚的爱情。由于当时瑞典法律不允许王室与平民通婚，所以长达4年的恋爱一直在秘密状态下进行。1976年，这对有情人最终冲破了法律的束缚，在15万名国民的欢呼声中登上斯德哥尔摩大教堂的圣坛,举行了隆重的婚礼。卡尔十六世体察民情、忠于职守,深得人民的爱戴。西尔维娅仪态优美、举止高雅,能讲六七种语言。国王和王后常到全国各地巡视,参加各种慈善活动。外出活动时,王后深受国人喜爱,她总是热情地与群众接触,时常走到人群中同人们握手。特别是在同聋哑人接触时,她能用手语进行交谈。国王和王后曾于1981年9月和2006年7月对中国进行国事访问;2008年出席北京奥运会;2010年5月出席上海世博会,11月随瑞典皇家工程院科技考察团访华;2011年2月国王和王后因私访沪。国王古斯塔夫拥有海陆空三军的最高级军衔。近年来,瑞典王室被誉为世界上最现代、最受民众欢迎的王室。王室成员喜结良缘,接连添丁。最受关注的当属2010年6月19日王储维多利亚公主和丹尼尔·韦斯特林隆重的婚礼。

王储维多利亚 国王卡尔十六世·古斯塔夫和王后西尔维亚育有两女一子,即维多利亚公主、玛德琳公主和菲利普王子。王储维多里亚是长女,生于1977年。瑞典没有专供王室和上流社会子女就读的学校。维多利亚在公立小学毕业后,进入了私立初中。她非常勤奋和努力,以优异的成绩毕业。1996年,她赴法国学习法语。1998年进入美国耶鲁大学,学习地质学、史学和国际关系等方面的课程。2002年春,进入乌普萨拉大学和平和冲突研究系从事国际关系研究。近年来,她还深入研究瑞典的经济、社会和政治,并与瑞典的代表团到多个国家访问。她的热情和学识,使她成为广受赞赏的瑞典代表,2006年她曾来华进行非正式访问。王储维多利亚积极参与对外交往事务,被认为是瑞典"最重要的大使之一"。

第二节 宪法

瑞典王国早在15世纪即开始实行君主立宪政体,但迄今没有一部名为宪法的文件。经过历史变迁,现行的瑞典宪法由四部基本法律组成:《政府文约》《王位继承法》《出版自由法》《表达自由基本法》。

1. 《政府文约》（Instrument of Government）

起始于1634年，第一部具有宪法性质的《政府文约》于1719年颁布。1809年6月6日，四级议会通过新的《政府文约》。它是欧洲现行宪法文件中最早的一部，采纳了孟德斯鸠提出的三权分立原则；一直使用到1974年。《政府文约》最初规定：国王是王国的唯一统治者；国王亲自委任参政会成员，与议会共同制定民法、刑法和宗教法；"征税权属于人民"，由各等级在议会全体会议上行使；议会至少每5年开会一次，对国家财政管理和参政会的工作有监督权。但随着议会及内阁制的发展，国王权力被大大削弱，内阁对议会负责。1974年《政府文约》被修订，正式规定了国王只是礼仪性的职务，议会和政府的权力大大提高。国王仍然是国家元首，但没有任何政治权力。《政府文约》在1976年、1979年、2010年、2014年又做了修订。《政府文约》包含瑞典政府组建的基本原则：政府如何工作、瑞典人民的基本自由和权利以及如何实施议会选举。

2. 《王位继承法》（Act of Succession）

1810年9月26日由四级议会通过，规定了贝纳多特家族成员继承瑞典王位的权利；国王必须信奉基督教路德宗，王位世袭，男子有优先权。直到1979年继承瑞典王位仍须男性血统。1979年议会通过、1980年生效的修正案规定女性也可以继承王位，男女有继承王位的平等权利。国王（或女王）最年长的孩子，不分性别，均可排在继承人的首位。

3. 《出版自由法》（Freedom of the Press Act）

瑞典早在1766年就依法建立了新闻自由，并且是世界上第一个这样做的国家。《出版自由法》规定了公众获取官方文件的原则，以保证一个公开的社会，使公众可以自由获取瑞典议会、政府和公共机构的工作信息。这项法律使人民有权随时研究官方文件。《出版自由法》中的另一个原则是确保信息交流的自由。根据这一原则，在瑞典，每个人都有权向媒体披露他们认为重要且应予公开的信息。如果相关个人希望匿名，则材料公布方无权披露信息来源。新闻自由意味着以印刷形式传播信息的权利，但在法律意义上相关方拥有问责权。该法案分别于1976年、1998年进行了修订。

4.《表达自由基本法》(Fundamental Law on Freedom of Expression)

1991 年被议会通过,1992 年 1 月起生效,是瑞典目前最年轻的基本法。该法在很大程度上在禁止审查制度、确保信息交流自由以及匿名权利等方面与《出版自由法》相互呼应。它包含对通过电台、电视、电影、录音录像等表达意见的言论自由条文。1998 年、2002 年分别有修订。

上述 4 个宪法性基本法律确定了瑞典的治国方针。它们规定了决策与执行权力间的关系,以及公民的基本权利和自由。如欲修订一项基本法,修订案必须分别在两次瑞典国家议会会议中获得通过,而这两次会议之间必须有一次国家议会换届大选。基本法的地位高于一切其他法律,任何其他法律均不得与这 4 个宪法性文本抵触。

第三节 选举制度

一 历史沿革

瑞典在 1865 年后曾实行有财产限制的普选,只有达到法定年龄并有一定财产的男子才有选举权。瑞典的议会民主制于 20 世纪初逐步形成。1909 年,选举权的改革创制了男性公民的普选权,并引入了比例选举制。1919 年,普选权延展至女性。第二次世界大战以后,民主思想完全主导着瑞典的政治。

现在瑞典凡年满 18 岁的男女公民均有选举权和被选举权。议会全体成员由年满 18 岁及以上的瑞典公民或移居国外的瑞典籍公民通过全民投票直接选举产生。大选于 9 月举行,每四年一次。在选举日实际进行三个选举:国会、省议会和自治市议会选举。在各级议会就职的条件是具备瑞典公民身份并达到选举年龄。各政党按得票比例分获议席。

议会原有议席 350 个,因 1973 年选举中出现"社会主义集团"(社会民主党、左翼党-共产党人)与"非社会主义集团"(温和党、自由党、中央党)席位相当的局面,许多问题难以议决,故于 1976 年改为 349 席。所有选举均采用比例代表制原则,确保各政党的席位分配与其在全国的得票数成比例。大选中的政党必须至少获得4%的选票才可在议会中获得代表资格。该规定旨在避免极小党派进入议会。但如果一个党在某个选区获得12%以上的选票,那么即使它在全国未能获得4%以上的选票,也可以在议会中获得若干席位。

2006年,非社会主义党派组成的中间偏右的联盟(Alliansen)赢得大选组阁执政。2010年,联盟再次击败了中间偏左政党联盟,但在议会中未能占据绝对多数。2014年9月的议会大选后,社会民主党和绿党的中左联盟少数派主政。2018年9月9日的大选中,社会民主党再次位居议会第一大党。在2014年大选中,有8个政党进入议会,按其代表比例从大到小分别为:社会民主党(Socialdemokraterna)、温和党(Moderaterna)、瑞典民主党(Sverigedemokraterna)、绿党(Miljöpartiet de Gröna)、中间党(Centerpartiet)、左翼党(Vänsterpartiet)、自由人民党(Folkpartiet Liberalerna)、基督教民主党(Kristdemokraterna)。但2014年的大选给瑞典留下了一个复杂的政治格局:中间偏左的少数政党联盟成为执政党;而极右翼的瑞典民主党获得近13%的选票,位居议会第三大党,成为瑞典政坛崛起的一股新力量。

2018年大选中,仍旧是上一届议会的8个政党入选,但议席多少以及排序都有变化,分别为:社会民主党(100个议席)、温和党(70个议席)、瑞典民主党(62个议席)、中间党(31个议席)、左翼党(28个议席)、基督教民主党(22个议席)、自由党(19个议席)、绿党(16个议席)。

瑞典的政党可以从国家获得进行选举等活动的经费补助。这种国家经费补助根据议会选举的结果发放;未在议会中获得席位的政党也可能获得补助,前提是它在最近两次大选中任意一次获得2.5%以上的选票。

除议会外,瑞典还有290个自治市议会及21个省议会。各级议会都是在4年一次的选举中相应产生。其中三个省议会——哈兰、斯科讷、西约塔兰,以及哥特兰市的议会被称为地区议会,按国家规定承担地区发展的责任。各自治市、省议会和地区议会之间不存在上下级关系。

二 全民公投

根据《政府文约》和《议会法》，当遇到议会各党派争执不下且又属于国家内政外交的重大问题时，可以采用全民公投作为解决问题的特殊手段。举行公投要经过议会批准。

全民公投分为咨询性公投和具有约束力的公投。当需要进行咨询性的全民公投时，议会将通过一项法案，就向公民提出的问题和公投日期做出决议。迄今为止，瑞典共举行过6次全民公投。最近的3次分别是：1980年是否淘汰核电、1994年是否加入欧盟（获得通过并入盟）以及2003年是否加入欧元区。2003年的公投否决了瑞典加入欧元区的动议。

公投属于参考性质，瑞典议会可以做出与投票结果相反的决定。这种情况仅发生过一次，即1955年瑞典就是否引入右侧道路通行方向进行全民公投。瑞典人民就此投出反对票，但政府仍然决定采纳该规则。

具有约束力的全民公投，只有涉及宪法修订问题并有1/3以上议员联署提议，议会方就是否进行公投做出决定。这样的公投将与大选同时进行。瑞典迄今尚未进行过这样的公投。

在地区（省）与自治市层面上也可以就某个问题进行公投，但这样的公投只能是咨询性的。

第四节 议会

一 议会、议会党团

议会在瑞典政治制度中处于中心地位。选举揭晓后，议员们要从议会议员当中选出议长以及3位副议长。议会议长候选人一般由较大的党派推荐。议长的主要职责是主持议会各项讨论和表决，议长不参与讨论，也没有投票权。因此，议长在议会的议员席位由其党派的替代人接替行使议员的法定资格。若某议员被任命为内阁成员，也同样有替代人行使其议员权能。副议长不能参与其主导的讨论，但他们有投票权；同时他们可以参与议会内各委员会的工作。2018年9月大选后，议会议长为来自温和党的安德烈亚斯·诺伦（Andreas Norlén）。

每次选举后，议会大会都要任命欧盟事务委员会、外交事务顾问委员会以及议会主席团的成员。这些机构中的成员构成由议会内各党派议员的比例决定。欧盟事务委员会是瑞典入欧盟后设立的，也是17位委员。该委员会每周与政府代表会晤一次。在有关欧盟的问题上，尤其是如何代表瑞典在欧盟部长理事会进行谈判方面，政府必须与该委员会协商。外交事务顾问委员会是议会与政府间的一个咨询机构。议会主席团领导议会工作。

议会设有15个委员会，包括宪法、民政事务、文化事务、国防、教育、环境和农业、财政、外交、健康与福利、工业与贸易、司法、劳动力市场、社会保险、税收、交通与通信等委员会。宪法委员会主要负责从宪法和法律的角度审查政府的工作，监督政府成员履行职责的情况，每年向议会提出有关报告。其他委员会主要负责审查相应政府部门的议案，起草修正案并向议会提出立法建议。每个委员会都有秘书处，其雇员在政治活动中持中立立场。因此，即使议会的政治构成发生变化，他们也会坚守自己的岗位。

委员会类似微型议会，每个委员会有17位委员，通常都是举行闭门会议。委员会委员的组成依据各政党在议会议席的比例。这意味着较大的政党拥有的委员多于较小的政党。议会议员在委员会中投入了大量时间。如有需要，议会也会设立临时或特别委员会。

此外，议会议员按党派所属组成议会各党团。每个议会党团在议会都有秘书处，由政党自己雇用工作人员。各党团自己决定如何工作、如何组织。议会各党可以得到由中央政府预算的特别资金支持，可以解决党团秘书处的运作经费。国家也对所有政党在议会外的其他活动提供财政支持。各党团每周至少开一次会，进行内部讨论，决定党在重要事务上如何形成决策，议员们在议会大会以及所属的各议会委员会如何履职。

二　议会职责

议会的重要职责是审议通过法律。议员和内阁均有动议权或立法提案权；通常是内阁提出议案。所有立法议案在提交议会大会讨论或表决前，都要在相应的委员会进行相关审核工作。所以实际上议会大部分工作是在各委员会进行的。由于瑞典内阁各部规模较小，因此很多法案是由内阁任命的各种调查研究委员会草拟的。这些委员会成员有利益集团的代表、执政党和反对党的议员、文职职员和无党派专家学者。为拟订一个法案而进行调查研究，往往需要2~3年；涉及宪法改革的法案更是需调查研究多年。议案提交议会后，印发全体议员审议，并送有关委员会审议；委员会聘请的专家学者首先对议案进行深入细致的研究，提出意见，然后由委员会讨论并提出修正案。委员会有时也会举办公开的听证会讨论法案。议会党团也会进行讨论审议并决定本党立场，进而影响有关委员会。最后，相关委员会把法案报告提交议会大会。议员们有几天时间来阅读该报告，以便在议会大会上进行辩论并予以投票表决；所有的议会大会都是向公众公开的。如果议会所有党派都同意委员会的报告，那么议会也可以不经过辩论或投票表决而做出决定。议会将立法决议以书面通讯形式通知内阁，内阁将其正式颁布、生效。

讨论并表决通过下一年度的中央政府预算也是议会的重要工作。这个过程一般从9月开始，11月，议会确定未来一年全部支出的上限；议员们决定如何在27个领域分配支出；相关委员会再处理支出领域工作，支出领域被划分为大约500项拨款。12月，议会围绕上述拨款分配进行工作。议会通常在年底前做出预算决议以便执行新一年的预算。次年4月，内阁向议会提交春季财政政策法案和春季修正预算案，议会议员有两周时间针对内阁的两份文件提出议案和备选建议。春季财政政策法案中包含的经济政策和预算政策的拟议指导方针由财政委员会处理。拟议的修订预算，包括拨款框架的变化、财政收入预计和相关立法提案，都由财政委员会处理。议会通常在6月中旬对预算法案做出表决。

议会负责首相提名。如果选举没有导致政权变化，在任首相可以继续留任；议会也可以发起不信任投票，如果在任首相没有得到多数支持，首相与内阁就要辞职。随后议长要与各党领导谈话讨论新首相人选。在与议会党派领导人以及3位副议长谈完后，议长提议新首相人选并通过议会投票来决定。新首相产生后，首相再任命内阁部长。

议会也通过定期问询和质询等方式监督政府和国家行政机构。议会内设行政机构辅助议会运转。议会还有下属机构或委员会，如国家审计局、议会监察署（JO）、瑞典中央银行等，政党财政支持委员会负责决策政党资助事项。

第五节　政府

瑞典的国内政府机构分为三级：国家级（中央政府）、地区级、地方级。自1995年瑞典加入欧盟以来，欧洲级政府机构变得日益重要。

一　中央政府

瑞典的中央政府由首相和若干内阁大臣组成。首相通常为多数党或政党联盟的领袖，由议长提名，经国家议会批准任命；再由首相任命内阁大臣，并确定各大臣分管的部门。《政府文约》规定，内阁及其政策必须得到议会的信任。内阁受议会委托管理国家，并对议会负责。如果议会以绝对多数通过对内阁或某位内阁大臣的不信任案，内阁或某位大臣必须辞职。如果首相要求议长解除某位大臣的职务或国家议会通过对其的不信任案，议长应解除其职务。

首相的主要职权是组阁并领导内阁、确定和协调部委的工作，以及行使广泛的行政任命权和行使宪法赋予的其他权力。内阁成员的构成并无法律规定，历届政府的内阁人员人数不等。《宪法》授权政府——而非国家元首（即瑞典君主）——制定政府政策。各大臣通常代表某个或多个执政党。政府重大决策均经内阁讨论决定，内阁对所有政府决定负责。内阁每周举行一次例会，由首相（如首相不在，由副首相或某位大臣）主持，所有重大问题在会前都已经过内阁成员讨论。原则上，政府决策应获内阁一致通过。但如果内阁成员由不同党派成员组成，也会出现一位或数位大臣持有不同意见的情况。在每年9月举行的议会正式开幕会议上，首相发表《政府政策报告》。该报告阐述政府在下一年度的方针政策，并详细阐述在国家和国际层级上的首要工作。

内阁作为一个整体,对所有中央政府决策负责。尽管许多日常事务实际上是由单一的大臣单独决定,中央政府仅在形式上给予批准,但集体负责制的原则仍体现在中央政府工作的方方面面。作为其官方职能的一部分,中央政府负责:

- 向国家议会递交议案;
- 执行国家议会决议;
- 分配国家议会为预算中的各开支项目划拨的资金;
- 在欧盟中代表瑞典;
- 与其他国家达成和签订协议;
- 在未有其他权威当局管理的行政领域内制定政策;
- 指导执行机关的活动和工作。

瑞典中央政府部级部门数量和各部名称在历届政府期间有变动,各部的规模一般为100人左右,主要负责相关方针政策的调查研究和起草工作。各部设首席大臣和相关事务大臣,之下是国务秘书,负责部委的日常工作。由于各部规模小,中央政府内部另设有行政委员会和部附属机构,主管行政执行事务。首相办公室与约360个行政机关协助中央政府完成上述使命。中央政府官员分为文官和政务官。此外,国家议会所属的瑞典中央银行、国债委员会以及被称为半行政机构的某些国有企业,也负有行政事务管理责任。

中央政府有立法提案权。每当遇到重大政策、法律问题,政府往往先任命一个调查研究委员会来进行调查研究,并提出报告。然后,政府再根据报告起草提案提交议会审议。法律草案大多由调查研究委员会草拟,再由政府提交议会审议。多数情况下,各大臣均拥有议会席位,并在内阁在任期间保留席位,但在内阁任职的议会成员的议会职责则由他人代为履行;内阁大臣必须放弃议会投票权。所有大臣均有权参与议会辩论。

2006年10月~2014年9月,由温和党主导的中右联盟政府连续2次赢得议会大选并组阁。温和党领导人弗雷德里克·赖因费尔特出任首相,组建了温和党、中间党、自由人民党以及基督教民主党四党联合内阁。

2014年9月瑞典议会选举，社会民主党获得了31%的选票，绿党获得6.9%的选票，两党加在一起的中间偏左政党联盟总共获得了37.9%的选票；温和党、自由人民党、中间党和基督教民主党的联盟获得了39.4%的选票。虽然社会民主党和绿党联盟未能成为绝对多数，但由于瑞典采取的是"消极议会"制，意味着只要没有多数派（多于半数）反对，议会中的少数党派也可以执政。国家议会任命斯特凡·勒文（Stefan Löfven）为首相，社会民主党和绿党的红绿联盟政府得以组建。

2018年9月大选后，新议会对勒文内阁发起不信任投票，导致勒文辞去首相职务；随后议会又任命勒文继续领导看守内阁。经过4个多月的艰难磋商，斯特凡·勒文再度被任命为首相，2019年1月组建社会民主党与绿党的联合新政府。执政党与联盟党团中的自由党、中间党达成了广泛的政策协议，后者将支持内阁立法并将极右的瑞典民主党孤立于政权之外。数月的政治僵局在近年的瑞典政坛上较为少见，勒文内阁能否执政到期满还有待观察。

勒文内阁包括首相与22位部长大臣。政府由12个部组成，包括欧盟事务部、外交部、国防部、司法部、财政部、企业与创新部、就业部、健康和社会事务部、教育和研究部、文化部、环境部、基础设施部。其中若干部有2位或3位部长大臣分别负责不同事务，如教育与研究部的两位部长大臣分别负责基础教育与高等教育。

二 省（区）与自治市政府

1809年通过的《政府文约》以及后来相继通过的几个《地方政府法》都赋予地方一定的自治权。1977年通过新的《地方政府法》，规定省（区）和市为两级地方自治政府，在中央政府的统一领导下，具有管理地方事务的立法权、行政权，包括征收地方所得税、规划地方事业的开发和发展。中央政府各行政委员会在各省（区）设代理机构。省（区）、市自治机关分别设议会，它们之间无领导隶属关系，省（区）长由中央政府任命。市不设市长，省（区）、市议会选举执行委员会及其主席，并设各种专门委员会。省（区）、市议会均由选民直接选举产生。

瑞典21个省（区）及290个基层行政区议会由直接选举产生。地方议会选举与全国议会选举同时进行。各省（区）及基层行政区议会内，设有执行委员会和若干专门委员会。执行委员会为本级议会的最高领导机构，各特别委员会分别负责教育、环境保护、医疗卫生等专门领域的工作。省（区）及基层行政政府由同级议会任命，具体实施议会有关地方事务的决定。作为闻名世界的福利国家，瑞典的社会福利服务工作主要通过地方政府进行管理。

在地区层面，瑞典分为21个省（区）（具体见本书第一章）。这一级的政治任务由省（区）议会（county councils）进行，省（区）议会的决策者由本省（区）人民直接选举产生；省（区）级行政任务由省（区）行政委员会（county administrative boards）负责。省（区）行政委员会负责监管无法在自治市处理而需要在更大区域协调解决的事务，尤其是医疗保健工作。省（区）行政委员会有权征收所得税用以支付其开销。瑞典省（区）议会约90%的工作集中在医疗卫生领域，但也处理其他领域的事宜，例如文化和基础设施建设。

在基层，瑞典划分为290个自治市。每个市政当局都有一个选举产生的议会，即市议会（municipal council），负责就市政事务做出决定。市议会任命市政执行委员会（municipal executive board）负责领导和协调市政工作。自治市政府负责提供一系列设施和服务，包括住房、道路、供水、废水处理、学校、公共福利、老年人护理和儿童保育等。自治市政府有权向个人征收所得税，也可收取各种服务费用。因此，在决定应该提供何种服务方面，自治市政府拥有很大的自主权。但对于一些基本服务，自治市政府有法律义务必须提供。

一些中央行政机构也在省（区）和自治市一级开展工作。

三 欧洲级政府

1995年加入欧盟后，瑞典便新增了一个更高的政府级别——欧洲级别。作为欧盟成员国，瑞典必须遵循欧盟现行法律体系，即构成欧盟法律主体的法律、法规、法庭判决的汇总。欧盟起草和批准新的共同法时,瑞典会参与到决策过程中。瑞典中央政府在欧盟主要决策机构"欧洲部长理事会"中代表瑞典的利益。一些从前由瑞典国家议会做出决策的问题如今是在欧盟级别上决定的。

四 萨米议会

瑞典的萨米议会于1993年成立。萨米议会全体大会的31名成员每四年通过普选任命。瑞典官方推定的20000~35000名萨米人中有超过8000人已在萨米议会选举登记册上登记。在瑞典,萨米族作为一个规模相对较小的少数民族,很难达到在多数民主基础上建立常规民主议会的要求。萨米议会成立的一个动机是承认萨米人的地位。如果萨米人要参与政治生活,就需要有一个代表整个萨米人的机构。瑞典议会中没有萨米人的代表,只有少数萨米人是瑞典最北部城市的地方政治家。萨米议会是一个由普选产生的议会和行政机构的混合体,具有有限的和受法律管制的任务。萨米人希望增强独立性与政府的限制和机构监管之间存在内在的冲突。萨米议会既是一个公共选举产生的议会,又是一个行政机构。议会的任务由《瑞典萨米议会法案》(Swedish Sami Parliament Act)规定。

第六节 司法

一 司法制度

瑞典的司法审判实行三级终审制,即每一个案件都要从地区法院开始审理,并且可以经过两次上诉,直至最高法院做出终审的裁判。但实际上,得到最高法院审判的案件是极少的,这是因为在瑞典,对中级法院的判决提出上诉,首先要由最高法院的专门部门进行审查,只有少量符合条件的上诉才会被受理。瑞典法律明确规定了须经最高法院审判的条件:第一,此案无先例;第二,最高法院受理此案有明显的必要,即地区法院、上诉法院的审判"有明显的错误"。因此,地区法院在瑞典司法体系中发挥主导作用。原则上，不管属于何种领域的案件，也不管控罪严重程度和涉及财产多少，均先由地区法院受理。对地区法院做出的刑事判决上诉，虽然接受上诉的上诉法院也有一个上诉审查的前置程序，要发给上诉许可证，但条件要宽松许多，仅为"有理由上诉"即可；而对于地区法院做出的民事判决上诉，一般不需要上诉许可证，除非争议标的在一定的金额以下。由此可见，大多数案件经过两审即完毕。

瑞典的刑事审判普遍实行陪审制度，但与英美法系的陪审团制度有所不同。瑞典陪审制度的一个显著特点是，每名法官与陪审员具有同等范围和效力的表决权。瑞典地区法院适用普通程序审理刑事案件和抚养权争议的民事案件，由1名法官与3名陪审员组成合议庭；上诉法院审理刑事案件，由3名法官和2名陪审员组成合议庭。陪审员不是法律专业人员，由同级议会选举产生，代表议会中的各党派、年龄和性别，法官有义务向陪审员讲明与案件有关的法律规定。

自1809年起，瑞典建立了议会司法监察官（Ombudsmen，一译"督导官"）制度。司法监察官由议会任命，任期4年，其职责是负责听取民众对内阁成员以外的各级政府官员、法官及军队的违法情况的申诉，并区别不同情况进行必要的处理。此外，瑞典还有由政府任命的若干名监察官，其职责与议会任命的司法监察官基本相同，只是对象不同。其中，竞争监察官于1954年设立，在物价与卡特尔办公室的协助下，负责促进经济领域的公平竞争；消费监察官设于1971年，以保护消费者利益为基本职责；男女平等监察官1980年设立，负责监督《男女劳动平等法》的贯彻，可以通过"平等机会委员会"和劳动法院实现自己的意志；种族歧视监察官设置于1986年，从事在工作场所保护外国移民、反对种族歧视的工作。

二 司法机关

瑞典全国设有平行并相互独立的普通法院和行政法院两大法院系统，但两者职权未明确划分。高级法院和最高行政法院的法官由首相任命。检察总长和首席检察官隶属于内阁。政府司法部主管司法行政，但不得干涉法院独立审判。瑞典的行政法院设立较早,"福利国家"制度的推行,政府管理社会经济事务的广泛性,使得行政法院的作用更显重要。它与议会监察官制度相互配合,监督政府行政。这是瑞典司法制度的重要特点之一。

大法官主管国家司法行政,由政府任命。普通法院分为三级。皇家最高法院设在首都斯德哥尔摩,始建于1789年,由院长和16名法官组成,均为终身制,由政府任命。中级法院,即上诉法院,共6所,其中古老的斯德哥尔摩上诉法院始建于1614年。基层法院约100所,分布在全国各地,大小规模差异极大,最小的仅有一两名法官,最大的斯德哥尔摩地区法院则有很多名法官。行政法院分为上诉法院和最高法院两级。最高行政法院设在斯德哥尔摩,由院长和22名法官组成。上诉行政法院共有4所,分别在斯德哥尔摩、哥德堡、松兹瓦尔和延雪平。专门法院包括军事法院、土地法院、水政法院、最高租赁法院和保险法院等。

瑞典的检察系统于1996年7月1日改组为7个区,每个区设有数个检察院,全国共有86个检察院,约650名检察官。刑事案件的起诉权由这些检察院行使,检察官负责对刑事案件进行初步调查,决定是否起诉。公诉检察官始终有权负责案件侦查工作,即使侦查已由警察机关开始进行。总检察长由政府任命,经议会批准,是全国检察机关的领导和行政负责人,可以就起诉问题向检察官发出指示;最高法院开庭,只能由他出庭;无须经法院许可,他就可以提出上诉。

从1965年1月1日起,瑞典将原来的地方警察系统合并为国家警察,由国家警察局统一管理。由政府任命的警察总监为全国警察的最高领导。全国划分为23个警区,下辖119个警察分区。

第七节 主要政党与重要社团组织

瑞典的政党制度起源于19世纪末。各政党是随着两院制议会取代四级议会之后逐步形成的。20世纪初,议会中有三个党派集团:保守派、人民党和社会民主党。1917年,社会民主主义运动左翼脱离社会民主党,成立瑞典共产党。20世纪20年代,瑞典政党体系形成了在此后70多年里实质上没有改变的形态——"社会主义集团"（20世纪90年代后称"中左联盟"）与"非社会主义集团"（20世纪90年代后称"中右联盟"），这种形态体现出了瑞典社会中的分野（见表3-1）。20世纪30年代，社会民主党取得了政治上的主导地位，并长期执政。但进入21世纪，随着欧债危机蔓延、民粹主义兴起，社会民主党支持率有所下降，需要联合其他中左政党组阁，并且向中右联盟政党妥协。

表3-1 1902年以来瑞典的历届政府和首相

"社会主义"政府（20世纪90年代后称"中左联盟"）	任职年份	"非社会主义"政府（20世纪90年代后称"中右联盟"）
	1902~1905	埃里克·古斯塔夫·布斯特伦（农民党）
	1905	约翰·拉姆斯塔（看守内阁）
	1905	克里斯蒂安·隆德堡（联合内阁）
	1905~1906	卡尔·斯塔夫（自由党）
	1906~1911	阿尔维德·林德曼（保守党）
	1911~1914	卡尔·斯塔夫（自由党）
	1914~1917	雅尔马·哈马舍尔德（保守党）
	1917	卡尔·斯瓦茨（保守党）
	1917~1920	尼尔斯·埃登（自由党-社会民主党联合内阁）
雅尔马·布兰廷（社会民主党）	1920	
	1920~1921	路易·德·基尔（看守内阁）
	1921	奥斯卡·冯·塞多（看守内阁）
雅尔马·布兰廷（社会民主党）	1921~1923	
	1923~1924	厄恩斯特·特吕格（保守党）
雅尔马·布兰廷（社会民主党）	1924~1925	
理查德·塞德勒（社会民主党）	1925~1926	
	1926~1928	卡尔·古斯塔夫·埃克曼（禁酒自由党）
	1928~1930	阿尔维德·林德曼（保守党）
	1930~1932	卡尔·古斯塔夫·埃克曼（禁酒自由党）
	1932	费利克斯·哈姆林（自由党）
佩尔·阿尔宾·汉森（社会民主党）	1932~1936	
	1936	阿克塞尔·佩尔松-布拉姆斯托普（看守内阁）

瑞 典

续表

"社会主义"政府(20世纪90年代后称"中左联盟")	任职年份	"非社会主义"政府(20世纪90年代后称"中右联盟")
佩尔·阿尔宾·汉森(社会民主党－农民党联合内阁)	1936~1939	
佩尔·阿尔宾·汉森(战时大联合内阁)	1939~1945	
佩尔·阿尔宾·汉森(社会民主党)	1945~1946	
塔格·埃兰德(社会民主党)	1946~1951	
塔格·埃兰德(社会民主党－农民党联合内阁)	1951~1957	
塔格·埃兰德(社会民主党)	1957~1969	
奥洛夫·帕尔梅(社会民主党)	1969~1976	
	1976~1978	图尔比约恩·费尔丁(中间党、温和联合党、自由党联合内阁)
	1978~1979	奥拉·乌尔斯滕(自由党)
	1979~1981	图尔比约恩·费尔丁(中间党、温和联合党、自由党联合内阁)
	1981~1982	图尔比约恩·费尔丁(中间党、温和联合党、自由党联合内阁)
奥洛夫·帕尔梅(社会民主党)	1982~1986	
英瓦尔·卡尔松(社会民主党)	1986~1991	
	1991~1994	卡尔·比尔特(温和联合党－中间党－基督教民主党－自由党联合内阁)
英瓦尔·卡尔松(社会民主党)	1994~1996	
约兰·佩尔松(社会民主党)	1996~2006	
	2006年10月~2010年9月	弗雷德里克·赖因费尔特(温和党－中间党－自由党－基督教民主党联合内阁)
	2010年10月~2014年9月	弗雷德里克·赖因费尔特(温和党－中间党－自由党－基督教民主党联合内阁)
斯特凡·勒文(社会民主党－绿党)	2014年10月~2018年9月	
斯特凡·勒文(社会民主党-绿党)	2019年1月~	

资料来源：根据〔瑞典〕斯·哈登纽斯《二十世纪的瑞典政治》(求实出版社，1990)和相关政府网站信息编制。

第三章 政 治

"社会主义集团"（中左联盟）强调重新分配资源和通过政治手段控制经济，"非社会主义集团"（中右联盟）则不同程度地主张减少国家对市场经济的调节，强调人的自由和个人的责任。近年来，各政党在环保和瑞典加入欧洲一体化进程等问题上也存在分歧。有的政党在政策中更强调环境保护，有的则更强调经济增长。有些政治家主张瑞典完全从欧盟撤出，有些则主张欧盟成员国在若干问题上保留更大决策权，还有一些主张欧洲一体化应更加深入，进一步放弃国家自主权。尽管存在这些分歧，但各政党并没有让它们笼罩整个政治生活。相反，在争论中寻求共识，是第二次世界大战结束以来瑞典政党政治的关键。各政党拥有自己的网站，利用网络、电子刊物等新媒介形式宣传其主张。

一　主要政党

1. 社会民主党

社会民主党在瑞典历史悠久，目前是国内最大的政党。该党于1889年4月19日成立，当时全国约有党员3100人。建党后先以德国社会主义工人党的《哥达纲领》为指导方针，1897年在德国社会民主党《爱尔福特纲领》的基础上制定第一个党纲，宣称党的目标是科学社会主义，实现生产资料社会化和建立无阶级的社会。初期积极领导工人运动，开展争取普选权和八小时工作制的斗争。1896年，党的创始人雅尔马·布兰廷当选为下院第一位社会民主党议员。1917年10月首次入阁。同年，党内由于在参政和国防问题上的分歧而发生分裂，左翼另建瑞典社会民主左翼党（即后来的瑞典共产党、现在的左翼党），1920年3月首次组成一党内阁，布兰廷任首相。1921年，党员发展到13.5万人。在议会选举中获全部选票的36.4%，成为瑞典第一大党。1921~1923年和1924~1925年又两次单独执政。1925年，佩尔·阿尔宾·汉森继任党的主席。1932年重新执政后，实行反危机措施和社会改革方案，克服了30年代的经济危机；提出建立民主社会主义社会，摒弃实现生产资料社会化的主张，代之以把瑞典建成"人民之家"的思想。第二次世界大战期间，积极支持西班牙人民的反法西斯斗争。1939年芬苏冬季战争爆发后，曾向芬兰提供武器

瑞 典

援助和经济资助。1944年制定《工人运动的战后纲领》,强调通过改良实现社会福利,把全面就业作为党的首要目标。1946年塔格·埃兰德任党主席和首相后,继续推行福利政策,开始进行全面的福利建设。1960年,党代会认为,瑞典已经进入福利社会,党的改造工作旨在消除社会上的不良状况,在自由平等的基础上建立人与人之间的伙伴合作关系,取消了原党纲中"阶级斗争""工人阶级的历史任务"等提法,强调国际团结的重要意义。1969年,奥洛夫·帕尔梅接替党主席和首相时,社会民主党党员已发展到90.7万人。1976年大选失利下台。1982年重新上台后,提出实行介于紧缩与扩张之间的第三条道路的经济政策。1984年通过《思想纲领》,更加强调民主的作用,突出个人自由。1986年3月1日,帕尔梅遇刺去世,英瓦尔·卡尔松出任党的主席和首相。1990年制定新党纲和行动纲领,以适应经济发展和阶级结构变化的需要。20世纪90年代初,瑞典发生严重经济危机,社会民主党在1991年大选后成为在野党。在1994年大选中重新上台执政,英瓦尔·卡尔松任首相。1996年,卡尔松因个人原因辞去党主席和首相职务,由约兰·佩尔松接任。在随后1998年和2002年的两次大选中,社会民主党竞选获胜,继续联合左翼党和绿党组成中左政府。在2006年9月举行的大选中,社会民主党提出维持高福利、高税收的原则,并主张对福利的管理进行改革。但选举结果公布后,社会民主党遭到了重大失败,得票比例仅为34.99%,为1914年以来最少得票数。佩尔松在2007年3月举行的社会民主党代表大会上正式辞去党主席职务。2009年7月,社会民主党与绿党(环境党)及左翼党组建"红绿联盟"但未能赢得大选,联盟于2010年11月解散。自2012年起,斯特凡·勒文任党主席;2014~2018年,社会民主党组建少数派政府,斯特凡·勒文出任首相;2018年9月大选后,他再次出任首相。

2010年、2014年以及2018年三次全国选举中,社会民主党的支持率都在急剧下降。一些传统选民因不满社会民主党的社会治理以及移民政策转而支持民粹的瑞典民主党。在2018年9月的选举中,社会民主党仅得到28.3%的支持率,这是自1911年以来该党的最低纪录。

自20世纪20年代起,社会民主党一直保持瑞典第一大党的地位。从

第三章 政　治

1932年到1991年（除1936年的3个月和1976~1982年的6年外）执政时间长达53年，是到当时为止世界上连续执政时间最长的社会民主党。1994~2006年，社会民主党又连续执政12年。可以说，它在瑞典人民中有很大影响，在瑞典政治生活中具有举足轻重的地位，被称为西方社会民主党的"典范"，其建立的"瑞典模式"曾为世人所瞩目。该党在国际舞台上比较活跃，在欧洲议会拥有5个席位，是社会党国际的正式成员、欧洲社会党的成员，也是北欧合作委员会的成员之一。

近年来，经济全球化和国际竞争加剧，对福利国家政策提出了严峻挑战。在应对经济全球化而进行反思和调整方面，社会民主党既主张适应经济全球化的趋势，又强调要通过变革增强本国经济的竞争力。对于出现许多问题的福利国家制度，该党没有持否定态度，而是坚持认为通过福利国家实行的社会团结政策有助于国内和平和政治稳定，强调处于全球化时代的瑞典不应该放弃自己的民主成就和经济成就，只有这样才能形成宽松的经济条件，并使民主的未来得到保障。2001年11月，社会民主党召开新的代表大会并通过了新的党纲，党纲承认瑞典的阶级差别在近年来有所拉大，但认为新技术革命和经济全球化带来的权力向资方倾斜"并不是不可避免的或者不可改变的"，重申党的意识形态基础是马克思创造的历史唯物主义，强调"在资本与劳动的冲突中社会民主党始终代表劳方的利益。社会民主党现在是而且永远是反对资本主义的政党，将永远与资方统治经济和社会的企图作斗争"。党纲指出，经济的全球化要求政治和工会斗争也要全球化，主张联合世界各国进步力量，把全球化变成促进社会民主和公平的工具，引导社会向前发展。在瑞典进一步融入欧洲一体化进程的问题上，该党内部曾出现分歧。在2003年9月瑞典就是否参与第三阶段的欧洲经济货币联盟即是否用欧元问题举行全民公投时，社会民主党的正式立场是支持，但党内分成了两派，有人投票赞成，有人投票反对。

20世纪80年代，该党党员曾超过120万人。1991年废除集体党员制后，有登记入册的个人党员26万人。目前，登记入册的党员人数约10万人，主要由产业工人、移民和其他工人及职员组成。党的全国代表大会是党的最高决策机构,每三年举行一次。主席、中央书记、中央执行委员会、中央委员会和纲领委员会均由全国代表大会直接选举产生。党的组织分为中央委员会、地区委员会、地方委员会以及协会或俱乐部四级,全国共有2540个地方协会和500个工作场所协会。主要群众团体有:瑞典社会民主青年团;瑞典社会民主妇女全国联盟;瑞典基督教社会民主党人协会,又称基督教兄弟会;瑞典社会民主学生组织;瑞典社会民主跨性别协会(The LGBT Social Democrats of Sweden)。社会民主党与代表90%的蓝领工人的瑞典工会联合会联系密切。党中央新闻期刊《时事政治》,为周刊;理论刊物《时代》,每年出10期。党的活动经费主要来源于国家资助、工会资助和党费。

2. 绿党(环境党)

1981年9月在瑞典有关核电的全民公投中成立,其宗旨是阻止对生态环境的威胁。目前党的活动范围也已超出了生态领域。1982年首次参加议会选举,未获席位。在1988年大选中取得成功,得票率为5.4%,获20个议会议席,首次进入议会,为议会增加了新政党。1991年大选中得票率仅3.4%,未能进入议会,但有不少地方议席。1994年迄今,该党都在议会拥有席位。2006年大选中得票率为5.24%,在议会中拥有19个席位。2014年大选获得6.9%的选票,在议会拥有25个席位,成为议会第四大党。2014年10月,绿党加入社会民主党的少数派联合政府,在其历史上第一次进入内阁。2018年9月大选后,绿党获得4.41%的支持率,有16个议席;再次与社会民主党联合组阁。绿党曾参加"红绿联盟",与社会民主党合作一直到2020年。在一些自治市,绿党与中右政党有合作。

2009年,绿党在欧洲议会大选中获得2个席位;2014年欧洲议会选举,绿党获得15.4%的支持率,列第2位,仅次于社会民主党;领先于当时执政的温和党,获得4个议席。

该党主张在社会所有领域开展争取民主的斗争,建立一个以生态平衡、社会团结和文化多样化为特点的社会,强调权力下放、地方自治、分散经营、实行生态与社会需求平衡的经济;强调环保,要求逐步取消核电、关闭核电站;对外反对瑞典加入欧盟,在反对瑞典加入欧元区的宣传中发挥很大的作用；反对军备竞赛，争取裁军与和平；主张实现世界经济政治新秩序。

绿党党员主要为年轻人，多受过中、高等教育，女党员约占一半。党的全国代表大会是党的最高权力机构，每年召开一次。党的组织分为中央委员会、地区委员会和地方支部三级。该党不设党主席，设有两名"党的发言人"，一男一女，体现男女平等，任期一年。现任发言人为伊萨贝拉·略芬（Isabella Lövin，女）和古斯塔夫·弗里杜林（Gustav Fridolin）。群众团体有"绿色青年"等。党的活动经费主要靠国家和地方资助及党费。

3. 温和党

成立于1904年，当时称为瑞典全国选民协会（General Electoral League）；1938年曾改称右翼全国组织（National Organization of the Right）；1952年改称右翼党（The Rightist Party）；1969年更名为温和联合党；2006年，温和联合党改名为温和党。自2017年起，乌尔夫·克里斯特松（Ulf Kristersson）任党主席，现有党员约5.5万人。

该党的宗旨是汇集所有的保守和温和力量对抗激进派别以及进行反对社会民主党的宣传，反对普选权、劳工权利和社会福利支出。1905年初即开始上台执政。在1906~1930年曾4次组阁。1914年成为瑞典议会第一大党。但自20世纪20年代起，其第一大党的地位被社会民主党取代。第二次世界大战期间，参加战时大联合内阁。该党曾就纳税者负担沉重等问题对社会民主党政府的政策提出批评，主张节约，同时加强了同人民党和中间党的合作。20世纪50年代，其力量和影响有所扩大。强调"温和"但意味着保守，"联合"旨在实现同非社会主义政党的合作。1970年后，加快了党的革新进程。1976年，同中间党和人民党合作组成非社会主义三党联合政府。1981年，因在税收改革问题上产生分歧而退出联合政府。1986年8月召开特别代表大会，选举卡尔·比尔特为党的主席。1991年挫败社会民主党，组成以该党为首的四党联合政府，比尔特任首相。1994年大选中，再次沦为在野党。2002年在大选中遭遇惨败，得票数从23%大幅下滑到15%。2003年10月，弗雷德里克·赖因费尔特接替博·隆德格伦任党主席，提出与过去决裂，建设"新温和党"。此后，该党调整了政治立场，向中间靠拢，缓和了前任批评福利国家的调子。过去，温和联合党的路线有点偏右，主张实行大规模的减税计划，大幅削减福利基金，许多瑞典人认为温和联合党是瑞典福利社会的威胁。赖因费尔特主张温和联合党从偏右立场转向中间立场，使该党以"新温和党"的面貌出现，党的形象不再咄咄逼人，吸引了中间选民。在2006年大选期间，在该党提出的减税、鼓励创业和就业等主张中，改变了过去不加区别的减税主张，而是强调减少中下阶层的税收，不主张进行有利于高收入者的减税。选举结果公布后，该党得票率由上次大选的15.5%猛增到26.23%，为1928年以来的最好成绩。在2010年大选中再次获胜，得到30.1%的支持率，超越前次大选。2006~2014年，以温和党为首的中右四党联合执掌瑞典中央政府，时任温和党主席弗雷德里克·赖因费尔特担任首相。2014年迄今，中左政党执政，温和党成为在野党。目前，温和党在欧洲议会拥有3个席位。

温和党党员多为高级职员、大企业主和农场主。党的全国代表大会是党的最高权力机构，每三年举行一次。党的组织分为中央委员会、地区委员会和地方支部三级。群众团体有温和青年团、温和妇女联盟等。党的活动经费主要靠国家资助及一些银行和商业公司的直接财务支持。

4. 自由党

1900年成立，主要开展争取普选权、争取自由平等的斗争，推行社会改革。1905~1906年首次组阁，党主席卡尔·斯塔夫任首相，推动选举改革，实现普选权。1917~1920年同社会民主党联合执政，党主席尼尔斯·埃登任首相，开展"左翼合作"，共同反对保守势力。1921年实现男女普选权。1923年，因在禁酒问题上存在分歧而分裂成禁酒自由党（自由主义人民党）和反对禁酒的城市自由党两个党。1926~1928年，两党共同组成少数派政府。1932年，两党竞选失败，两党内部越来越多的人对分裂后果表示不满，要求重新联合。1934年两党再度联合为自由党。第二次世界大战期间，参加战时大联合内阁。战后，极力反对社会民主党关于要对瑞典社会进行"社会主义改造"的主张，坚持社会自由主义是对社会主义的另外一种"积极选择"。1948年大选后，上升为议会第二大党。1950年，党主席贝蒂尔·奥林（Bertil Ohlin）强调，自由党过去的任务是反对保守主义，而现在则是反对社会主义。冷战期间，该党主张采取反对苏联的立场，批评社会民主党"容忍第三世界国家的独裁政府"，在越南战争中采取支持美国的立场。20世纪60年代，曾同中间党实现"中间党合作"。1976年，同中间党和温和联合党组成三党联合政府，取代了执政44年之久的社会民主党政府。1978年10月组成少数派政府，党主席奥拉·乌尔斯滕出任首相。1979年，再次参加三党联合政府。1982年大选中遭遇惨败，仅获5.9%的选票。次年，本特·韦斯特贝里（Bengt Wersterborg）接任党主席。1990年该党改称自由人民党（Liberal People's Party）。1991年大选后，为议会第三大党。1991~1994年，自由人民党参加温和联合党领导的四党中右联合政府，韦斯特贝里任副首相。1998年大选遭到惨败，得票率进一步下滑，仅为4.7%。2002年选举中，支持率恢复到13.3%，成为议会第二大党。2006~2014年，该党参加了以温和党为首的中右的四党联盟政府。2014年10月，中左政府上台，自由人民党成为在野党。2015年，自由人民党改名为自由党（Liberalena）。2018年大选后，自由党与中间党在议会投票反对温和党与基督教民主党组阁。

近年来，在该党的政策取向中，自由主义色彩逐步淡化，在经济政策上进一步向温和党的方向靠拢。同时，对男女平等的强调在党的政策中占据重要地位。该党纲领指出，党的组织基础是开明人士和自由主义者。它奉行建立在自由与公正基础上的自由开明政策。对内反对权力集中，主张公民参与政治决策，实行社会市场经济，反对中央指令，强调自由竞争、机会均等，反对职工基金。外交方面，提出瑞典应放弃传统的中立政策，加入北约。在欧洲一体化问题上，主张积极推动瑞典加入欧元区和欧盟。现有党员约1.8万人，主张自由竞争和宽松的移民政策。

该党系自由党国际成员。党员中各种企业家、自由职业者和高级职员居多，也包括一些工人和小职员。党的最高权力机构是全国代表大会，每三年举行一次。地方组织分为省委员会、委员会和支部。群众团体有自由党青年团、自由党妇女协会、瑞典自由大学生联合会。党的经费来源主要是国家资助和党费。

5. 基督教民主党

成立于1964年,原名基督教民主联盟。1987年改称基督教社会民主党,1996年改为基督教民主党。成立当年即首次参加议会选举。初期主要从事基督教伦理教育。20世纪70年代起逐步拓宽工作领域。80年代前,该党自认为是瑞典政治中的"第三种选择"。1985年,同中间党联合竞选,首次获一个席位进入议会。1991年大选中获39万张选票,占7.1%,获26个席位,为议会第五大党,参加了四党联合政府。2002年大选中,该党获得9.1%的选票。2006~2014年,基督教民主党都参加了中右的四党联合政府。2014年与2018年议会大选,基督教民主党都以在野党身份进入议会,分别有16个与22个议席。目前,该党在欧洲议会拥有1个席位。

该党系欧洲基督教民主联盟和基督教民主党国际的成员党、欧盟内部基督教民主党合作机构欧洲人民党的联系成员党。该党宣称,其理论根基是基督教,但它不是基督教徒的"利益党",而是愿与所有赞同基督教民主价值的人共同努力,争取建立在基督教人生观基础之上的民主社会。重视家庭,主张实行社会、集体与私人并存的混合经济,保障各地区均衡发展;加强对老年人的照顾,保护环境,反对建设核电站。对外主张争取裁军、缓和、和平与自由,维护人权,增加对最贫穷国家的援助。在欧洲一体化问题上,该党持积极态度,支持瑞典加入欧元区。

该党的支持者主要是瑞典的独立教会(又称自由教会,如五旬节运动、宣教契约教会、浸礼会联盟、卫理公会等)教徒,这些人主要集中在瑞典南部斯莫兰地区。还有许多老年人也是该党的支持者。党的全国代表大会是党的最高决策机构,每年举行一次。党的地方组织分为地区组织、市组织和支部。主席埃芭·布什·托尔(Ebba Busch Thor)。群众团体有瑞典基督教民主青年团、瑞典基督教民主社会党妇女协会等。目前有党的专刊与电子刊,党的活动经费主要靠国家资助、党费及发行彩票的收入。

6. 中间党

成立于1910年，1911年通过第一个党纲，提出社会公正与平等的思想，呼吁为城乡的平等发展而斗争。1913年3月正式成立瑞典农民联盟，主要任务是争取农民享有同等价值和平等权利。1917年首次进入议会。1936年6月单独组成少数派政府，但执政仅三个月。1936～1939年同社会民主党联合组阁。1939～1945年参加战时四党大联合内阁。20世纪40年代，该党的社会基础因大批农村人口涌入城市而迅速缩小，为此提出"不仅要团结农民，而且要争取其他阶层"的主张，并于1942年改名为农村党－农民联盟。1951～1957年，再度同社会民主党组成联合政府。50年代，该党的选票和议席逐年减少，党内要求革新的呼声高涨。1957年，党名改为中间党－农民联盟，1958年决定只保留中间党的名称，认为这样更易于争取新的群体，体现既不同于右翼势力也不同于社会民主党的中间派特点。1959年修改党纲，进一步提出要把社会各阶层人士争取到党内来，不再提农民占主导地位，从此党的政策远远超出了农业和农村的范围。20世纪60年代，同自由党开展"中间党合作"，党的城市工作亦取得突破。1968年大选后，中间党一跃成为仅次于社会民主党的瑞典第二大党。70年代，在"绿色浪潮"影响下，该党强调地区发展平衡、环境保护和反对核电的政策，党的力量继续增长，影响继续扩大，得票率一度超过25%。1976年，同自由党和温和联合党联合竞选，击败社会民主党，该党主席图尔比约恩·费尔丁出任三党联合政府首相，此后费尔丁又两度任首相。1982年大选后成为在野党。1985年在议会中从第二位降至第四位。1991年大选后，参加四党联合政府。此后支持率下降，在1994年选举中得票7.7%，1998年仅获5.1%。2002年恢复到6.2%。2006年选举对中间党而言是一次胜利，得票率增加到7.88%，加入中右联盟政府。2010年该党继续参加中右联盟政府。2018年9月议会大选，中间党从外部支持中左联合政府。

该党是北欧中间党联盟和国际中间党网络成员。该党现行纲领宣称，党的人生观源于基督教世界观，党的政策的基础是所有人的同等价值和平等权利，目标是实现人们的共同福利、安定和平等。反对权力集中，主张下放中央权力,扩大地方自治权限,保护和刺激中小企业的发展,实行社会市场经济;强调保护环境,反对发展核电站。对外主张国际缓和、裁军、和平与进步,反对瑞典参加军事集团,主张加强北欧各国的合作,加强联合国的作用,建立公正的世界经济新秩序。在欧洲一体化问题上,中间党赞成瑞典加入欧盟,但反对加入欧元区。在移民政策上,该党支持增加迁入瑞典的移民人数。

该党支持者主要来自农业资本家、中小地主和城市中小资产阶级,以及一些农民、工人和职员。党的最高权力机构是全国代表大会,每年举行一次。地方组织分为地区委员会、市委员会和支部。现任党主席为安妮·略夫(Annie Lööf,女)。目前,中间党有党员约4.3万人。该党在欧洲议会拥有1个席位。群众团体有中央党青年团、中央党妇女协会和中央党大学生组织。2005年,中间党以18亿瑞典克朗的价格出售了其拥有的新闻产业,成为当时世界上最富有的政党。现在拥有电子党刊《C杂志》(Tidningen C)。党的活动经费主要靠党费、募捐、彩票及国家和地方资助。

7. 左翼党

成立于1917年5月,原名瑞典社会民主左翼党。1919年参加共产国际,1921年改称瑞典共产党,1967年改名为瑞典左翼党-共产党人,1990年改用现名。成立初期,积极参加争取提高工人工资、实现八小时工作制、争取普选权以及反对干涉苏维埃政权的斗争。20年代,党内围绕同共产国际关系和瑞典社会性质等问题发生三次分裂。1936~1939年西班牙内战时,派遣志愿者参加反法西斯战争。第二次世界大战期间,支持瑞典政府的中立政策。1944年,党的十二大宣布支持社会民主党的《战后纲领》,提出瑞典可以通过和平、民主和议会道路过渡到社会主义。1946年,党主席斯文·林德罗特(Sven Linderot)首次提出走向社会主义的"瑞典道路"。1948年,党员曾达5.2万人。此后,党的力量严重削弱。1951年希尔汀·哈格堡(Hilding Hagberg)继任党主席,主张独立自主。1967年,党内一部分人宣布退党,并于1973年建立瑞典共产党。1975年,拉尔斯·韦尔纳(Lars Werner)接任党主席,强调走根本上不同于苏共和传统社会民主党人的第三条道路。1977年3月，以哥德堡区委主席罗尔夫·哈格尔（Rolf Hagel）为首的一派另建瑞典工人党（共产党人）。1990年，党的二十九大决定正式改名为左翼党，强调它将是一个包括共产党人、社会民主党人及各种左翼人士的广泛的左翼政党。1993年1月召开党的三十大，通过了新的纲领，选举了新的领导人。该党参加议会活动。1991年大选中得票率为4.5%，获16个席位。2006年选举中，该党的得票比例为5.85%。2010年，该党在议会有19个议席；2014年获得21个席位。长期以来，左翼党是社会民主党政治上的盟友，从外部支持社会民主党领导的中左政府。2008年12月，该党参加了社会民主党组建的红绿联盟。在2018年大选中获得28个议会席位，为在野党。

该党主张革新瑞典政治，打破资本权力，关键资源和企业应收归社会所有；主张增加公共支出，反对公共企业私有化；对外维护瑞典的中立与不结盟，反对瑞典加入欧共体（欧盟），主张普遍裁军、缓和与和平，建立北欧无核区和无核的欧洲，支持各国人民争取民主、人权和民族独立的斗争；主张独立自主地开展国际交往和合作，但不同任何党建立兄弟党关系或任何特殊关系。在2003年瑞典是否加入欧元区的全民公投中，该党在反对加入的宣传中扮演领导角色。该党现在欧洲议会拥有1个席位。

该党的支持者主要是工人和职员，现有党员约1.1万人。党的全国代表大会是党的最高决策机构，每三年召开一次。党的组织分为中央委员会、地区委员会和地方组织三级。现任党主席为尤纳斯·舍斯泰特（Jonas Sjöstedt）。群众团体有瑞典左翼青年。党刊为《社会主义讨论》。党的活动经费主要靠党费、募捐及国家资助。

8. 瑞典民主党

瑞典民主党成立于1988年，其目标是捍卫瑞典价值观、减少移民涌入。瑞典民主党成立之初具有新纳粹色彩，其创始成员属于白人至上主义团体。但为了适应形势、赢得选票，该党不得不极力摆脱与新纳粹种族主义的勾连而趋向主流政党思潮。吉米·奥克松（Jimmie Åkesson）于2005年担任瑞典民主党主席，在党内对种族主义采取零容忍立场，正式拒绝法西斯主义和纳粹主义；若干成员被开除出党。瑞典民主党善于利用新媒体来吸引支持者，现有党员约2.3万人。在欧洲议会，瑞典民主党属于疑欧党派，有2个席位。反对使用欧元并希望举行瑞典脱欧的全民公投。

不同于议会中的其他7个政党，瑞典民主党反对多元文化主义，具有民粹主义色彩，要求实行更加严格的移民政策。在2018年9月的选举中，瑞典民主党主张要将学习瑞典语作为申请各种社会福利的条件，并严格限制难民数量；瑞典民主党指责传统政党"破坏"社会福利，鼓励外国人（特别是穆斯林）的到来，而这些穆斯林移民却不接受瑞典的价值观。瑞典民主党还在一些早就令社会贫困阶层愤懑的领域亮出鲜明观点，如批评医疗保健、法律和养老金等政策失效。在2010年议会选举中，反对移民的瑞典民主党赢得5.7%的选票首次进入议会，拥有20个席位。2014年该党获得12.9%的支持率，拥有49个议会议席，因为反对移民等政策的鲜明倾向而成为瑞典政坛举足轻重的一支力量。在2018年9月的选举中，该党获得17.5%的支持率，拥有议会62个议席，成为议会第三大党。在三届议会中，瑞典民主党都是作为反对党；议会其他政党不愿意与其结盟合作。

虽然在议会的其他政党不想与瑞典民主党合作，但在一些地方议会，个别主流政党与瑞典民主党的结盟存在一定的可能性，而且瑞典民主党在移民政策上的一些主张可能影响地方政府乃至中央政府。该党崛起值得关注。

瑞典民主党一直被谴责与种族主义和极端主义关联。2015年10月，该党与其原青年组织（Sweden Democratic Youth，1998~2015）断绝关系，重新成立其所属的青年组织（Young Swedes SDU）。党报为《信使报》（SD - Kuriren）。党的活动经费主要靠党费、募捐及国家资助。

二　重要社团组织

瑞典工会联合会（Swedish Trade Union Confederation，LO）　成立于1898年，是瑞典最大的工会组织。在全国劳资谈判中，代表工人与包括政府在内的资方进行集体谈判。会员一度达到230万人，占全国蓝领工人总数的90%。但20世纪90年代中期以来，会员不断减少，每年减少3万~4万人。目前，有会员约150万人。下设14个全国性的行业工会，跨越公共部门和私营部门。这些行业工会都是相对独立的组织，瑞典工会联合会的职能仅限于工资谈判中的协调、开展国际性活动、工会教育等领域。比较大的行业工会有城市工人工会（57万人）、工业和金属工人工会（32.5万人）、商业工人工会（14.5万人）、国家雇员工会（16万人）和建筑工人工会（13万人）等。政治上，瑞典工会联合会与社会民主党是两个独立的组织，但关系密切，社会民主党中央执行委员会中有瑞典工会联合会的代表。目前，瑞典工会联合会拥有斯堪的纳维亚最大晚报 *Aftonbladet* 50.1% 的股份。万佳·伦德比－韦丁（Wanja Lundby-Wedin）2006年8月开始担任主席。

瑞典专业职员联盟（TCO） 瑞典最大的白领雇员工会组织，1944年成立，由1931年成立的雇员联合会（DACO）和1937年成立的瑞典专业雇员联合会合并而成。专业职员联盟现有130万个会员，占全国白领雇员的73%。专业职员联盟是瑞典第二大工会组织。它拥有18个全国性成员组织，其中较大的是工业职员和技术雇员工会（SIF，36.5万个会员）、教员工会（20.9万个会员）等。这些成员组织相对独立，专业职员联盟的主要职能是代表它们参加全国劳资谈判。现任主席埃娃·努德马克（Eva Nordmark）。

瑞典专业雇员联合会（SACO） 成立于1947年，最初只有大学本科毕业以上的人士参加，后来也鼓励相关人士加入。经过多年的发展，目前有22个独立的成员组织，总共约70万个会员，主要有员工、学生、企业所有者、求职者和养老金领取者。SACO的目标是发展和改善瑞典专业人员的就业条件和专业活动，核心议题是工作保障、权利、薪金、工作环境和教育质量。

瑞典企业联合会 2001年3月由瑞典雇主协会（Swedish Employers' Confederation）和瑞典工业联合会（Federation of Swedish Industries）合并而成，是瑞典最大、最有影响力的商业联合会，代表着49个成员组织和6万家成员公司。联合会中大部分是私营中小企业，比例占瑞典私营部门的70%，涉及劳动力160万人。其前身瑞典雇主协会和瑞典工业联合会

多年来是瑞典最大的两个企业组织。瑞典雇主协会成立于1902年，长期以来一直是全国劳资谈判中的资方代表。瑞典工业联合会成立于1910年，是全国性工业企业者团体，主要宗旨是维护企业除劳资关系以外的利益和促进工业发展。瑞典企业联合会的现任主席是延斯·斯彭德鲁普（Jens Spendrup）。

瑞典农民联合会（LRF） 成立于1917年，是瑞典农场主、林场主和农业合作社（小企业）最大的组织。宗旨是增进农业、林业和农村居民的利益，通过区域协会和地方俱乐部为农民、林业经营者及其合作社服务。其会员分为个人与合作社会员两类：约有14万个个人会员（农场主与林场主），划分为1000个地方俱乐部与17个区域协会；集体会员包括农业合作社与农民个人所有的公司，约25万个会员。农民既可以个人参加协会，也可以同时作为机构会员参加协会。全国年度大会是最高决策机构，选举出全国董事会负责常务工作，协会现任主席是帕勒·博里斯特伦（Palle Borgström）。

瑞典合作社联合会（KF） 成立于1899年，现有39个消费合作社组织和320万个会员，这些成员组织覆盖消费合作社与零售业务，拥有庞大的服务网络，主要宗旨是通过组织生产和供销服务，让合作社社员能买到满意的商品和服务，为其提供便利和优惠。2010年，瑞典合作社联合会占有全国食品杂货零售业21.5%的市场份额。该组织曾与丹麦、挪威的合作社组织共同组建了北欧最大的合作社团体——北欧合作社集团（Coop Norden），但于2008年倒闭。

第四章

经　　济

　　19世纪50年代以前，瑞典还是欧洲一个落后的农业国，但到了1954年，就已经成为发达程度仅次于美国的工业国。19世纪下半叶开始的工业化，使瑞典经济年增长率由1750~1850年的不到1.5%，提高到了随后一个世纪的约4%。1870~1970年，瑞典和日本是世界上两个人均国内生产总值增长率最快的国家。第二次世界大战后很长一段时期，瑞典的经济增长也非常迅速，并凭借雄厚的经济实力全面发展公共福利事业，到20世纪60年代中期，它已经变成世界上经济最发达、社会福利最完备的国家之一，在很长的时期里，作为福利国家的典型，一直为世界各类社会制度国家所努力效仿。经历70年代下半期至80年代的缓慢增长以及90年代初短期的严重经济危机之后，通过改革、结构调整和采用高新科技，瑞典经济在90年代中期以后实现了又一次新的飞跃，在世界上继续保持领先地位。20世纪90年代初经历严峻的经济危机以后，特别是进入21世纪以后，为应对世界经济全球化进程加速、国际竞争的加剧和知识经济时代的到来，瑞典又采取措施进行经济结构调整和福利国家政策改革，大力发展高新科技，既提高了经济效益和国际竞争力，又保持了福利国家的基本框架和社会公平。但瑞典未能幸免于2008年的全球性金融危机，股市动荡，制造业下滑，失业率上升。2010年起，瑞典经济走上复苏之路。2010年瑞典入境游所占国内生产总值比重已超过钢铁出口和汽车出口行业。2017年，瑞典国内生产总值增长率为3%，失业率下降至6%，中央政府财政也出现盈余。但作为税负较高的国家，近年来的房地产热以及其他结构性失衡问题对瑞典经济存在一定影响，尤其是自2014年9月以来，家庭债务已从9000亿瑞典克朗增长到3.9万亿瑞典克朗。

瑞典

第一节 概况

长期以来，瑞典经济能够迅速发展，既有外部条件，也有内部政策原因。在国际上，由于选择了"平时不结盟，战时守中立"的外交政策，自1814年以后，瑞典没有介入欧洲及世界大国之间的权力争夺与利益冲突，从而使自己不仅有一个和平的国际环境，而且能够同时与各方进行经济合作与贸易往来。先是19世纪后半叶欧洲国家对钢铁、木材的大量需求刺激了当时的工业革命，接着是两次世界大战交战双方同时为瑞典提供了战略物资贸易的优惠市场。战后，瑞典在国内建立"混合型经济"，大力发展社会生产力，创立了"从摇篮到墓地"全过程保障的福利国家模式，最大限度地缓解社会矛盾，为社会经济发展提供稳定的国内环境。2008年瑞典陷入全球性金融危机的影响，经济出现负增长；但2010年瑞典就走出衰退，国内生产总值达到33011亿瑞典克朗；财政盈余逐年增长。2016年，瑞典财政盈余位居欧盟第二。

一 经济发展阶段

回顾自19世纪50年代以来的历史，瑞典的经济大致经历了以下发展阶段。

（一）初级工业化阶段

19世纪中叶，瑞典凭借丰富的自然资源优势，开始了工业化进程，逐步形成了以木材、造纸、采矿等初级工业为核心的产业体系。经过此后几十年的发展，瑞典在北欧国家中率先实现了工业化。据统计，在第一次世界大战前的40年间，瑞典国民生产总值增长达250%，在北欧国家中是最快的。到19世纪末期，工业在国内生产总值中的比重已经超过农业。就业结构也很快地发生了相应的变化，工业人口迅速增加，农业人口在总人口中的比例也快速递减。

（二）经济快速增长阶段

第二次世界大战后，在世界经济复苏的有利环境中，科技创新与技术引进逐渐受到瑞典重视。科技在生产领域内的广泛应用,不仅提高了劳动生产率,而且推动了瑞典产业结构的第一次升级,造船业、汽车业、化学工业、机械加工业随之发展起来,瑞典迅速发展成为发达的工业化国家,在1955~1978年实现了3.7%的国内生产总值年均增长速度。

(三) 增长放缓时期

20世纪70年代末期,瑞典经济发展速度明显放缓,之后还连续出现成本上升、物价上涨、财政赤字的局面。1980~2003年,国内生产总值年均增长率为2.0%,而50年代为3.3%,60年代为4.6%。由于低增长,瑞典的人均国内生产总值增长比其他发达国家普遍要慢。1970年,瑞典的人均国内生产总值扣除物价水平后比欧盟其余14个国家高出24%,到2001年则缩至6%。90年代初,瑞典经济一度发生危机,面临增长乏力、失业严重的困境。由于企业劳动力成本过高,而且银行业、房地产等行业的危机同时发生,因此危机空前严重,银行业和金融服务业近乎崩溃。这是自1930年以来经济最困难的时期,当时也正值世界经济的衰退期,而瑞典在产值和就业方面比其他相关国家受经济衰退影响的程度还要深刻。1990~1993年,国内生产总值下降了5%,失业人数迅速增加,登记失业率从1990年的1.5%提高到1993年的8.2%。税收收入的减少和高失业率而导致的支出攀升,造成公共财政状况的急剧恶化。政府赤字1993年约占国内生产总值的12%。1989~1996年,政府债务占国内生产总值的比例从42%上升到84%。

(四) 恢复增长时期

结构改革和产业升级早在1993年经济危机之前就已经开始。但只是在经历这次危机之后,瑞典才在结构改革方面迈出决定性的步伐,减少国家管制,积极发展信息通信、生物、医药等现代高新技术产业,最终为经济的复苏与增长注入了新的活力。同时,在这次经济危机中,制造业和整个工商业实施了影响深远的提高效率措施。尽管提高效率增加了失业人数,但效率的提高,加上1992年11月放弃固定汇率制后克朗币值迅速下跌,为工业生产在90年代后期的复苏打下了基础。瑞典国内生产总值在1993~2000年以3.2%的速度增长。随着产量的增加,出口大幅增长,工

业的竞争力也大大提高。这种发展还由于工商业部门大量投资信息通信技术而获得助力。工业扩张拉动了所有其他工商业部门以及整个经济的发展。1993~2002年，就业人数增加了约30万人，注册失业人数2001年降至5%以下。之后，2003年和2004年就业增长有所下降，但2005年又恢复增长，2005年的失业率为5.5%。这段时期瑞典的国内生产总值增长率比经济合作与发展组织（简称"经合组织"）国家平均值略高，因此2004年的瑞典人均国内生产总值排名在经合组织国家中上升到第13位。经济的较快增长、失业率的降低和政府努力恢复财政秩序，使得政府财政状况有所改善，1998~2002年这段时期出现了较多盈余，2005年盈余进一步扩大。

伴随着这一时期结构改革和产业升级，瑞典经济本身和面对的环境也发生了另外一些重大变化：市场迅速全球化、竞争更加激烈和信息通信技术迅速发展。这些变化不仅促使公司，而且促使各个地区努力争取投资、加强研发、增加劳动岗位。由于经济政策措施基本得当，瑞典经济很好地顺应了这些变化，迅速演变为一种先进的知识经济。

（五）金融危机与波动性复苏

2008年10月6日，蔓延到欧洲的金融危机导致瑞典股市经历了黑色星期一，股指降至"9·11"以来最低。瑞典OMXS股指下降了230.3点，下降了7.1%。银行板块中的瑞典银行股值下降了11.1%，北欧斯安银行下降了10.6%，瑞典北欧联合银行（Nordea）和瑞典商业银行（Handelsbanken）虽情况稍好，但也分别下跌了9.3%和6.5%。石油和卡车股平均受挫10%。许多瑞典跨国企业也经历黑色星期一，爱立信和北欧航空公司股票分别下跌了7.3%和9.6%，大型工业集团ABB的股票下降了8.2%。

企业普遍存在订单下降、库存积压、生产减少和投资延迟等问题。2008年12月4日，瑞典中央银行大幅降低基准利率，降低了1.75个百分点，从3.75%降到2%，这是1994年以来瑞典中央银行幅度最大的基准利率降低。沃尔沃轿车公司的经营危机给瑞典汽车工业带来了重创。时任瑞典中右政府组织各方代表商议如何将沃尔沃损失降至最低，沃尔沃轿车公司被瑞典政府纳入挽救计划给予瑞典企业界、资本市场以信心。中右政府还出台政策促进就业、降低税负以刺激经济复苏。2014年9月大选后，执政的中左红绿联盟政府通过鼓励出口、促进就业以及央行数次降息等措施，使瑞典经济保持了数年的增长态势。

2009年，瑞典国内生产总值下降4.9%，但2010年就增长了5.5%，创1970年以来最高纪录。2011年瑞典国内生产总值增长3.9%；2012年增长0.8%；2013年增长1.5%；2014年增长2.1%；2016年，瑞典国内生产总值增长率达到3.2%。瑞典经济在波动中恢复活力。

二 基本经济制度及其演化

自20世纪30年代中期开始在瑞典逐步形成并在战后确立的基本经济制度，被称为国有经济和私营经济的"混合型经济"模式。

从经济体制上看，"混合型经济"的一个主要表现是长期以来瑞典实行"有计划的市场经济"。瑞典的国家经济计划是从1943年开始实行的，当时主要是预测性的年度计划，意在维持社会供给与需求之间的平衡，抑制战时通货膨胀。1947年以后，社会民主党政府实行了更加广泛的国家计划，主要包括年度计划和五年计划。经济计划主要是指导性的，目的是为私营和国营部门确定生产规划提供一定的依据，企业在投资、生产、价格和销售等各个环节都享有自主权。与此同时，政府还计划要为教育、卫生、防务、社会保障和国有企业公共事务确定目标，并确定政府对那些与其合作的私营企业应给予的财政援助。近十几年来，虽然瑞典淡化了国家计划的色彩，强调市场的作用，但政府仍采用众多的调控措施保持经济的稳定发展。

"混合型经济"的另一主要表现，是公共部门在国家经济中发挥重大作用。在所有制方面，瑞典的工业生产部门是以私有制为主体的，但教育、卫生等社会服务性部门则全面实现了国有化。总体看来，私营大企业基本上控制了工业命脉，瑞典具有典型的外向型经济结构，工业品出口主要依赖少数几家实力强大的私营跨国公司。但是，国有企业是政府实现工业均衡布局以及解决就业问题的重要手段。尽管国有企业数量不多，经过

瑞 典

减少国家管制等改革后，2005年底已经减少为58家（其中43家为国家全资拥有，15家为拥有部分股份，雇员总数约19万人，账面价值2710亿瑞典克朗），但公共部门在国内生产总值和就业人口中的比例在发达国家中是较高的，可以说是国家经济发展的一种稳定性力量。由于国有企业主要集中在重要的基础工业和公共事业等部门，其作用非常重要。2016年，瑞典仍有48家国企或国家参股企业，但2016年上述企业亏损47亿瑞典克朗。能源、邮政以及矿业等传统国企面临转型挑战。

合作社在瑞典经济生活中占有重要地位，也是"混合型经济"的重要体现。瑞典的合作社组织主要有农业合作社、消费合作社、住房合作社、石油合作社、渔业合作社、运输合作社、手工合作社及幼儿园合作社等。最早的农业合作社始建于1836年。其种类从各类农业生产到所有产品的销售，以及技术指导和资金信贷等，应有尽有。活动范围包括农业生产资料采购、生产服务、产品销售的全过程。一个农场主往往同时参加若干个专业合作社。最早的全国性组织合作社联盟于1899年建立。消费合作社的主要经营活动是从事基层零售商业。全国有一半的家庭属于消费合作社。在经营商业的同时，消费合作社也从事与日常消费相关的生产活动，如面粉、面包、啤酒、食用油和饮料生产，以及纺织、缝纫、制鞋、橡胶、塑料和电料等日用品生产。住房合作社在二战后解决青年家庭住宅问题方面曾经发挥过重要作用。

在公共部门发挥重大作用的基础上，瑞典建立了一整套由国家进行全面控制、在体制设计上兼顾普遍性与高水平的社会保障制度。所谓"普遍性"，是指社会保障制度建立在"居住权"的基础上，也就是说，有权住在瑞典的人就有权享受到社会福利的照顾；所谓"高水平"，就是与英国、挪威、丹麦等国家比较起来，瑞典社会保障制度的保险额要高出不少，项目设置也更加完善。由于兼顾了"普遍性"和"高水平"，瑞典的社会保障制度被公认为世界上最为完备的。

与高水平的社会保障相联系，瑞典实行充分就业政策。长期以来，瑞典政府一直把维持充分就业作为其国内政策的首要目标，综合运用各种手段解决就业问题。20世纪70年代以前，由于低生育率和学制延长等因素，出现了劳动力供给相对不足的现象，瑞典不得不吸收相当数量的移民来满足劳动力市场的需要。在这种情况下，政府在运用产业政策和区域政策对劳动力市场进行宏观调控的同时，把就业政策的重点放在增加妇女就业和非技术工人就业方面，以进一步增强劳动力市场的公平程度。长期以来，瑞典的妇女就业率一直在80%以上，在欧洲国家中处于领先水平。瑞典政府增加女性劳动参与率的做法，主要是扩大公共部门的就业岗位，同时运用社会保障制度解决妇女就业的后顾之忧。由于国家负担儿童日间照料一半以上的责任，对孕产期妇女以及幼儿父母的假期设立了优厚的社会条款，妇女已经不至于在养育小孩与就业之间面临艰难的选择。长期以来，瑞典的男女工资差别不是很大，一般家庭都是夫妻双方同时工作。对于那些主要依靠女性收入的家庭来说，也基本上不会遇到贫困问题。与此相似，政府还利用公共部门的就业岗位帮助非技术工人安排待遇优厚的工作，进一步强化社会平等的程度。高保障和高就业之间是相辅相成的关系。没有完善的社会保障制度，妇女就业率不可能提高；而高就业反过来又可以使国家获得较高的税收收入，减少人们对社会福利的依赖程度。

20世纪70年代石油危机之后，瑞典开始出现日益严重的失业问题。为解决失业问题，历届政府在一定程度上采取了和其他国家类似的刺激经济增长的措施。政府增加就业最直接有效的办法，一是公有部门扩张，二是国家对失业者进行就业培训。据统计，90年代初期，瑞典劳动力中的6.3%接受国家的就业培训，在西欧国家中仅低于丹麦（12.8%）和法国（9.9%）。当时，瑞典1/3以上的失业者在政府兴办的各类救济工程、福利工厂中就业，或者参加再就业培训。从统计上看，这部分人已经不属于失业者的范畴。因此有人认为，瑞典政府的劳动政策不过是将显性失业转化成了隐性失业，但不可否认的是，充分就业政策在解决失业问题的过程中发挥着主导作用。

但进入20世纪90年代以后，这些办法并没有解决问题。此时取代长期执政的社会民主党的中右翼联合政府先后提出了三个调整计划，主张放弃"混合型经济"模式，建议对部分国有企业实行私有化，削减社会福利，同时降低税收，以削减公共开支，提高企业的国际竞争力。但由于

瑞 典

1993年严重的经济危机，同时社会民主主义思想在瑞典根深蒂固，四党少数派政府的新经济政策一时难以取得效果，支持率逐渐下降，而社会民主党支持率逐渐上升，并于1994年再次执政。社会民主党重新执政后，首先采取直接措施稳定经济，同时加大政府对预算的控制力度，稳定中央财政。然后，采取逐步改革的办法，削减公共福利开支；改革税制，降低所得税和公司税，保护投资和个人的积极性。与此同时，努力提高国有企业的经济效益，促进其市场化和私有化，减少了国家对金融、电信、邮政和其他市场的管制，并建立了新的全国养老金制度。增加教育和职业培训费用，探索利用福利国家的现有机制之外的其他办法来解决失业问题。2006年9月，在经济形势不错的情况下，社会民主党在大选中失利，以温和党为首的中右翼联合政府上台。中右翼联盟在竞选纲领和新政府成立后公布的经济政策中，均主张基本上保留福利国家制度，但将改善福利管理、进一步减税和促进创业。

2013年1月1日，企业税率由26.3%削减至22%，下降了4.3个百分点。政府此举将耗费160亿瑞典克朗（约合24亿美元）成本。26.3%的税率高于欧盟和经合组织的平均水平。降税使瑞典企业税率低于欧盟23.5%的平均水平，提升了瑞典的投资环境，促进中小企业开展业务。

2014年9月大选后执政的中左政府执行更加中性或者小幅扩张的财政政策，采取经济刺激政策，增加就业，改善教育条件（包括小学实行小班制、改善教师待遇等），改善环境，改善健康、医疗和养老等社会福利，确保性别平等改革措施。2018年大选后艰难产生的新中左政府应该是要力图构建一个能够应对老龄化挑战的福利社会。

总的来看，瑞典在福利国家制度基本框架没有改变的情况下，提高了经济效率，经济保持适度增长，尽管居民收入差距有所拉大，但经济制度仍然集中体现着"共同富裕"的北欧模式的特点。

三 经济结构及其特点

虽然瑞典国家幅员相对较小，但经济结构具有高度的多样性。传统经济以铁矿和林木工业为主，而目前机械制造和高技术工业日益重要。瑞典拥有自己的航空业、核工业、汽车制造业、先进的军事工业、全球领先的电信业和医药研究能力。在软件开发、微电子、远程通信和光子等领域也处于世界领先地位。

在过去 15~20 年里，瑞典经济及其竞争的环境已经发生了根本性的变化。新的技术特别是信息通信技术已经渗透到整个社会，知识和智力资本在竞争中发挥的作用越来越大。国内市场已经大幅度减少管制，企业形成了新的组织结构，外资在瑞典企业中的所有权比例进一步增大，而在瑞典进行的生产活动逐步减少，服务业在国内生产总值中的比例进一步提高。

如今的瑞典经济具有突出的新经济和知识经济的特点，表现为服务业高度发达，服务部门（包括私营服务部门和公共部门中的服务行业）的产值与就业人口超过了所有其他部门和行业之和。

显然，如此先进、多样性的工业结构，只依赖国内市场是不可能的。高度国际化，也是瑞典经济的突出特点，而且近年来程度进一步加深。瑞典经济一向与世界经济有着紧密联系，对国际贸易的依赖程度较高。回顾过去，瑞典经济的国际化可以分为几个阶段。第二次世界大战前，瑞典的制造业部门就已经开始通过商品出口走向国际化。由于国内市场狭小，企业很早就在国外开展经营活动。例如，早在第一次世界大战前，爱立信就有一半的雇员是在国外。战后，瑞典逐步增加在国外的投资，特别是 70 年代以后，先是在美国，随后在欧盟国家，瑞典企业进行了广泛的投资。通过国际扩展，瑞典公司的研发能力和资本大大增加，有效地拓展了生存空间。大型跨国集团对国家经济增长的拉动作用也越来越突出。

20 世纪 90 年代以前，外国在瑞典的投资比较少，与瑞典企业较大规模的对外投资和海外经营活动很不均衡有关。不过，在过去若干年里，这种不均衡在很大程度上已经改变，外资在瑞典经济中的所有权有了非常迅速的增长，瑞典也采取有力措施吸引外国投资。90 年代初，在外资企业中工作的雇员只占工商部门雇员的 10% 左右，到 2004 年已经增加到 23%。在很多行业，外资份额已经超过了 30%。甚至在以前封闭的部门如房地产和建筑部门，外资所有权比例也在迅速提高。

2016年，瑞典企业与创新部发布《促进地区可持续发展和增强吸引力国家战略（2015~2020）》，旨在实现地区发展和增强竞争力的政策目标，并在以下三个政府优先领域发挥作用：实现到2020年欧盟失业率最低的总体目标，实现国家环保目标，消除性别差距。该战略提出了四个社会挑战：人口发展，全球化，气候、环境与能源，社会凝聚力。为应对上述挑战并实现政策目标，该战略提出了四个优先发展：创新和商业、便捷而有吸引力的环境、技能的提供以及国际合作。

第二节 农林渔业

一 农业

瑞典是欧洲农业发展较早也比较发达的国家。目前农业用地2900万公顷，占国土面积的7%。第二次世界大战后，农业发生了很大的变化。政府十分重视农业，采取了一系列政策措施促进其发展。这些措施主要包括：大幅度提高农产品的收购价格；对农业实行低息和无息贷款；对农产品价格进行补贴；发展农业科学研究和培养农业技术人员等，使农业进一步向机械化、科学化和集约化的方向发展。上述措施大大提高了农业的劳动生产率和商品率，使农业现代化水平和农业劳动生产率居欧洲国家前列。1945~1986年，农业产值在国内生产总值中所占的比重从10%降为2%；同期农业劳动力占全国劳动力的比重由30%下降为4%。2003年，农产品产值为402亿瑞典克朗，该部门劳动力减少到全国劳动力总数的1.4%，且从事农业的劳动人口也有老龄化的趋势，2002年50岁以上的农民就已占全部农民的61%。但是，瑞典的粮食、肉、禽、蛋、奶制品自给有余，并有部分出口。出口的食品占全国出口总额的不到3%，出口产品主要是剩余的谷物以及黄油和菜油。食品进口主要是本国不生产的产品，如蔬菜、咖啡、水果、大米和大豆等，肉类和奶酪也进口一部分。瑞典的农业贸易国主要在欧洲。瑞典农产品自给率达80%以上。

过去几十年里，瑞典农业发生了一些结构性的变化。一个主要的趋势

第四章 经 济

是，农场有变得越来越大的趋势。尤其是从20世纪60年代起，政府大力推进农场合并，对拥有耕地20公顷以上的农场给予贷款方面的资助，使农场规模逐步扩大，机械化和劳动生产率较快提高。大多数农场是家庭农场，工作由家庭成员承担。2003年，共有家庭农场66780个，其中拥有耕地不足20公顷的占48%。如今，从事其他职业同时兼职从事农活越来越常见，2002年只有2.4万个农场专事农活。自90年代以来又出现一种新情况，在南部地区和斯德哥尔摩以西梅拉伦湖附近地带，兼职经营耕地不到5公顷的小农场越来越多。经营这些小农场的人，更多的是便于养马和选择城市之外的另一种生活方式。在瑞典，尤其是在北部森林比较多的地区，农业通常与林业结合在一起，全国不少于74%的农场拥有林地。瑞典国家统计局对全国农场数量的统计截止到2007年。根据统计数字，2007年，农场规模在2公顷以下的有874个；2~5公顷的农场有14038个；5公顷以上至10公顷的农场13701个；10公顷以上至20公顷的农场13493个；20公顷以上至100公顷的农场超过24000个；100公顷以上的大农场6165个。

畜牧业在农业中占主导地位，2003年，402亿瑞典克朗的农产品产值中，动物源产品占53%。其中，牛奶和奶制品行业是农业中的主要部门，产值占1/4。农场饲养奶牛规模较大，牛群平均数量44头，养猪场规模为平均100头。近些年来，牲畜存栏数量出现了下降的趋势。2004年，瑞典共养牛162.8万头，其中奶牛40.3万头。牛奶生产商自瑞典1995年加入欧盟之后，到2003年也减少了一半，相当于欧盟分配给瑞典的牛奶生产配额；同期牛肉产量则有所增加，2003年为14万吨，但瑞典的牛肉消费量增长更快，2003年消费的牛肉有43%来自进口。猪肉也不能满足国内消费需求，需要进口相当数量。家禽饲养以大型养殖场为主，2004年共养殖690.6万羽。瑞典国家统计局关于畜牧业的统计也截止到2007年。2007年，全国有奶牛36.9646万头；20公斤及以上的育肥猪101.5365万头；20公斤以下的仔猪47.9518万头；家禽532.7507万羽；蛋鸡175.29万只；肉鸡665.3298万只。

瑞典的谷类种植业大部分耕地集中在中南部平原地区，牧草则主要分布在北部。2004年，耕地约为266.1万公顷，比1990年减少6.5%。谷

145

瑞 典

类以小麦、大麦和燕麦为主。2017年，瑞典全年粮食总收成为590万吨，同比增加9%，高出过去5年平均水平8%；其中冬小麦收成约300万吨，同比上涨20%，为单产最高作物。2017年夏季干旱导致多地粮食歉收。2018年，冬小麦产量近140万吨，春小麦22.04万吨，燕麦36.35万吨，大麦超过109万吨，土豆72万吨，甜菜169.84万吨，亚麻籽4000吨。

园艺业是近些年来迅速发展的行业。通过园艺方式种植经济作物如蔬菜、水果（如浆果）、花木等，在南部地区较盛行，并从20世纪80年代起向北部地区扩展。2002年，瑞典全国共有2040家园艺生产企业，大部分企业从事室外种植，其中一半在瑞典南部地区。有1140家种植企业使用温室种植，种植面积为363万平方米。每家种植企业的温室面积达到3000平方米。

瑞典农民对经营以不使用化肥和农药为主要特点的生态农业（有机农业）的兴趣越来越高。越来越多的农民申请从经营常规农业过渡到经营生态农业，生态农业占地总计达5万多公顷，约占全国耕地总面积的2%。政府对转向以生态农业的方法生产粮食、油料、土豆、豆类和甜菜的农民给予补贴，补贴金额因地而异。农民在从经营常规农业向经营生态农业过渡期间，国家派专家给予指导。从1990年起，经营生态农业的农民按他们与国家达成的协议，受到由生产者和消费者联合组成的机构的监督。

参加生产合作组织的农户约占农户总数的10%，目的主要是集中资金购买大件农机具。然而，80%以上的农产品销售活动、生产资料的购买以及信贷业务是通过全国农场主联合会和地方分会的专业协会进行的。目前，有各类专业协会160多个，还拥有食品加工企业800多家，信贷网点遍布各地。它们的任务是：收购、加工和销售会员的农副产品，向会员出售种子、饲料、化肥、农机具以及其他农业生产资料，提供信贷、生产技术和经营管理知识。各类专业协会在加强政府同农场主的关系、贯彻国家对农业生产的要求等方面都起到明显的作用。

自1995年1月1日成为欧盟成员国以后，瑞典开始遵守欧盟共同农业政策（CAP）。欧盟的共同农业政策包含了统一的内部市场准则。按照该准则，凡是成员国之间的贸易免收关税，但与非成员国之间则征收相同的关税。通过内部自由市场，贸易障碍（如传染性动物疾病和食品立法等）可以进一步消除。对于瑞典公司来说，成为欧盟成员国意味着与欧盟其他成员国之间的贸易变得更为容易，而与非欧盟成员国之间的贸易则较以前受到诸多限制。总的来说，入盟后瑞典农业被卷入了比入盟前更为激烈的竞争。另外，入盟增加了瑞典销往其他欧盟成员国的农产品的项目，改善了销售条件。

二 林业

瑞典是一个被森林"统治"的国家。瑞典土地总面积4081万公顷，森林占比68%，其中生产用森林占比57%。瑞典是欧盟最大的森林国家。在国家公园、动物保护区、自然保护区、野生动物禁猎区等区域内的180万公顷森林即6.4%受到国家保护，禁止砍伐。在18世纪和19世纪，许多森林被大量过度开发用于农业、住房建筑、燃料用木材、铁工业的木炭以及后来作为木材和制浆原木的来源。经过数十年关于瑞典森林状况日益恶化的政治辩论，1903年通过了第一个"林业法"，要求业主在收获后重新种植。自那以后，"林业法"已经多次更新，平衡了经济发展与林业生态的关系。瑞典重视自然环境保护，2012年，瑞典11%的国土面积为保护区，共有包括国家公园、自然保护区、自然保育区、栖息地保护区等1.1万个，总面积约5万平方公里。

瑞典重视森林的自然保护、优化环境的作用，也发展森林多种资源的利用。不过，木材生产一直是林业的主业。对林业已实行工厂化生产和采伐，林业和以林业为基础的林产品工业也成为主要出口部门之一。

1925年，瑞典完成森林第一次清查，蓄积量为17.6亿立方米，1985年增至27.4亿立方米，60年间森林蓄积量平均年增蓄积0.75%。全国森林到处呈现蓄积量增长的势头，而南部的增长率最高，达12%。蓄积量增长并非由于采伐减少。瑞典从1930年以来，木材采伐量相当稳定，但每年森林的生长量几乎总是保持在采伐量之上。20世纪80年代，森林的年生长量约1亿立方米，而年采伐量为6500万~7000万立方米。立木蓄积量年增3000万立方米。1998~2002年的资源调查显示，森林总蓄积量已达28.98亿立方米,比1985年增加1.58亿立方米。在蓄积量增长的同时,森林的树种组成有所改善,大径材的蓄积扩大。树高1.5米、直径25厘米以上的蓄积量1945年只占28%,1963年占34%,1975年占39%,1985年占41%,2002年占44.7%。根据2014年的统计数据,瑞典有2800万公顷的森林土地,其中可生产木材的约为2331万公顷。

21世纪初期,瑞典公有林面积占森林面积的19%(其中18%为国家所有,1%为其他公共机构所有),私有林占57%(其中个人所有51%,其他私有林6%),公司拥有的森林面积约占24%。个人(家庭)是瑞典国内最大的林业拥有者。特别是在南部地区,私人产业占到了80%。直到第二次世界大战前,绝大多数林业拥有者是农民,他们生活在林区,以林业和农业为生。此后,农林企业占用的林业用地从900多万公顷迅速减至400万公顷。如今的林业拥有者已很少在林区内生活,他们一般住在林区附近的居住区或城镇。林区内大量繁重的工作,也转由林业拥有者协会的雇用工人或其他合同人员进行。第二大类林业拥有者为林业公司。他们的产业集中在瑞典中部地区和北部诺尔兰的部分地区,同时还利用现代化的大规模生产设备。

第二次世界大战后,瑞典林业发展一直比较缓慢。1983年林木产量为5.16万立方米,仅比1945年增加5.5%。究其原因,一是世界市场需求的变化以及后起的林木输出国的激烈竞争;二是瑞典政府为避免森林面积过度减少和保护自然景观,要求采伐和造林密切结合,严禁乱砍滥伐。从20世纪80年代起,森林的采伐量已不能满足木材加工增长对原料的需求,目前已有10%的原料来源于进口。

林业管理是瑞典的强项。政府长期重视林业,采取了多方面的有效措施。例如,通过立法规定森林的种植、管理、采伐、更新制度,造就专门科研队伍提高林业科技水平,提供财政补贴鼓励改善林业生产设施等。有关林业的立法,充分体现了瑞典在1992年里约热内卢联合国环境与发展会议上做出的承诺,即不仅要充分保证再生资源在未来的持续需求,还要保证瑞典在保护生态环境的基础上继续作为全球原材料生产的主要基地。

林业对国民经济至关重要,大多数瑞典人与森林和林业产业经营密切相关。瑞典拥有世界商业用林区的1%,但提供了在全球市场上交易的原木、纸浆和纸张的10%。瑞典最受欢迎的户外活动之一是"森林散步"。

三 渔业

瑞典内陆水域很多,海岸线也很长,广阔的波罗的海和众多的湖泊为瑞典提供了丰富的渔场,全国分为三个渔区:西部哥德堡、南部马尔默,以及东部波的尼亚湾和波罗的海地区。产量以西部渔区较大。

但是,瑞典渔业一向不发达,在瑞典经济结构中所占的比重很小,目前在斯堪的纳维亚诸国中鱼产量仅高于芬兰,不到挪威的1/10。第二次世界大战后虽有增产,但捕鱼量很不稳定。随着捕捞业成本的提高和国际捕鱼业的竞争,瑞典捕鱼量和从事渔业的人数逐年减少。1964年捕鱼量达38.7万吨,创历史最高水平,后来逐年下降,1986年只有19.6万吨,几乎下降了一半。渔业劳动者由于生活水平低于其他行业从业者,因此战后人数逐渐减少。1978年,瑞典同有关国家商定捕鱼水域以及互相在对方渔区的捕捞定额。同时,政府还为更新渔船提供信贷,捕鱼量有所回升。加入欧盟后,瑞典实行欧盟共同渔业政策。近年来,渔民只剩不到2000人。据联合国粮农组织统计,1999~2003年,渔船由1968艘减少到1714艘,总吨位由4.78万吨减少到4.39万吨;2003年捕获量(包括鱼类和甲壳类)28万吨,价值8.7亿瑞典克朗左右。水产养殖规模更小,主要养殖虹鳟鱼,2004年产量为5000吨左右,贝类1000吨。目前,因品种关系,一些鱼类不能满足国内消费需要,需进口部分鱼类产品。

尽管渔业不发达,但娱乐性钓鱼活动在瑞典很流行,有200万人喜欢钓鱼。瑞典政府为了保护本国渔业资源和维护渔民利益,从1978年1月1日起实行200海里专业捕鱼区。

第三节 工业

工业在整个瑞典国民经济中具有举足轻重的地位。一个半世纪以来,

特别是第一次世界大战以来，瑞典的工业生产发展是很迅速的。从工业生产指数来看，如果以1935年为100，那么1913年为54，1950年为198，1970年为562，1990年为744，2005年为1219。瑞典工业部门到21世纪初显示出了两个最明显的特征：一是生产门类和经营活动多样化，在国际化经营中取得成功的企业，往往涉及多个行业的经营；二是高度依赖国际市场，瑞典制造的产品有一半用于出口。按照瑞典国家统计局数据，2017年，瑞典企业数量超过112万家，雇员28722.97万人，产值642.9872亿瑞典克朗，增加250.3678亿瑞典克朗，总资产为1853.5258亿瑞典克朗。

一 发展历程

19世纪末20世纪初瑞典工业化和经济迅速大转型的背后，是成功地利用了本国主要的原料资源——木材、铁矿石和水力。反过来，这也依赖于欧洲其他国家对木材产品和铁矿石的大量需求。尤其是第一次世界大战前欧洲自由贸易的扩大，促使国际上对瑞典产品的需求不断增长。例如，1875~1900年，瑞典纸和纸板的出口量增长了10倍多，铁矿石出口增长了近70倍。从大宗原料性工业行业中产生的需求，也促进了基础设施、机械和运输设备行业的迅猛发展。工业化使瑞典经济年均增长率由1750~1850年的不到1.5%，提高到随后100年中的4%。

这一时期工业的迅速发展，还得益于以下因素。①教育制度的改革和发展（从1842年实行义务初级教育开始）以及专门知识的传入。到了19世纪末，瑞典是欧洲唯一一个在识字率上能与美国相比的国家。在工业化时期，瑞典从国外尤其是从英格兰和苏格兰引入了大量专门知识。历史悠久的制铁劳动传统，也使瑞典工人有着良好的职业训练。②19世纪末20世纪初瑞典出现许多具有划时代意义的发明和创新。今天瑞典的主要制造业集团当中，有很多仍然依据19世纪与20世纪之交那段时期的理念经营。③行会制度的废除和其他形式的国家调节减少，提高了工业的自由度。有限公司制和现代银行业制度的采用，使个人能够减少承担的风险，增加了风险资本的供给，提高了人们开办企业的意愿。④交通运输的迅速发展，尤其是铁路网和港口的迅速发展，为工业化创造了条件。⑤农业生产率的大大提高，也是工业化的重大促进因素，它使劳动者从农业生产中解放出来，到不断发展的工业企业中寻找工作。

瑞典工业还因未卷入 20 世纪的两次世界大战而受益。尤其是第二次世界大战后欧洲的重建，使瑞典工业能迅速增加其在外国市场的份额。经济的迅速增长，也为以家庭为对象的家用物品、服务行业和建筑行业的迅速发展打下了基础。战后，由于新技术的采用，瑞典工业还发生了从原料性工业向较高附加值产品工业的逐渐转变。在很长一段时期，工业的发展速度很快。从增长速度来看，1946～1950 年平均每年增长 7.5%，1951～1960 年每年增长 3.6%，1961～1970 年每年增长 6.2%。

但是，1970～1980 年，瑞典工业增长率只有 1.0%。特别是 1975 年以后，受国际性经济危机的影响和世界范围内产业结构调整的冲击，工业生产多年出现衰退或停滞，直到 1983 年才稍有回升。70～90 年代中期，瑞典经济增长率不如工业化国家的平均值，企业在国外市场中所占份额缩小。整个 70 年代和 80 年代，工业生产每年大约增长 1.5%，而经合组织国家的工业增长率平均为 2.8%。这主要是由于瑞典劳动力成本过高，税收负担过重，加上结构问题越来越突出。

为了扭转工业生产的停滞局面，加强工业品的国际竞争能力，政府一方面设立大规模的企业更新基金，用于企业的技术改造、设备更新、科研和人员培训，同时不断完善科技法规，改革科技体制，加强科学研究，使产品向高、精、尖方向发展；另一方面，加强资本集中，使企业改组和合并。这一系列措施为 80 年代中期瑞典工业恢复发展起了促进作用，工业结构发生了显著变化。传统上，瑞典工业一直依赖原材料行业，如纸张和纸浆、铁和其他金属，到了 80 年代中期，一度作为瑞典主要出口部门的钢铁、采矿等行业逐渐被机械制造、电子精密仪器和汽车等行业所代替。造船、纺织等行业日益衰落，政府提供了大量资金进行补贴、改组或收归国有。

尽管采取了上述措施，但由于经济全球化和国际竞争的加剧，90 年代初的瑞典工业仍面临企业劳动力成本过高、国际竞争力减弱的严峻挑战。这促使政府和工业界采取更有力的措施，加快经济改革，进行一场重大的结构调整。而这一次工业中迅猛的结构调整的一个方面，是企业的裁员。从1989年中到1993年底，制造业裁减雇员达26万人。这意味着这一时期工业部门每4个人中就有1个人失去工作。结构调整的另一个方面，是加快信息技术行业的发展和对IT、计算机和互联网利用的大量投资。90年代中后期以后工业生产的恢复增长以及生产率的提高速度较快，主要是由知识密集型行业（尤其是信息通信技术和制药）带动的。进入21世纪之初，IT行业股市泡沫破裂和国际需求不振，一度也对瑞典工业造成了相当沉重的打击，工业增长速度有所放缓，但知识经济和网络经济时代才刚刚开始，因此工业在近几年来虽有波动，但仍表现出强大的增长能力和活力。传统工业企业也在加快利用信息技术的步伐，并与新的服务行业结合在一起，迎接更激烈的全球性竞争，创造更大的客户价值。产业部门经历了向最新技术的转变，无论从产业结构、企业结构还是从业人员教育水平和标准看都是如此。与此同时发生的另一个变化是，制造业部门和服务业部门之间的界限以及蓝领与白领之间的界限变得比以前模糊。

二　20世纪90年代中期以来的主要发展趋势

（一）工业结构的变化

从工业结构来看，工程设备行业的分支机械行业的地位相对下降，通信设备和电力设备行业仍迅速扩张。运输设备行业和金属产品行业的地位基本保持不变。化学工业（尤其是制药业）近年来迅速扩张。一度很重要的行业，如采矿和造船，其重要性在过去几十年里已经迅速下降。

（二）大企业作用的增强

近20年来，在结构调整的同时，瑞典工业企业还持续表现出合并和生产集中的趋势。为了提高竞争能力，政府从20世纪60年代起就推动工矿行业的合理化运动，各行业普遍出现了合并的情况，只是程度不同。1970～1982年，全国工矿企业由1.24万家减少到0.95万家。20世纪90

年代以来，这种趋势进一步加强。目前，瑞典工业规模虽然比美、英、法、德等发达国家小，但垄断集中程度很高。大型公司（200人以上）占工业总就业量的近70%。特大型公司地位很重要，这使瑞典成为最依赖大型企业的国家之一。特大型企业通常是国有企业及混合型企业集团，业务十分广泛。金融危机期间，在私营企业压缩产能、减少投资的时候，瑞典的国有企业却在经济不景气的情况下继续增加投资。瑞典最大的国有企业——大瀑布能源公司（Vattenfall）2009年投入100亿瑞典克朗用于可再生能源特别是风能领域投资。2017年，沃尔沃集团登上瑞典500家最大企业榜首，爱立信位列第二。2018年，宜家品牌价值约1970亿瑞典克朗，为瑞典最具价值的品牌；H&M紧随其后，为1570亿瑞典克朗。北欧联合银行、爱立信和瑞典电信（Telia）等公司品牌亦价值不菲；此外，演化游戏（Evolution Gaming）作为新秀品牌也跻身前50名。

并购是最近几十年来瑞典企业结构调整的最重要现象之一。20世纪60~70年代，主要趋势是瑞典的大企业并购本国的小企业。80年代，尤其是随着欧共体单一市场的建立，瑞典大企业迅速加强了其对外国企业的收购。近年来的主要趋势则是国际化企业之间的并购。在瑞典的外国企业多是通过收购的形式开展业务。这种收购发生较多的是在制造业，制造业中70%的外资企业是通过并购而在瑞典开业。在外资拥有的服务部门企业中，这个比例为49%。这些并购，包括80年代瑞典的阿西亚公司与瑞士的布朗勃法瑞公司联合组成电气工业巨头阿西布朗勃法瑞公司（ABB），以及20世纪末21世纪初沃尔沃轿车与美国福特汽车、萨博汽车与通用汽车的业务合并。瑞典历史最悠久的企业之一Stora也已经成为总部设在芬兰的斯道拉·恩索（Stora Enso）的一部分。Pharmacia公司2003年为美国的辉瑞公司（Pfizer）并购，Astra则成了总部设在英国的阿斯利康公司（Astra Zeneca）的一部分。2009年，瑞典国有的大瀑布能源公司（Vattenfall）宣布出价85亿欧元收购荷兰Nuon能源公司100%的股份。

（三）进一步国际化

在结构调整的同时，瑞典企业加紧向国外发展，实行国际化经营。尤其是大型公司，它们通常面向国际市场。

很早以前，瑞典的工业企业就已经迈向国际，或者说依赖其他国家，因为国内市场相当狭小。在1900年前后十年以瑞典人的技术发明为基础成立的工业企业，有很多很快就占领了国内市场，不得不投资于出口和在国外生产。早在20世纪20年代，像爱立信、Alfa Laval和SKF公司等就已经在国外经营。长期以来，瑞典公司的海外业务主要是制造业务。但在过去十几年里，建筑、零售和金融服务企业在瑞典企业对外直接投资中占据了更大比重。

1980年以后，工业企业大量增加在国外的投资。1978~1986年，瑞典工业企业在国外的子公司增加了6.2万名雇员，而同期在国内的雇员却减少了9.7万人。1960年瑞典企业在国外的雇员为12.85万人，1986年达到37万人。此后，在国外的子公司生产增长速度都较快，赢利比在瑞典的子公司更高、更稳定，这就更促使一些瑞典企业向外发展。到了2005年，瑞典企业在国外雇用的人数约为96万人，其中48万人从事制造业工作。这段时期，从所有制方面看，瑞典工业结构也发生了很大变化。在过去20年里，外国企业拥有的雇员人数增加了2倍多。2004年，约有54.5万人为外国拥有的企业工作。外国拥有的工业企业有22.6万名雇员，相当于工业就业人数的33%。其中最多的是美国企业，在瑞典的雇员接近10.5万人，之后是英国、芬兰、丹麦和荷兰企业。

（四）重视研究开发

自第二次世界大战以来，瑞典工业逐渐向知识密集型方向转变。但是，从70年代中期到80年代后期，这种转变的速度减慢下来，部分原因是瑞典克朗贬值。90年代，这一转变的进程再次加速。自那时以来，产出的增加主要是在知识密集型的制造行业和服务行业。1990~2002年，知识密集型生产的年增长率是6%，而制造业的其他部分为2%。过去20年里，工作岗位增加的唯一方面是知识密集型经济活动。由于制造业生产率的迅速提高，岗位增加主要是在知识密集型服务行业。自1990年以来，劳动密集型行业每年增长2%~3%，而知识密集型行业则超过4%。除美国之外，瑞典知识密集型行业在制造业总增加值中所占份额超过其他任何国家。在制造业投资中有60%~70%属于"知识性"投资。如果加上在教育和岗位培训方面的投资，这一比例更高。90年代后期，瑞典在研发、软件和高等教育方面的投资占国内生产总值的6.5%，而美国为6%，整个欧盟为4%。

目前，瑞典已经成为研发支出最多的国家之一。自1989年以来，工业研发投资每年增长10%以上。2001年，研发投资相当于国内生产总值的4%以上，其中工业研发占了很大一部分。工业研发达到750亿瑞典克朗，或者说占国内生产总值的3.3%。工业研发支出的很大一部分又发生在制药、重型工程、汽车、航空和IT行业的大型公司。研发支出最多的20家公司占工业研发支出的2/3以上。知识密集性的提高，使瑞典成为IT领先的国家，尤其是在IT应用于企业和家庭方面。

企业界对环境的投资，也可以视为这种更高知识密集性的一部分。制造业工厂的二氧化碳排放量自1973年以来下降了80%，硫排放量下降了65%，二氧化氮排放量也急剧下降。从前通过税收和法规推动的环保工作，如今已经成为企业常规工作的一部分，纳入生产和销售的所有环节当中。

（五）企业内部变革和经营管理上的变化

企业内部知识密集性更强的趋势，与企业组织的变革密切相关。更强的竞争力和更严格的客户需求，要求进行更具弹性的生产。从最初产品的设计到销售和服务，技术取得了迅速的发展，特别是在受到信息技术影响的企业业务部门。这种趋势意味着产品周期的缩短，制造更有效率，专业化更强，产品和服务越来越一体化。这一趋势还意味着直接从事实际生产工作的产业雇员的人数比例缩小。如今，瑞典工业公司中的研发、设计、市场营销、销售支持和其他类型服务（运输、金融、簿记等）劳动力成本的比重已经占据了大部分，劳动岗位也占一半以上。

瑞典工商企业的另一个优势，是具有很强的管理技能。支撑这种管理技能的因素，与瑞典企业很早就被迫国际化并成为跨国公司、具有跨文化性这一点有关。它们还发展起了管理和控制地理上相隔遥远的业务的有效流程。

迅速的技术进步，尤其是信息技术领域的进步，加上瑞典对新技术的

大规模投资，从几个层面改变了工业的条件和战略。信息技术形成了新的市场，激发了日益激烈的竞争，改变了中介结构的角色以及现有企业的组织和市场营销。信息技术还为全新形式的企业即虚拟企业打下基础，这些企业的关键资产是市场知识和品牌。尽管2000年初信息部门曾发生股市泡沫破裂的现象，但这并没有改变由于大多数行业和企业采用信息技术而出现的商业环境和战略发生变化的基本趋势。

因此，瑞典工业出现了一种走向迅速结构重组的趋势：出现新的企业、客户、市场、销售形式、工作方法和管理形式。当然，一些行业所受到的影响要比另一些行业大，尤其是那些产品和服务易于数字化的行业，如音乐、电影、某些金融服务和零售、运输部门的某些部分等。

三　主要工业部门

经过最近十几年来的结构调整，目前瑞典最重要的几个工业部门是：工程设备行业中的通信设备、林产品、化工行业中的制药、钢铁工业中的特殊钢生产、食品加工等。它们是目前瑞典工业乃至整个经济的支柱。

（一）工程设备行业

1. 通信设备

近年来，瑞典的通信工业发展很快。早在20世纪80年代以前，瑞典就以拥有世界人均密度最高的固定电话线和办公电脑而自豪。90年代后期，通信和信息技术作为经济发展的主要动力受到了更大的重视，瑞典在寻找新技术的应用方面扮演起国际先导者的角色。1993～2000年，通信设备行业年增长率在30%以上，在出口中的比重翻了一番，占总出口额的20%。到了21世纪初，瑞典在固定电话线、人均拥有电脑、移动电话和因特网端口的数量上都处在世界领先国家之列，是拥有世界领先的信息通信技术的国家之一。

电信业与IT行业之间的界限越来越模糊。实际上，这两个行业在瑞典属于由爱立信公司主导的一个行业。爱立信在通信产品、数字交换机和便携式电话系统的销售上在全球市场具有举足轻重的地位，曾是世界第二大电信企业。不过，最近几年在该行业也成立了若干个新公司。该行业

2005年的总增加值为1500亿瑞典克朗，约占工业增加值的20%和工业产品出口额的15%，雇员7.2万人。

爱立信公司1876年成立于瑞典的斯德哥尔摩。从早期生产电话机、电话交换机发展到今天，公司业务已遍布全球140多个国家，是全球领先的提供端到端全面通信解决方案以及专业服务的供应商。爱立信的业务体系包括通信网络系统、专业电信服务、技术授权、企业系统和移动终端业务（拥有索尼爱立信移动通信公司50%的股份）。作为世界曾经最大的移动系统供应商，爱立信为世界所有主要移动通信标准提供设备和服务，全球40%的移动呼叫通过爱立信的系统进行。公司拥有全球超过35%的GSM/GPRS/EDGE市场份额，以及40%的WCDMA市场份额。在IMS和软交换领域也保持着领先地位，同时还是世界最大的提供专业电信服务的公司。爱立信在中国市场一度获得巨大成功，但在发展异常迅速的移动通信市场上，爱立信的领先地位最终被其他更专注于消费市场的移动电话制造商取代。

2. 运输设备

几十年来，运输设备一直是瑞典最重要的工业行业之一，无论是从就业人数与出口额来看都是如此。尽管国家人口少，但生产的运输设备的范围却很广，包括轿车、客车、公共汽车、飞机（主要是军用飞机）、火车以及轮船和飞机发动机等。在空间研究方面，瑞典也是先进国家。运输设备的终装，由沃尔沃、萨博和斯堪尼亚三家公司主导。

在运输设备中，汽车行业居世界领先地位，是瑞典最重要的产业之一。政府大力发展汽车产业，促进汽车出口。除生产轿车外，还生产各种卡车，轿车产量的1/3销往美国。汽车业拥有三大世界品牌：沃尔沃、萨博和斯堪尼亚（Scania）。该产业2005年汽车出口总额达1100亿瑞典克朗，占全国出口总额的14%。2005年，汽车工业和零配件供应厂商就业人口为15万人。汽柴油发动机、远程通信、安全和环保等技术领域居世界领先。2004年，瑞典共生产轿车290400辆，占世界产量的1%；重型卡车27300辆，占世界产量的20%。

多年来，该行业经历了迅猛的结构调整。沃尔沃与萨博最初分别被福

瑞典

特汽车公司和通用汽车公司并购。金融危机期间，沃尔沃、萨博都陷入困境；当时的瑞典政府也表示在任何情况下都不会将麻烦重重的瑞典品牌国有化，建议通用和福特两大公司都应负起责任使萨博和沃尔沃轿车正常运营。

2010年8月，吉利控股集团收购了福特旗下沃尔沃轿车公司。《华尔街日报》发表文章称，吉利集团在福特公司以47亿美元收购沃尔沃汽车后，又以18亿美元收购并帮助沃尔沃汽车走向辉煌，吉利的做法值得西方汽车制造商学习。吉利在收购后退居幕后，并投资110亿美元重塑沃尔沃品牌，让瑞典人做自己的东西，开发独一无二的北欧风格。目前，吉利控股成为沃尔沃卡车、挖掘机和游艇的最大股东。

沃尔沃（Volvo）品牌诞生于1915年，公司于1926年造出第一辆样车。1999年4月1日，沃尔沃轿车业务为福特公司所并购。2005年，沃尔沃营业收入321.84亿美元，利润约17.46亿美元，在《财富》世界500强中排名第178位。2005年，沃尔沃在瑞典托尔斯兰达（Torslanda）和乌德瓦拉等生产厂以及在马来西亚、泰国和南非的组装厂一共生产了446588辆汽车（2004年为464143辆）。不过，沃尔沃在瑞典的生产厂主要是舍夫德工厂（生产发动机）、奥洛夫斯特伦（生产车身部件）和弗洛比（Floby，生产曲轴和制动盘等）。2018年上半年，沃尔沃汽车全球销量创纪录地达到317639辆，同比增长14.4%。沃尔沃在美国、中国和欧洲等主要市场均实现增长。在最畅销车型XC60和XC90的推动下，沃尔沃汽车在美国市场销量同比激增39.6%，中国市场销量同比增长18.4%，欧洲市场销量同比增长5.7%。

萨博（Saab）汽车公司原为瑞典萨博工业集团所属企业。萨博工业集团成立于1932年，本是一家以生产飞机为主的公司，1946年开始生产轿车，成为这一领域中的后起之秀，在技术方面对汽车工业做出了相当大的贡献，萨博（绅宝）轿车以豪华、技术尖端著称。但20世纪80年代因经营困难，于1989年被美国通用汽车公司收购50%的股权。从2000年1月28日起，它又成了通用汽车公司下属的一家全资子公司，在经营上仍处于困难之中。受金融危机影响，2009年2月，美国通用汽车公司下属的萨博轿车宣布申请公司重组，并获得了瑞典法院批准。12月，通用汽车关闭萨博轿车公司。2010年1月，荷兰世爵公司从美国通用汽车公司购买萨博后，经营未见好转；4月再次因资金不足而停产。中国庞大汽贸、青年汽车注资后，仍不能满足萨博短期资金需求。2012年4月，蒋大龙创始成立的国能电动汽车（NEVS）在瑞典注册登记。8月，公司收购了萨博汽车的主要资产及核心知识产权。2017年，国能宣布生产萨博9-3电动车，未来还将推出SUV，萨博变身电动再次回归。

斯堪尼亚公司成立于1900年。成立初期，生产囊括了发动机、汽车（包括卡车和其他重型车辆、轻型货车等）的开发和制造等项目。1919年，决定将重点放在标准卡车上，逐步停止巴士、消防车和其他专用车辆以及小汽车的生产。1969年，斯堪尼亚与萨博合并成立萨博-斯堪尼亚公司。1995年5月，斯堪尼亚再次成为独立的公司。发展到今天，该公司已经成为世界领先的重型卡车、大型巴士以及发动机制造商之一，有"重卡之王"之称。除生产重卡外，公司主要集中于生产巴士底盘。作为一个大型的跨国公司，斯堪尼亚公司在100多个国家有办事处。除了生产客车之外，还是全球重要的卡车和工业及船用发动机制造商。2007年，斯堪尼亚成立首家中国子公司——斯堪尼亚销售（中国）有限公司。

3. 机械工程

瑞典的机械工程工业由像ABB（发电和自动化设备）、阿特拉斯·科普柯（Atlas Copco，采矿和机械设备）、伊莱克斯（家用电器）、利乐（Tetra Laval，液态食品包装和牛奶设备）等国际化公司主导。近年来，该行业的趋势是：研发开支迅速增加，与产品相关的服务含量提高，系统性交付的比例提高。IT投资和B2B（商业机构的电子商务）已经成为企业一体化战略的一部分。

ABB公司由两个有100多年历史的国际性企业——瑞典的阿西亚公司和瑞士的布朗勃法瑞公司1988年合并而成，公司总部设在瑞士，并在苏黎世、斯德哥尔摩和纽约证券交易所上市交易，在瑞典设有多家子公司和研发机构。ABB是电力和自动化技术领域全球最大公司之一，2010年，

ABB 在中国已拥有 25 家合资企业。

伊莱克斯是世界最大的电器生产商和世界最大的工业公司之一，创建于瑞典，总部设在斯德哥尔摩，但它是一个真正的国际集团，是一家开发、设计、生产、销售各种电器并提供相关技术支持及服务的国际公司，在 60 多个国家生产，在 160 多个国家销售各种电器产品。多年来，伊莱克斯主要通过收购其他公司来达到扩大规模的目的，过去的 20 年里，收购、兼并了 400 多家公司，并建立起了一整套完整的市场拓展、产品销售、售后服务体系。2007 年，伊莱克斯设计中心在上海成立。

阿特拉斯·科普柯公司是采矿和机械设备领域世界上最大的国际性跨国工业集团之一，总部设于瑞典斯德哥尔摩，在 15 个国家设有专业生产厂，在 150 个国家设有销售公司进行销售、售后服务及租赁业务。2003 年，整个集团销售额达 80 多亿美元。在中国，阿特拉斯·科普柯拥有多家合资企业。在中国的主要业务有：固定式空气及气体压缩机、移动式空气压缩机、发电机、建筑及矿山设备、气动及电动工具、装配系统等产品在全国范围的销售、售后服务和维护保养等。该公司在中国参与了三峡大坝建设工程。到 2014 年底，阿特拉斯·科普柯在中国有 33 家公司、6500 名员工。

利乐公司 1951 年成立于瑞典，总部设在瑞士，它不仅是全球最大的奶制品、果汁、饮料等包装系统供应商之一，而且是全球唯一能够提供综合加工设备、包装和分销生产线以及食品生产全面解决方案的跨国公司。利乐包装不仅限于液态食品，还适用于冰激凌、奶酪、脱水食品、水果、蔬菜与宠物食品等诸多方面。2011 年，利乐在全球共有 38 家销售公司、42 家包材生产厂、9 家包装系统组装厂。公司拥有 22896 名员工，2011 年的净销售收入约为 103.60 亿欧元，产品行销 170 多个国家。2011 年，利乐共销售了 1670 亿个包装，为全球消费者提供了 756 亿升的液态食品包装。利乐看好中国市场，在中国投资了多家合资工厂，累计投资已达 33.5 亿元人民币。

（二）林产品工业

林产品工业在瑞典工业化过程中起着举足轻重的作用。直到两次世界大战之间的时期，林产品工业仍是瑞典的主导产业。目前，林产品工业仍是一个重要的工业部门，从出口的角度看更加重要。林产品工业的两个主要分行业有着很大的不同。木材产品（包括家具）行业由小企业主导，业务相当分散，产品附加值相对较低。相比之下，纸和纸板行业逐渐从标准单一的产品向更先进的产品转变。这个部门的企业，在过去几十年也大大扩展了其国际化的经营，生产流程普遍具有高度的技术密集性。经过多次合并之后，瑞典林产品工业目前由总部设在芬兰的斯道拉·恩索公司等大企业主导。2005 年，林产品工业生产的增加值为 700 亿瑞典克朗，占工业增加值的 13%。林产品工业出口额占出口总额的 12%，就业人数 8 万人（不包括制图行业），占工业就业人数的 10%。正是发达的林产品工业，使近些年来瑞典一直保持着林产品工业大国的地位，2004 年木浆、纸和锯木等的出口额居世界第二位，排在加拿大之后。森林产品行业涉及与机械和化工行业的供应商、运输部门、信息技术以及建筑等多个经济活动领域的合作。研究和教育也是这个经济集群的重要组成部分。2015 年的统计数据显示，林产品工业为瑞典近 6 万人提供直接就业机会。2017 年，瑞典的 130 余家锯木厂迎来了十年来盈利最好的一年。

（三）钢铁和其他合金工业

长期以来，无论是从就业还是从出口而言，钢铁和非铁金属均是瑞典经济中最重要的部门之一。但在 20 世纪 70 年代末，该行业遇到了深重的结构性危机。当时，由于国际市场竞争加剧，瑞典钢铁生产处于困难境地。在此后的结构调整过程中，生产进一步合理化，高度集中于较高附加值产品（尤其是特种钢）的生产，产品主要有滚珠轴承钢、手表钢、剃刀钢、切削工具钢和石油化工用的钢管等，在国际市场上竞争能力较强的三家最大的钢铁企业合并成 Svenskt Stål（SSAB）公司，该公司钢产量如今占到了瑞典钢产量的 60%。非铁金属的生产则由许多中小企业主导。2005 年，该行业产生的增加值为 550 亿瑞典克朗，雇用 10.6 万人。钢铁工业约占工业总增加值的 4%。

(四) 化学工业

瑞典的化学工业也相当发达，有着悠久的传统。瑞典科学家对发现92种自然元素做出过重大贡献，还开创了运用本国的原料和发明生产安全火柴的途径。在第二次世界大战后，化学工业以快于其他制造业部门的速度发展，成为瑞典的主要工业部门之一。最近十多年来，制药工业又发展成为化学工业的主力。

化学工业是瑞典主要工业部门之一。在化学工业内部，尤以石油化学、石油精炼最为突出，塑料、化纤等也有较大发展。20世纪80年代以来，为优化产业结构、促进研发、进一步开拓国际市场，瑞典化工行业进行了多起公司并购。从此，每种主要化工产品基本由一家制造商进行生产。同时，作为基础化学工业重要组成部分的无机物、肥料和石油化工产品等纷纷被挪威和芬兰公司购并。最大的化工公司诺贝尔工业（Nobel Industries）公司于1994年被荷兰阿克苏（Akzo）并购，组成了总部设在荷兰的阿克苏诺贝尔（Akzo Nobel）公司。目前，化工生产集中在20家主要公司的50家工厂进行，工厂主要集中在瑞典南部地区和哥德堡等地，已经形成了门类相对齐全、品种大体配套的化学工业体系，产品涵盖无机化工、有机化工、石油化工、精细化工、油漆和医药化工等各个方面。

瑞典化工业一贯重视研发，化工领域占研发总投入的19%。医药领域研发又在化学研发中占主导地位。多年来，包括许多中小企业在内的化工企业与高等院校中的化学研究机构建立了紧密的合作关系。许多技术创新公司都集中在哥德堡、隆德和斯德哥尔摩等地距科研机构较近的科技园区。

(五) 制药工业

制药工业是瑞典化学工业中发展最快的分支之一。近十几年来，它已经成长为瑞典除通信设备、林产品之外最重要的工业部门，从20世纪90年代开始逐步成为工业的支柱产业之一。制药行业在发展的同时也发生着广泛的结构调整和国际化。目前，瑞典制药业由少数几家公司主导，尤其是阿斯利康和Pharmacia。1995年，瑞典第二大制药公司Pharmacia与美国普强（Upjohn）合并为 Pharmacia & Upjohn，总部设在伦敦。Pharmacia & Upjohn 在 2000 年又与 Searle 合并组成 Pharmacia 公司，最终在 2003 年被辉瑞（Pfizer）购并。1999 年，瑞典的 AGA 和 Astra 公司分别被德国的 Linde 和英国的 Zeneca 购并，后者改称阿斯利康（Astra Zeneca），成为全球最大的制药公司之一。

医疗设备方面，则是众多高新技术中小企业和外国企业的子公司扮演着重要角色，有大约 900 家医疗器械公司，包括该行业一些著名外国公司在瑞典设立的子公司。

制药业一向是瑞典企业中科研最密集的部门，研发经费约占其产值的 35%，而制造业的其他部门只有 5%。据国际上的统计，瑞典每年制造的新药数量约占全世界新药数量的 2%。近年来，世界制药工业正在经历一场革命，对细胞生物学即细胞的生命与死亡的进一步了解，为新的医疗科技研究开创了一片新天地。生物科技的创新对制药公司的生存至关重要。瑞典意识到生物制药公司具有很大的发展潜力，随时准备提供资金和基础研究支持，并大力吸引来自国内外的生物科技风险资金。瑞典的大学和研究机构在这方面具有领先的科研能力，尤其是基因治疗方面技术力量强大，在糖类和基因免疫生物技术的研究方面也处于领先地位。20 世纪 80 年代和 90 年代，瑞典出现了很多新的生物技术公司，这些公司大部分是从大学等研究机构和现有大制药公司衍生和拆分出来的，它们起着连接大学等研究机构与产业的桥梁作用。目前，瑞典的生物技术主要以下面几个领域为重点：①制药和医疗，主要进行药物的研发和诊断技术的创新，由阿斯利康和 Pharmacia 公司主导；②生物技术工具的制造和供应，提供生物技术研究的设备和工具、流程以及相关服务；③生物培育，主要进行生物分子和微生物的培育；④功能食品和饲料，主要进行益生菌方面的研究；⑤农业生物技术，改良植物品种；⑥环境生物技术，水、土、废弃物处理和实验室分析。因此，除了制药业之外，先进的生物技术也促进瑞典食品加工和农林业的发展。

2012 年，制药业的出口规模是汽车工业的 2 倍。但是因面临越来越激烈的国际竞争，制药行业压力巨大。

(六) 食品加工业

长期以来，瑞典的食品加工行业是在一个受到保护的市场中经营的。但在加入欧盟之后，这种情况发生了变化，加上外资在该行业中所有权的迅速增强等因素，导致竞争逐渐激烈起来。同时，瑞典企业也可以进入国际市场，使得该行业的出口规模迅速扩大。瑞典公司约控制本国食品加工业65%的份额，外资企业控制35%。该行业企业规模大小不等，有地方性的小企业，也有国际化的大公司。本国企业主要是农业合作社企业，一半以上的工作岗位由外资企业提供。食品加工行业最重要的领域是肉类包装、牛奶和面包烘烤，就业人数占整个行业的60%以上。该行业的一部分，如酒精饮料和烟草，仍由政府垄断企业主导。

(七) 其他工业部门

1. 建筑业

建筑业是瑞典经济的一个大部门。经过20世纪90年代的长期低迷之后，建筑业在21世纪出现了复苏。20世纪50~60年代，瑞典建筑业的发展快于国内生产总值的增长，主要原因是住房建筑的现代化和数量的增长。在此过程中，技术发展带来了生产力的大幅提高，建筑技术可跻身世界最先进之列，自动化已进入建筑工地，越来越多的项目成为大规模生产构件系统的组成部分。但自70年代初以来，住房建筑的开工出现大幅度削减，其中多户住宅下降80%。特别是90年代初，经济危机使住宅建筑从1990年的6.9万个单位锐减到1993年的1.2万个单位，维修和改建量、土木工程也大量减少。随后，税收改革逐步取消了对新建住宅的补贴，建筑业在90年代大部分时间里处于低迷状态。进入21世纪后，随着经济恢复增长，建筑业也逐步恢复，近几年的年均增长率在1%~2%。

经过20世纪90年代的建筑业低迷和企业重组，瑞典建筑企业主要由少数几家全国性的大企业和许多地方性的小建筑商构成，中型公司几乎消失。如今，斯堪斯卡（Skanska）是欧洲最大的建筑公司之一，先进的技术和疲软的国内市场，使建筑公司越来越向国外市场扩展。斯堪斯卡的迅速增长，很大程度上是由于其在过去十几年里在美国建筑市场的扩张。NCC也是欧洲大建筑公司之一，业务扩张主要是在北欧和波罗的海国家。

凭借雄厚的资金和技术，斯堪斯卡公司等国际化的大建筑公司已经从主要承包工程转向项目开发和项目管理，并通过 BOT 等方式承担国内外的大型工程。建筑工程师在海外完成了范围很广的各式工程项目的建设，包括宾馆、百货商店、整片的住宅区、医院、学校、港口、水电站和核电站、工业厂房、水塔、供水及下水道系统、体育中心、地下隧道、岩石贮存洞等。这些工程必须有先进的处理系统、专门化的高新技术和专业技能，才能保证达到满意的施工效果。

2. 采矿业

采矿业是瑞典发展最早的工业领域。瑞典一直是世界主要铁矿生产国和出口国，产量在 1950 年曾居世界第四位。本国的矿石是炼铁业的基础。在许多世纪里，炼铁业是出口收入的一个重要的来源。在中部梅拉伦湖北面的贝尔斯拉根地区蕴藏着丰富的铁矿资源，有史以来即已开采。不过，瑞典最大的铁矿位于北部的拉普兰。这些铁矿在 19 世纪末变得具有开采的经济价值，因为新的技术使从含磷量高的矿石中提炼出优质铁成为可能。瑞典也开采相当数量的石灰石、磷灰石、萤石和耐火黏土。在瑞典最南端的斯科讷省，1978 年前曾开采过少量的煤。铁矿石生产几乎全部由国营公司——卢萨瓦拉－基律纳有限公司独家经营。1957 年，瑞典政府经过选择，买下了由私营的格兰耶斯公司所有的拉普兰铁矿 50% 的股份。卢萨瓦拉－基律纳有限公司后来成为国家控股公司的一部分。其他矿产的开采多为私人所有，只有中部的几个硫化矿为国营。采矿部门有 10 家公司，2002 年开采约 2030 万吨矿石，其中 2/3 是铁矿石，其余的是硫化矿石，如铜、铅、锌、黄铁矿、砷、金、锰和钨等。目前，瑞典还生产占世界 0.8% 的铜精矿石、3.3% 的铅精矿石、3.4% 的锌精矿石，并开采少量但经济上有利可图的银和黄金。采矿业占瑞典工业产值的 1% 左右，雇用工业劳动力的 0.5%。整个采矿业的年增加值将近 30 亿瑞典克朗。

3. 能源动力行业

能源工业在整个经济中居重要地位，但国内能源只有水力发电、泥炭和树皮下脚料，自给率为 20%～25%。石油、煤炭和核燃料几乎全部靠进口。瑞典煤矿很少，1945 年最高产量为 45 万吨，矿井现已废弃不用。

瑞典

1960~1974年，瑞典能源消费量每年平均增长4.5%。由于石油价格上涨，石油占进口总值的比重从1979年的9.0%猛增到1985年的16.3%。为了缓和国家的沉重负担、减轻国际收支的压力，政府采取严厉措施，提高能源消费税率，奖励节约，甚至对能源消费量大的企业实行一定的控制，对使用保温性能良好和安装多层玻璃窗的新建住宅给予信贷便利和补贴。1975~1983年，能源消费量平均每年下降1.4%，1983年和1975年相比，石油及其制品消费量下降28.5%，煤和焦炭下降15.0%，而泥炭和树皮上升3.1%，水力发电和核电增加34.5%。2004年总发电量是132530百万千瓦时，其中核电65450百万千瓦时，占49.4%；水力发电53080百万千瓦时，占40.1%；火力发电13310百万千瓦时，占10%；风力发电670百万千瓦时。2004年国内用电量为145360百万千瓦时。

瑞典是水力资源丰富的国家，水力蓄能量达1500万千瓦。全国有10万千瓦以上的大型水力发电站200座，小型水电站近2000座。核电站始建于1965年，目前瑞典拥有3座核电站，配有10座商业核反应堆，是世界上唯一一个每百万居民拥有一座核反应堆的国家。但核电这一话题始终是瑞典各政党之间的一个分歧点。2010年，瑞典议会通过决议，允许建造新核电站以替换退役的核电站，并且只能在现有核电站的原址上建造。2015年，所有新核电站的建设计划都被停止，核能税率也大幅提高。政府旨在鼓励将投资转移到可再生能源生产领域。在瑞典能源工业中占据重要地位的大瀑布电力（Vattenfall）公司是国家全资拥有的公司，因成功收购其他数个公司及电价高涨，公司市值一度高涨，由2000年的500亿瑞典克朗上升到2004年的4700亿瑞典克朗，2004年国家分红58亿瑞典克朗。但近年来大瀑布电力公司损失达到260亿瑞典克朗。大瀑布电力公司在经营战略上转向更加绿色并剥离了褐煤运营，其损失也主要来自出售褐煤业务导致的减记。

自20世纪70年代石油危机以来，瑞典对可再生能源技术进行了大量投资，至今可再生能源的利用量已经翻了一番，可再生能源已占到全国能源利用量的1/3。生物能和水电占到了其中的一半，国家还对开发风能、太阳能和地热能进行投资。在利用生物能作为木材加工业和供暖的能源方面，瑞典的技术相当先进，已经实现了自动化。政府的能源战略，是在近期能源转换阶段，用进口天然气、煤以及扩大水电的使用来代替核能和一部分石油。与此同时，把重点放在提高能源的利用率和降低能源消耗上。能源战略的远期目标，是用生物燃料、风能、太阳能作为替换核能和取代部分石油的主要能源。

风能是近年来全球发展最快的可再生能源，瑞典的风力发电量也在增长。2000年以来，瑞典的风力发电量已从0.5万亿瓦时增长到了11.5万亿瓦时。目前，瑞典共有约3100台风电机组。然而，虽然风力发电的市场份额在不断增大，其发电量却起伏波动，这就对供电网络提出了更高的要求，需要对其进行优化和升级。

第四节 服务业

瑞典经济发达的特征之一，是服务业获得了充分的发展。最近几十年来，瑞典的服务部门发展迅速，就业人数从20世纪40年代占就业总数的40%提高到2003年的75%。2003年，有320万人在服务部门工作，其中包括130万名公共部门雇员和近180万名私营服务公司雇员。如果加上制造业和建筑部门中从事服务工作的人员，服务业就业人数约占总就业人数的85%，约为370万人。

服务部门的迅速发展，主要有四方面的因素。首先，经济的繁荣，对服务的需求不断增长。在较贫穷的国家，人们主要关注的是满足衣、食、住、行等基本需要，随着生活的富裕，对医疗保健、教育和休闲等方面的需求不断增长。其次，大多数企业和其他组织在以前自给自足，家庭通常也自己照顾老人和小孩。但如今，这些服务在很大程度上已经由公共部门以及专门的服务公司和机构提供。再次，总的来说服务部门生产率的提高速度没有制造部门快。服务工作比较难以实现机械化和标准化。这意味着虽然生产更多的工业产品需要的人手越来越少，但满足服务需要不断增长的唯一办法仍是增加雇员人数。最后，物品生产需要更多的服务要素的投

瑞典

入。物品生产的不断进步和国际化程度的提高，需要有更多的服务（研发、市场营销、运输等）来保证生产和销售体系的平稳运行。

一 部门结构

瑞典的服务部门具有高度的异质性。它包含从个体路边快餐店到大银行、大医院等机构提供的各种类型的活动。对这些多种多样活动的一种普遍的分类办法，是将那些处在"竞争市场"中的活动（私营部门）与那些由政府或公共机构进行或提供资金的活动（公共部门，主要是医疗保健、教育和社会服务）区分开来。在瑞典，服务部门通常被划分为：零售和批发，旅馆和餐馆，运输和通信，信贷机构和保险公司，房地产管理，与企业有关的服务，教育、医疗保健，社会和个人服务等。

从20世纪50年代末到80年代，瑞典的公共部门扩张非常迅速。50年代末，公共部门就业人数占总就业人数的10%左右，而40年后，占到了30%以上。1992年，公共部门的产值最高时占国内生产总值的27.1%，就业人员占全国劳动人口的36.5%。1996～2000年，公共部门就业人数有所减少，但从那以后又有所增加。2003年，公共部门产值占国内生产总值的20%，就业人数占总就业人数的31%。这必然导致税收的增加，税收占国内生产总值的比例由20世纪50年代末的30%上升到90年代末的50%，并且从那以后仍维持着较高的水平（与国际水平相比），这在很大程度上与公共部门的扩大有关。由于财政和组织机构方面的原因，瑞典公共部门的扩张在20世纪90年代停止了，政府公共部门政策的重点转向如何提高效率和促进竞争。

公共服务部门主要由医疗保健、教育和社会服务三个领域主导，占这些领域的90%以上。另外，在居住区管理、图书馆服务和其他文化服务方面，公共部门也占很大比重或者起主导作用。不过，近年来，政府和民众提高效率的呼声加大，对这些方面其他服务机构的需求也在逐渐增长，出现了一些民办独立学校和家长合作形式的托儿机构。但这方面的现有监管规章仍很严格，例如营利性急诊服务是被禁止的。合计起来，公共部门占服务部门产值的30%左右。

第四章 经　　济

同样是在 20 世纪 90 年代后期，私营服务部门迅速增长，发挥了创造劳动岗位"发动机"的作用。私营部门扩张的原因，一是工业企业业务外包增多，二是针对企业的知识密集型服务（B2B）需求迅速增长，三是与家庭有关的服务需求也有很大增长。近年来，服务部门知识密集型工作岗位的增加也是整个服务部门工作岗位增加的主要原因。1993～2001 年，从事知识密集型服务的人员增加了近 10 万人，而从事劳动密集型服务的人员减少了 2 万人。

除了 B2B 服务之外，私营服务部门的另一个主要分部门是针对家庭的服务（B2C）。不过，B2B 与 B2C 实际界限并不是很清晰。针对家庭的服务包括：零售商店、发廊和其他消费服务，客运服务，某些银行业和保险服务等。针对公司的服务包括批发、商业咨询、某些财务和保险服务等。大致说来，针对家庭的服务和针对企业的服务在整个私营服务部门中一半对一半。

在私营服务部门，主要的领域是零售和批发（或称分销贸易）、房地产管理以及与家庭有关的服务，它们分别占到了私营服务部门增加值的 1/5 左右；运输部门占 16%；金融部门占 7%。不过，增长最快的是各种与企业有关的服务，其份额已经提高到占服务部门的 20%。另一个不断增长但规模不算很大的行业是音乐行业，瑞典是继美国和英国之后第三大音乐产品出口国。

分销贸易在经过 20 世纪 90 年代初的低迷时期之后，在 1998～2006 年这段时期随着个人消费的扩大而大幅增长，每年增长 3%～3.5%。分销贸易包括零售和批发，占服务部门总产值的 1/5，有近 50 万名雇员（包括一些个体业主）。其中，约 45% 的雇员是在人数不到 50 人的小企业工作。但是，大型全国性连锁店的地位越来越重要，尤其是在零售业，出现了像宜家家居和 H&M 服装等多家大型连锁店。食品、日用消费品、文教用品、家用电器以及五金工具等商品的零售，绝大多数是通过连锁商店进行的。连锁集团控制着瑞典的生活日用品市场。无论在瑞典各地城镇的购物中心，还是在市郊主要公路旁，都会看到各种名称相同、招牌样式相同的大小商店。这些大多是综合的或专营的连锁店，其中有些是大型的超级市场。瑞典现有 7000 多家服装零售商店、300 多家体育用品商店均为连锁店，占据了整个市场份额的 87%。宜家集团不仅在瑞典不断发展壮大，而且国际化步伐也在加快。

各种与企业有关的服务的快速增长，主要是由于工业企业外包的增多和对专业化服务的需求迅速增长。目前，该行业增加值约占服务部门总增加值的 20%，雇员约 40 万人。尤其是临时性工作机构的数量在 90 年代后半期增长了 10 倍，同期在咨询行业工作的人数增加了 1 倍。但这些方面的工作受商业周期的影响最大。例如，2000~2003 年，由于 IT 行业的不景气，这些领域就业人数急剧减少，临时性工作机构的工作岗位减少了 3 万个。针对企业的服务，即 B2B 服务，是 20 世纪 90 年代以来服务部门中增长最快的部分之一。

旅馆和餐馆这个分行业由小企业主导，企业平均雇员人数只有 4 人，但总共雇用人数达到 10 万人左右。像分销贸易一样，在经过 90 年代初的低迷时期之后，旅馆和餐馆数量在 1997~2000 年这段时期迅速增长，1998~2003 年年均增长 2%。

运输和通信行业由客运、货运（物流）、邮政服务和通信服务构成，其中包括像瑞典邮政（Posten）这个 1636 年就已成立的瑞典历史最悠久的服务企业。目前，该行业产值约占服务部门产值的 16%，有 26 万名雇员，由大型企业主导，60% 以上的雇员在 200 人以上的企业工作。尽管 21 世纪初曾出现短暂的信息通信业危机，但通信服务是其中增长最快的服务。

金融服务完全由银行业和保险业企业主导，占整个服务部门增加值的 7%，雇员 9 万人。该行业产值在 2000~2003 年略有下降。目前，该行业由大型银行和保险集团主导，70% 以上的雇员在 200 人以上的企业工作。减少国家管制和对外国的开放，金融服务业的竞争在加剧，导致一些并购的发生，从前在银行业与保险业之间的清晰业务划分也变得模糊了。

二 国际化趋势

瑞典服务部门在最近几十年里也在迅速国际化，主要是通过三种不同的方式。首先，通过各国之间迅速增加的服务贸易，特别是通过现有公司之间形成的网络进行的服务贸易而发生，促使若干服务行业迅速国际化。例如，金融和运输行业的情形就是如此，与公司有关的服务和房地产行业也是如此。其次，通过服务部门形成越来越多的国际性企业而发生。例如宜家等很多企业，通过收购外国当地企业等途径进入当地市场，是成功的前提条件。再次，通过出口货物中服务含量的大量增加而发生，只是这方面的情形在官方统计数字中往往被列入货物贸易。

在瑞典的总出口中，服务的比重在近几十年来已经有了很大的增长。1980年，这个比例约为14%，而到了2003年，则上升到23%。特别是在1996~2003年这段时间，按货币计算的货物出口增长了近45%，而服务出口增长了110%以上。如果将运输和外汇方面的服务也计算在内，服务出口的增加就更惊人了。另外一些服务（咨询、许可权、保险、建筑服务等）的出口大多数在1995~2003年也增加了2倍。同时，瑞典的服务企业迅速走向国外。1990~2001年，瑞典在国外拥有的服务企业及其分支机构的雇员人数增加了4倍，达到近30万人。

同一时期，服务进口的增长也很显著。外国人在瑞典拥有的服务企业的雇员也由1990年的7.2万人迅速增加到2002年的26.5万人，占所有服务企业雇员的约18%。在服务行业中外资的比例，批发占34%，租赁和计算机处理占27%，货运递送业务占25%。

货物出口服务含量的增加，既体现为工业企业采购的服务的份额增加，也体现为工业企业越来越多的雇员从事多种类型的服务工作——研发、设计、市场营销、客户支持、运输等。许多工业产品的价值含量中，服务占一半以上。20世纪90年代中期瑞典在对经济的"中期调查"中曾就此进行过计算，结果是（包含在工业品中的）间接服务出口是直接服务出口的2倍。如果这个比例在21世纪初仍适用，那么如今瑞典的服务出口总额已经同货物出口额一样大。

近年来，在服务业出口中，酒店业的增长率最高。众多来自世界各地的游客到瑞典体验、探寻她独特的自然风光、文化、体育和美食，这促使旅游业占总出口额的比例从 2000 年的 3.9% 上升到 2015 年的 5.5%。2015 年，瑞典旅游业的增速是欧洲其他国家的 2 倍，创造了许多重要的工作岗位，为许多年轻人提供了第一份工作，尤其为许多国外出生的居民提供了进入劳动力市场的机会和经验。

三 旅游业

20 世纪 90 年代以来，旅游业在瑞典服务业中发挥着越来越重要的作用。旅游业总产值从 1995 年的约 1100 亿瑞典克朗增加到 2004 年的 1723 亿瑞典克朗。旅游业产值占国内生产总值的比重，1995～2004 年为 2.55%～2.81%，2004 年为 2.58%。2004 年，旅游业雇员达 12.68 万人，比 1995 年增加 23.6%，旅游总消费额 1723.54 亿瑞典克朗（其中，国内旅游消费 1238.21 亿瑞典克朗，外国人在瑞典的旅游消费 485.33 亿瑞典克朗），国际旅游收入为 210 亿瑞典克朗，相当于全国货物和服务出口总额的 4.1%。旅游者的花费中，有 60% 通过各种税费直接进入国家或地方政府财政收入，因此，旅游业对增加地方财政收入尤其重要。2008 年金融危机之后，旅游业进一步发展。2013 年瑞典旅游业销售收入达 2844 亿瑞典克朗（约合 420 亿美元），占服务业出口的 20%。2017 年瑞典旅游业总收入为 3170 亿瑞典克朗，比上年增长 7.4%，创 2006 年以来最大增幅。瑞典正在迅速成为更多人青睐的旅游目的地，但需要做更多工作以激发其潜力。

（一）国内旅游

瑞典人具备外出旅游的三个最重要的条件，即有出游的愿望、充足的闲暇时间和可自由支配的收入。每年，瑞典家庭平均用于旅游的开支占家庭收入的 7%，这一水平超过了许多欧洲国家。在瑞典，国家规定的最低带薪假期每年不得低于 5 周，有些雇员每年带薪假期长达 7 周，全年节假日加在一起有 150 天之多。因此，近些年来，人们逐渐改变了一年休一次长假的传统习惯，更倾向于将长假分成几个短假分散在一年之内数次休假。度假模式的这种变化无疑大大促进了国内旅游业的发展。瑞典人的国内旅游主要集中在斯德哥尔摩、哥德堡和马尔默三大城市，中西部达拉纳地区的游人也比较多。据统计，在全国商业性住宿设施中，国内旅游者逗留的夜次占其总逗留夜次数的 80%，如果再加上非商业性住宿设施的逗留夜次，其比重还要大得多。

（二）入境旅游

作为一个重要的旅游目的地，瑞典在发展国际旅游中有着许多优势。首先，瑞典地广人稀、风光秀丽，有着大面积的"未遭破坏的大自然"，这种旅游资源对目前世界上关心环保、注重生态的旅游者颇具吸引力。其次，瑞典地处北欧，那里的文化传统、语言文字、风土人情与欧洲大陆国家有着很大的差异。再次，瑞典环境优美，社会安定祥和，而且旅游基础设施和旅游服务设施完备、状态良好、运行可靠，颇受入境旅游者的欢迎。

瑞典国际旅游的一级客源市场是北欧国家，其中挪威是第一大客源国。二级客源市场是欧洲其他国家，其中最大的客源国是德国，几乎占据一半。非欧洲客源市场较小，其中美国和日本占据一半以上。2008 年金融危机之后，来自中国、印度以及美国的游客显著增加。2008～2012 年，赴瑞旅游人数从 890 万人次增至 1090 万人次，旅游业对国内生产总值的贡献率达 10.8%。

2011 年 10 月 20 日，瑞典旅游局中国代表处在北京成立。瑞典旅游局是由瑞典政府和瑞典旅游行业协会联合注资成立的机构，旨在推广瑞典品牌及瑞典旅游目的地。此前，瑞典旅游在中国市场的推广一直由北欧旅游局负责，自 2012 年 1 月 1 日起，瑞典旅游局中国代表处独立负责运营瑞典旅游目的地在中国的推广任务。

从目的地来看，斯德哥尔摩和哥德堡是接待海外旅游者最多的城市，几乎拥有国外旅游者在瑞典逗留夜次数的 40%。此外，达拉纳、韦姆兰和北博滕（即最北部的拉普兰地区）也受到旅游者青睐。这几个省份是各种户外冒险性活动如山地远足、垂钓、漂流、山地和越野滑雪、狗拉雪橇等的理想之地。

2016 年，瑞典旅游协会（Svenska turistföreningen）向全球推出一项"瑞典号码"活动，旨在推广瑞典旅游业。海外人士拨通这个号码（+46 - 771 793 336），就可以和一个被随机选中的瑞典居民通话，了解他想知道的瑞典风土民情。据悉，任何一位瑞典居民都可以向瑞典旅游协会报名，成为一名电话大使，在适合自己的时段等待接听任何一个海外来电。当有电话打来时，自动交换机就会把来电随机转接给一位等待接电话的瑞典居民，如果第一个人的电话占线，自动交换系统会再随机找到下一位，直到有人能接听这个来电。瑞典旅游协会希望向全世界展示瑞典独特和真实的一面，介绍瑞典丰富的文化遗产，让更多人发现瑞典是一个值得一游的国家。通过此举也会增强瑞典人对自己国家的了解和自豪感。

（三） 出境旅游

瑞典也是世界上重要的旅游客源国之一，每年出国旅游的支出达360亿瑞典克朗左右。因此，多年来瑞典的国际旅游账户一直呈逆差。在出国旅游的支出中，公务旅游支出（商务旅游与官方旅游）所占比重较高，瑞典人出国旅游的目的地主要是北欧邻国以及阳光充裕之地。

第五节 交通和通信

瑞典是世界上交通通信事业最发达的国家之一。铁路、公路、航空、远洋运输和各种通信手段均居世界领先水平。

一 交通运输

瑞典国内公共交通系统十分发达，铁路连通国内所有省份和几乎所有城市。瑞典海岸线长达3218公里，多深水良港，海运担负着瑞典进、出口运输的主要角色。空运的发展在近年来比较平稳。主要国际机场有斯德哥尔摩的阿兰达机场、哥德堡的兰德维特机场和马尔默的斯特鲁普机场。斯德哥尔摩与北京之间的定期航线于1988年8月开通。

二 通信

瑞典是当今世界上通信最发达的国家之一，现代化通信手段居世界领先地位。人均拥有电话线路的数量早就已位居世界前列。这一领先地位始于1870年，并且一直保持到21世纪初。尤其是在20世纪90年代后期通信与信息技术逐步融合的趋势下，瑞典更是在世界上率先实现这种转变，在全国范围内建立起了互联网和无线、移动通信系统及相关基础设施。

2009年，瑞典互联网产业产值达2050亿瑞典克朗（约合400亿美元），占国内生产总值的6.6%。2009年，瑞典与信息通信产业相关的出口额达270亿瑞典克朗。互联网正日益推动瑞典经济发展。2009年，瑞典互联网相关产业从业者约6万人；企业数量众多，既有仅几个人的小型软件公司，也有像爱立信这样的国际知名企业。

2017年，爱立信进入自动驾驶汽车软件市场。爱立信与沃尔沃和奥托立夫成立的自动汽车软件开发合资公司Zenuity合作，通过端对端的平台尝试发展自动驾驶软件并提高其安全性。爱立信通过转型、适应市场变化，较为顺利地度过公司最艰难的时刻。

瑞典的电子商务产业发展迅猛。网上付款中介Dibs公司年度报告显示，2013年以来，电商销售额从750亿瑞典克朗增长到2017年的1100亿瑞典克朗，增长了46.7%。越来越多的行业在数字化，更多的服务和产品得以在网上交易。更多的瑞典人习惯在网上购物，其中大多数是为了节省时间，同时也因为在线比较产品和价格相对容易。

第六节 财政和金融

一 财政

由于福利国家规模越来越庞大，1953~1983年，瑞典财政赤字年份长达24年。到1983年，累计财政赤字为3525亿瑞典克朗。20世纪80年代中期以后，瑞典政府曾努力控制财政支出，但成效不大。

庞大的财政赤字，主要是失业队伍的扩大、人口老龄化、社会福利开支增加以及国债利息负担越来越重造成的。1992年秋，情况更加恶化，当时非社会主义政党执政联盟与最大的反对党社会民主党联合，实行了改革公共部门金融的一揽子改革计划。1993年，公共部门财政赤字约占国内生产总值的12%，国家债务大量上升，金融市场利率快速攀升，人们

瑞 典

对瑞典克朗的信心明显降低。1994年10月开始执政的社会民主党政府提出了一个为期4年的加强公共部门财政的具体节俭计划,该计划于1995年公布,号召减少支出和增加税收共计1180亿瑞典克朗,该金额相当于当年国内生产总值的7.5%。使公共部门财政平衡是社会民主党政府的一项重要任务,为此社会民主党政府还采取了一些长期措施。1996年政府实行了"支出限制"模式的新的预算程序,把国家预算分成27个支出领域。采用这种模式,议会对整个预算支出和各领域预算支出同时加以限制。由于任何新的支出必须由该领域其他项目支出的减少来弥补,从而保证了整个预算不会产生赤字。通过努力,4年的节俭计划大大改善了预算支出,公共部门财政1998年达到了平衡。1998~2001年,公共部门财政还略有盈余。

2000年,瑞典政府又提出了实现公共部门盈余的目标,即从2000年至2004年,公共部门盈余达到国内生产总值的1.7%。但2001年之后,由于经济增长减速,余额又有所减少。2003年,公共部门财政余额相当于国内生产总值的0.5%。2004年,中央政府总收入9037.17亿瑞典克朗,总支出9031.71亿瑞典克朗,结余5.46亿瑞典克朗。但如果加上国有企业盈利和政府债务利息等的开支,2004年公共部门收支仍有184.14亿瑞典克朗的赤字。2005年,中央政府公共部门收支情况大幅改善,总收入9607.09亿瑞典克朗,总支出9347.62亿瑞典克朗,结余259.47亿瑞典克朗。如果加上国有企业盈利分红(459.86亿瑞典克朗)和政府债务利息等的开支(517.71亿瑞典克朗)这两个方面收支相抵,2005年公共部门收支相抵之后有210.62亿瑞典克朗的盈余。这与2005年经济状况良好有关,税收收入(占中央财政收入的90%以上)从2004年至2005年增加了450亿瑞典克朗。尽管经济形势和财政状况很好,但2005年瑞典中央政府债务仍增加了490亿瑞典克朗,这主要是因为瑞典克朗汇率的升高导致以外汇结算的债务规模增大。

2009年,受金融危机影响,瑞典政府预算赤字约1760亿瑞典克朗,其中950亿瑞典克朗主要用于向瑞典央行提供贷款以稳定货币储备;其余810亿瑞典克朗赤字(约占国内生产总值的2.6%)主要是经济衰退所致，政府财政因减税受到了影响。2011年，瑞典经济走上复苏轨道，中央政府税收实现增长，加上出售北欧银行和电话公司国有股收益（230亿瑞典克朗）等，政府财政状况得到进一步改善，实现盈余680亿瑞典克朗。2011年底，政府债务总额为1.1万亿瑞典克朗，约占国内生产总值的32%，远低于欧元区60%的债务上限。近年来，瑞典财政连年实现盈余。2016年，政府财政盈余290亿瑞典克朗。其中税收收入增加990亿瑞典克朗，但国有企业收入下滑，主要是因为大瀑布电力公司利润锐减。截至2016年底，瑞典国家债务总额为12920亿瑞典克朗，减少了600亿瑞典克朗。

地方政府的财政状况在20世纪末以前一直很吃紧，但近年来也在改善，多数地方当局财政出现了一定盈余。2004年，地方政府总收入5930亿瑞典克朗，其中税收收入和中央政府拨款5100亿瑞典克朗，其他收入830亿瑞典克朗；总支出5920亿瑞典克朗。2005年总收入6280亿瑞典克朗，总支出6180亿瑞典克朗。中央政府通过复杂的"财政均等化"措施，对拨款进行精细的调整，缩小各地区之间社会福利等方面的差距。由于地方政府承担着社会福利支出的很大一部分，因此地方政府财政状况的改善，有利于拉动消费，促进经济增长。

二 金融

2005年，瑞典金融服务部门的增加值约占整个服务部门增加值的7%，雇员9万人。金融系统由中央银行、商业银行、储蓄银行和合作银行等组成。瑞典中央银行建立于1668年，负责发行货币、制定货币与信贷政策、调整货币流通与信贷供应、管理国家黄金与外汇储备以及依法监督与检查其他银行的活动。中央银行管理委员会7名成员均由议会选举产生，总裁由政府任命。对其他各类专业银行的职能分工，在1969年修订《银行法》之后，已经不再加以限制。合作银行也将它们的服务扩展到商业领域，而不是仅仅为居民储蓄及农民互助服务。

政府对银行的活动实行严格的监督，自1971年起，政府向各商业银行派驻董事，1976年后又延伸到分行。瑞典不允许外国在瑞典设立银行，

瑞典

对外国人在瑞典发行股票也严加控制。瑞典的资本市场受到政府的严格控制，不仅通过国家投资银行按政府既定政策引导投资方向，而且靠政府提供的资金同时左右抵押信贷机构的活动。资本投资市场上资产额最大的社会保险基金组织，也是在政府严密监督之下经营。从事同一活动的住宅信贷机构、私营保险公司及抵押信贷机构等，在经营中都必须服从政府的行政管理。

北欧联合银行是北欧地区最大的金融集团，1997～2000年由北方银行（Nordbanken）、梅丽塔银行（Merita Bank）、联合银行（Unibank）、信贷银行（Kreditkassen）等多家银行合并而成，总部设在斯德哥尔摩。除瑞典、芬兰、丹麦、挪威等北欧国家之外，该银行还将波兰和波罗的海国家视为本土市场。北欧联合银行的最大股东曾是瑞典政府，拥有19.9%的股份，在斯德哥尔摩、赫尔辛基、哥本哈根的证券交易所上市。其国际部在法兰克福、伦敦、新加坡、纽约等地开展企业业务，国际私人银行业务总部设在卢森堡，在卢森堡、比利时、西班牙和瑞士设有分支机构，约有1000万私人客户和96万企业客户。

2013年9月，时任中右政府出售了其持有的最后7%北欧联合银行股权，套现216亿瑞典克朗；所得款项被用于偿还公共债务。对此，政府官员表示，政府作用在于监管而不是拥有银行，因此政府的目标是出售所持有的全部银行股份。

现在瑞典有四大银行：北欧联合银行、瑞典斯安银行（SEB）、瑞典商业银行以及瑞典银行（Swedbank）。2015年，四大银行实现利润总额超过1000亿瑞典克朗。由于此前瑞典下调企业税，同时金融业无须缴纳增值税，瑞典政界普遍认为银行税负水平偏低。

2007～2008年，瑞典四大银行在瑞典共拥有1400家分支机构。到2017年底，网点总数下降了36%，降至889家。瑞典斯安银行20年前推出了第一家瑞典互联网银行，但在过去三年里，它却面临大规模关闭。2014～2017年，有314家分行消失，占四大银行分行总量的1/4。瑞典商业银行在过去10年中只关闭了1/10的网点，比其他三家都少，其客户满意度在四大银行中表现最好；北欧联合银行分行网点减少的数量最多。

瑞典资本市场机构斯德哥尔摩证券交易所是北欧地区最大的证券交易所。它创建于1863年，但直至1992年仍是一个公共机构，享有股票交易方面的法律垄断权。1992年，瑞典颁布了一部法律，规定把这家证券交易所转型为一家股份有限公司，结束其垄断权力。1993年，斯德哥尔摩证交所挂牌上市。从1994年开始，其股票能够自由流通。1998年，它被OMX集团收购，2003年又与赫尔辛基证券交易所合并。

120年来，除了在两次大战期间，瑞典货币汇率基本维持不变。但1992年11月19日，瑞典中央银行被迫放弃单方面与欧洲货币单位挂钩的汇率，让瑞典克朗币值自由浮动。由于这种浮动汇率的转变，货币政策也随之改变。今天，瑞典的货币政策主要是维持价格稳定，瑞典中央银行执行独立的货币政策，将汇率以不变价格稳定在消费者价格指数年均上涨2%的水平上，允许上下波动1%。这大大低于20世纪80年代的年均通胀8%的水平。在瑞典1992年实行浮动汇率后，瑞典克朗马上贬值20%，市场利率也随之下降。刚开始，这种下降趋势与欧洲其他地区基本吻合，但之后，瑞典债券收益比其他国家下降得更多。近几年，瑞典10年期国库券收益已接近欧元区相关券种的收益。公共部门财政收支的有序恢复和货币政策注重汇率稳定，是利率下降的主要原因。目前，瑞典中央银行基准利率为负值（－0.5%）；瑞典年均通胀保持在2%以下，甚至出现通缩。

目前，瑞典正趋近"无钞化"社会。瑞典贸易联合会（Svensk Handel）指出，受益于技术发展和成本降低，瑞典80%的交易支付均通过电子化和借记卡渠道，瑞典借记卡和信用卡年人均使用达260次。相比之下，约75%的意大利人在支付时仍完全使用现金。2030年后瑞典将实现完全无钞化，将会降低现金交易成本。

第七节　对外经济关系

作为幅员较小的经济开放型国家，瑞典经济的发展主要依靠对外贸易。本国公司通过在全球市场的扩张，已经能够在那些具有强大竞争优势的领域实现效益增长，而瑞典家庭也可以通过进口获得来自全世界丰富多样的物品供应。一些大型企业集团都是高度国际化的，它们的产品占有很大一部分国内市场，同时在欧盟及其他国家也拥有一定市场。近年来，瑞典的外贸额占国内生产总值的60%左右。

一　基本方针政策

瑞典是世界贸易组织、联合国贸易和发展会议、经济合作与发展组织、国际货币基金组织、世界银行和联合国的成员。在贸易和经济领域中，瑞典一向遵循这些组织的有关规定。瑞典的外贸政策传统上一直是以普遍取消关税及其他贸易壁垒为宗旨，支持世界贸易自由化。在加入欧盟后，除了坚持对酒类等产品继续实行"垄断进口、国家专营"的传统政策外，瑞典执行欧盟的共同对外贸易政策与法规。同时，积极要求欧盟减少贸易限制，反对滥用反倾销措施。作为世界贸易组织成员，瑞典在对外贸易中遵循世贸组织的协定和规定。在许多领域，包括经济、贸易、能源、消费政策和立法等领域，瑞典与欧盟国家和其他北欧国家进行着密切的合作。

1995年1月1日加入欧盟后，瑞典开始实施统一的外贸和商业政策。作为欧盟成员国，也意味着瑞典可以在货物贸易和服务贸易领域中拥有建议和推动相关立法的权力，并能够与其他国家分享所签订的协议。同时，欧盟经常用反倾销保护措施来抵制亚洲、中欧和东欧的"倾销"行为，瑞典也必须执行欧盟制定的反倾销保护措施。另外，在农业政策方面，瑞典在欧盟为成员国提供更多的出口补贴和边境保护的前提下也做了调整。在一些反常规贸易和自由贸易领域中，瑞典已成为先驱者，因此它在欧盟范围内更加趋向于贸易自由化。此外，瑞典还尝试在重要的贸易问题上影响欧盟和世界贸易组织，如在贸易与环境保护、竞争与劳工标准的关系方面。

欧盟于1999年1月1日建立欧洲货币联盟，由11个成员国组成。2002年1月1日，欧元的纸币和硬币在欧盟成员国推广。目前，欧盟中有19个成员国使用欧元。统一货币对成员国的企业竞争产生一定影响，由于欧元区内交易费用的消失，简化了各国间的价格兑换的程序。但到目前为止,瑞典还没有加入欧元区。

作为欧盟成员国,瑞典遵循欧盟统一的劳动力市场政策,对外籍劳工的引进在某些方面比欧盟的政策更严格,这主要是考虑到瑞典行业工会的利益,也是为了避免非法劳工的引进。

二 对外贸易

(一) 对外贸易的管理体制

瑞典对外贸易的管理体制是:中央政府通过立法进行宏观控制,企业依法经营进出口贸易。瑞典贸易促进主要是由瑞典贸易委员会管理,该委员会在50多个国家设立了60多个办事处。而外商在瑞投资主要由投资促进署负责,在5个国家设有办事处。2012年,瑞典政府提出一项改革建议,合并瑞典贸易委员会和投资促进署,成立新的机构以更有效地促进瑞典外贸出口和吸引在瑞投资。新设立的机构统筹原有机构的优势,在贸易和投资方面形成互补。2013年1月15日,由瑞典贸易委员会和投促署合并成立的瑞典贸易投资委员会(Business Sweden – the Swedish Trade & Invest Council)正式挂牌,其主要职责是贸易和投资促进,即协助瑞典公司在国际上寻找合作伙伴进入当地市场,以及吸进国外公司来瑞典投资开展业务。贸易投资委员会由瑞典外交部和企业组织——瑞典外贸协会(Swedish Foreign Trade Association)共同拥有。

2014年起执政的红绿联合政府继续采取措施促进出口,尤其针对新兴市场,如中国和印度。政府对出口的投入主要用于开发新产品和服务,以及对小型出口企业的融资支持等。2017年,企业与创新部在全国范围内设立六个区域出口中心,就近为当地公司提供出口和国际化支持。这六个区域出口中心设在斯科讷、西约塔兰、克鲁努贝里、东约特兰、达拉纳和西博滕地区。

瑞典没有全国性的商会,而是均为相互有业务联系的私营地区商会,如斯德哥尔摩商会、西瑞典商会(在哥德堡)、南部商会(在马尔默)、东部商会(在诺尔雪平)、延雪平商会和北部商会(在吕里奥)。斯德哥尔摩商会仲裁院在国际贸易仲裁方面是久享盛誉的权威机构。

(二) 进出口贸易

2009~2011年，瑞典进出口额保持持续增长态势。2011年，瑞典出口总额为1.21万亿瑞典克朗，同比增长7%；进口总额为1.13万亿瑞典克朗，同比增长6%；顺差775亿瑞典克朗，较2010年增长64亿瑞典克朗。2012年，瑞典进出口总额为2.27万亿瑞典克朗（约3439亿美元），较2011年下降4%。其中出口额为1.17万亿瑞典克朗（约1771亿美元），进口额为1.1万亿瑞典克朗（约1668亿美元），顺差约103亿美元。2013年，瑞典出口额约为1.09万亿瑞典克朗，同比下降7%；进口额约为1.04万亿瑞典克朗，同比下降6%；贸易顺差500亿瑞典克朗，同比减少约80亿瑞典克朗。2013年瑞典对中国出口额上升5%，自中国进口额下降2%。2017年瑞典出口额同比增长了10%，达1.31万亿瑞典克朗。

2003~2010年，瑞典与环境相关产业出口一直保持持续增长势头，且增速明显高于总体出口增幅。2010年出口额较2003年增长了60%。2010年，瑞典环境产业总收入达2350亿瑞典克朗（约合340亿美元），出口额370亿瑞典克朗（约合54亿美元），占瑞典总出口的2%。在环境领域，可再生能源产业约占2010年收入的一半和出口额的1/3；废物利用与垃圾回收产业收入和出口额比重为13%左右。瑞典环境产业共有从业人员约7万人，其中废物利用与垃圾回收利用领域和可再生能源利用领域从业人员较多，分别占22%和20%。

瑞典对外贸依存度较高，2018年对外贸易额2.91万亿瑞典克朗，同比增长11.5%，进口额约1.47万亿瑞典克朗，同比增长11%，出口额约1.44万亿瑞典克朗，同比增长10%，贸易逆差300亿瑞典克朗。出口商品主要有各类机械、运输通信设备、化工及医药产品、纸张纸浆、造纸设备、铁矿石、家用电器、能源设备、石油制品、天然气和纺织品等。

三 对外投资和外来投资

(一) 对外投资

长期以来，由于经济的高度国际化，瑞典是世界上主要资金输出国之一，向国外投资历来大于外国到瑞典的投资。它的国外投资主要集中在发达国家，首先是美国，然后是英国、意大利、法国、挪威等欧洲国家。加入欧盟后，瑞典对欧盟国家的投资迅速增多。对于一些投资条件较好的发展中国家，特别是中国和东南亚地区国家，投资也迅速增长。据统计，瑞典有500余家跨国公司在138个国家设有2000多家子公司。其中，约40%在欧盟国家。2004年瑞典对外投资1210亿瑞典克朗，主要投资对象是美国和欧洲国家。

2007年瑞典对外直接投资约20490亿瑞典克朗，较2006年增加了2580亿瑞典克朗，其中主要是由于SSAB钢铁公司和爱立信公司在北美进行了相当大规模的收购。2007年，瑞典对外投资带来了约2650亿瑞典克朗的收入，较2006年增加420亿瑞典克朗。

(二) 外来投资

在瑞典企业越来越把业务活动放在其他国家时，外资也在流入，以利用瑞典的工程技术专门知识。为适应企业国际化经营，有效吸收和利用国际上的资金，瑞典在经历了100多年的对外投资和扩展后，20世纪80年代后期，对国内政策和经济法规进行了一系列的调整，如取消外汇管制、经济决策权下放和私营化，使得经济自由度处于西方国家前列，特别是在银行金融业、通信业、交通运输业、电力工业等领域。1991年的税制改革，将公司所得税降至28%，取消了外资在瑞典企业中的比例限制。1995年瑞典加入欧盟后，严格实行欧盟和世贸组织的非歧视性原则。自加入欧盟之后，外资的流入迅速增多。如今，外资在瑞典享有完全"国民待遇"，没有任何专门限制。外资在瑞典与国内投资一样，手续十分简便，因此外资的进入更加迅速。2004年外商直接投资额为960亿瑞典克朗，外资主要来自美国、德国、英国和北欧邻国。瑞典最具吸引力的外商投资领域是信息通信产业。

2007年，瑞典吸收外商直接投资达18140亿瑞典克朗。在瑞典直接投资的外国公司2007年年收入达1360亿瑞典克朗，较2006年增加230亿瑞典克朗，投资额增加1290亿瑞典克朗。2008年，瑞典投资促进署共协助19家中资企业落户瑞典，中资企业投资数居首，投资总额位居美国和日本之后。2016年，瑞典吸引了90个外商直接投资项目，较2015年增长76%，为北欧吸引外商投资表现最好的国家。这些项目主要包括物流、IT服务、金融和软件开发等。瑞典经济的健康稳定使其成为进入北欧的最佳通道，特别是作为数据和物流中心。2017年，瑞典共吸引108项外国投资，比2016年增加了20%。但瑞典并不是北欧地区吸引外资数量最多的国家；芬兰位居榜首，共吸收191项外国投资。这些项目不包括证券投资或公司股权交易。仅在瑞典，外资项目就创造了6000多个就业岗位。

在鼓励投资方面，瑞典没有特殊的产业政策，由内外双方自由商谈。瑞典政府对在不同地区投资的中小企业，采取了通过地方政府出面给予补贴、贷款等方式，实施其鼓励政策。

根据瑞典的法律，在瑞典的外国公司的子公司被认为是瑞典的公司。也就是说，公司的股份是被外国人拥有还是被瑞典人拥有，在法律上没有区别。在瑞典没有外汇现钞管制，对利润的汇出、投资清算、特许权使用费和许可费用的支付也没有限制。子公司和分支机构可以向在瑞典境外的母公司转移管理服务费用和研发支出等费用。投资基金的收益，比如股票红利、利息收益，可以自由转移。外商独资公司可以从母公司或海外的信贷机构筹集外币贷款。

瑞典欢迎外国投资，但对一些有关国家战略利益领域的投资项目则加以限制，如航空运输、海上作业、战略物资、出版、采矿、林业、银行及保险等领域不允许或严格控制外国投资。

在瑞典开办外资企业，可以采取下列方式经营：合作生产、合作贸易、合资经营、设立分公司或代表处。外国个人或团体在瑞典建立企业须获批准，购买股票也须获批准。外国企业可充分利用瑞典证券市场，初始投资500万瑞典克朗以上的企业，可直接向当地借款。外国企业税收与瑞典本国企业税收相同。国家对企业的利润汇款、清理投资汇款、企业特许权和许可证等不加干涉。

1993年和2009年，瑞典曾分别将企业所得税税率从30%降至28%和26.3%。2013年，为吸引外资、增加就业，瑞典政府将企业所得税税率从26.3%降至22%。新税率不仅低于当时经合组织成员国25.5%的平均税率，也低于当时欧盟的平均税率23.4%。以高税收著称的瑞典变成了欧洲公司税率最低的国家之一。

第五章

军　　事

冷战结束之前的两百多年里，瑞典通过建立强大的国防和国防工业来保持中立。冷战结束以来，瑞典又能根据世界形势变化和时代需要，适时实行国防政策和军事战略的调整，实行军事改革，既为世界安全与和平做出贡献，又让人民充分享受"和平红利"。

第一节　概述

一　建军简史

瑞典陆军的建军历史比较悠久。古斯塔夫一世·瓦萨推翻丹麦人的统治之后，逐步组织起了一支强大的陆军。17世纪，由于战争和维持大国地位的需要，瑞典逐渐变成一个军事化的国家，一切都服从军事需要。为了战争，在全国实行"派役制"，通过这种方式，人口稀少的瑞典得以维持一支常备军，各地能够在接到参战通知后迅速动员起来。尽管后来瑞典失去大国地位后长期实行中立政策，但派役制一直实行到19世纪初。至今，陆军战斗部队的基本建制即团级单位仍以地域命名。

瑞典海军的正式名称是"瑞典皇家海军"。瑞典退出卡尔马联盟不到一年，即1522年6月7日，国王古斯塔夫一世从汉萨同盟重要城市吕贝克那里购买了若干艘船只，这一天被视为瑞典海军的诞生日。古斯塔夫二世·阿道夫时期，瑞典曾试图建立一支强大的海军，斯德哥尔摩瓦萨沉船博物馆中展出的瑞典国宝——古代战舰"瓦萨"号就是当时所建造，显示了"北方雄狮"的雄心。在奉行中立政策的一百多年里,瑞典海军建立的唯一任务是阻止来自波罗的海的入侵,主要策略是使敌方到达海岸之前遭到重大损失。苏联解体和冷战结束消除了这方面的威胁,此后海军发生了很大变化。两栖部队的历史可以追溯到1902年1月1日,当时瑞典建立了独立的岸炮部队。20世纪90年代,这支部队退出了海岸防守,更名瑞典两栖部队,成为属于海军的一个兵种。

空军于1925年由陆军和海军的飞机编队合并组建而成。由于20世纪30年代国际紧张局势的升级,空军被改组和扩大为4~7个联队。第二次世界大战爆发后,空军规模进一步扩大。到1945年,已经拥有800多架作战飞机。战后,随着国防技术和工业的发展,空军的飞机不断更新,目前在世界上处于领先地位。

二 国防政策

瑞典长期奉行"平时不结盟,战时守中立"的防务政策,在不参与军事联盟的条件下保持强大的国防。在具体国防事务上,瑞典一贯实行"总体防御"的政策,即实行全民义务兵役制,广泛动员民众参与,配合正规武装力量保卫国家安全。但冷战结束以来,尤其是进入21世纪后,随着世界和欧洲政治、军事形势发生深刻的变化,尽管瑞典也遇到了新的安全问题,但其面临的总体国际安全环境有了较大改善。无论是议会、政府还是军方都认为,本国遭受大规模军事进攻的可能性微乎其微。因此,从20世纪90年代初瑞典开始了对国防政策的调整和对军队的大规模改革,武装力量逐步精简,尤其是精简了指挥和控制机构,军队的战略也从抗击外敌大规模入侵转变为主要应对突发事件。瑞典议会为本国军队确定的四项使命是:①对世界和平、安全做出贡献;②保卫国家领土完整;③保卫瑞典,抗击武装进攻;④保护公民,在危机时期,保证瑞典社会至关重要的功能正常运行。从这四项使命可以看出,瑞典武装力量已经把"对世界和平、安全做出贡献"置于首位。

1999年以后,随着瑞典进一步加入欧洲一体化进程,欧盟与俄罗斯关系改善,瑞典对安全和防务政策又进行了进一步的调整,甚至开始考虑将来加入北约的可能性。同时，瑞典还参与北约与感兴趣的欧洲安全与合作组织国家结成的"和平伙伴关系"（PfP）。和平伙伴关系的主要目的，是通过各国军事交流，提高各国参与促进国际和平行动的能力。近年来，作为欧盟成员国，瑞典的国防政策受到了欧盟共同外交和安全政策的决定性影响，共同外交安全政策的形成机制，使其能够充分参与欧盟的决策过程，同时也意味着它在欧盟的国际军事行动中要发挥一定的作用，强化欧盟的共同危机处理能力。欧盟共同外交和安全政策的目的是保持和平和增强国际安全，因此瑞典目前国防政策的重点是积极参与联合国和欧盟在世界各地的维和和人道主义救助等行动。

在这种政策的指导下，瑞典武装力量正处于一个全面变革时期。瑞典武装力量的改革包括：从2006年开始大范围实施新兵训练制度，起用紧急情况处理部队，签订国际性的军官服役协议，与其他国家进行联合军演，改进物资装备采购工作等。

2015年6月，政府发布《2016～2020年国防政策法案》。鉴于2014年以来欧洲和全球的安全局势的恶化，法案强调瑞典国防的优先事项是提高武装部队的作战能力，并确保瑞典全面防卫的集体力量；加强武装部队的作战能力，界定新的全面防御概念，包括军事和民防。二十多年来，政府首次决定在2016～2020年逐步增加国防开支，增幅为11%（平均每年2.2%），国防总预算2240亿瑞典克朗。文件强调要重新规划防卫区域，对陆海空军队以及军事基地进行大量投资，增加新式武器，完善包括本土卫队士兵在内的个人装备，升级通信设备、雷达系统，增加卡车以及武装部队的其他物资和后勤保障，增加培训和演习。将陆军重组为两个机械化旅，在哥特兰岛组建新部队；升级反潜作战能力、防空能力；改革征兵招募，稳定军队兵源与素质；做好现代化民防，提高本土卫队的质量；加强现代心理防御战能力，提升网络能力和远程精确打击能力。瑞典继续深化与芬兰、波罗的海国家等的北欧防务合作，加强与欧盟、北约和联合国的合作。跨大西洋联系对瑞典至关重要，瑞典要对欧洲和全球安全挑战事件做出回应。

改革后的瑞典武装力量将规模更小但更精干、更活跃机动。做出这种变革的主要理由是，瑞典决策者认为，人类社会出现了新的情况，当今世界面临着与以往完全不同的威胁，欧盟国家已经实行共同的安全政策，军事技术也在发生迅速变化。在这种新的形势下，瑞典应该积极调整军事战略，精简指挥机构，进一步削减部队规模，注重提高军队的质量和快速反应能力。

三 国防体制

瑞典武装部队是瑞典议会和政府的实体机构。总司令是军队最高领导，按照政府当局的指示并通过司令部领导和监督军队。总干事（Director General）是军队的副司令。米克尔·毕登（Micael Bydén）将军自2015年起担任总司令。武装部队由其主要军事部队组成，包括家庭卫队和国家安全部队。军事部队分为陆军、海军和空军，三者共用集训、后勤、指挥和情报等功能。在和平时期，瑞典武装部队驻扎在瑞典的70多个地点。

与瑞典的其他国家机构一致，军队在指挥行动方面具有部长权力。政府部长没有权力干预军队的法律适用或权力行使。瑞典议会负责确保政府部长们遵守这一公约。政府通过国防部设定任务和目标来确定武装部队活动的范围。现任国防大臣是彼得·胡尔特奎斯特（Peter Hultqvist）。

根据改革目标，瑞典武装力量目前的军事战略方针将调整为强调部队的迅速部署能力。尤其是国际性行动，瑞军单位必须能够按一定时间要求出动、快速部署，并能在任务区留驻一定时间。作为欧盟成员国，瑞军要有能力参与欧盟在世界各地的长期性军事行动，为防止和处理危机做出贡献，完成在世界各地的维和和人道主义救援任务。为此，武装力量必须组建能在不同时间内完成部署的行动部队，一些部队必须随时能够在国内和国际部署，有能力处理国内国际突发危机，并实施对已部署部队的支持和救援。

长期以来，瑞典曾根据本国南北长、东西窄的地理特点，将全国划分为若干个军区。第二次世界大战结束后，军区的划分有过多次调整。特别是从20世纪90年代初起，军区一再撤并，到了2005年底，根据新的国防政策和军事战略的精简需要,瑞典撤销了原有的三个军区。保卫国土完整的军事任务由武装力量总司令部统一负责,原来由军区进行的征兵以及新兵和准军事部队本土卫队(Home Guards)的组织与训练任务,分别交由相关驻地的部队负责。为适应部队规模缩小的新形势,瑞典决定在减少征召义务兵的同时,提供优厚待遇,鼓励军官提前退休或转业。

瑞典武装力量军官军衔分为3等10级:将军分4级,即上将、中将、少将和准将;校官分3级,即上校、中校和少校;尉官分3级,即上尉、中尉和少尉。

四 国防预算

瑞典政府通过国防部对国防预算进行管理。冷战结束以后,国防支出逐步减少。2005年,瑞典的国防预算为396亿瑞典克朗,实际支出400亿瑞典克朗,约占国内生产总值的1.7%。其中约一半用于武器装备的研究和开发、新装备的采购以及现有装备的维护,约120亿瑞典克朗用于为前方部队采购新装备。

2000年以来,瑞典军方逐年削减军事预算。按议会要求,2000~2007年,削减的国防预算要达到90亿瑞典克朗。2004~2009年的国防拨款计划数字(实际开支数字可能大于规划数字)见表5-1。从表中可以看出,瑞典在计划总体减少国防预算的同时,增加军事行动(主要用于国际维和和人道主义救援行动)的费用,从2004年到2009年约增加11亿瑞典克朗。

表5-1 2004~2009年瑞典国防拨款计划

单位:亿瑞典克朗

	2004年	2005年	2006年	2007年	2008年	2009年
人头费、训练、规划等	202	201	196	176	177	177
装备采购、维护、研究等	178	184	177	184	178	175
军事行动	9	10	12	14	17	20
合计	389	395	385	374	372	372

资料来源:Swedish Ministry of Defence, Swedish Armed Forces: The Facts, 2006, Stockholm.

目前，军队物资规划由武装部队、瑞典国防物资管理局（FMV）和瑞典国防研究局（FOI）共同执行。根据议会和政府制定的指导方针，这些机构决定如何分配资源。

2015年，瑞典国防总预算为430亿瑞典克朗。鉴于周边安全局势恶化，瑞典政府认为增加国防预算至关重要，需要提高瑞典武装部队的作战能力。2016~2020年新的国防法案为武装部队增加约100亿瑞典克朗的国防预算（见表5-2）。加上2014年6月已经通过的追加70亿瑞典克朗国防预算，这意味着与上一个5年国防预算相比，军队的预算额外获得170亿瑞典克朗。新国防法案为瑞典国防开支创造了新趋势。

表5-2 2016~2020年瑞典国防预算

单位：亿瑞典克朗

	2016年	2017年	2018年	2019年	2020年	合计
基础计划	420.31	430.87	438.81	460.26	475.76	2226.01
追加预算	13.24	19	22	23.20	25	102.44
合计	433.55	449.87	460.81	483.46	500.76	2328.45

2017年3月，瑞典政府宣布增加5亿瑞典克朗拨款给瑞典军队（约合5570万美元），以增强瑞典国防能力，主要用于军事与民防两个领域。其中7500万瑞典克朗（约合840万美元）用于地方政府增强信息通信安全以及防御网络攻击的能力建设；在军事领域，部分资金将用于波罗的海、哥特兰岛防空能力建设。

第二节 军种和兵种

经过20世纪90年代初以来的数次改革，目前瑞典武装力量分为陆军、空军、海军等军种和准军事部队本土卫队，各军种之下又分为若干个兵种，每个兵种又由若干个团和其他单位组成。以往瑞典军队中防区部队的"团"，实际上是战时野战旅的架子，平时从事训练、制定动员及作战计划等活动，战时则迅速扩编为野战旅，进行作战任务。经过改革，目前的团级单位更加名副其实了。与冷战结束以前相比，如今瑞典武装力量无论是从建制还是从兵力人数上都已经大为减少。根据2005～2009年国防计划，军队大幅削减指挥和控制人员，其中2005年底的撤销军区就是削减指挥和控制人员，使武装力量精干化的重大举措。但是，为了保持军队的行动能力和完成国际任务的能力，陆军数量略有增加。

一　陆军

陆军负责训练地面战斗部队和防空部队。这些部队与空军、海军战斗部队一起在国内和国际上配合行动。根据议会2004年防务决议，改革后的陆军将重点加强活动能力尤其是国际活动能力，这意味着陆军建设的重点不再是加强保卫国家和保护国家领土完整的能力，而是加强完成国际维和任务和化解国际冲突的能力。陆军中的一些单位和部队必须随时准备好参与瑞典境外的军事行动。陆军总参谋长是陆军的最高指挥官，他与武装力量总部的陆军部门一起，负责陆军的装备采购和各种活动的组织，包括训练和提高军队的行动能力。陆军作战司令负责指挥具体军事行动和实施在国内外的军事演习。

改革后的陆军由以下兵种构成。

（1）机械化部队：拥有集中了陆军大部分火力的作战车辆，负责训练和装备能在多种地形和城市地区与各种对手作战和周旋的兵员。

（2）地面机动部队：训练巡逻兵和特种部队。这些部队有些需通过空运来部署，有能力在各种地形和气象情况下在敌后长时间生存和作战。此外，地面机动部队还负责训练安全保卫人员。

（3）炮兵部队：进行地面非直接接触性火力支持训练，人员具备从操作传感器和指挥控制系统到实际使用作战武器系统的能力。非接触性火力支持将具有高度精确性，并拥有在各种气象之下的远程打击能力。

（4）防空部队：训练地方防空人员，使之具备操作、指挥和控制各种武器系统的能力，负责保卫机场等重要设施、人口密集区和军事单位，对抗来自空中的袭击。

(5) 指挥和控制部队：负责训练指挥、参谋人员和通信人员，提高指挥水平，同时训练电子战方面的特殊部队。

(6) 工程部队：在战场上提供工程支持，包括架桥开路、清除天然的或人为的障碍。扫雷和清除其他爆炸物是其重要任务。

(7) 支持部队：负责为作战部队提供军需给养、医疗和武器装备维修。

(8) 防化学、生物、放射性和核子（CBRN）部队：处理化学、生物、放射性和核子武器威胁与突发事件，包括侦察、确认、监测、发出警告、报告、实物保护和风险管理等。

《2016~2020年国防政策法案》规定，大部分陆军将组成两个旅，还将扩充一个机动营、两个侦察旅（Brigade Reconnaissance Companies）以及哥特兰机械化战斗集群（Mechanised Battlegroup Gotland）。轻步兵营（The Light Infantry Battalion）将进行重组以便利空运。陆军将主要由根据国民服役法服务的后备人员补充。为了确保在和平时期有足够的可用性，两个机械化营和一个机动步兵营将成为拥有大量专业人员的常备部队。

由此，陆军将包括两个旅总部（Brigade Headquarters）、五个机械营、两个机动营、一个轻步兵营、一个哥特兰机械化战斗集群、两个炮兵营、两个防空营、两个工兵营、一个游骑兵营、一个ISR营、一个安全营、一个MP营、一个救生员营、一个生化防护营、一个重型运输公司和四十个本土卫队营。

陆军将获得个人小队和排级的装备、卡车、火炮、自行式迫击炮、额外的桥梁层、反坦克武器、新的地面短程防空系统和额外的弹药。将为机械化部队的主要部分启动战斗车辆和主战坦克及其指定指挥和控制的升级。将为两个防空营之一购买一个新的地基中程防空系统；此后，另一个营也将接收新系统。所有主战坦克都将在机械化营和哥特兰机械化战斗集群投入使用。这种重组将大大增加部队主战坦克的数量。

本土卫队在陆军的重要性显而易见，主要保护海军和空军基地以及关键基础设施等。本土卫队将获得更多的军事力量，包括增加4个迫击炮排及营级指挥和控制设施。

二　海军

海军负责组织和训练海军和两栖部队，与陆军和空军一起，在和平时期保卫国家领土完整，并且在需要时保卫瑞典应对未来威胁。海军既要在本国，也要在国际上具备这种能力。和平时期，如果发生危机和灾难，海军也有义务提供人力和物力上的支援。以往，海军参谋长是瑞典海军的最高指挥官。在最近的改革中，这一职位被撤销，海军的最高指挥官变成了海军总督察（Naval Inspector）。他与武装力量总司令部中的海军部门一起，负责海军物资装备的采购和各种活动，包括训练及与训练相关的提高作战能力工作。海军作战司令则负责指挥前方行动和在境内外进行的重大军事演习。在国际上，海军也必须为瑞典派遣的部队提供人员和装备，其中的若干单位必须随时准备好参加在瑞典境外的行动。瑞军已经宣布，目前将一支护卫舰部队（IKS）、一支扫雷部队（IM）、一支潜艇部队（IUB）、一支负责补给维修的海军运输补给部队列入可征调名单。2007年增加一支两栖部队。自20世纪90年代中期以来，瑞典海军曾派遣扫雷艇参与立陶宛、爱沙尼亚、拉脱维亚等国附近的波罗的海海域的扫雷和派遣一个营（KS07）到科索沃参与维和行动。目前，海军的军事部队面向国家和国际任务，随时准备好参加瑞典以外的军事行动，通过人员和物资为上述任务做出贡献。

瑞典海军由以下部分构成。

（1）海战战舰队：有能力对沿海水域，水上和水下、海上和海下目标进行军事行动。这些舰队还进行扫雷以及海域控制，并保护商船和渔船。

（2）潜艇舰队：有能力对水面上和水面下的目标进行军事行动。它还能够在隐藏的同时控制海域，并进行情报收集。

（3）两栖营：能够控制沿海和群岛地区，以及对海面上和海面下的目标进行军事行动。

（4）海军基地：包括基地营、装备营、后勤部门和海军情报营，监视瑞典领海并支持其他部队。

(5) 指挥和控制单位：能对海军和联合作战部队进行指挥和控制。

按照新国防计划，海军将包括两个水面战舰队、两个克尔维特中队、两个排雷中队、两个支援中队、一个排雷潜水员中队、一个潜艇舰队、一个潜艇中队、一个两栖营、一个巡逻艇编队和一个海军基地。

目前，海军核心部队的装备包括七艘轻型护卫舰、四艘潜艇和七艘排雷艇。2016~2020年，海军将维持五艘"维斯比"级轻型护卫舰、五艘科斯特级（Koster）排雷艇、两艘斯帕罗级（Spårö）排雷潜水艇、一艘哥特兰级潜艇和一艘南曼兰级潜艇。海军还将升级两艘耶夫勒级轻型护卫舰和两艘哥特兰级潜艇。七艘巡逻艇将延长使用寿命，四艘巡逻艇将改装为声呐浮标船，两艘斯德哥尔摩级轻型护卫舰将改装为巡逻舰。在此期间，还将购买新型反舰导弹以及新型轻型鱼雷。海上版本的直升机14系统将投入使用。海军通过收购一艘新的SIGINT船，以保持武装部队对战略SIGINT的国防无线电设施的支持。两栖营专注于海上任务，两艘新潜艇也将开工建造。

"维斯比"级护卫舰是瑞典国防装备管理局和瑞典工业界花巨资精心设计出的隐身轻型护卫舰。该级舰长72米，舰宽10.4米，吃水2.5米；满载排水量620吨。首舰"维斯比"号2000年6月8日下水，使瑞典成为世界上第一个拥有实用型隐身军舰的国家。"维斯比"号于2003年底正式服役。该舰舰体、甲板、上层建筑由碳纤维增强塑料夹层板制成，不仅结构坚实，强度可与钢铁媲美，且无磁性，有利于降低舰艇产生的磁场。动力为柴-燃交替动力装置，双轴喷水推进。

三　空军

空军负责飞机、飞行员、空军基地和指挥单位的组织和训练，与地面部队和海军作战部队一起，在和平时期保卫国家领土完整，并且在需要时保卫瑞典应对未来威胁。空军既要在本国，也要在国际上具备这种能力。和平时期，如果发生危机和灾难，空军有义务提供人力和物力上的支援。空军参谋长是瑞典空军的最高指挥官。他与武装力量总部中的空军部门一起，负责空军物资装备的采购和各种活动，包括训练及与训练相关的提高

第五章 军事

作战能力的工作。空军作战司令则负责指挥前方行动和在境内外进行的重大军事演习。在国际上，空军也必须为瑞典派遣的部队提供人员和装备，其中的若干单位必须随时准备好参加在瑞典境外的行动。瑞军已经公布了国际维和行动可以征调的空军部队目录，这些部队配备了先进的"鹰狮"战机和 C-130 重型运输机等装备。

瑞典空军由以下部分构成。

（1）战斗机部队：有能力以高精准度、高机动性和强大火力攻击地面、海上和空中目标，并可用于收集情报，保卫国家领土完整。

（2）运输机部队：负责空中运输，并可用于完成国内和国际人道主义任务。

（3）信号部队：进行电子战斗侦察和情报搜集。

（4）雷达监视部队：主要用于改善从地面和海军传感器获得的数据。

（5）直升机部队：开展国内和国际地面与海上行动。

（6）基地部队：支持战斗机部队，并运行和维护空军基地。

（7）指挥和控制部队：制作和分发关于当前空域状态的授权报告，并指挥空降部队（战斗机指挥部）。

空军包括四个空中联队、六个战斗机中队（JAS 39C／D）、一个空中运输中队、一个空战控制和空中监视营以及一个直升机联队。和平时期的战斗机训练机构将进行重组，以便在战争中与其他战斗机中队一起服役，使战斗机中队的数量达到 6 个。瑞典还将购买 10 架 JAS 39 E 战斗机，增加到 70 架飞机。在此期间将维持现有的战术航空运输机（TP-84），未来可能购买新型战术航空运输机。

瑞典发挥其基础地层多为花岗岩和经济与工业水平高的良好条件，建设了大量地下战备工程。包括空军的地下机库、海军的地下舰艇洞库和修理厂等。空军飞机平时分散在大约 60 个机场，战时则可隐藏到 60 个地下机库内，作战飞机可以沿地下跑道进入机场。海军的护卫舰、潜艇可以进入地下洞库进行隐藏或维修保养。

瑞典空军中"鹰狮"（JAS 39）战斗机由萨博公司生产。首批双座型"鹰狮"2000 年 10 月服役，"鹰狮"以多用途战斗机为设计目标，主要

195

完成空战、对地攻击和侦察三项使命。它采用了先进的玻璃座舱和新型广角平视显示器，飞行员可以轻而易举地了解和掌握本机和友机的数据与信息。同时，它具备良好的敏捷性，完全能适应激烈的近距离格斗。

四 本土卫队

本土卫队是瑞典武装部队作战部队不可分割的一部分，其人员是志愿参加的，在当地录用。参加本土卫队的人员，必须是瑞典公民，年龄在18岁以上，至少参加过85天的基本军事训练。本土卫队处于高度警戒状态，动员时间以小时而非数天或数周来衡量。它需要支持整个防御活动——从和平时期的民间支持到战争中的武装战斗。

主要负责在危机时期保护、监督和支持社会稳定，从而为瑞典的防御和保护提供国家和地区堡垒。在和平时期，一旦发生危机和灾难，所有本土卫队单位必须能够为社会提供支持。正在培训新单位的新功能。其情报部门通过侦察和领土监视收集信息，并由家庭卫队的空降部队提供支持。家庭卫队的海军部分在瑞典海岸和许多岛屿上运行。

如果瑞典遭受自然灾害、重大事故或其他威胁，本土卫队可以支持警察参与救援服务，开展核生化防护、交通以及工程工作。本土卫队的乐队为全国各地的官方仪式提供音乐伴奏。

"特别快速反应排（连）"则要完成更具专业性的任务。他们受过较长时间的训练，装备有自己的车辆，以保证机动性。

本土卫队人员的训练主要在本地进行，也组织一些地区性的训练。其指挥人员和有关专业人员还可进入位于斯德哥尔摩南郊蔚林奇（Vällinge）的国家本土卫队作战学校学习。

除了本土卫队之外，瑞典有23个民间性质的辅助防务组织，致力于完成瑞典"全面防御"体系中提出的各种任务。这些组织属于多个领域，具有多种专门知识和技能。它们负责召集会员，参与各种军事防御和民防训练。辅助防务组织属于独立的民间非营利性组织，但一旦发生危机和出现紧急情况，随时可以接受国家的征调，为武装力量提供帮助，并为瑞典军队完成国际维和和人道主义任务做出贡献。

五　信息服务、给养、医疗和培训

此外，瑞典军队还包括情报服务、物资补给、医疗支持和培训机构等。

1. 情报与安全服务

情报部门收集和处理信息并通知相关人员。情报涉及全球政治发展、瑞典和瑞典利益的外部威胁等领域。情报服务旨在预测对手可能采取的步骤，并据此准备军事响应。情报部门使用媒体和网站等开放源码来构建全球趋势图。

安全局的存在是为了准备和保护武装部队免受安全威胁。它可以先发制人地评估安全威胁，在必要时制定并采取安全措施。服务跟进并对抗不同类型的威胁，最常见的威胁是外国情报部门、有组织犯罪、颠覆、破坏和恐怖主义。军事情报和安全局（Military Intelligence and Security Service，MUST）领导并负责情报和安全服务。情报和安保人员的培训部分在武装部队情报和安全中心进行。

2. 后勤保障

瑞典军方的后勤部门支持其所有业务。这种支持采取的形式包括培训、供应条款以及开展业务所需的所有其他资产。对于军事行动，这涉及后勤支持，以确保军事单位拥有所需的可用性、机动性和资源。

瑞典武装部队的三个后勤部门负责各种活动，包括指挥和控制、运输和交通管理以及医疗单位的开发和培训。这些部门还向整个武装部队的单位提供食物、水、燃料、弹药和医疗用品（民用承包商无法这样做），并支持军事行动、军事单位和军事学院。其他服务包括 IT 支持、存档、清关和运输办公室管理。

后勤保障的另外一项关键任务是在军队开展环境管理和健康保护，如野战医院和救护车服务。在和平时期的演习期间以及在战争期间，武装部队的人员处于精神和身体痛苦的高风险之中。需要对这些问题采取预防措施，并具备必要的专业知识，以进行持续监督和支持。武装部队国防医学中心（Armed Forces Centre for Defence Medicine，Fömed C）负责武装部队的健康和医疗保健。它招募和培训医护人员以满足整个服务的需求，并在医疗保健领域内开发方法和策略。

瑞典军队教育和培训的目标是加强瑞典的军事准备和整体能力。训练单位包括军团（陆军）、舰队（海军和空军）、两栖军团等混合部队，以及服务团与指挥和控制团等共同部队。学校是武装部队的训练基地，来自武装部队各地的士兵和军官在此提高他们的理论和实践技能，例如飞行学校、翻译学校以及哈姆斯塔德和卡尔伯格的军队技术学校。还有在特定领域内收集信息和培训技能，如国防医学中心、防化和排雷中心以及气象和海洋学中心。此外，军队体育中心、战斗摄像和军犬指令中心为军队提供支援和专业职能。

第三节 兵役制度和军事训练

一 兵役制度

过去，瑞典实行普遍义务兵役制。从法律上说，根据议会的《总体国防服役法》，所有16~70岁的瑞典公民，包括有瑞典永居权的外国人都有服役的义务。服役既包括服兵役，也包括从事文职工作和其他一般性工作。但是，瑞典实际上只征用18~24岁的男性公民，女性公民服兵役则根据自愿的原则，近年来瑞军女兵人数不断增多。那些年龄符合但不想服兵役的公民，也可以以文职人员的身份进行"替代性服役"。瑞典军队包括两类人员：专职人员（专业军官和班长、士兵和水手，标记为GSS／K）和后备人员（预备役军官和班长、士兵和水手，标记为GSS／T）。

瑞典在2011年取消了义务兵役制。但2014年欧洲东部、巴尔干地区的军事活动增加，瑞典又加强了备战工作。2017年，为应对兵员不足及不安全局势，瑞典重推国民服役制。新征兵制度规定，1999年或以后出生的瑞典公民，不论男女，都必须服兵役。2017年，瑞典共招募新兵2230人，但实需3500人，兵员明显不足。近年来，瑞典军方一直努力吸引新兵，并通过电视和广告牌进行招兵宣传。

二 军事训练

一旦服役（包括女性服役者），就必须参加军事训练。以往，陆军及海军岸炮部队、空军高炮部队服役期为7.5~15个月，海军和空军为12~17个月。从2006年起，瑞典陆、海军开始实行新的军事训练制度。新制度的主要目的，是提高训练的质量和军事单位、人员完成国际性任务的能力。根据安排，新兵训练分为三个阶段，其中前两个阶段（11个月）是必须参加的。在此期间，入伍者可以申请参加第三阶段即承担国际性任务的训练。由于这种制度安排，瑞典每年参加训练的新服役人员的人数有所不同，一般来说在8500人左右。

瑞典是世界上仅有的实行军官必须从士兵中选拔制度的国家。从总司令到少尉，都是从列兵起步开始其军旅生涯的。绝大部分瑞典军官是由在服义务兵役期间表现出良好军事素质的青年被送入军事院校培养出来的，只有部分技术性极强的专业军官直接从大学毕业生中招收。

目前新的国防政策文件规定，基本的军事训练模式将被改变，完成基本训练的人员在训练结束后会立即被分配到军队；军队人员的基础训练应在9~12个月完成，本土卫队基础训练期为4~7个月。

三 军事训练机构

目前，瑞典军队经过调整，形成了部队、军事院校以及各类专业中心互动的军事训练体系（见表5-3）。

表5-3 瑞典35个军事训练机构

部队	学校	中心
第一海岸警卫团（1st Marine Regiment,AMF 1），位于斯德哥尔摩以外的贝尔加和哥德堡	空战训练学校（Air Combat Training School,LSS）	国防医学中心（FÖMEDC）

瑞典

续表

部队	学校	中心
第一潜艇舰队（1st Submarine），位于瑞典南部的卡尔斯克鲁纳	武装部队技术学校（FMTS）位于哈姆斯塔德	武装部队人力资源中心（The Armed Forces Human Resources Centre, FM HRC）
第四海军舰队，位于斯德哥尔摩南部的贝尔加，以及哥德堡北部乌德瓦拉外的斯克雷德斯维克	哈尔姆斯塔德军事科学院 位于哈姆斯塔德	情报和安全中心（FMUNDSÄKC）
防空团（LV 6）（陆军防空团）	卡尔堡军事学院 位于卡尔堡	地面战争中心（Land Warfare Centre）
武装部队指挥和控制团（LEDR），该团还包括指挥与控制学校	国民本土卫队作战学校（HVSS）位于斯德哥尔摩南部	国家 CBRN 防卫中心（SKYDDC）该中心位于瑞典北部的于默奥
通信信息系统司令部（FMTIS），位于厄勒布鲁，但在全国 31 个地点开展业务		海军战争中心 位于瑞典南部的卡尔斯克鲁纳
直升机联队（Armed Forces Helicopter Wing）		瑞典未爆炸物处理和排雷中心（SWEDEC）
武装力量物流（FMLOG），其司令部位于斯德哥尔摩		
炮兵团（Artillery Regiment，A 9），其炮兵战斗学院为军官和专家提供培训		
布莱金厄联队（Blekinge Wing，F 17），基地位于布莱金厄、林雪平、韦纳穆和哥特兰岛		
约塔工程兵团（ING 2）		
哥特兰团（Gotland Regiment，P 18），位于哥特兰岛		
救生员团		

第五章 军 事

续表

部队	学校	中心
骑兵警卫团（Life Regiment Hussars,K 3）		
物流登记（TRÄNGR）后勤军团		
海军基地		
北博滕军团（I 19），以博滕为基地,但在全国各地行动		
北博滕空军联队（Norrbotten Wing,F 21）		
斯卡拉堡团（Skaraborg Regiment,P 4）		
斯卡拉堡空军联队（Karaborg Wing,F 7）		
南斯科讷团（P 7）		
特别行动任务组（SOG）		
第三海军舰队		

资料来源：根据瑞典军队网站资料整理。

第四节 对外军事关系

瑞典长期奉行中立和军事不结盟政策。但冷战结束后，随着国际形势的变化，瑞典也开始通过欧洲－大西洋伙伴关系理事会（EAPC）与和平伙伴关系开展了与北约、欧盟和美国的军事合作，突出表现是参加了北约领导的在巴尔干地区科索沃以及阿富汗的军事行动。

瑞典强调其与北约、欧盟和美国的军事合作仍以军事不结盟政策为基础，合作的重点是反恐和危机处理。瑞典认为，积极参与北约领导的类似军事行动，有助于维持国际和平和安全，可以增进瑞典对国际事务的了解和影响力。

瑞 典

瑞典安全依赖国际合作，即与联合国、欧盟和北约的伙伴关系以及与北欧和波罗的海国家的防务合作。政府希望通过与邻国进行更密切的合作和参与国际行动来培育和发展这些合作安排。瑞典和芬兰分享了几项安全政策假设。更深入的防务合作增强了每个国家的能力，并在邻里创造了更大的安全。

积极参与联合国等国际组织为维护世界和平而采取的维和行动，是瑞典对外军事关系的主要内容。自1956年首次参与中东地区维和以来，瑞典先后派出过8万人次的维和人员参与世界各地的维和任务。加入欧盟以后，瑞典武装力量在国际上的活动更趋活跃，近年来几乎每年都参加一次或数次有多国军队参与的联合军事演习，以增进国际军事合作的经验。瑞军每年训练约1500名现役军人和具有专业背景的文职人员，作为其"国际部队"的预备人员，并且已经向欧盟和联合国等国际组织提交了可以征调的军事单位以及具有多方面能力的单位和人员的名单，这些单位包括：若干个机械化营，一个步兵连，一个工兵连，一个突击排，一支护卫舰队，一支海军扫雷部队，"鹰狮"战斗机/侦察机，一架C130大力神运输机，一支防化学武器、生物武器、电子攻击和核子攻击（CBRN）的部队。

截至2017年10月底，共有约400名瑞典军事人员在20多个国家从事维和、军事观察和人道主义救援等任务，任务规模各不相同，从观察员或顾问到数百名男性或女性军人。瑞典参与联合国、北约、欧盟、美国主导的多项军事维和行动，也以中立国身份参与一些活动。

1. 参与联合国的活动

在马里、刚果民主共和国、南苏丹参与联合国维和行动。自2017年7月21日以来，四名瑞典军官一直在联合国西撒特派团的任务中任职。瑞典在其他场合为该任务提供了人员，这是联合国最古老的任务之一。还参与印巴观察组（UNMOGIP）监督印度和巴基斯坦沿查谟和克什米尔控制线的停火。

2. 参与北约的活动

自2001年底以来，瑞典为北约领导的阿富汗行动提供了军事力量。瑞典驻阿富汗部队最初的重点是首都喀布尔周边地区，支持阿富汗安全部队。从2014年9月起,瑞典驻阿富汗部队共有50名人员,其中大多数人担任阿富汗安全部队的顾问,或者是国际安全援助部队的工作人员。

驻科索沃部队(KFOR)是一支由北约领导的多国部队,负责建立和维护科索沃的和平与安全,包括维护一般法律和秩序,并确保科索沃战争结束时各派之间达成的协议得到遵守。瑞典曾有一个营大约700人驻扎在科索沃。

3. 参与欧盟的活动

自2010年6月以来,瑞典为欧盟部队在波黑的"Althea"行动提供了一名参谋。瑞典对波黑的部队派遣于2008年4月结束。欧洲联盟索马里军事训练行动(EUTM)于2010年4月启动。该倡议的目的是根据2008年吉布提协定,促进稳定索马里的安全局势。瑞典派出一名参谋和七名教官参加该行动。自2014年以来,该行动一直在摩加迪沙的欧盟总部进行。

应马里的要求,欧盟目前正在对该国的武装部队进行训练,该部队被称为欧洲联盟马里军事训练部队(EUTM Mali)。该任务始于2013年,旨在恢复法律和秩序,并消除恐怖主义威胁。来自芬兰、法国、立陶宛、瑞典和英国的大约170名教员参加训练。瑞典武装部队最多为EUTM提供15名军事人员。

4. 参与中立国监督委员会(NNSC)的活动

目前的重点是通过瑞典和瑞士在非军事区的存在,保持朝鲜和韩国之间休战机制的有效性。NNSC与韩国有持续联系,目前没有与朝鲜接触。

5. 参与美国主导的多国部队的活动

瑞典参与美国主导的多国部队在伊拉克与叙利亚的军事介入,瑞典军队主要驻扎在伊拉克北部,由35人组成,其主要任务是向伊拉克国防军提供咨询和培训支持,帮助伊拉克武装部队打击"伊斯兰国"(IS)。

6. 参与重型空运联盟(HAW)的活动

该联盟的活动是一项多国计划,其中瑞典作为第二大国家,每年飞行550小时。其他11个参与国是保加利亚、爱沙尼亚、芬兰、立陶宛、荷兰、挪威、波兰、罗马尼亚、斯洛文尼亚、匈牙利和美国。瑞典军队派员履行其职责,包括飞行员、货物测量员、飞行机组负责人、情报人员、后勤人员、飞行安全设备人员等。

第六章

社　会

第一节　国民生活

堪称世界上最慷慨的"从摇篮到坟墓"的社会福利制度，充分就业的政策和养老金，悠长的假期，弹性的工作时间，甚至一些人推崇的"The Art of Do Nothing"（什么都不做的艺术）……所有这些都显示，瑞典人的生活是相当富足优裕的。在第二次世界大战之后的几十年中，瑞典模式让无数信奉自由市场的经济学家挠头，高税率、高福利和高经济增长速度近乎完美地结合在了一起。尽管其间也有过两三次短暂的经济衰退，但每当人们开始预言"瑞典模式破产"时，它又奇迹般地再次迎头向上。

一　就业

瑞典政府长期奉行充分就业的政策。多年来，瑞典一直是世界上劳动力就业率最高的国家之一。20世纪70年代石油危机以后，当其他国家的失业率持续上升时，瑞典依然保持很高的就业率。在16～64岁的人口中，参加工作的人数比例从50年代初的70%增加到1990年的82.6%。公共部门的扩大，是就业率上升的一个重要原因。1950年以后，就业人数的增加主要是在公共部门。

到了20世纪90年代，劳动力市场上的情况发生了巨大变化。瑞典不再是就业率最高的国家。1990～1994年，近50万人失去工作，就业率因此降到了77.6%，有劳动能力年龄的人口中拿工资的人数比例降到了

71.5%。就业人数减少，使失业率急剧上升。1994年注册失业率达到8%，而1990年仅1.7%。不仅如此，注册失业人数远远低于就业人数减少的数量，这是因为，许多失业人员参加了各种劳动力市场培训项目的学习，或开始提取病残补助或养老金。到了20世纪90年代中期，就业情况还没有发生大的变化。1996年注册失业率仍为8%，如果把参加劳动力市场培训项目的人员计算在内，失业率高达12.3%。

从1997年底开始，劳动力市场发生了一些新的变化，注册失业率明显下降。这一方面是由于努力创造就业机会，另一方面是成人教育学校和高等教育机构增加。政府成人教育创始委员会1997~2000年新开辟了6万个高等教育名额、14万个成人教育和职业教育名额。这是社会民主党政府1994年上台后制定的到2000年将失业率由8%降到4%的计划的一部分。

进入21世纪，瑞典就业形势随整个经济形势好转而有所好转。由于私营部门就业人数的增加，失业人数有一定程度的减少，但未能达到政府将注册失业率降到4%以下的目标。2001年和2002年这两年注册失业率曾降到4.4%，但2005年又上升到5.5%。从2008年开始的数年金融危机，导致失业率高达8%~9%。瑞典公共部门就业的压力也在增大。时任中右政府采取"就业与再培训"措施，提高对失业者的支持以及增加对高校和职业培训学校的资金投入。2009年，瑞典蓝领工会与雇主协会就共同抵御危机达成临时协议，是瑞典劳资集体协议创立71年以来的首次协调行动。

2010年以后，瑞典经济走出危机。2018年，瑞典就业率达到20世纪90年代以来的最高值，是欧盟最高水平。女性全职工作人数有很大提升，2005年65%的职业女性拥有全职工作，2017年比例提高至72%。2014年上台的红绿联合政府实施90天保障措施，帮助年轻人尽快就业。瑞典达到2008年以来青年失业的最低水平，截至2017年10月底，18~24岁注册失业人口为1万人，是5年前的近一半。年均失业率由2017年的6.8%降至2018年的6.6%。但移民人口失业率有上升态势。瑞典劳工市场呈现两极分化，公共部门的人力资源严重缺乏，外籍人员、受教育程度低、老年人及残疾人很难进入劳动力市场。外国人，特别是难民及其亲属的就业率远远低于本土出生的人。

瑞典官方预计，未来 5~10 年内，瑞典急需工程师、IT 专家、教师和健康专家，其他职业如汽车技师、公交司机也会短缺。

二　工资

根据欧盟统计局数据，2013 年瑞典劳动力平均工资达到 40.1 欧元/时，居欧盟 28 国首位，较 2008 年增长 26.9%，增速高于欧元区国家。2017 年，月工资中位数为 33700 瑞典克朗，月工资平均数为 3 万瑞典克朗。瑞典近年来工资差距加大。2017 年瑞典最高和最低月收入差距达 10 万瑞典克朗。银行、金融和保险行业的高层管理人员月薪高达 12.4 万瑞典克朗，市场调查员和面试官月薪只有 1.94 万瑞典克朗。

瑞典男性和女性薪酬也存在差距，女性收入为男性收入的 87%。由于大部分女性需要更长的育儿假期以及照顾生病子女假期等，多数女性从事兼职工作，按小时赚取工资，最终也导致养老金偏低。退休女性养老金金额只相当于同龄男性的 67%。

三　物价

瑞典政府强调低通货膨胀是经济顺利发展和充分就业的前提条件。加入欧盟后，遵守欧盟财政纪律成为主要原则。为此，瑞典议会为货币政策确定的最重要任务，就是保持价格的稳定。根据这一原则，瑞典中央银行独立执行货币政策，以保持低通货膨胀率（2%）、保持价格稳定为目标。

20 世纪 70 年代石油危机以后直到 80 年代末，瑞典通货膨胀率一直比较高。1990 年和 1991 年通货膨胀率更是分别高达 10.5% 和 9.3%。此后，通货膨胀率除个别年份（1993 年为 4.7%）外，基本上保持在 3% 以下。

金融危机期间，2008 年 12 月，瑞典居民消费价格指数从 11 月的 2.5% 降至 12 月的 0.9%，远低于 2% 的通胀目标。此后，瑞典通货膨胀率维持低位，2014 年通缩压力不断增强，通胀率一度跌至 -0.1%。2013 年，瑞典家庭和个人平均消费比欧盟 28 国平均水平高 15%，位列第 7。

四 住房

2001年起，瑞典房价步入上涨通道。2007年，斯德哥尔摩房价十年间翻了一番，市值均超过哥本哈根、柏林、慕尼黑和巴黎市中心地带的公寓价格；斯德哥尔摩市中心的公寓住宅每平方米价格约为9.5万瑞典克朗。2012年，公寓住房价格上涨了8%，家庭别墅价格上涨了2%。瑞典家庭别墅平均价格约210万瑞典克朗，斯德哥尔摩地区家庭别墅平均价格约380万瑞典克朗。斯德哥尔摩和哥德堡的市区公寓均价分别达到62000瑞典克朗/平方米和39000瑞典克朗/平方米；第三大城市马尔默市区公寓均价约20000瑞典克朗/平方米。瑞典房地产在2015年达到创纪录的价格上涨，公寓平均售价增长16%，独立家庭楼售价增长12%。这是自2009年经济危机以来房地产市场价格增长最迅猛的一年。斯德哥尔摩市中心房价居全国最高，公寓价格高达近90000瑞典克朗/平方米（约合11000美元）。

房价上涨带动租金迅速升高。2013年，斯德哥尔摩房屋平均租金较2012年上涨20%。斯德哥尔摩一居室公寓平均月租约6100瑞典克朗，哥德堡为4375瑞典克朗，马尔默为4265瑞典克朗。

到2015年底，瑞典住宅数量已超过470万套。其中一梯两户型住宅占42.8%，约为201万套。多户住宅楼占50.7%，约为238万套。特殊户型和其他建筑物分别占总量的4.9%和1.5%，数量分别约为23万套和7万套。在多户住宅楼群中，59%为出租房，41%为住户自购用房。

2017年，瑞典房价连续上涨16年后，出现持续下跌。2000~2016年，瑞典房价上涨了144%，家庭债务也大幅度增加。高起的房价和家庭债务令瑞典银行和家庭陷入困境。瑞典对抵押贷款偿还无时间限制，许多住房贷款只能由业主的孙辈偿清。2013年测算结果显示，平均贷款期限长达140年。2014年，瑞典新增住房抵押贷款的1/3均允许借款人只偿还贷款利息而无须偿还本金。2016年，议会通过法律，将住房抵押贷款偿还期限最长设定为105年，新增贷款有5年宽限期，此后每年须偿还贷款本金。

2015年以来，大量难民涌入瑞典，瑞典各难民中心承受巨大安置压力。2016年3月,政府通过了一项新法律,获得临时或永久居留的移民,不能继续留在难民中心,这又加大了住房紧张形势。政府预计,到2025年,瑞典需要建造60万套新住宅,至少每年需要新建8万套住房,才能满足民众日益增长的住房需求。

五 社会保障与福利

经济和社会发展的高水平,使瑞典得以建立起较高水平的社会保障制度。长期执政的社会民主党一贯采取"实现充分就业,收入公正分配,共同富裕,人人价值平等"的社会政策。社会保障制度的意义之一,也在于让人们知道,当他失去收入来源的时候,能够得到应有的生活保障。以这一政策为基础,瑞典对全体国民实行普遍、全面的福利保障,社会保障体系内容广泛、细致而烦琐,包含了从摇篮到坟墓的所有人生阶段:生育、儿童、疾病、伤残、失业、遗属、单亲家庭、住房、教育、养老等。不仅给予现金补贴,还提供较为完善的社会服务,如医疗、护理等。2014年以来,社会民主党主导的政府力图构建一个类似20世纪的社会福利网。

1993~2011年,瑞典社会保障支出额增加约4430亿瑞典克朗,但占国内生产总值的比重则从1993年的37.3%下降至2011年的29.4%。2011年瑞典社会保障支出总额为10299亿瑞典克朗,其中,医疗卫生和养老支出占67%。2010年,瑞典社会保障支出比2009年增加229亿瑞典克朗,增长2.3%。受经济形势影响,失业保障支出增加47亿瑞典克朗,比2009年增长11.5%,增速最快。失业保障各项支出中,职业培训支出增长最为显著,达52.9%。失业者会获得与之前工资挂钩的失业金,因为参加了失业保险计划。即使没有保险,他们也有权从国家社会保险署领取活动津贴,但补助会少一些。如果员工生病不能上班,雇主会支付病假工资,约为正常工资的80%(除了没有任何报酬的病假第一天)。去医生那里就诊时,根据所在省份的不同,需支付100~200瑞典克朗不等的费用或最高300瑞典克朗的专家诊疗费。

欧盟国家每年的带薪假期平均为25.2天,瑞典人每年的带薪假期约33天,是欧盟带薪假期较长的国家。由于瑞典冬季黑暗漫长,瑞典人需

要利用夏季放假休息。尽管瑞典人的假期很长，每周工作时间在欧盟中却不是最少的。

瑞典的福利体系覆盖从摇篮到生命终点的长程。上班族父母在每个孩子出生后都享有480天的休假权利。孩子一出生，父亲就自动获得10天假期，同时还和妻子共同享有480天的带薪育儿假。这意味着女性可以更好地照顾事业，因为男性在抚养孩子上承担起了更多责任。为儿童设计的活动场地随处可见。在商店里，家长们可以把小孩留在入口处的儿童乐园，有工作人员精心看护，孩子们可以玩耍、画画或搭积木。从2018年3月开始每个月的儿童补贴增加200瑞典克朗。2018年起，瑞典七至十二年级的学生在暑假期间可免费乘坐公共交通工具，"所有孩子都有权享有美好的暑假，无论父母收入高低"。2018~2020年，该政策每年将耗资3.5亿瑞典克朗，这笔资金将通过国家补助金定向拨入下级政府。是否实施这一举措最终将由各省区自行决定，但由于国家承担费用，可以预计大多数学生将享受到该福利政策。

瑞典近150万人口有某种程度的残疾。政府为残疾人提供社会和福利上的政策支持，尤其在教育、医疗和就业等领域。残疾人可向市政府申请拨款改造住房，出行不便的人士可获得瑞典社会保险署提供的汽车补贴。国家还负责帮助残疾人找到并保住工作。在瑞典，性别平等首先体现在学校，男孩和女孩都拥有同等的受教育机会。性别平等受到一系列的法律保护，并由反歧视监察专员监督执行。在工作场所，老板有法律义务在员工中倡导男女平等，在发生性骚扰事件时要采取措施。性别平等还体现在育儿长假制度上。瑞典立法承认同性伴侣关系，在各领域打击歧视仇恨同性恋者的煽动行为和暴力犯罪，并保障同性家庭的子女抚养权等诸多平等权利。2015年，红绿联合政府制定250亿瑞典克朗的财政预算用于实施增加就业、改善教育条件（包括小学实行小班制、改善教师待遇等），改善气候和环境，改善健康、医疗和养老等社会福利，确保性别平等改革措施。

由于经济形势较好，目前依靠社会福利和补助金生活的人数创历史新低，2017年人数下降了3.6%，共有768740人，即13.3%的人口依靠社会福利生活，这是自1990年开始统计以来的最低数字。每年的社会福利开支保持在35亿瑞典克朗。瑞典国家养老基金在2016年的总结报告中指出，其年总收入为1180亿瑞典克朗，平均回报率为9.7%。瑞典正在着力打造"阿尔茨海默病友好型社会"，对老年人的健康护理与社会关怀，已成为瑞典福利政策的重要组成部分。政府还计划降低养老金税、对早期退休金领取人员降税、工会费的扣除权、更高的病假补偿上限等。

但老龄化、少子化也在影响着瑞典福利体系。2010年，瑞典人口中仅有约1/3已婚。部分原因是瑞典的很多伴侣虽然住在一起，却没有结婚，这被称为"sambo"。这种现象可能体现了瑞典人对个人自由的热爱。议会、政府也在着手进行一系列改革。2017年，瑞典议会养老金工作组提出方案，计划将领取国家养老金的门槛年龄从61岁提高到63岁，另外将退休门槛年龄从67岁提高到69岁。瑞典人工作44年以后就可以领取国家养老金；如果从18岁开始工作，到62岁即可领取国家养老金。

六 税收

瑞典以高税收闻名于世，但其公司所得税率（corporative tax）却是世界上最低的国家之一，只有22%。资本收益税（capital gains tax）税率30%。瑞典的个人所得税之高，举世罕见。个人所得税首先由各个地方（市）征收，各个地方税率不同，一般为29%~35%。收入超过一定界限后，对超过部分再征收国家个人所得税：收入低于43.89万瑞典克朗（约合人民币35万元），免税；收入介于43.89万~63.85万瑞典克朗（约合人民币51万元），税率为20%；63.85万瑞典克朗以上收入税率为25%。资产收益税属于国家征收范围，税率为30%。遗产税在2005年被废除。

2006年温和党执政以来，政府已连续五轮减税，总额达1390亿瑞典克朗，大部分是减征收入税以刺激工薪阶层消费。2014年，瑞典税率达58.6%，为欧盟国家最高值。但现在瑞典已摆脱全球税负最重国家称号。目前其税负占国内生产总值的比例约为45%。

辛勤工作的瑞典人的薪水竟然有差不多1/3都被政府机构收走，但税务局的公众口碑颇好。瑞典人一生都要与税务局打交道。新生儿出生，相应机关会进行登记，并发放个人身份证号码。父母需要向税务局申请登记孩子的名字，而税务机构有权拒绝他们选择的名字。在准备结婚时需要向税务局申请"婚姻障碍调查"，以证明当事人有资格结婚。瑞典人每次搬家也必须在一周内通知税务局新地址。在去世的时候需要税务局的服务，宣布死亡的医生会通知税务局，逝者的亲属们需要从税务局得到葬礼所需的"火化或埋葬"证明。

当发生了属于其职权范围内的事情，税务局会主动将需要签名的表格寄来；纳税申报表每年都会出现在个人信箱里。税务局的信件中通常会提供负责事务的雇员姓名和直线电话号码，提供快速而个性化的服务。目前电子化报税非常普及，申报人也能及时收到退税。2016年，有370万人共获得超过290亿瑞典克朗的退税。

第二节　移民

移民在瑞典有着悠久历史并且是一个双向流动的过程。移民一方面随着瑞典内部状况即其经济结构演变而波动，另一方面也会由于外部事件如战争或军事政变等出现激增。瑞典现当代的人口迁移过程大致可以分为两个阶段：第一阶段是从二战以后到20世纪70年代，以邻国劳动力的迁移为主要特征；第二阶段是从20世纪70年代到当前，以难民为主并衍生出的移民以及持续的劳动力移民为特征。与此相关，瑞典的移民政策也基本可以划分为自由移民导向与有约束的自由移民导向政策。

瑞典对移民持开放态度，一方面，是因为瑞典自身人口较少，在经济快速发展的若干时期对劳动力需求较大；另一方面，瑞典作为联合国《日内瓦公约》签字国，其承担国际公约义务而接收难民。近年来瑞典的老龄化日益严重，也需要吸纳年轻移民。

一　移民变迁

1. 早期的移入移出：寻求更好的生活

尽管在早期没有准确的数据，但文献记载，自中世纪以来，欧洲其他国家、地区就有人迁移到瑞典，带来了商业贸易、建筑、铸铁等工艺以及艺术。而从19世纪中叶到20世纪30年代（1850~1939年"大移民"时期），大约有150万瑞典人迁移到美洲与澳大利亚，或为逃脱宗教迫害以及贫困，或为自己与家人寻求更好的生活。1887年从瑞典迁移出的人口占当时瑞典总人口的1%左右，而2011年移出人口只占总人口的0.5%。

2. 二战后到20世纪70年代中期的自由移民：工作移民

进入20世纪，瑞典的移民流向发生了深刻变化，从之前的本土人口流出演变为外来人口流入。在社会民主党为主的中左政府的多年治理下，移民不断融入瑞典社会，缔造了今天倡导宽容、多元文化的瑞典。二战之后，由于经济快速发展对劳动力需求增加，工作移民大量进入瑞典，主要是来自邻近或其他近欧洲国家、地区的劳动力人口。

3. 20世纪70年代中期以后的庇护申请：难民

20世纪70年代的石油危机揭开了全球性动荡的大幕。瑞典也一次次迎来各种难民潮。有来自南美如智利躲避皮诺切特军人政权的移民，也有来自伊朗、伊拉克、黎巴嫩、叙利亚、土耳其、索马里等动荡之地的难民。据统计，目前有45000多名有着智利血缘背景的人居住在瑞典，瑞典有智利本国之外的第三大智利人社区，仅次于阿根廷与美国。20世纪80年代，两伊战争爆发，长达八年的战乱造成大量难民。1980~1989年，依据联合国《日内瓦公约》，瑞典接纳了近7000名伊拉克和27000名伊朗难民。20世纪80年代末到90年代初，东欧剧变引发巴尔干局势动荡，南斯拉夫陷入分裂、种族清洗与战火纷飞，导致大批难民形成。10万多名波斯尼亚人与3600多名居住在科索沃的阿尔巴尼亚族人作为难民被瑞典接纳。

4. 20世纪90年代中期融入欧洲一体化的瑞典：难民与申根区人员自由流动

1995年，瑞典加入欧盟；2001年，瑞典加入申根协定。这意味着瑞典在履行《日内瓦公约》义务接纳难民的同时，还要向申根成员国开放边界允许人员自由流动。从瑞典本土迁移出去以及流入瑞典的人都显著增加。在欧洲，瑞典是寻求庇护者的主要目的地和接受国。这一时期，以家庭团聚为目的的移民是瑞典最大的移民群体之一。2014年，4万多人获准来瑞典与家人和近亲生活在一起。

5. 进入21世纪的瑞典：难民危机

2003年，美国入侵伊拉克，瑞典又迎来新的伊拉克难民潮。2013年以来，利比亚、叙利亚局势动荡，向瑞典寻求避难的人数激增。2013年，瑞典移民局收到了54259份庇护申请。2014年，在德国主导的欧盟难民政策框架下，瑞典接收了仅次于德国接收的大批难民。2015年，瑞典移民局收到了162877份庇护申请。在这约16万人中间，未成年人高达70384人，其中又有35369个孩子没有家人陪伴。上述数字都达到了瑞典移民历史上的最高纪录，寻求庇护者主要来自叙利亚、阿富汗以及伊拉克。

2016~2017年，向瑞典提出庇护申请的人数显著下降，但瑞典移民局给予庇护居留许可的总量在增加，主要是解决前几年累积的庇护申请。2018年1~9月，移民局收到了15978份庇护申请。

二　移民政策特点

1. 从二战后到20世纪70年代上半期：自由移民政策

瑞典过去主要是一个向外移民的国家，直到逃离至此的二战难民慢慢将其变成一个接收移民的国家。瑞典在二战时期的中立政策使其工业设施免遭战火破坏。战争结束后，工厂需要大量工人来生产被战争摧毁的欧洲其他国家所需的各种商品。除大量邻近国家劳动力涌入，瑞典农村人口也来到城市成为工人阶级。瑞典逐渐从农业国家转变为高度工业化的国家，这个过程也带来了大规模的城市化。这一时期的瑞典工业、服务业快速发展，劳动力缺口较大。1954年，瑞典、丹麦、芬兰、挪威与冰岛5国签署《北欧共同劳动力市场协定》，允许5国公民自由出入并享有在5个国家的居住权与工作权。到20世纪50~60年代，瑞典成为北欧最大的劳动力输入国家，以芬兰劳动力流入最多。在部分制造业与服务业领域，大量低技能外国劳动力取代了瑞典本土劳动人口的就业。这样虽然有利于降低生产成本、提高竞争力，但也日益面临瑞典工会的抗议。

20 世纪 50 年代，外来移民增加导致城市住房紧张。随着经济繁荣、国家财富的增长，社会民主党政府决定在 1965~1974 年每年建造 10 万间公寓，这被称为"百万公寓计划"。这一计划是当时世界上最雄心勃勃的建筑项目，为瑞典本土居民以及移民提供了充裕的住所。

2. 20 世纪 70 年代中期至 2006 年：趋于限制的自由移民与融合政策

20 世纪 70 年代中期发生的石油危机、经济危机，对瑞典经济发展造成了冲击，经济不景气也影响了就业。而大量外来劳动力的涌入也冲击了本土瑞典人的就业与工资水平。瑞典工会强大的影响力促使政府于 1965 年设立了移民办公室开始管控外国劳动力流入。出于实际需要，政府对外国劳动力的受教育程度以及使用瑞典语的能力都提出了要求。同时为了限制非北欧国家劳动力流入，1968 年，政府出台规定，要求非北欧国家公民向瑞典移民办公室申请工作与居住许可时，在获准进入瑞典之前，必须已经安排好工作与居住之处。

进入 20 世纪 70 年代，瑞典的移民来源发生改变。由于经济发展，芬兰的生活水平得以提高，大部分芬兰劳动力返回母国；新的芬兰劳动力流入瑞典人数也明显下降。同期来自欧洲以外国家的移民增多，有技能的难民也开始进入瑞典。1975 年，在多元文化的背景下，瑞典社会民主党政府在"平等、选择自由以及伙伴关系"原则的基础上开始推进移民融合政策。平等意味着移民享有与瑞典人一样的各项社会和经济权利，选择自由意味着移民有权选择自己的文化、宗教信仰与认同，伙伴关系则意味着瑞典人与移民之间的相互宽容和团结。

瑞典的难民政策基于 1951 年《联合国难民公约》条款精神。瑞典奉行自由的家庭团圆政策也吸引了大批移民来到瑞典投亲靠友。为使来自不同大洲的移民更好地融入瑞典社会，政府为移民提供了学习瑞典语以及了解瑞典基本知识的课程，移民在保持各自文化背景的同时享受瑞典的福利政策。政府给予各族群协会政治和经济支持。1976 年，政府出台规定，在登记居留满 3 年之后，移民可以享有市与省两级议会选举中的投票权。

20 世纪 80 年代，来自智利、埃塞俄比亚、伊朗等国家的难民持续进入瑞典。20 世纪 80 年代中期，中左政府重组了难民接收计划，称为"全瑞典战略"（Sweden-wide Strategy）。战略涉及瑞典移民局和地方市政当局两个主要参与者。根据这项改革，瑞典移民局负责：①接待庇护申请者；②获得居留许可后转移难民；③与市政当局谈判以安置难民。而各个市政当局则负责所接收难民的住房安置、语言课程以及了解瑞典社会的培训计划，地方政府承担起促进新移民在不同领域的融合工作。

20世纪90年代，东欧剧变以及局部战乱的持续，大量难民涌入瑞典。而此时的瑞典也受全球经济周期影响而低迷不振。1994~2006年，社会民主党再次连续执政，融合政策进一步完善。1997年，政府出台法令《瑞典：未来与多样性——从移民政策到融合政策》（Sweden：The Future and Diversity—From Immigration Politics to Integration Politics）。政府再次明确在瑞典人人拥有同等的权利、责任和机会，追求一个以多样性为基础的社会，建设相互尊重和包容的社会。1998年，政府组建了瑞典融合委员会（Swedish Integration Board）。这个国家级的机构负责促进并监督融合状况，通过财政资助来支持地方政府和各移民协会促进融合工作，通过立法限制求职以及高等教育中的种族歧视。

3. 2006~2014年：中右政府的改革

2006年10月至2014年9月，由温和党领导的中右联盟执政。在此期间，联盟政府在2007年撤销了融合委员会，由司法部负责移民与庇护事务。联盟政府以充分就业为主要目标，同时"工作第一"原则也是政府融合政策的组成部分。政府将融合政策聚焦于工作与语言能力，加强移民学习瑞典语、了解瑞典社会的培训工作。2010年12月，中右政府推出新措施以加快实现移民融合。这一改革被称作"新移民的职业介绍——个人责任与专业支持"（Labour Market Introduction of Newly Arrived Migrants—Individual Responsibility with Professional Support），主要目的是让"融合与性别平等部"加快新移民进入劳动力市场以及融入瑞典社会。但不少穆斯林移民通过家庭团圆等方式来到瑞典，一些分散安置其他城市的难民或移民也纷纷迁移与"老乡"聚居。这样，在一些大城市郊区逐渐形成了移民聚居区，而原来居住于此的本土瑞典人纷纷迁出，族群聚居与社会隔离日益凸显。2008年以来的欧债危机同样导致瑞典政府实施财政紧缩政策，年轻移民因缺乏瑞典语学习或职业技能学习而就业困难与贫困化加剧。上述现象导致的就业排斥与歧视引发了青年移民的骚乱事件，在瑞典南部的马尔默等地，集团犯罪也日益增多。

这一时期，瑞典的住房出现短缺，房价持续走高，移民的贫困化进一步加剧。2014年夏，时任瑞典首相的温和党领导人弗雷德里克·赖因费尔特呼吁瑞典人向寻求庇护者"敞开心灵"。这可以被解读为中右政府对移民的开放态度。但瑞典社会的排外情绪日益明显，一些反移民的极端政治力量也从瑞典南部兴起并通过选举进入国家政治舞台，如瑞典民主党。

4. 2014~2018年：红绿执政联盟直面难民危机

2014年10月~2018年9月，社会民主党与环境党组建了中左的红绿联合政府。在这4年期间，债务危机、难民危机、英国脱欧以及恐怖主义等热点事件频发。中左政府也直面了欧洲历史上最大的难民潮。尽管中左政府坚持人道主义的庇护政策，给予地方政府更多支持令后者承担安置难民及语言教育等职责；但汹涌而至的难民还是让中左政府应接不暇，不得不采取新措施限制家庭团圆和难民进入。2015年10月，瑞典政府宣布从2016年起新入境难民中大部分人将不会自动获得永久居留权。2016年初，政府临时加强了边境管制，阻止无有效护照或其他身份证件的难民入境。2016年上半年，政府又出台临时居留许可规定，限制家庭成员移民与控制发放居留许可。2016年迄今，瑞典移民局收到的庇护申请大幅下降，这在很大程度上与中左政府上述限制措施有关。

向移民局申请庇护的外国人，在等候审核期间，如果他们已经获得工作许可证要求的豁免，这些庇护寻求者就可以通过工作来保障自己的生活；而那些无法保障自己生活的人则可以申请"每日津贴"。2015年，政府规定，在瑞典的寻求庇护者如果住在政府提供的房屋或收容所并由政府提供伙食，每名单身成人每日可领取24瑞典克朗津贴，而伙食自负的人则每日有71瑞典克朗补助。获批难民身份的人会被安排参加为期2年的融入社会计划，每月可领取约6700瑞典克朗；如有子女或需负担住屋开支则有更多津贴。

三 华人华侨在瑞典

目前,在瑞典的华人华侨约8万人。

瑞典华人总会(简称"瑞华总会")是代表全瑞典华人、华侨、留学生及其社团的非宗教、非政治、非营利性群众联合体,具有独立的法人资格,总部设在斯德哥尔摩。瑞华总会以维护华人在瑞典的合法权益、增强在瑞华侨华人社区团结互助、弘扬中国传统文化以及推动中瑞两国民间交流和合作为宗旨。下设青田同乡会、潮州同乡会等多个分会以及瑞青中文学校,有华文出版物。叶克清先生担任瑞典华人总会主席,叶沛群担任执行主席。青田同乡会会长为叶克雄,副会长为夏海栋。潮州同乡会会长为陈德忠,潮州裔在瑞典华人中比例较大。

叶克清先生是瑞典知名华人侨领,1943年生于浙江青田,20世纪70年代末赴瑞典,成为瑞典著名华人企业家,担任瑞典中国和平统一促进会会长以及欧华文化经济协会名誉主席等职。他心系祖国发展,曾数次受到中国国家领导人接见。他曾任瑞典青田同乡会会长。

北欧致公协会成立于2017年3月,积极为北欧和中国在科技、教育、环保等领域合作发展搭建平台。协会会员包括大学教授、企业家、科研工作者等多个行业的华人华侨精英。会长为卡罗林斯卡医学院终身教授曹义海(瑞典首位华人教授),理事长叶沛群,副理事长周斌。协会成员多次组团到中国访问探讨深度合作,产生良好效果。

在瑞典其他领域也有华人努力成功的案例。斯德哥尔摩大学商学院房晓辉教授专注探究瑞典创新成功之道。来自基督教民主党的刘芳(Lydia Liu)女士两次当选斯德哥尔摩大区纳卡(Nacka)市议员,为华人参与瑞典政治生活做出表率。刘芳议员现在纳卡市公共委员会(也叫监督委员会)担任委员,负责监护人、管理人员和代理监护人的监督与管理;并在申请或通知后,调查对所述行动的需要。这个委员会是为了防止因各种原因无法管理财产、提起诉讼和行使其权利的人的法律损失。

担任哈姆斯塔德大学校董和卡罗林斯卡医学院生命科学研究所(Nextcell)商务代表的马文迪先生,为瑞典与中国的教育交流、医疗医药、交通、商贸等领域的官方合作积极奔走。孙建华女士在马尔默创办中文学校，为华人争取应有的权益，为下一代的华人提供学中文的机会及场所，发扬中华文化。

自2015年起，王凯梅女士与中国伙伴李姗姗共同策划的"极地光影"连续数年将北欧不同风格的电影作品介绍到中国，在多个城市展映。

瑞典畅通国际（Wasa Nordic Management）成立于2010年。公司为2015年中国海军152舰艇编队访问瑞典提供专业的组织服务工作；2017~2019年的每年4月末，北京金帆艺术团都在诺贝尔奖颁奖地——斯德哥尔摩音乐厅举办专场演出。数百位小演员的落地服务以及演出组织都有公司员工忙碌的身影，公司总经理李凯先生表示，"为祖国出力是最大的荣幸"。

2016年，在王凯虹女士与其中国合作伙伴张凌的共同努力下，"中国瑞典创新创业基地"在北京东城区航星科技园挂牌成立。

职业摄影师李亚男在瑞典名气不小，他得到哈苏特别赞助主持拍摄瑞典米勒斯雕塑园大型画册，受委托拍摄尤金王子150周年大型画册。自2010年起，他担任瑞典王后指定摄影师，多次为王后拍摄官方肖像。2011年起，他负责为瑞典社会保障部老年关怀教材拍摄照片。在瑞典和境外多次举办个人影展。

第三节 医疗卫生

自20世纪30年代瑞典成为世界上典型的高福利国家以来，公民一律平等享受国家公共卫生医疗服务，便成了社会福利的重要组成部分。政府通过财政拨款，维持各类医疗机构的正常运营，并支付公民医疗费用。这种国家垄断投资、管理和经营的模式，一直延续了50年，它体现了政府关于人人平等享受医疗服务的宗旨。但是，这种体制的弊端也日渐明显：国家垄断造成服务效率低下，医疗经费不断膨胀，难以满足公民对医疗服务的需要。从20世纪90年代至今，瑞典政府根据形势的变化进行了一系列的改革。这种改革虽然没有改变国家对医疗服务统筹拨款的

瑞 典

框架，但在提高医疗服务效率方面引进了一定的市场化经营管理和竞争激励机制。

经济社会发展使医疗保障日益完善，瑞典人的寿命越来越长。瑞典女性的平均寿命为83.7岁，男性为80.1岁。2013年，19.4%的瑞典人口为65岁及以上。这意味着瑞典的老年人口比例位居欧洲最高行列。另外，自20世纪90年代末以来，瑞典的新生儿数量也逐年增加。经过改革，瑞典建立了一个分散式的、靠纳税人缴纳的税款支持的医疗卫生体系，在这样的体系下，每个人都能平等地享受医疗服务。同许多国家一样，瑞典也面临着诸多挑战，如医疗卫生服务的资金来源、服务质量和服务效率等。

一 多责任主体与分散共享式医疗

在瑞典，中央政府、省议会和自治市政府共同承担健康和医疗护理责任。《健康与医疗服务法》（The Health and Medical Service Act）规定了省议会和各自治市政府的责任，并使地方政府在这一领域享有更大的自由。中央政府的作用是制定原则和指导方针以及建立卫生和医疗保健的政治议程。中央政府通过颁布法律和法令，或通过与代表省议会和自治市政府的瑞典地方当局及地区协会（SALAR）订立协议，来发挥其职能作用。各省议会约90%的工作集中在医疗卫生领域，必须为其居民提供高质量的健康和医疗保健服务，还要致力于提高全部人口的身体素质。省议会还负责为20岁以下的当地居民提供牙科保健服务。

除省议会负责卫生保健外，在某些情况下，卫生保健的责任还被下放给自治市政府。瑞典自治市政府有责任照顾住在家中或特殊护理机构的老人。其职责还包括照顾身体或心理残障人士、为出院患者提供支持和服务以及为学校提供医疗卫生保健服务。有些慢性疾病需要监测和治疗，也往往需要终身服药，这对医疗服务有很大的需求。

从国家层面而言，有数个权威部门与组织参与了医疗卫生服务。

（1）瑞典国家卫生与福利委员会（Socialstyrelsen），作为中央政府的专家机构和监管机构发挥了基础性的作用。

（2）瑞典地方当局与地区协会（SALAR），代表瑞典21个省和290

个自治市的政府利益、专业机构利益以及与雇主相关的利益。

（3）医疗卫生责任委员会（Hälso-och sjukvårdens ansvarsnämnd），是一所政府机构，负责对涉嫌违反医疗卫生从业人员标准的行为进行调查。

（4）瑞典医疗卫生技术评估委员会（SBU Kunskapscentrum för sjuk-och hälsovården），旨在判别最佳治疗方法和寻求对资源的最有效利用。

（5）牙科及医药福利局（Tandvårds-och läkemedelsförmånsverket），是一所中央政府机构，负责确定何种药品或牙科医疗程序应该由国家资助。

（6）医药局（Läkemedelsverket），是一所国家权威机构，负责规范管理及监督药品和其他医疗产品的研发、生产和销售。

瑞典有61家提供专科医疗服务的医院，每天24小时提供紧急服务。其中有7家是地区级医院，这些医院提供高度专业化的医疗服务，也是开展大部分教学和研究工作的基地。而针对预先计划类的医疗护理，有数家私立诊所可以供省议会购买特定的医护服务，以弥补政府医疗机构的不足。这是政府努力增大医疗卫生覆盖范围的一个重要举措。

国家电子医疗卫生（Nationell eHälsa）旨在改革和完善对医疗保健信息技术的处理和使用，例如电子病历、电子处方和提供医疗保健信息的门户网站等。《患者数据法》（The Patient Data Act）使医护工作者在征得患者同意后，可以跨组织地从不同的医疗服务提供者那里获取患者的电子病历。所有省议会均联网，使之成为全球首个如此的全国性解决方案。

《国家患者调查》（The National Patient Survey）每年提供测评，反映患者如何评价医疗卫生的质量。问题涉及治疗、患者参与以及对医疗卫生和信息的信心等。调查结果用来使医疗保健服务得以基于病人的视角获得发展和完善。《医疗卫生晴雨表》（The Health Care Barometer）也是一项调查，反映人们对瑞典医疗卫生的态度、了解和期望。这项调查每年由每个省议会和地区编制。

医疗安全是一个重点关注领域。2011年初，瑞典颁布了新的医疗安全法。该法为每个受到医疗卫生服务影响的人（包括患者、消费者和家庭成员）提供了影响医疗卫生服务内容的新机会。其目的是令医疗事故的举报更加容易。

二　90天内获得专科医疗服务

患者长期以来对预先计划类医疗护理（如白内障或髋关节置换手术）的等待时间感到不满。因此，瑞典于2005年出台了医疗卫生保证制度。这意味着全国所有的患者都能在寻医当天就与社区医疗卫生中心取得联系，并能在7天内就诊。经过初步检查后，患者在90天内应能获得专科专家的诊治；而只要所需的治疗方案已经确定，患者也会在90天内接受手术或其他治疗。如果等待时间超过90天，则会安排患者在其他医院接受所需的医疗服务；而由此产生的一切费用，包括任何旅费，将由省议会支付。2013年的统计数据显示，约九成患者可在90天内获得专科医生的看诊，并能在其后90天内接受治疗或手术。同年，78%的患者认为他们得到了自己所需的医护服务。而2006年这一比例为74%。

2011年，瑞典助产士协会庆祝了该专业组织成立125周年，还庆祝了300年的助产士培训事业。瑞典首个助产管理法规于1711年出台，规定在斯德哥尔摩的助产士必须接受培训、评估和宣誓。今天，瑞典跻身全球孕产妇死亡率最低国家行列，新生儿死亡率低于3‰，孕产妇死亡率低于1/25000（每10万名孕产妇中有不到4人死亡）。

三　卫生保健

在瑞典，大部分卫生和医疗保健费用由省议会和市政税收支付。国家政府拨款是另一项资金来源，病人支付的费用仅占总费用的一小部分。卫生和医疗保健支出占瑞典国内生产总值的比例相当稳定，并与大多数欧洲国家持平。2012年，卫生和医疗保健支出占国内生产总值的7.5%。初级医疗护理费用的增幅最大。2012年，公共部门为卫生和医疗保健（不包括牙科护理）支付了2380亿瑞典克朗，这是政府最高的单项开支。其中，一般医疗处理费用和急诊值班费用的增幅最大。近年来，私立医疗护理机构增多。省议会从私营医疗机构购买服务。2013年，12%的卫生保健服务由省议会提供经费，但由私营医疗机构提供服务。政府出台了政策，保证那些适用于市立医疗设施的规定和收费也在私立医疗机构得到执行。

在医疗费用方面，患者每天的住院费不超过100瑞典克朗。初级治疗收费因省而异，介于100～300瑞典克朗。对于专科专家诊治，最高收费为350瑞典克朗。患者在12个月内总共支付了医院900～1100瑞典克朗（视居住地区而定）之后，从这900～1100瑞典克朗中首次就诊算起的12个月内可免费就诊。而处方药（均由独立的药店负责，而非医院）的收费也设有上限，因此没有人会在12个月内支付药店超过2200瑞典克朗的处方药费用。

第四节　环境保护

一　概述

多年来，瑞典跻身世界十大最具竞争力经济体之列，并不断减少温室气体排放，在绿色发展中前行。

1995年，瑞典引入碳税，鼓励社会、企业减少对化石燃料的依赖，多使用可再生能源。2003年，瑞典引入绿色电力证书体系，增加可再生能源的生产。获得资质的电力必须来自风能、太阳能、地热能或波浪能、生物燃料或小型水电站。电力零售商需要购入一定比例的"绿色电力"，作为他们正常供电量的一部分，电力生产商则凭借其生产的可再生电力获得证书。2005年，瑞典出台在工业领域提高能源利用效率的特殊五年计划。根据该计划，约180个参与其中的用电密集型行业获准减税；作为交换条件，这些企业必须制定能源方案，逐步采取措施减少能源的使用。到2009年结项时，该计划共节能约1.45万亿瓦，价值约5亿瑞典克朗（约合5390万欧元或5940万美元）。如今，这项计划重新启动，涉及约90个行业，相当于瑞典全国总用电量的1/5。政府对低排量汽车减免车辆税以鼓励替代燃料、混合燃料与电动汽车的使用。在瑞典，沃尔沃等公司投资研发混合发动机与替代燃料。目前，瑞典的公交车都以生物燃料为动力，在世界处于领先地位。2015年，瑞典已拥有12000辆可充电汽车，其中42%是电动汽车，58%属于电力（插电式）混合动力车。到2030年，瑞

瑞 典

典设定的政策目标是所有车辆均采用非化石燃料。但到目前为止，实施进度还较为缓慢。截至 2014 年，完成 12%，部分得益于乙醇使用量的增加。为了加快实施进度，政府出台了一系列法案，包括要求所有大型加油站必须提供至少一种可再生燃料的法律，以及针对二氧化碳排放量较低或零排放的车辆的免税政策。

自 20 世纪 70 年代初发生石油危机时起，瑞典就开始投入巨资研究替代型能源。1970 年，石油占据了瑞典能源供应的 75% 以上。现在，这一比例已降至 20% 左右，主要是住宅供暖的石油使用量不断减少。目前瑞典约 90% 的生物能都出自林业部门。生物能（包括泥炭）占瑞典能源供应总量的 22%，其中大部分用于工业生产和集中供暖。从 20 世纪 90 年代起，瑞典的供暖体系从依赖燃油转型为区域供暖。区域供暖系统在瑞典公寓楼供暖和热水供应中的占比超过 80%。8% 的区域供暖来自工业回收热量。多数房间里配有热泵以在供暖与提供热水时减少能耗，最高可减少 50% 的能耗。自 2008 年 1 月 1 日起，一项有关能源申报的新法律开始在瑞典实施。例如，一份与销售关联的能源申报书要清楚显示，与其他楼宇相比某一栋楼房需要消耗多少能源。该申报计划是基于欧盟的一项指示而实施的，适用于所有拥有私宅、公寓楼和其他建筑的业主，目的在于倡导人们更高效地利用能源。瑞典 290 个市政府均有一名能源顾问为市民提供帮助和指导，建议包括更换窗户、使用节能灯泡、改装不同的供热系统等。

根据国际能源署（IEA）最新的统计资料，每年瑞典人均排放到大气层中的二氧化碳量为 4.25 吨，而欧盟每年的人均排放量为 6.91 吨，美国则达到 16.15 吨。低排放的原因在于瑞典 83% 的电力供应来自核电和水电。以热电联产（CHP）的方式运行的电厂为瑞典提供约 10% 的电量，而这种方式主要是通过生物燃料来发电的。另外，约有 7% 的电力来自风力发电。2017 年，瑞典使用燃料总量为 92.7 太瓦，与 2016 年基本持平，但其中绿色燃料的比例从 18.8% 增加到了 21%。绿色能源的使用不断增加，进一步减少了温室气体的排放。

2012 年，瑞典提前数年完成了政府规定的 2020 年目标，将可再生能源的比例提高至 50%。2018 年，瑞典能源消耗总量中可再生能源占比一半以上，达53.8%——包括电力、集中供暖和燃料，是欧盟成员国中利用可再生能源比例最大的国家，位列芬兰（38.7%）和拉脱维亚（37.2%）之前。瑞典计划在2040年之前实现全部电力都由可再生能源获取的目标。

二 "零废"生活

瑞典鼓励全社会向"零垃圾"目标努力。提倡避免任何家庭垃圾被浪费，让每件垃圾都能够变成有用的东西，比如新产品、原材料、气体或者至少变为热能。

在瑞典，1975年的时候只有38%的家庭垃圾被回收利用，而现在差不多有超过99%的家庭垃圾以各种各样的方式被回收，这意味着瑞典在过去几十年中经历了一场回收革命。

瑞典人会将家里所有可回收的垃圾进行分类，然后放置在其公寓楼内专门的垃圾箱或者回收站里。法律规定任何住宅区方圆300米的范围内必须设有回收站。报纸被用来生产再生纸，瓶子被重新使用或熔化成新的物品，塑料容器成为塑料原料，食物通过堆肥和复杂的化学过程变成土壤或沼气，垃圾车通常使用回收的电力或沼气驱动，废水被净化到可饮用的标准，特殊的垃圾车在城市周围穿梭捡拾电子垃圾和化学品等危险废弃物，过期或剩余药品可以送至药房，大件的垃圾（比如旧电视或旧家具）可以被送到城市郊区的回收中心。

瑞典在高效处理废物并从中创造利益方面积累了非常丰富的经验与技巧。垃圾是一种相对便宜的燃料，瑞典从其他国家进口垃圾。垃圾燃烧后留下的灰烬占燃烧前垃圾重量的15%。灰烬中的金属被分离和回收，剩下不能被燃烧的，比如瓷和砖等，被精筛和提取出其中的砾石用于铺建道路。最终有大约1%的灰烬无法被利用而成为彻底的垃圾。焚烧厂排放的烟雾99.9%是无毒的二氧化碳和水，但仍然需要通过干燥过滤器和水过滤。过滤出来的污泥被用于填充废弃的矿井。

瑞典电视上播放的一则音乐视频——"Pantamera"（回收更多），旨在鼓励人们把使用过的瓶子带到超市进行回收。

瑞典

三 环境保护和环保技术

瑞典非常重视环境保护工作和环保领域的国际合作，将可持续发展作为国内环保工业和环保领域国际合作的目标。在制定环保政策时，瑞典政府强调要实现可持续发展，社会各个领域和各个层次都要进行行为上的重大变革。近年来，越来越多的瑞典企业开始投资可再生能源。例如，瓦伦斯达姆（Wallenstam）物业公司2006年决定投资绿色电力，既为其自身运营，也为租户和其他客户服务。2013年，瓦伦斯达姆成为瑞典首家利用可再生能源实现能源供应自给自足的物业公司。瓦伦斯达姆的能源生产部门成了一家子公司，截至2015年，共经营66座风力电站和3座水电站。瑞典的其他几家物业公司也开始效仿瓦伦斯达姆的做法。瑞典在开发可再生替代燃料方面做出了巨大的努力。对乙醇的研究始于20世纪80年代，瑞典在这一领域处于世界领先地位。如今，市场上销售的乙醇大部分是从谷物中提取的。瑞典科研人员正试图从被称为第二代生物燃料的纤维素中提炼乙醇，因为它比从谷物中提取更加高效，而且不影响农作物。2011~2015年，瑞典政府投入了1.3亿瑞典克朗用于乙醇的研发。在哥德堡，企业、政府和学术界联合实施了一个名为"电动城市"（ElectriCity）的项目。行驶在这座瑞典西南部城市的街道上的沃尔沃电动巴士完全由风能和水能产生的电驱动，能源利用效率比传统柴油动力巴士高80%。电动城市项目获得了2015年度交通机动类别的欧洲太阳奖，该奖项由欧洲可再生能源协会颁发，用来表彰推动向可持续能源的使用过渡的项目。

瑞典的太阳能电池市场已有一定的发展。截至2015年，总装机容量约79.4兆瓦。从2013年至2016年，瑞典能源署投资1.23亿瑞典克朗，用于研究太阳能电池、光热发电和太阳能燃料。波浪能在未来可能成为一项重要的技术，但目前的研发还相对不足。尝试性研究正在瑞典西海岸进行，以确定这项技术从长远的角度看是否具有商业可行性。瑞典首座被动式住宅是2001年建成的一栋连排别墅。被动式住宅建造时没有采用传统的供热系统，而是利用居住者人体和家用电器散发出的热量来保温，这种建筑理念得到了大规模应用。在南部小镇韦克舍（Växjö），出现了被动式高楼。在斯德哥尔摩，经过中央火车站上下班的通勤乘客发出的体热则被用于附近一座建筑物的供暖。

其他行业也日益重视绿色能源的使用和能源节约。例如，瑞典跨国家具零售商宜家家居在 2012 年采取了新的可持续发展战略。其目的不仅仅是节省更多能源和投资风能电站等可再生能源，而且是为了帮助消费者做出可持续发展的选择，如对灯泡的选择，或者乘坐宜家家居的免费大巴而非使用汽车。2014 年，宜家家居的可再生能源产量已达到其总能耗的 42%。同年，宜家家居在可持续发展产品的销售方面，和 2013 年相比也有了 58% 的增长。宜家家居的目标是到 2020 年，全世界的门店利用可再生能源实现自给自足。

第七章

文　化

　　瑞典是个教育发达、科学文化十分繁荣的国家，不仅产生了以诺贝尔为代表的大批著名科学家，而且建立有许多国际权威科学研究机构。在造就大批文学艺术家的同时，也丰富了世界文学艺术宝库。

　　瑞典之所以能在不长的时间内取得如此大的发展成就，除了长期的国内政治稳定之外，很重要的一点是高度重视教育和不断提高国民素质，走出了一条教育兴国、科技兴国与创新兴国的发展道路。尽管人口只有1000多万人，这个国家却拥有像乌普萨拉大学、隆德大学、瑞典皇家理工学院、查尔姆斯工业大学和卡罗林斯卡医学院等享誉欧洲乃至全世界的名牌大学。一年一度在瑞典颁发的诺贝尔奖，不仅为这个国家赢得了极高的国际声誉，也有力地促进了国内教育与科学事业的发展。

第一节　教　育

　　瑞典是世界上教育事业比较先进的国家，建立起了从幼儿到老年的全程教育体系。该体系包括学前教育、义务教育、义务后教育三个阶段。从6岁开始，瑞典的所有孩子都能获得免费教育的平等机会。学校系统受制于《瑞典教育法》。该法案规定了每门科目的最低修读时间，并确保学生享有安全而友好的学习环境。

　　瑞典的教育体系自20世纪50年代开始进行了一系列的改革，对所有六七岁至十五六岁的儿童实行义务教育。1~5岁上托儿所或幼儿园；6岁上学前班；高中为非义务教育，接收十五六岁至十八九岁的青少年入学。

瑞 典

结合理论课程和职业教育的九年制义务教育与高中教育已付诸实施，成人教育也得到发展，高等教育（所有大学教育）和非大学教育（不同类型的职业教育及培训）经过改革也不断完善。

瑞典的教育经费主要来自市政税收，政府也会依照一个特殊的平准制度进行拨款，以便为所有地区创造同等的教育条件。87%的25~64岁的成年人拥有高中或同等学力文凭，高于经合组织国家的平均水平（75%）。多数学生在学校可以上网，学习掌握有关信息技术知识。

瑞典《教育法》和《反歧视法》努力保护儿童和学生免遭歧视和侮辱性待遇，保障学生受到平等对待。2006年，瑞典任命了首位"儿童与学生代表"。该代表的职责是提供有关反歧视法的信息，帮助学校阻止学生间的欺压行为，监管学校的表现，为遭受欺压的学生伸张正义等。该代表是瑞典学校监督委员会（负责督察学校表现的政府机构）的一个组成部分。这个职位在世界上是独一无二的，因此吸引了众多国际人士前来考察访问。瑞典的所有学生都可以获得校医、学校护士、心理医生以及学校福利官员的免费服务。

一 学前教育

学前教育在瑞典很普遍。目前，学前教育机构分为三类。

（1）日托中心。招收0~6岁儿童，全年开放，每周5天，每天12小时，混合年龄编班。在0~3岁儿童的班级中，每班有10~12名儿童、2~3名教师；在4~6岁儿童的班级中，每班有15~20名儿童、3~4名教师。

（2）托管中心。招收4~6岁儿童，每班有20名儿童、1名教师和1名教师助手。

（3）学前教育中心。招收学前儿童，每周开放几次，父母或保姆陪儿童一起来中心活动。这些活动往往是由教师设计、组织和安排的，父母和保姆通过耳闻目睹和直接参与的形式来获得教育儿童的知识和技能。

除以上三类外，还有家庭日托即父母雇请保姆在家里教养0~6岁的儿童。政府规定，每个家庭日托招收的儿童数最多不能超过4名。其他学前教育形式还有儿童护理中心、公园游戏场所、玩具图书馆、视听辅助机构等。

学前教育市政补贴的数额取决于孩子的年龄和父母的职业状况（工作、学习、失业，还是正因其他子女的出生在休育儿假）。幼儿园或托儿所的学费是每个孩子每月最多1260瑞典克朗，比父母从瑞典政府自动获得的每月子女津贴略高出一点。政府鼓励生育，孩子越多的家庭支付幼儿园的费用越少。如果家中有4个或更多孩子，那么从第4个孩子起无须支付幼儿园费用。

瑞典学前教育的目标涉及儿童的保育和教育两大方面，目的是使幼儿得到较全面的发展，强调让幼儿在体力、认知、社会性、情感等方面得到和谐发展，使幼儿将来成为对社会有用的人。具体目标是：促进幼儿学习能力、社会性、情感、体力、语言、智力的发展；丰富幼儿的知识和经验，使幼儿能了解、热爱自己民族的文化，并能尊重、接受外国的文化；使幼儿学会理解自己及周围的环境，培养幼儿的民主精神、乐于助人的品质、与人合作的能力和责任感。

二 九年制综合义务教育

早在1842年，瑞典议会就已通过法律，开始实行四年制的初等教育。但直到1950~1951年，全国才实行七年制义务教育制度。很长一段时期里，瑞典初等教育实行二元制，即初等学校分为初等学校和文法学校。自20世纪50年代开始，瑞典对教育系统进行了一系列改革。1962年，瑞典议会通过了《教育法》，决定废除二元性的学校体制，将初等学校和文法学校以及市立女中、职业学校中相当于初中教育的部分合并为综合义务教育学校，并把义务教育从原来的7年延长为9年。在北欧国家中，瑞典是第一个废除二元性初等教育体制、实行九年制义务教育的。然而，这一新型的综合义务教育体制还是经历了较长时间的试验后，直到1972年秋季才完全取代了原来的旧体制。目前，瑞典义务教育体制与许多国家不同，没有小学、初中、女中或男中之分，也没有普通初中和职业初中之分，而是统一合并为综合初等学校，亦称普通学校。

瑞 典

瑞典的义务教育划分为三个阶段：一至三年级为"低级阶段"，四至六年级为"中级阶段"，七至九年级为"高级阶段"。义务教育还包括针对萨米族子女开设的萨米学校。

人人都有接受教育的权利。瑞典教育法案规定，需要在学校里接受特别帮助的儿童应该享受这些帮助。所有孩子都享受免费教育，包括免费午餐。当然这一切都来自其父母所纳的税。每个居民区至少有一所市立初等学校，孩子可以就近上学。国家除了提供义务教育所需要的一切费用外，学生还可以免费享用牛奶和午餐。市政府为家离学校稍远的学生免费提供有特殊标记的橙黄色校车，每天接送或者提供公交车月票。

瑞典的初等学校不是根据学生的智商或能力的高低划分"尖子班"或低级班，而是对所有学生一视同仁。每学年共有40周，每周学习5天。一个学年分成秋季和春季两个学期，中间相隔3个星期的圣诞假期。秋季学期从8月底开学，12月初结束；春季学期从1月下旬开学，6月下旬结束。具体日期是由各地方教育委员会决定的。两个学年之间有长达2个月的假期。除此之外，在2～3月还有一个运动周。这正是瑞典大部分地区大雪覆盖的季节，学校停课，学生在教师或家长带领下到野地练习滑雪、滑冰、打冰球等冬季运动。

初等学校的规模一般不大，约62%的学校学生不足200名，仅3%左右的学校学生人数超过600名。通常一个年级有2个班。初级班人数最多不得超过25人，中级和高级班不得超过30人。每所初等学校的工作通常由一个管理委员会领导，具体工作是由几个工作小组分担的。同年级或不同年级的2个或更多的班属于一个工作小组领导。每个工作小组由班主任、科目教师、为残疾孩子设立的补习教师、负责学生福利的职工、心理学医生和护士组成，负责计划、执行和检查本组范围内的工作。

在义务教育的课程安排上，瑞典十分强调要使所有学生在整个义务教育阶段接受几乎相同的教育内容、相同时间的教育，尽可能避免出现大的差别。从1962年开始，九年制义务教学大纲是由国家统一制定，并根据实施情况和社会各方面的发展变化不断地进行修改。依据中央制定的统一教学大纲，各地方政府制定教育计划，为所管辖的学校确定一些目标。每个学校根据教育课程和市政府的教育计划,制订工作计划。现行教学大纲确定了总的目标和教育方针,并对每个学期的教学课时做了规定。具体的教学内容则在教学课程中体现。至于课时和科目的具体安排和落实,则由各个学校自行决定。教学大纲非常强调在义务教育整个阶段对学生在读、写和算术方面基本技能的训练,要求学校向学生提供公民学、自然科学和技术等方面的基本知识,组织各种文化艺术活动。

初等学校的教学课时安排得不是很多,一年级每周 20 节课,二年级 24 节课,三年级 30 节课,四年级 34 节课,五年级 34 节课,六年级 34 节课,七年级 33.5 节课,八年级 33.5 节课,九年级 33.5 节课。每节课时 40~50 分钟不等。

初等学校低年级的主要学习科目是瑞典语,其次是数学和一般的社会科学与自然科学知识,以及体育、手工、音乐和英语等;中年级增加艺术教育和家庭经济教育,数学、英语及科学知识的课程都相应增加课时;在高年级教学中,社会科学与自然科学以及实用科目的比例加大,增加宗教教育、历史、公民学、地理、物理、化学和生物等课程。一年级至六年级的学生接受相同的必修课程。课程内容都属于普及知识。绝大部分课程(除音乐、体育、手工外)是班主任老师任教,而且常常是由同一位老师跟班 3 个年级。从七年级开始,改由单项科目的教师分别任课。高年级的大部分课程属必修课,每周还有 3 个课时供学生上选修课。高年级的选修课程是国家根据教学实践和社会的发展需要设立的。各个学校可以根据当地的条件和需要安排选修课的内容。初等学校的必修科目分为三大类:基本技能和交流科目,如瑞典语、英语和数学;社会科学和自然科学;实用和伦理科目,如公民学、体育、音乐、美术、缝纫、木工和金工。从初等学校的课程表可以看出,技能课所占的比重很大,必修课中近 50% 的时间用于技能教学。比较而言,中低年级更侧重于基本技能和交流科目的学习,40% 的时间用于学瑞典语。到了高年级,学习瑞典语的时间减少,让位于英语及其他外语。从 20 世纪 50 年代开始,英语就成了瑞典义务教育的必修课,学校主要教授西班牙语、德语、法语和英语等外语。随着移民增加,学校还为学生另外开设母语语言课。2011 年,瑞典教育部决定未

瑞典

来 10~15 年内，所有瑞典小学和初中都引入中文课程，以此提高瑞典的竞争力。教育部的目标是未来 10 年内在小学全部配备中文教师、15 年内在初中实现中文课程。

在义务教育期间，所有的学生都需要接受 6~10 周在校外的职业训练课程，包括参观各种不同的就业场所，并在那里参加一段时间实践，以对不同职业、工作环境有所了解，同时也学习关于工会组织、劳动立法等知识。在初等学校的中、高年级的课程表上，还必须安排一定的自由活动时间，通常每周有两个课时，以发挥和提高学生活动与交往的能力，培养各种兴趣和爱好。

1980 年以前，瑞典也是按许多国家的传统做法，每个学期举行期末考试，然后根据考试成绩判断学生学习的好坏，并据此评价老师工作的质量。1980 年后，从一年级到七年级既不举行期末考试也不记学分；对于中低年级的学生不仅不记学分，也不布置家庭作业。这些年级学生的学习情况和接受能力的高低，由老师根据他们平时做练习和课堂上的表现，与家长就孩子在家里和学校里的情况交换意见后，共同做出判断。初等学校八年级和九年级只评学分，也不进行期末考试。每个学年的上学期末，老师给学生评定成绩。成绩考核采取五分制。老师给学生评定学分，主要是根据平时测验和在课上回答问题、参加讨论的情况，此外还参考全国同年级学生的平均水平。初等学校高年级每隔一段时间举行一次标准化测试，主要是瑞典语、数学和英语三门科目。这些测试的目的是使教师对班上学生的学习水平有个正确的评估。然后，在这个评估的基础上给学生评定成绩。教师平时会对学生进行一些小测验，主要目的是掌握学生在知识和能力方面的差距，以便对学生进行有针对性的辅导。瑞典的初等学校没有留级制度。学生如果学习有困难，辅导老师会给予重点辅导。只有那些因残疾或疾病跟不上普通学习课程的学生才被安排接受特殊课程。学生最后一个学期的学分，决定其能否获得初等学校的结业证书。如果没有结业证书，就不能被高中或市立成人教育学校录取。初等学校的学生中，每年有 3%~4% 没有得到正式的结业证书，这部分学生多数是残疾人或病人。

初等学校的学生报名上高中，只需要初等学校的结业证书，没有升学考试。但是，由于学生申请学热门学科的人数常常超过学校接收的能力，所以高中学校可以根据初等学校九年级上学期学生的成绩进行挑选。

三 高中教育

高中教育在瑞典被视为整个教育系列中的关键环节，因为它在终身教育中具有承上启下的作用。根据瑞典《教育法》，高中教育是使学生在义务教育的基础上继续得到个人的发展，帮助他们逐步进入成人社会。同时，高中教育的目的是使学生为今后接受高等教育、从事未来的职业和当一名合格公民等做好准备。

高中包括10~12年级，是可选的非义务教育。有18种为期三年的国家正规项目可供选择，其中6种是大学类高等教育的预备项目，另外12种是职业教育项目。虽然不同项目的入学要求各不相同，但它们都要求学生在义务教育的最后一年瑞典语、英语和数学达到合格水平。2014年，瑞典有13%的9年级学生因为成绩欠佳，未能获得进入全国性高中学习课程的资格。无法参加全国性课程学习的学生有5种入门课程可供选择，并可通过这些入门课程转到全国性课程。瑞典设有针对智力障碍学生的高中，对运动员等特殊学生也安排了专门的课程。2014年，约有88%的高中生获得毕业文凭。

原则上，瑞典的高中向所有完成了义务教育的年轻人开放。然而，不少初等学校的学生在毕业后并不急于直接上高中，而是愿意先到社会上经历一段实践。因此，与初等学校不同，高中同一年级的学生年龄有一定差异。按议会的要求，所有在完成义务教育后要求上高中的青年都应该得到满足。但是，他们不一定能够进入所希望的专业学习，因为有不少专业，如技术、经济管理、计算机、建筑等比较热门，报名的不仅有应届毕业生，还有一部分具有一段工作经历的青年。因此，在申请学习专业时，学生要列出几个志愿。

瑞典的高中大都建立在人口比较多的城市，学生来自周围几个地区。每个学校的学生数量300~1500人不等，其中1000人左右的学校居多数。

瑞 典

一些人口稀少的地区，在初等学校中加设高中班。高中每个班的学生人数不是固定的，如理论专业的班不超过 30 人，职业班不超过 16 人。由于学校规模不同，每个学校不可能提供所有的专业教育，只能有所侧重。瑞典的高中大体可分为三种类型：①规模在 1000 人以上的学校，既能提供学期较长的理论专业，又能提供职业学习计划，以及一些长短不一的特别课程；②侧重于 2 年和 3 年理论专业的学校；③侧重于提供职业课程的学校。第一类学校通常由一名校长和数名教务主任负责行政事务及教学活动的管理，这类学校居多数。第二类和第三类学校的规模小些，通常由一名校长和一名教务主任负责管理。

高中学校的教学大纲是由国家统一制定的。它的内容同初等学校教学大纲很相似，包括教育目标、指导方针、教育方向和课程表。此外，对不同的学习专业在教学内容等方面都分别提出了一些要求。从 20 世纪 60 年代末开始，瑞典的高中教育不断地进行改革，教学大纲进行过多次修改，增加了一些新的专业和单项科目课程。高中通常开设 30 项专业学习计划。学期分 2 年、3 年或 4 年不等。每个学年有 40 周，每周通常有 32.5 个课时。除专业课程外，还有短则几周、长则 2 年的 100 项特别课程。课程门类非常广泛，从当地工业到计算机科学等应用技术，供学生在报名申请时自由选择。

高中开设的 30 项专业学习计划中，有的侧重于理论，有的侧重于职业训练。不过所有的专业学习计划，都提出了使学生达到进入高等院校学习的基本要求。但从现行的教学情况看，瑞典的高中明显地侧重于职业教育，因此它们的教学内容必须跟上技术和制造业等的发展步伐。总体来看，高中的专业学习计划可以分为六大类：语言、社会科学和艺术活动（2 年或 3 年），护理、社会服务和消费教育（2 年），经济、商业和办公室工作（2 年或 3 年），工业、贸易和工艺（2 年或 3 年），技术和自然科学（2 年、3 年或 4 年），农业、林业和兽医（2 年）。

这些专业学习计划，有的是为继续升入高等学校做准备，有的则是为今后就业创造条件。各专业学习计划一年级的课程内容基本相同，属于基础知识，到了二年级才出现差别。但瑞典语、公民学、体育、外语是每个年级的必修课。因此，这些专业学习计划虽然内容有所不同，但任何一项计划都可以使学生具备进入大学学习所需要的基本条件。据统计，在高中学生中约有40%选择为期2年的职业专业，约15%选择为期3年的理论和职业学习计划，约35%选择3~4年的理论学习计划。其中选择技术和自然科学、工业专业的学生人数最多，占总人数的近一半，选择经济和商业专业的占1/5。虽然强调教育机会均等，但在高中教育上阶级的差别依然存在。相比而言，白领阶层的孩子通常选择理论学习计划，蓝领工人的孩子通常选职业课程。高中男女生比例基本相等，但是在选择学习计划方面还存在明显区别。90%的女生选学社会服务、护理和消费指导，选学工业、商业和工艺的学生中80%是男生。

同初等学校高年级一样，瑞典高中实行学分制，不进行期末考试。每个学期结束时，各个专业课程的老师根据平时测验、课堂回答问题、参加训练和实习的情况评定学分。成绩也是五分制。高中各个学期的学分，对于学生今后申请大学专业和就业会产生影响。高中毕业，学生不需要通过毕业考试，但是要通过标准化成绩测试和国家教育管理部门的高中学校视察员的检查。

在完成九年义务教育之后，几乎所有瑞典人都会继续接受非义务的高中教育。而约1/4的25~64岁的瑞典人都上过大学。高中生在毕业时，大部分人愿意在社会上先工作一段时间，或者到军队服7~10个月的义务兵役，然后再决定是到大学继续深造还是就业。据统计，在同届高中毕业生中，在5年内上高等院校学习的约占35%，决定在社会就业或以后再上大学的占60%。瑞典20岁以下青年的就业率在20世纪80年代比较高，但是近几年由于瑞典经济形势不乐观，整个劳动力队伍的失业率有明显上升趋势。20岁以下青年的失业率相当于成年人失业率的近2倍，约为6%。相比较而言，接受为期2年以职业教育为主学习计划的学生毕业后就业率比较高，其中学技术和经济专业的找工作更为容易。但是，学习理论专业的寻找固定的职业就不是很容易，因此，这部分毕业生继续上大学的居多。

青年失业问题引起了地方政府和学校的重视。在学校开设专业课程

时，尽可能照顾到劳动力市场的需要，培养企业和机关急需的技术人才。由于瑞典高中教育侧重于职业教育，议会要求大部分高中学生在校期间能够接受实际的职业训练，因此学校同社会就业部门包括工会和雇主协会进行了合作。国家教育管理部门在制定教学大纲、设置课程、确定各项专业的招生名额时，都要同劳动部门共同研究，了解社会就业的需求和学生参加实际职业训练的可能。各地方政府根据《教育法》建立学校与就业部门合作计划委员会。委员会由就业部门的代表、市教育管理部门代表和学校师生代表组成，家长的代表也可以参加，其任务是促进学校与就业部门的合作，使学生能有机会到实际工作岗位上接受训练。通过合作，不仅企业等机构帮助了学校，学校也为这些机构提供就业人员的培训，企业等机构还可以利用学校的设施和师资对雇员进行技术培训。

20世纪90年代之前的很长时间里，瑞典议会和中央政府对高中学校是通过立法、条令和教学大纲给予严格的控制和领导。中央政府甚至对学校的具体活动发布详细的指示，如每年各个专业学习计划招收的新生人数都是由政府确定的。但是，从20世纪80年代中期以后，瑞典中央政府将部分权力逐步交给地方政府，由市政府负责计划和领导高中的一部分教学活动。农、林、牧业等一些职业教育由省政府负责。1989年前，高中教师属于中央政府工作人员，后来改为地方政府工作人员。

高中普通科目的教师，要拥有2~3个科目的大学学位，还要受过为期一年的教学理论与实践的培训。高中的职业教育，由拥有高级经济学科或技术资格的科目老师、已经受过职业培训和参加过职业理论学习的老师担任。他们还需要有相应行业的从业经历，接受过教育机构进行的师资教学培训。

四 高等教育

1. 概况

尽管瑞典的高等教育有数百年的历史，但直到20世纪40年代，高等教育规模还相当小。据50年代初统计，当时全国的在校大学生只有1.6万余人，每年获得各类学位的只有3000余人。因此，从总体上讲，当时的高等教育在某种程度上还是贵族教育。从50年代开始,这一状况发生明显的变化。在办学规模上,全国的大学都扩大了办学规模,逐年增加招生人数。到50年代末,全国在校大学生人数比50年代初翻了一番,高等教育开始了由贵族化的教育向真正的平民教育转变。60年代,高等教育迎来了第一个发展高潮。在1965～1975年这10年中,新办了许多大学,设置了很多新专业,使更多的年轻人有机会接受正规高等教育。60年代末,全国在校大学生的人数增加到60年代初的3倍。从70年代中期到80年代末,高等教育进入了一个相对平稳的发展时期,这个时期学生的数量趋于稳定,变化不大。但是,到80年代末,一轮新的发展高潮又开始了,这次大发展一直持续到整个90年代。目前,高等教育正处于一个相对稳定的时期。据2002年相关统计,瑞典有各类高等院校70余所,在校学生总数达到30万人,其中研究生为16550人。与1990年相比,学生人数增加了55%。

2. 高等教育体制

瑞典将所有高中后的教育都划入高等教育的范畴,同时将高等教育划分为专科、本科和研究生教育等不同的层次。国家专门为高等教育制定了两部法律,一部是《高等教育法》,另一部是《高等教育条例》。这两部法律确定了高等教育的性质、任务、法律地位,高等学校的组织机构、管理体制、经费来源、教师的任职资格与聘任制度以及学生的入学、教学过程的组织与管理、学分制等。此外,还颁布了一个学位条例,这也是一个法规性的文件。学位条例对各类学位的基本要求、授予程序做了严格的规定。

在瑞典,办高等教育是一种国家行为,私立高等学校必须接受政府的指导,对政府负责。而政府则依据国家法律来履行行政管理的职能。中央政府的教育与研究部主管包括高等教育在内的全国各级各类教育,同时也主管科学研究开发方面的工作(但农业大学由农业、食品和渔业部管辖)。为了适应高等教育发展的需要,1995年,瑞典政府设立了一个专门的高等教育管理机构——国家高等教育署,负责高等教育的跟踪调查、质量评估、督导、法律权益保护、高等教育信息研究和国际合作。此外,尚未获得教授职位设置权的高校要设置教授职位，也要上报这个机构批准。

瑞典的高等学校按性质分为公立和私立两类，按层次有专科学校、理工科大学、单科性大学和综合大学。专科学校一般以教学为主，理工科大学和综合性大学则教学、科研并举。全国有各类高校48所（其中综合性大学11所，艺术类院校5所）。

根据《高等教育法》，每所高等学校必须成立监督委员会。监督委员会是学校的最高决策机构，由主席、副主席和不多于13名的其他成员组成。监督委员会中必须有一定比例的教师和学生代表，教师和学生代表通过选举产生，主席由中央政府委派，大学校长是监督委员会的当然成员。大学的行政管理由以校长为首的校务委员会负责，由校长、副校长、人事部主任、财务部主任、公共关系部主任、研究发展计划部主任组成。大学下面设学院，学院有正、副院长和若干行政管理人员负责日常工作。学院下面设系，系是教学、科研活动的最基本单位。系由系主任主持工作，有1~2名秘书协助系主任处理接待、财务、信件收发、教务等方面的事务。学院的正、副院长和系主任一般由教授兼任，任期3年。

3. 经费投入

国家的投入是瑞典绝大部分高等学校的最主要经费来源。私立大学并非完全私立，它们的财政在相当大的程度上是由中央财政和地方财政支持的。1993年起，瑞典在大学教育方面采用了新的资源分配体系。新体系建立在教学目标和教学效果之上，这使得大学和学院被赋予了广泛的自主权。国家向高等教育机构的拨款根据政府的计划确定，由议会决定直接一次性付给每个教育机构。大学教育经费中不包括研究和研究生教育经费。自1994~1995学年开始，一次性付给各大学的拨款还包括场地、家具、设备等费用。

资源分配的基本原则是，政府拨款应体现学校的教学成绩。大约60%的政府拨款与学生获得学分的总数相关，而剩下的约40%与这些学分折算成在校全日制学生的人数有关。

出于资源分配的考虑，课程按12门专业进行安排。总体上，这些专业参照了传统的学科院系划分方法。此外，还有教育、护理、艺术等其他专业。对于每个专业或每一组专业，人均拨款（即固定的拨款数额和根据教学成绩制定的拨款数额）将根据折算的全日制学生人数和折算后的全日制学生分数制定。所有大学和大学各学院的人均拨款是一样的。

大学或学院可分得的金额总数的最高额，根据为期三年的"教育任务合同"决定。教育与研究部和各大学或学院共同商谈制定出任务合同。

1977 年起，瑞典高等教育机构开始就入学人数规定最高限额。从 1993/1994 学年开始，学院各自决定招生人数和入学要求。学校获得的拨款严格按照学校预先制定的招生人数发放，但学校在保证质量的前提下，可以自由招收超过限额的学生。同时，也允许组织学生人数不同的班级，组织各种不同的学科课程。教育完全免费，学校不向学生征收任何学费。

瑞典是世界上少数几个高等教育不收费的国家之一，对本国学生不仅不收学费，国家还发给一定的助学金。

4. 本科、硕士与博士教育

在瑞典的大学，学生通常经过三年的全日制学习可以获得学士学位（像医学、法学这样的个别学科学制会更长）。已取得学士学位的学生则可以通过一年或两年的全日制学习获得相应的一年制或两年制硕士学位。如果选择继续深造，那么可以在完成至少四年的全日制学习后获得博士学位。

瑞典的学年分为秋季和春季两个学期。大多数英文授课的学位项目在秋季学期入学。秋季学期始于 8 月底，持续到来年 1 月中旬。圣诞节期间，各大学会有一至两周的寒假。春季学期通常从 1 月中旬开始，持续到 6 月中旬。暑假有十周之长。7~8 月，很多大学也会开设暑期课程。

一个学期的全日制学习意味着完成 30 个瑞典高等教育学分（30 ECTS credits），一个学年则是 60 个学分。本科学位项目通常需要完成 180 个学分，硕士为 60 或 120 个学分（取决于项目学制），博士则为 240 个学分。ECTS 是欧洲学分互认体系（European Credit Transfer and Accumulation System），这是一个在欧洲各国高等教育体系间通用的标准，以便各国大学的学分可以互相比较和转换。瑞典自 2007 年 7 月 1 日起开始采用此学分体系。1999 年，29 个欧洲国家在意大利博洛尼亚签署了《博洛尼亚宣言》。作为签署国之一，瑞典与其他欧洲国家之间的教育互动和交流自此变得更加密切。无论你来自哪个国家，只要是瑞典大学的注册在读生，就有机会享受博洛尼亚宣言的福利，如申请到其他欧洲国家进行一个学期的交换学习、参加由多个欧洲大学合办的课程等等。

本科教育 瑞典的中学生完成高中学业，就可以申请本科学习。而在完成三年的全日制本科学习、修满180个ECTS学分之后，学生可以获得学士学位。大学既提供瑞典语授课的本科学位项目，也提供英语授课的项目。其中，英语授课的本科学位项目有近100个。在本科阶段，学生既可以学到具有相当深度的专业课程，也会接触到与所学领域相补充的其他课程。瑞典的高等教育注重理论与实践相结合，要求学生从一开始就负起许多责任。被大学录取后，学生会收到所申请的学位项目包含的课程信息。瑞典的本科项目也由必修课和选修课组成。在大多数情况下，学生需要在最后一个学期完成本科论文才能取得学士学位。

硕士教育 在完成了本科学业之后，可以申请瑞典大学的硕士阶段学习。瑞典的硕士教育不但注重学术性和理论性，还重视与实践的结合，并鼓励学生的创新性和批判性思维。瑞典的硕士学位项目分为一年制（60个ECTS学分）和两年制（120个ECTS学分）两种。这两种学制有着相似的结构，都包括一系列高级课程和一篇以研究为基础的硕士论文。

硕士学位项目通常由核心必修课和相关领域的选修课组成。这样的设置不仅能使学生获得具有深度的专业知识，还为他们提供了足够的自由度根据自己的兴趣专攻某一细分方向。在教学和研究上满足每个学生的兴趣和需求是瑞典硕士教育的一大特色，这一理念能使学生在未来的职场中具备独一无二的竞争力。

博士教育 瑞典力图成为世界上研发最密集的国家之一。其领域广泛而又享有国际声誉的研究使瑞典的博士教育成为研究型人才的有利选择。在瑞典，博士项目的重点是论文，这意味着在攻读博士学位期间，学生大部分时间要致力于这一研究工作。瑞典大学没有授课类的博士项目，而是主要以研究为主。小课或研讨班形式的理论研究也是一个重要组成部分。

博士论文的形式既可以是一篇专著，也可以是整个博士阶段撰写的一系列较短的学术作品。所有博士生都会获得单独的指导，其论文则需要公开答辩。有些院系可能要求博士论文是其正在进行的一个研究项目的一部分。在理工科及医学院系，研究人员经常以团队的形式一起工作。瑞典的博士项目通常要求至少四年的全日制学习，修满240个ECTS学分。

在瑞典，博士生名额以带薪职位的形式由大学发放。这意味着如果你获得了博士职位，非但不用交学费，每个月还可从就职的大学领到薪水。博士的录取竞争非常激烈，而拥有瑞典大学的硕士学位往往会成为学生在竞争中的一个优势。在瑞典，博士项目的录取由每个大学自己负责。

五　成人教育

瑞典特别重视成人的继续教育，将其列入义务后教育的一部分。函授教育、职业转变培训等机构遍及全国，民众高等学校和各类单项学习小组的活动都得到国家的支持。

瑞典的成人教育可以分为如下几种类型：各种民众高级学校等学校课程，有志于教育的团体组织的学习小组，国家、地方及民间企业协同对从业人员进行的实地职业训练，劳动市场训练，公立的成人学校，工会联合会的训练计划，广播、电视、函授学校所提供的各种课程。

大约150家民众高级学校（又称民间高中）是公共学校系统之外最大的成人教育体系。这些民间高中大多是由省市委员会、商贸联合会、教堂、节欲社团或是其他非营利性组织开办的。教学课程由全国11个自发教育协会共同制定。这些自发的教育协会通常属于某个政党或是利益团体。民间高中和自发教育协会都受到国家的监督，但它们有权决定自己的教学内容和课程。国家成人教育委员会负责为上述教育组织提供资金和进行评估。在瑞典《成人教育计划》提供的10万个学习机会中，有1万个来自这些民间高中。

瑞典有100多所劳动市场训练中心，目的在于培训没有专门技术的难以安置的失业者。由于该中心对市场的需求非常了解,安排的训练项目很有针对性,大部分人在中心训练不到6周,就找到了对口的工作。

瑞典将本国成人教育的目的概括为：使未能充分受到学校教育的年纪大的人能达到和今天年轻人同样的知识水平,得到补习教育的机会；向劳动者提供适应产业结构变化与劳动力市场需要的职业教育机会,以及受到更高技能训练和再教育的机会；给予国民不断改善本国政治、社会、文化生活的基础；使成人教育成为不限工作时间、家庭状况和居住地区的任何人均可参加并有利于经济的事业。政府规定,凡是愿意接受成人教育的人,都可以获得政府给予的一份额外的工资补偿。早在20世纪50年代,瑞典就提出了建立适应劳动力市场变化的灵活的教育制度的设想。1969年开始实施回归教育制度。70年代,瑞典在实施各教育领域的改革过程中,更是强调通过成人教育充实劳动力市场训练、完善公立成人学校、实施《教育休假法》、建立成人特别津贴制度、开拓从外界可以取得职业资格和接受职业训练的代替学校教育的途径等。

对于参加回归教育的学习者,瑞典实施三种社会补助制度：劳动力市场训练津贴,支付给接受劳动力市场训练的人；学习资金,支付给接受后期中等教育的人,或者在民众高级学校、公立成人学校等后期中等教育机构学习的20岁以上的在学者；成人学习津贴,主要用于参加初等、中等水平学习的低学历的成人。除此之外,因参加学习导致收入损失时,按时间给予补助。

《教育休假法》规定,除自营者之外,应保障任何民间及公共部门的从业人员在劳动时间内为接受教育而获得必要休假的权利。这一规定同样适用于定时制职工。休假可用于接受普通教育、职业教育和工会教育。对于休假时间,没有上限和下限的规定,可根据课程和计划长短的实际需要决定。法律还保障从业人员享受休假之后得以恢复原来职务、地位和工薪的权利。

六 职业教育

瑞典经济的发展繁荣和人力资源的最大限度利用,也归功于良好的职业教育制度。瑞典的职业教育，很大程度上已经纳入正规教育体系之中。瑞典现在没有职业高中，高中学校被统称为综合高中，因为它们既有为接受高等教育做准备的理论学习计划，又有为就业做准备的职业学习计划。高中教育的一个很重要目标，是使学生为从事未来的职业做好准备。从现行的教学情况看，瑞典的高中明显地侧重于职业教育。高等教育（所有大学教育）和非大学教育（不同类型的职业教育及培训）也已合并成一个体系。

除了正规教育体系中的职业教育之外，许多瑞典企业也积极参与职业教育，目前企业提供的职教资金超过政府支出的数额。除了一些有条件的企业自己举办任职训练和短期进修班外，大部分企业是与正规学校合作，利用这些学校的师资、教学条件和设备进行职业培训。近年来，一些正规教育机构也设计了各种职业教育训练项目，作为"商品"向企业出售，或根据企业"订货"要求，设计出特别的训练课程。

瑞典历届政府认为，职业培训是为职工更好地工作进行的，本身也是工作的一部分，因此学员不仅可以免费，而且应该得到工资。

七 特殊教育

在强调平等的瑞典，特殊教育也受到高度重视。瑞典通过科学研究表明，对残疾儿童进行单独教育弊大于利，所以主张把残疾儿童和正常儿童放在一起进行教育。大多数有某种身体残疾的学生，均就读于正规义务教育学校。不过，在义务教育阶段，全国共设有8所专门供听力、视力或语言表达有残疾的孩子就读的特殊学校。在一些九年制义务教育学校中，设有为智力障碍孩子就读的特殊班级，为其提供特殊的帮助。但学生既可以选择就读正规学校或班级，也可以选择就读特殊学校或班级。特殊学校的课程设置和要求，也要尽可能向正规教育学校看齐。为了提高特殊教育的质量，瑞典非常重视对普通教师进行特殊教育训练，注意降低教师与学生的比例。

八 21世纪的若干教育改革

瑞典的小学、多数中学（个别私立学校收费）以及大学都免学费；

瑞 典

1~9年级午餐免费，高中由学校所在区决定是否收餐费。在瑞典还有一些接受政府资助的非公立学校，被称为"特许学校"（friskola），以区别于那些收取学费的私立学校（此类学校在瑞典教育系统中只剩少数）。特许学校与普通公立学校一样，必须获得学校监督委员会的批准，并遵循全国性的课程和教学大纲。2014年，约17%的义务教育学校和50%的高中属于特许学校，它们吸引了近14%的义务教育阶段生源和26%的高中生源。

进入21世纪，瑞典又进行了若干改革。

（1）出台新版《教育法》

2011年，瑞典出台新版《教育法》，包含了有关义务教育、继续教育、学前教育、学前班、校外保育和成人教育的基本原则与规定。该法律强调更大的监管力度、更多的选择自由以及更大程度的学生安全与保障。

（2）制定新课程

针对义务教育阶段的所有学生、萨米族学校、特殊学校以及高中学校的新型综合课程体系于2011年7月1日正式生效。该体系包括一套新的总体目标、指导方针和教学大纲。学前教育课程规定了在儿童语言交流能力开发和科学技术等方面更为清晰的目标。义务教育阶段的3年级、6年级和9年级将举行强制性的全国科目考试，以评估学生的发展水平。包括高中教育在内的领域还实行新的入学资格要求。

（3）实行新评分制度

瑞典以前的评分制度采用从"优秀"（MVG）到"不及格"（IG）的四个等级。如今，这种制度已于2011年被A~F的新型6级评分制度所取代。A~E为及格以上的等级，F是不及格。从6年级开始打分。新的评分制度与欧洲学分转换系统非常相似。

（4）开展教师资格认证

从2013年12月1日开始，要获得学校和幼儿园长期合同的老师必须拥有专业资格证。这一瑞典教育政策里程碑式的决定旨在提高教师职业的地位，支持教师的职业发展，从而提升教育质量。

第七章 文化

第二节 科学技术

瑞典是一个科学技术发达的国家，尊重科学、尊重知识是社会推崇的风尚。瑞典由落后的农业国迅速实现工业化并发展成为世界上经济最发达的国家之一，一个重要的因素是大力推动科学技术的发展。第二次世界大战后，特别是20世纪70年代以来，面对科学技术日新月异的发展，瑞典政府提出追求新知识、新技术和新产品的科学技术发展方针，大力促进高等院校、科研机构和工厂企业不断更新知识，加速新技术的研究开发与推广，生产更多新产品，提高经济竞争力。

一 深厚的科学传统

近现代瑞典的科学技术成就举世瞩目。伟大的发明家和化学家阿尔弗雷·诺贝尔以1888年发明无烟火药而名垂史册。他一生致力于科学研究，除炸药外，在化学领域还有许多发明，仅在英国就获得120余项专利。他逝世前留下遗嘱，用自己的920万美元遗产建立诺贝尔科学基金。基金会根据遗嘱，以其存款利息，从1901年12月10日诺贝尔逝世纪念日开始，向世界各国对人类有突出贡献的人士颁发在物理、化学、生理学或医学（后又增加文学、和平事业、经济学）领域被普遍公认为世界最高荣誉的诺贝尔奖。除和平奖一项在挪威首都奥斯陆颁发外，另外5项均在瑞典首都斯德哥尔摩颁发。

从宗教改革和启蒙运动的时候起，瑞典就非常重视科学。国家投资科学，有着悠久的传统。成立于1477年的乌普萨拉大学是欧洲最古老的大学之一。1710年，乌普萨拉就成立了第一个科学家联合机构——皇家科学协会，以协调和促进科学研究。1739年，瑞典皇家科学院建立。1811年，皇家农林科学院建立。从那时以来，瑞典涌现出了众多著名科学家，实现了许多在世界上具有重大影响的科学技术发现、发明和创造，对人类科学进步事业做出重大贡献。下面介绍一些有突出成就的著名科学家。

天文学家和数学家安德斯·摄尔修斯，测定了地球黄赤交角，指出地球在两极上拉成扁形,并且发明了百分度温标,称为摄氏温标。

植物分类学家卡尔·林奈,18世纪50年代创立植物"双名命名制",对植物分类学起到了很大的推动作用,至今仍然对植物的命名具有重要意义。

化学家卡尔·威廉·舍勒(Carl Wilhelm Sheele),1773年发现氧,1774年发现氯,后又发现氟、氨、氯化氢、钨酸等多种元素和化合物,还发现了银化合物的感光性。

理论化学家斯万特·阿伦尼乌斯(Swante Arrhenius),因1887年提出电离理论,于1903年获诺贝尔化学奖。

眼科学家阿尔瓦·古尔斯特兰德(A. Allvar Gullstrand),因系统研究与归纳光学成像原理,建立斜视诊断方法,发明裂隙灯,并利用它与显微镜配合确定眼内三维空间,于1911年获得诺贝尔生理学或医学奖。

物理学家尼尔斯·古斯塔夫·达伦(Nils Gustaf Dalén),因发明与气体储存器一起使用的点燃灯塔和浮标的自动调节器,于1912年获诺贝尔物理学奖。

物理学家曼内·西格巴恩(Karl Manne Georg Siegbahn),因1921年发明真空分光镜,用来观察光谱,确定各种元素吸收X射线的性能,加深了人们对物质结构和性质以及辐射现象的认识,于1924年获诺贝尔物理学奖。

物理化学家特奥多尔·斯韦德贝里(Theodor H. E. Svedberg),因1923年发明高速离心机,于1926年获得诺贝尔化学奖。

生理化学家阿尔内·蒂塞利乌斯(Arne Tiselius),因发明电池和通过色层分离法分离与提纯生物化学物质,并研制出合成血浆等,于1948年获诺贝尔生理学或医学奖。

胡戈·特奥雷尔(Hugo Theorell),因发现机体在有氧条件下利用营养素以产生机体可利用能量的方式,于1955年获诺贝尔生理学或医学奖。

物理学家汉内斯·奥洛夫·约斯塔·阿尔文(Hannes Olof Gosta Alfvén),1970年以研究磁流体力学的成果获诺贝尔物理学奖。

乌尔夫·冯·奥伊勒(Ulf von Euler),因发现神经传递中化学递质,

第七章 文化

于1970年获诺贝尔生理学或医学奖。

物理学家凯·曼内·伯耶·西格巴恩（Kai Manne Börje Siegbahn），1981年因对发展激光光谱学和高分辨率电子光谱的贡献，获诺贝尔物理学奖。

托尔斯滕·维泽尔（Torsten Wiesel），因在揭示大脑如何分析视觉系统的编码信息方面富有成果，于1981年获诺贝尔生理学或医学奖。

生物化学家苏内·贝里斯特伦（Sune Bergström）与生物化学家本特·英厄马尔·萨穆埃尔松（Bengt Ingemar Samuelsson）一起，由于研究前列腺素取得突破性成果，于1982年获得诺贝尔生理学或医学奖。

阿尔维德·卡尔松（Arvid Carlsson）发现了多巴胺（一种治疗脑神经的药物）可以作为人脑中的信号传送器，而且这种药物对于人类控制其身体动作具有非常重要的作用，于2000年获诺贝尔生理学或医学奖。

包括2003年问世的Skype在内，瑞典长期以来一直是孕育创新的国家，它也是世界上人均拥有专利数量最多的20个国家之一。不少对世界产生重要影响的发明都来自瑞典。

（1）自动识别系统（AIS）：当今，GPS嵌入了从智能电话到车载导航系统的各种应用技术。瑞典发明家霍坎·兰斯（Håkan Lans）将该技术又向前推进了一步，发明了自动识别系统并广泛应用于航运业，用来追踪船舶和监控航运。

（2）活动扳手：这种扳手的最初原型是由英国工程师理查德·克莱伯恩（Richard Clyburn）在1842年发明的。瑞典发明家约翰·彼得·约翰松斯（Johan Petter Johansson）改进了克莱伯恩的最初构思并于1891年申请了专利。

（3）心脏起搏器：1958年，鲁内·埃尔姆奎斯特（Rune Elmqvist）开发了一种用电池驱动的人工心脏起搏器，用于斯德哥尔摩卡罗林斯卡医学院的外科医生奥克·森宁（Åke Senning）进行的第一例心脏起搏器植入手术。起搏器被安置在心脏病患者的皮下组织，它所产生的电脉冲确保肌肉可以正常伸展和收缩，从而调节心脏的跳动。

（4）能量特列克（Power Trekk）：听上去极富未来感的能量特列克是

一种使用环保燃料电池技术的便携式充电装置，能将氢转化为电能。只要将一茶匙水连同燃料包加入充电器，就可以将任何兼容的电子装置——移动电话、全球定位系统、笔记本电脑、数码相机——连接至能量特列克进行即时充电。

（5）三点式安全带：作为如今所有客运车辆的标准配置，大约每6分钟就拯救一个生命的三点式安全带，由瑞典发明家和安全工程师尼尔斯·博林（Nils Bohlin）于1959年为沃尔沃公司开发而成。它被设计为Y形，以便在事故中将撞击所产生的能量消散在运动中的身体各处。

（6）超声波/心电图：瑞典医生英厄·埃德勒（Inge Edler）与德国研究员卡尔·赫尔穆特·赫兹（Carl Hellmuth Hertz）一起发明了现代心电图——一种多普勒心脏超声检查。它在心血管健康的监测中发挥着重要的作用。该发明在1977年为赫兹和埃德勒赢得了阿尔伯特·拉斯克临床医学研究奖。

（7）拉链：现代拉链是由瑞典裔美国发明家伊德翁·松德贝克（Gideon Sundbäck）在1913年对早先一种效果欠佳的模型改进和开发而成的。森贝克重新设计的"可分式搭扣"版本用滑动条来拉开和合拢互相啮合的齿，于1917年获得专利。

二 研究体系

在当代，瑞典科学研究的高水平得到了国际公认。政府十分重视科学研究和技术开发工作，研发投资在国际上处于较高水平。2001年，研发支出一度占国内生产总值的4.23%，这一比例在当年经合组织29个国家中排名第一位。在研发支出中，工商业部门占78%，高等教育部门占19%，其他公共部门机构和非营利性机构占3%。

传统上，瑞典用于科学研究的公共资源直接投入大学之中。但从20世纪40年代起，按英美方式组建起来的研究理事会制度在瑞典逐步确立，科研资金的提供开始采取比较灵活的制度。60年代，由于高等教育机构的扩大和各行业研发力度的加大，投入科研的资源迅速增多。1979年，政府首次提出科学研究政策法案，议会决定政府在议会的每届任期内都要提交一份这种法案。随后,这些法案成了对公共部门研发投资进行长期规划和协调的手段。在制定科学研究法案的同时,议会还确立了"部门研究原则",即社会的每个部门对自己所需要进行的研发项目进行评估,权衡各种研究需要,以推动该部门的发展。

基础研究主要在由公立大学、大学学院和少数私立大学等构成的高等教育体系内进行,这些高等教育机构主要分布在隆德、乌普萨拉、哥德堡、斯德哥尔摩、于默奥、林雪平等地。长期以来,它们主要通过政府拨款获得基本研究资源的支持,但从20世纪七八十年代开始,研究资金的来源已经发展成为一个多渠道的体系,出现了若干互相独立的研究资金提供方,其中包括基础研究理事会,也包括拥有研发资源的许多部门性的公共机构。90年代初,又出现了一些资助特定研究领域的研究基金会。

多年来,瑞典政府一向认为,国家对保证瑞典科学的发展和新知识的利用承担着总体上的责任。由于基础研究和研究生培养是其他方面的开发与知识转移的基础,因此政府对保证研究的自由、支持基础研究和培养研究生更是负有特殊责任。瑞典科研体系的一个基本原则就是,议会和政府向各个科学领域拨付公共资金,而由研究界来决定每一领域的资金如何使用。

教育与研究部负责草拟向议会提交的科研政策法案,并对政府各部门之间的科研政策进行协调。政府内部成立由教育与研究部主持的研究顾问委员会,成员由研究人员和工商业部门的代表组成。

国家研究资金的分配通过两种方式:一是向高等教育机构的直接拨款,二是向研究理事会、部门研究机构的直接拨款。因此,科技界从国家获得的研究资金来源也分成两个部分:固定部分,高等教育机构中每个科学领域获得的直接拨款;弹性部分,研究机构和人员通过竞争从研究理事会、部门研究机构和研究基金会取得的研究资金。政府提供的研究资金,最终大部分流向大学和其他高等教育机构。目前,瑞典有13所国家开办的综合性大学和23所由国家开办的其他高等教育机构。此外,还有3所私立大学和若干所其他组织开办的较小的高等教育机构。

全国性的研究理事会负责申请和审批研究项目,根据科学和学术标准分配资金。这些理事会由来自科技界的代表和由政府任命的公众代表组成。研究人员出身的代表占大多数，他们由科技界代表大会选举产生的研究委员会任命。有时候，对申请者的研究水平及其最终研究成果的水平，研究理事会还邀请外国专家帮助评审。

地方政府用于研究开发的支出较少，省政府和市政府每年投入研发的资金在5亿瑞典克朗左右，主要用于公共卫生和社会服务领域。

瑞典研究政策的一个重要因素，是每个部门对自己的研发项目资金投入做出评估。在提供数量相当大的研发资源的公共机构当中，包括国家公路管理局、国家铁路管理局、国家空间委员会等。

在为研究提供资金的公共实体当中，还有若干研究基金，包括瑞典国家战略研究基金、知识基金、战略环境研究基金、瑞典保健科学和过敏研究基金、瑞典研究和高等教育国际合作基金等。这些研究基金由政府于1994年建立，年资助总额约20亿瑞典克朗。另一个主要来源是瑞典银行"三百年基金"，它主要资助人文科学、神学、社会科学和法学方面的研究。

除了上述这些公共部门资金提供者之外，还有一些私人基金和学术机构。其中之一是瓦伦堡基金会（Knut and Alice Wallenberg Foundation），它尤其重视科研设备的大额资助。而瑞典皇家科学院、瑞典皇家工程学院等则是科研的促进机构。

瑞典皇家科学院是瑞典最大的科学促进中心，下设12个分院、6个研究所，包括数学、物理、化学、天文学、地质学、矿物学、地球物理学、动物学、植物学、医学、经济学、统计学、社会学和工程技术等各个学科。瑞典皇家科学院有408名院士，其中180名为外国人。所有院士都是各领域贡献卓著的学者。皇家科学院的目标是发展科学，特别是数学和自然科学，其宗旨是：成为各领域研究人员的交流论坛；提供独一无二的研究环境；支持年轻的研究人员；奖励为科学做出突出贡献的科学家；安排国际科学交流；发表科学见解，影响研发优先领域的设定；激励学校学生对数学和自然科学的兴趣；通过各种形式，传播科学知识和大众科学。瑞典皇家科学院每年要为各类做出突出贡献的科学家颁发各种奖项，包括

第七章 文化

国际奖项和国内奖项。

皇家科学院的领导人是院长，以及协助院长工作的3名副院长，此外还有1名专职的秘书长，以上人员组成了瑞典皇家科学院的主席团。其职能管理机构是由主席团和12名成员组成的委员会，主要负责科学院规划的制定和保证现有资源的充分利用。科学院的日常工作是由各领域的分支委员会负责进行的。皇家科学院的出版物有《国际环境研究》（Ambio）、Acta Mathematica、《实验及理论物理文献书目》（Physica Scripta）、《动物形态论》（Acta Zoologica）、《动物文献书目》（Zoologica Scripta）、人工智能的电子化处理（ETAI）学报等期刊。此外，还出版各种报告、专著和获奖论文文集等。

三 技术创新

瑞典政府充分认识到，发展高新技术及其产业，是摆脱经济危机、调整经济结构、刺激经济发展、创造就业机会的上策。从20世纪70年代开始，政府就大力支持环境、能源、交通、信息、生物技术等领域的研究开发计划，到现在已经形成以电子信息技术及设备、生物制药、交通运输装备、能源和环境技术为主的高新技术产业。对技术创新的重视和大力投入，使瑞典成为世界上在技术创新方面领先的国家。从按人口比例衡量的国际专利（主要是在美国、欧盟和日本获得的"三地专利"，这是衡量各国技术创新成就的重要指标）获得数量来看，1970~2005年，瑞典的表现是很突出的，在国际上的排名仅次于瑞士。瑞典在多年的欧盟创新能力评估中总是名列前茅。

1. 重点领域

在选择技术创新的重点领域时，瑞典政府考虑到自己的国情，根据国力和自身的优势来确定与本国社会和经济发展紧密相关的科学技术先行领域。20世纪80年代以来，生物学和生命医学等瑞典传统上比较先进的学科被确定为技术创新的重点，这些学科设备先进、研究力量雄厚。目前，研究开发活动主要集中在以下部门。

（1）工程设备行业。在瑞典的整个制造业部门，工程设备行业占到

253

50%以上，通过创新而制造出的先进制造设备和材料（如精密切割工具、采矿设备、高速钢板、航天和医用特殊钢等）非常突出。

（2）林业。瑞典的林业、造纸和纸浆研究，是利用新技术改造传统产业的典范。这种研究既由本国独自进行，也与其他欧洲国家一起进行。2002年，纸浆和纸张行业、出版和印刷行业占整个制造业的20%。

（3）信息和通信技术（ICT）。根据国际数据公司（IDC）和《世界时代》（*World Times*）编撰的2003年"信息社会指数"（Information Society Index），瑞典连续4年位居信息技术最发达国家之列。在瑞典通过创新获得竞争优势的领域中，包括互联网采购解决方案、移动无线解决方案和服务、互联网、电子商务、IP电话、无线基础设施设备、远程教育、车载电子设备、机器人、在线和移动游戏等。

（4）生物技术和生命科学行业。瑞典有230多家生物技术公司，是欧洲第四大生物技术国。这些公司中，很大一部分活跃在医疗保健领域，生产新药和开发用于药物研发的工具、小型心脏和肠道疾病分子治疗器械等。它们有80%集中在斯德哥尔摩－乌普萨拉附近和南部的"医学谷"（Medicom Valley）。生物技术的深厚传统、制药业内部的密切联合、活跃的创业活动、卓越的研究成果、有利于利用生物技术的法制环境、便于获得风险资本等，都对瑞典生物技术迸发出来的活力做出了贡献。

（5）环保行业和可再生能源。在落实环保措施方面，瑞典处于前沿。环保技术（水污染控制、废弃物治理和空气污染控制）和可再生能源（生物能和废料能源转化）等，也是瑞典具有很大竞争优势的领域。

（6）功能食品。瑞典是功能食品开发方面领先的国家之一。鉴于瑞典在功能食品方面的综合研究和生产实力，一家苏格兰研究机构2002年将其列为世界上功能食品开发最前沿的国家。

2. 创新体系

瑞典的研究开发活动，90%集中在大学和工业企业。与其他国家不同的是，瑞典政府资助的科学技术研究开发经费大部分用于高等教育机构，用于政府其他公共部门和私营机构的研发活动的经费则比一些欧洲国家要少。从结构上看，瑞典创新体系的特点是"哑铃形"，一边是大企业集团，另一边是主要大学。乌普萨拉大学、皇家工学院、卡罗林斯卡医学院等世界著名大学共建立了28个竞争力中心，促进新技术的研发和转化。而研发活动资金由企业提供的比例，在瑞典是比较高的，2001年为77%，共750亿瑞典克朗，约占国内生产总值的3.32%。而同年经合组织的平均值不到70%，只有韩国和日本的比例超过瑞典。瑞典的公司税负相对较低，也刺激了企业的资本投入、对新技术的采用和新产品开发。工业企业的研究开发活动十分普及，几乎所有大企业，甚至一些小企业都进行研究开发。工商业部门的大多数研发项目是产品开发，不到20%的投入用于基础研究和应用研究，而且这些研究主要是在技术创新方面，特别是在医学方面。在研发投入较大的行业中，投入的资金高度集中在少数大公司。20家最大的公司的研发支出，约占工商业部门全部研发支出的2/3。少数几家大型的制造业公司和医药公司的研究开发活动，几乎占到了工业界的一半。

瑞典政府积极鼓励和促进产、学、研的合作。国家对创新体系的支持，主要是通过促进工商业部门与产业研究机构进行研发合作，共同向这些机构投入资金。这些研究机构独立于高等教育体系，但通常与高等教育机构有着密切联系。研发方面其他形式的公私合作伙伴关系，主要是高等教育机构及其附近的科学园区和"卓越中心"。这些科学园区和"卓越中心"有雄厚的高等教育机构科研基础设施作为后盾。科学园区促进了技术和知识从大学向产业的转移，同时可以为处于创始阶段的新公司提供多种多样的服务。目前，瑞典已经建立和规划了31个科学园区，其中最有名的有Kista科学城、IDEON、Mjördevi科学园、MEDEON等。

风险资本在促进科技成果转化方面发挥的作用越来越大。从20世纪90年代下半期开始，瑞典的风险资金和种子资金迅速增多，对瑞典创新企业的催生和壮大发挥了巨大作用。到2004年，瑞典已有100家风险资本公司，管理着约140亿美元的风险资金。

3. 国际合作

国际合作对各国科学技术的发展越来越重要。瑞典研究界向来有着广泛的国际联系，最常见的国际合作形式是单个研究人员或研究团队与其他

瑞典

国家的同行共同开展联合研究项目。多年来,瑞典还参与了若干国际性的研究组织,尤其是在自然科学和工程学方面。这种合作还在诸如欧洲太空局(ESA)、欧洲核子研究组织(CERN)和欧洲南方天文台(ESO)的大型研究项目的框架下进行。

在研发方面,瑞典最重要的国际合作伙伴是美国。传统上,瑞典与美国在自然科学、信息通信和医学上有着特殊的合作关系。到2005年为止,有22家瑞典企业在美国设有研发机构。而美国也同样想借助瑞典的先进技术,有17家美国公司在瑞典设立了前沿技术研发机构。一些瑞典机构还在美国大学建立有实验室,如瓦伦堡基金会在斯坦福大学就建立有"瓦伦堡实验室"。

除了传统上与美国有着密切的合作之外,瑞典近些年来还广泛参与欧盟的研究计划。1995年加入欧盟后,与欧盟国家的科技合作进一步加强,特别是与邻近国家在技术创新方面形成了非常密切的联系。瑞典研究人员目前已经开始广泛利用欧盟研究和技术开发框架项目(EU's Framework Program)所提供的资源。

四 人文社会科学

瑞典的人文社会科学研究,主要在高等学校中进行,研究所需经费主要是通过国家的拨款。研究人员和机构也可以通过研究理事会提出项目申请,获得国家的研究资金资助。一些基金会也接受研究项目的申请和资助。此外,欧盟研究和技术开发框架项目为瑞典人文社会科学研究和相关领域的国际合作提供一定数量的资金。

为了加强各大学之间的合作研究,著名大学通常设有相应的交流合作机构,其中最突出的是乌普萨拉大学成立的"瑞典社会科学高级研究会"(SCASSS)。它成立于1985年,每年为来自国内和国外的访问学者设立从事某个专题研究的临时职位并提供资金。

除了高等学校之外,瑞典还有一些历史悠久和有国际影响的研究机构,其中包括瑞典皇家文学、历史和文物研究院,瑞典文学院,斯德哥尔摩国际和平研究所等。这些机构起着协调、推动人文社会科学研究和开展

第七章 文 化

国际合作的作用。

文学、语言、历史和考古研究在瑞典具有悠久的传统,皇家文学、历史和文物研究院是这方面的主要研究机构,成立于1753年。它的工作主要是:推动人文科学、神学和社会科学研究,特别是考古、文物和文献的研究;保存瑞典的文化遗产;通过与外国其他有关机构的联络,推动相关领域的国际合作;为政府提供建议;为有关领域学者的研究提供经济资助,对优秀研究成果给予奖励。

瑞典文学院是另一个国际著名的机构。它于1786年3月20日由国王古斯塔夫三世仿照法兰西学院创建,同年4月5日举行成立仪式。文学院的座右铭为"天才和鉴赏",任务是致力于瑞典语言的纯洁、健康和高尚,提高对文学作品的鉴赏能力,促进文化事业的发展。文学院有院士18名。首批院士中的13名由国王亲自选定,其中有议员4名,大主教2名;其余5名则由国王指定的13名院士自行推选。文学院设正、副院长各1名,每半年选举一次另设常任秘书1名,以前为终身任职,现规定70岁以后如不再留任则自行退职。根据传统,只有现任院士去世后方可增补新院士,并由国王批准。文学院成立后的第一项任务是编写一部大型瑞典语辞典和瑞典语语法。这部辞典包括1521年以来使用的全部词汇,第一卷于1893年发行,以后陆续出版各卷,现在工作仍在进行中。瑞典语语法于19世纪初编成。1874年还出版了一本瑞典语标准词汇手册,以后多次进行修订。文学院每日的活动、讲话、授奖作品、名人传记等分别载入《瑞典文学院文献》和《瑞典文学院史料选》。自成立以来,瑞典文学院组织过多次文学竞赛活动,颁发过各种奖金,为许多作家、文艺报刊和文学团体提供物质资助,对文化事业的发展做出了不小贡献;尤其是1901年负责颁发诺贝尔文学奖以来,更为世界公众所关注。

在军备控制与国际裁军领域的研究方面,瑞典也处于领先地位,斯德哥尔摩国际和平研究所是该领域具有重要国际影响的研究机构。它成立于1966年,目前有50多名专职工作人员,主要研究领域是世界军备、军费、武器贸易、化学武器、裁军和军控谈判与建议以及军事活动对人类的

影响等。自1969年以来，该研究所每年出版一本关于世界军备、裁军与国际安全的年度报告。由于资料翔实，它已成为国际政治军事领域研究人员和新闻媒体经常使用的权威性资料来源。尤其是年度报告中关于各国军费开支的统计资料，更成为全球军事研究领域不可缺少的基本数据。研究所的资金主要来自瑞典政府。

在社会科学领域，成就最突出的是在经济学方面，形成了经济学中的瑞典学派。该学派又称北欧学派或斯德哥尔摩学派，是在当今西方世界尤其是北欧有重要影响的经济学流派之一。该学派起源于19世纪末20世纪初，形成于20世纪20~30年代。当时国家垄断资本主义统治已经建立，资本主义基本矛盾十分尖锐，又爆发了给资本主义世界以沉重打击的1929~1933年大危机。面对长期的经济萧条和严重失业，传统的新古典理论既不能在理论上给予解释，也不能提出相应的对策。在这种历史背景下，瑞典学派诞生了，并且在战后得到迅速发展。瑞典学派的创始人是克努特·维克塞尔（Knut Wicksell）、卡塞尔（Gustav Cassel）和戴维松（David Davidson）。为该学派做出贡献的代表人物还有米达尔（Gunnar Myrdal，1974年获诺贝尔经济学奖）、埃里克·林达尔（Erik Lindahl）和贝蒂尔·奥林（Bertil Ohlin，1977年获诺贝尔经济学奖），而作为后继者的第三代的主要代表是阿萨尔·林德贝克（Assar Lindbeck）。瑞典学派既不同于新古典学派，也有别于凯恩斯学派，有自己独特的理论特色，其最具影响力的理论有宏观动态经济理论、生产要素禀赋理论和混合经济理论。它们是瑞典学派集体智慧的结晶。宏观动态经济理论对西方经济学的发展有重要影响。在20世纪30~40年代经济自由主义思潮占主流的情况下，瑞典学派主张国家干预经济，这是难能可贵的，它为福利国家的建设奠定了理论基础。

第三节 文学艺术

瑞典是文学艺术非常繁荣的国家，而繁荣的基础是国民普遍很高的文化素养，以及从中产生的众多文学家和艺术家。

第七章 文　化

一　文学

1. 18 世纪以前的文学

瑞典文学可从乌姆山附近的吕克石碑谈起，石碑上面有公元 850 年镌刻的大约 800 个北欧古文字，描述了古代英雄丘德里克的事迹。人们据此确信，古代瑞典有类似冰岛"萨迦"的传说和故事，只不过没有记录下来和流传于后世。现在，人们只能从冰岛、挪威和英国的古代文学以及瑞典保存的古碑中看到一点痕迹。

中世纪有些在教会任职的神学家写了不少赞美诗，其中优美的《比尔吉达圣歌》就出自林雪平的一位主教之手。

圣歌一般都是抒情诗。瑞典中世纪的叙事诗则是各种传说，即有关耶稣、圣母玛利亚和圣徒们的故事。这些比较古老的、富有神话色彩的传说大部分起源于东方国家，在 1300 年之前被译成瑞典文。与此同时，外国的世俗文学也通过骑士阶层传入瑞典，很多外国骑士传奇被译成瑞典文，其中最有名的是《欧费米娅之歌》。而最有文学价值的是 1440 年前后托马斯（Thomas）主教创作的《恩厄尔布雷克特之歌》，作品生动地描绘了主人公的业绩，最后用一系列抒情诗构成一首自由的颂歌。这首诗歌之所以著名，不仅因为其内容丰富多彩、语言铿锵有力，而且还因为诗的形式摆脱了拉丁语赞美诗的影响。此外，瑞典中世纪还有一种古老的集体舞，带有一定的戏剧性，且有歌曲伴奏。人们通常把这种叙事抒情舞曲称作歌谣。后来，人们把口头流传的歌谣记录下来，整理出版，最主要的有《瑞典民歌》和《瑞典古代歌曲》。

1541 年，国王古斯塔夫·瓦萨为了便于推行新教，下令将《圣经》译成瑞典文。1526 年出版的《瑞典歌曲和民谣》，是最早的瑞典文基督教赞美诗。新教的传播和道德教育深入学校后，产生了取材于《圣经》的"学校戏剧"。保存至今的剧本《杜毕叶喜剧》，取材于《旧约全书》中的伪书，通篇皆为各种哲理，没有任何人物描写或戏剧情节。17 世纪初，历史学家约翰内斯·梅塞纽斯（Johannes Messenius）写了 4 部历史剧，由学生们在"二月集市"上演出，获得了很大成功。其中最有名的一部是

《迪萨》，取材于有关聪明少女迪萨的传说。

这个时期较有才华的诗人是拉尔斯·维瓦柳斯（Lars Wivallius）。他的作品《自由，你是最高尚的东西》是一首对自由的赞歌；《怨春寒》是他最著名的诗作，既有民歌的情调，又有赞美诗的特色。他的作品被称作瑞典高雅诗歌的先声。

在瑞典作为欧洲大国的强盛时期，最著名的诗人是耶奥里·谢恩耶尔姆（Georg Stiernhielm）。他最初用拉丁文写诗，逐步掌握了古典诗歌的写作技巧。从17世纪初期开始，他改用瑞典文创作，把瑞典诗韵建立在重读音节和非重读音节变化的基础上。这是谢恩耶尔姆在瑞典诗歌史上的巨大功绩。他的著名诗篇《海格立斯》（1658）就是用六音步韵写成的。他在逝世前将长、短诗篇汇集出版，题名《是女神诗人现在才教我们用瑞典文写诗和吟唱》，是17世纪瑞典文学的重要作品，因此后人称他为"瑞典诗歌之父"。

17世纪，宗教抒情诗也有所发展，阿坎·斯佩格尔（Haquin Spegel）写出了创世诗《上帝造物与安息》。在16世纪英国喜剧（包括莎士比亚的作品）的影响下，17世纪瑞典的"学校戏剧"多方面地表现出了世俗艺术的特点。17世纪70年代，乌尔班·耶尔内（Urban Hiärne）的剧作《露丝蒙达》是瑞典第一部力求描写主人公心理发展的古典悲剧。

2. 18世纪文学

18世纪瑞典文学的特点之一是把法国古典主义与启蒙思潮结合起来。这个时期最重要的创作是哲理性抒情诗。同时，一种轻快、明朗而短小的牧歌代替了传统的冗长的田园小说。但不少作品也流露出伤感情调。奥洛夫·冯·达林（Olof von Dalin）是瑞典启蒙运动的主要代表人物之一。1732年，他创办了《瑞典百眼神》杂志，介绍欧洲和各种新思潮。他的作品是瑞典新旧两派文学的分水岭。1753年，海德维格·夏洛塔·努登弗吕克特（Hedvig Charlotta Nordenflycht）、古斯塔夫·菲利浦·克罗伊茨（Gustaf Philip Creutz）和古斯塔夫·弗雷德里克·于伦堡（Gustaf Fredrik Gyllenborg）成立了瑞典"思想建设社"，出版文学年鉴《我们的尝试》和《文学作品》，倡导启蒙运动，宣传自由思想，并推崇法国古典主义的艺术风格。

18世纪60年代，出现了著名诗人卡尔·米凯尔·贝尔曼（Carl Michael Bellman），他的代表作《弗列德曼诗体书信》和《弗列德曼之歌》，是瑞典文学中最富抒情性的作品。

1786年，国王古斯塔夫三世仿照法兰西学院建立了瑞典文学院，第一批18名院士中有著名作家约翰·亨里克·谢尔格伦（John Henric Kellgren）和卡尔·古斯塔夫·阿夫·利奥波德（Carl Gustaf af Leopold），他们都是传播法国古典主义和启蒙思想的代表人物。

18世纪中叶，瑞典还出现了反对法国古典主义和启蒙思潮的旧浪漫主义，主要代表人物为托马斯·托里尔德（Thomas Thorild）。他在诗歌《激情》中阐明了旧浪漫主义的美学和哲学纲领。在与谢尔格伦和利奥波德的论战中，他发表了《对批评家的批评》，强调一个有作为的诗人无须拘泥于已有的形式和原则，应该创造自己的风格和特点。本特·李德奈尔（Bengt Lidner）早年著有悲剧《艾里克十四世》，用亚历山大诗体写成，破除了"三一律"的陈规。他的作品还有歌剧《美狄亚》《女伯爵斯帕斯塔拉之死》等。

18世纪末，在德国哲学、社会学和文学的影响下，瑞典出现了新浪漫主义。第一批新浪漫主义者是毕业于乌普萨拉大学的几个年轻知识分子。新浪漫主义文学团体"曝光同盟"发行杂志《晨星》，因此这一文学团体被称为"晨星派"，又称"新派"。这个时期还出现了"哥特同盟"，主要研究古代文化，提倡发扬古代哥特人的自由精神、大丈夫气概和坚强不屈的性格。著名文学家埃萨亚斯·泰格奈尔（Esaias Tegnér）和埃里克·古斯塔夫·耶耶尔（Eric Gustaf Geijer）是主要成员。"哥特同盟"又称"旧派"。

3. 19世纪文学

1810~1820年是瑞典文学史上的重要时期，有5位著名诗人很活跃：埃里克·约翰·斯唐内利乌斯（Erik Johan Stagnelius）、佩尔·丹尼尔·阿马多伊斯·阿特布姆（Per Daniel Amadeus Atterbom）、约翰·奥洛夫·瓦林（Johan Olof Wallin）、泰格奈尔和耶耶尔。阿特布姆的童话剧《极乐岛》（1824~1827）和泰格奈尔19世纪20年代写的爱情故事《弗里蒂奥夫萨迦》被认为是浪漫主义时期的两部巨著。

19世纪20年代，新闻界出现了以《百眼神》报为代表的自由主义反对派，反对政治上保守的浪漫主义者。1830年"七月革命"以后，反对派有了自己强大的喉舌——拉尔斯·约翰·耶塔（Lars Johan Hierta）办的《晚报》。1840年，耶耶尔摆脱了保守主义，在议会里对当时提出的社会、政治和宗教等问题采取自由主义的立场。此时，阿尔姆奎斯特（Carl Jonas Love Almqvist）到《晚报》任职，发表《这样也可以》。这篇小说有比较鲜明的现实主义色彩。吕德贝里（Viktor Rydberg）是19世纪50年代瑞典最富自由主义特色的作家，代表作是《森古雅拉》，其历史小说如《波罗的海上的海盗》《最后一个雅典人》等影射了当时的一些社会倾向。1860年，几位年轻的诗人在乌普萨拉大学建立"未名社"，主要成员有维尔森（Carl David af Wirsén）和斯诺伊尔斯基（Carl Snoilsky）。从1880年开始，维尔森作为瑞典文学院的秘书，成了保守派的主要批评家。

随着工业革命的发展，马克思主义开始与瑞典的工人运动相结合。1878年的经济危机，使工人阶级和其他劳动者的生活状况更加恶化。此时，斯特林堡（August Strindberg）发表了长篇小说《红房间》（1879），抨击了腐败的政府官吏、投机商和资产阶级，并在一定程度上反映了劳动者的生活状况，这部作品被视为瑞典文学领域里自然主义风格的发端。他的作品如《瑞典的命运和冒险》《结婚集》、自传体小说《女仆的儿子》和描写群岛生活的小说《海姆斯岛上的居民》，反映了当时的社会生活和人民的思想及要求。1872年，他发表了哲理性剧本《奥洛夫老师》，以后又陆续发表了自然主义剧作《父亲》《朱丽小姐》等。在《一出梦的戏剧》和《鬼魂奏鸣曲》中，他大胆使用象征性的语言和新的舞台设计，对印象主义戏剧的发展产生了重大的影响。

这一时期，属于自然主义风格的作家还有贝奈迪克特松（Victoria Benedictsson）和莱弗勒（Anne Charlotte Leffler）等。一些年轻作家还组成了"青年瑞典"派，代表人物是耶耶尔斯坦（Gustaf af Geijerstam）。他早期的作品描写了"阴冷的天气"和"贫穷的人民"，后期的几部作品则主要以罪犯和自己的童年生活为题材。

1891年前后，拉格洛夫（Selma Lagerlöf）和弗勒丁（Gustaf Fröding）开始发表作品。此后，瑞典文学中的自然主义时期便告结束。这个时期的作家不拘泥于现实素材，而是让想象驰骋在遥远的国度和古老的年代。像新浪漫主义者一样，他们喜欢把所描写的事件安排在东方国家和地中海沿岸各国。后来，通过深入研究瑞典历史，他们把创作内容上溯到古代和中世纪。拉格洛夫于1909年因"成功地呼唤人类心声"获得诺贝尔文学奖，是第一位获得诺贝尔文学奖的女作家，也是第一个获得诺贝尔文学奖的瑞典作家。她因著有《尼尔斯历险记》和《尼尔斯历险记续集》而得到与安徒生齐名的评价。19世纪末，文学界又出现一种唯美主义倾向。海登斯坦（Verner von Heidenstam）是19世纪90年代瑞典文学中唯美主义的代表，著有诗集《朝圣的漫游时代》《风暴的人》《瑞典人和他们的首领》，散文集《文艺复兴》《查理和人》，长篇小说《安多米昂》《汉斯·阿辰诺斯》《福乐孔格家的树》等，于1916年获得诺贝尔文学奖。

4. 20世纪文学

1905年瑞典与挪威联盟的解体和1909年的大罢工，促使作家面向社会现实，密切关注瑞典人民的生活以及因此而产生的思想变化。在此基础上，作家们写出了不少现实主义的作品，如瑟德贝里（Hjalmar Söderberg）、恩斯特伦（Albert Engström）等人的作品。他们笔下的主人公已不再是脱离现实的神秘莫测的人物，而是一定社会环境里的普通人。这些作家当中，在想象力丰富和深入刻画人物方面，要首推伯格曼（Hjalmar Bergman，1883~1931），他的主要作品是《瓦德雪平的马库雷尔一家》。

20世纪20年代后一段时期里，瑞典文学界的中心人物是拉格奎斯特（Pär Lagerkvist）。他既是抒情诗人，又是戏剧家和小说家，作品大多以善与恶的斗争为题材，力求探讨人生的真谛。他在短篇小说《刽子手》（1933）、长篇小说《侏儒》（1944）和《巴拉巴》（1950）等作品中，讽刺和抨击了德国法西斯的暴力政策和野蛮行径。1940年，他当选瑞典文学院院士，并于1951年获诺贝尔文学奖。这一时期的另一位杰出抒情诗

瑞 典

人是埃里克·卡尔费尔特（Erik Axel Karlfeldt），著有《荒原和爱情之歌》《弗里多林之歌》《弗里多林的乐园》《秋日的号角》等，于1931年获得诺贝尔文学奖。

20世纪20年代，还出现了一些工人出身的作家，如安德松（Dan Andersson）、考克（Martin Koch）等，其作品不同程度地反映了工人阶级的生活。他们广泛细致地观察和思索自己所经历的现实生活，大胆地揭露生活的阴暗面，形成了"工人文学"。考克着重描写了工业主义给瑞典的社会生活所带来的巨大变化和工人运动的蓬勃发展，主要作品有《工人》、《森林谷地》和《上帝的美好世界》等。另一作家洛-约翰松（Invar Lo-Johansson）被称为"雇工派"领袖，主要作品有《土地，晚安》、《雇工》和自传体长篇小说《文盲》等。

20世纪30年代，在抒情诗方面出现了一个新的流派——"五青年"派。他们认为，文化方面的奢求是人类获得幸福的障碍。后来，他们又被称为"本源派诗人"。其中最有才华的是哈里·马丁松（Harry Martinson），他的主要作品有诗集《流浪者》、游记《漫无目标的旅行》《再见，海角》、自传体小说《荨麻开花》和英雄史诗《阿尼雅拉号宇宙飞船》等，1974年获诺贝尔文学奖。女诗人、剧作家内丽·萨克斯（Nelly Sachs）创作有诗歌《在死亡的寓所》《逃亡与演变》、剧本《神秘的舞伴》《魔法》等，1966年因"杰出的抒情诗和戏剧作品，以感人的力量描述犹太人的命运"获得诺贝尔文学奖。30年代，还有一些瑞典作家受劳伦斯的影响，创作了一些表现求生渴望和性偏见的作品。

第二次世界大战后，瑞典文学更为活跃。许多作品反映出第二次世界大战后社会上的沉闷气氛和人们的变态心理。一些作家接受了外国文学各种流派的影响，产生了一些模仿卡夫卡、陀思妥耶夫斯基等人风格的作品。另外，有些作品则带有超自然的倾向或神秘主义和厌世哲学的色彩。这个时期的瑞典诗坛，尊崇英国诗人艾略特和近代法国诗人所提倡的自由诗诗风。较有成就的诗人是埃里克·林德格伦（Eric Lindergren），他写了著名的象征主义诗篇《没有路的人》，被认为是现代瑞典最有才华的抒情诗人。另一位享有国际声誉的诗人是特兰斯特勒默（Tomas Tranströmer），

第七章 文 化

从1954年发表诗歌《诗歌17首》开始，展示出了丰富的想象力。他的诗歌于1996年以《悼念贡多拉》为题结集出版。2004年，中国北斗文学奖授予他"终生成就奖"，以表彰他对当代诗歌的贡献，这是第一次一个外国诗人在中国获此荣誉。

20世纪50年代和60年代，瑞典还出现了一种"新社会批判"文学。女作家莉德曼（Sara Lidman）因《焦油坑》（1953）一举成名，小说描绘了瑞典北部西博滕省小农的生活状况。这部小说开60年代"新社会批判"文学之先河。受越战期间反战浪潮的影响，"新社会批判"文学强调文学的全球视角，质疑西方文明。松内维（Göran Sonnevi）的著名诗歌《论越南战争》（1968）产生了很大的社会政治影响。奥克松（Sonja Åkesson）的社会批判诗歌则描绘了文化上受压迫环境下妇女的状况。恩奎斯特（Per Olov Enquist）的小说融入了新闻纪实和创作的元素，《军团成员》（1968）描述了从瑞典流落苏联的波罗的海难民的惨状。恩奎斯特70年代后主要创作戏剧，他的剧作题材广泛，剧本《同性恋者之夜》（1975）和《雨蛇之舞》（1981）在创作上的突破，使他与诺伦（Lars Norén）一起，成为在国际上享有很高声誉的瑞典剧作家。诺伦最有影响的诗歌作品，是超现实主义的幻觉诗篇《不省人事》（1968）。

20世纪70年代，带有社会批判色彩的史诗性文学主宰了瑞典文坛。几位主要作家创作了反映瑞典工业革命和福利国家历史的小说，如德尔布兰克（Sven Delblanc）的《希德比》（1970）、古斯塔夫松（Lars Gustafsson）的《墙中裂缝》等。福格尔斯特伦（Per Anders Fogelström）的系列小说讲述了斯德哥尔摩一个家庭自19世纪60年代以来的变化。莉德曼的《铁路史诗》创造了瑞典文学中的一种新叙事语言。而通斯特伦（Göran Tunström）的《牧师的孩子》（1975）则让人又看到了拉格洛夫的风格。

1979年，拉尔松（Stig Larsson）以作品《孤独》开创了80年代文学的后现代风格。在以拉尔松为代表的年轻一代作家的作品当中，70年代的社会责任意识让位于福利国家解体过程中认同的缺乏和人物性格的碎化，在对暴力和罪恶的描写中丧失了道德的立场。诺伦则取代了著名电影导演伯格曼在外国人心目中的地位，成为瑞典戏剧的代表人物。

瑞 典

　　新千年到来之前的 10 年里，瑞典文学出现了一种由内省变得外向的模糊倾向，作家似乎又有了社会义务感。格雷德（Göran Greider）的《当工厂静下来的时候》为此定了调子，诗歌创作也重新对社会现实主义表现出兴趣。阿克塞尔松（Majgull Axelsson）《四月的巫师》以亦真亦幻的唤醒笔调再现了瑞典福利社会的景象。20 世纪 90 年代的文学还有一种暴露倾向，出现了一些自传体小说、忏悔小说和反映童年生活的小说，有些讲的是真人真事，引起了瑞典文坛关于作家写作自由的激烈辩论。

　　从大的趋势来说，瑞典文学在世纪末又出现了向史诗的回归。埃克曼（Kerstin Ekman）的三部曲《狼皮》第一部《上帝的仁慈》、通斯特伦的《到过孙讷的名人》和莉德曼的《天真无邪的时刻》都是怀旧之作。恩奎斯特（P. O. Enquist）也发表了《皇家医师来访》，描绘了 18 世纪的丹麦宫廷。在年轻作家中，一些人进一步巩固了自己的地位。在其鼎盛时期，弗雷德里克松（Marianne Fredriksson）的《汉纳的女儿》曾是世界上第四大畅销书。T. 林德格伦（Torgny Lindgren）发表了小说《甜美》，让人想起他早期发表的精品《毒蛇之路》（1982）的神秘、怪诞风格。康布琴（Sigrid Combüchen）则延续了她在小说《拜伦》中的突破，于 1998 年完成了富有创造性的精致作品《长短篇章》和《帕西法尔》。埃德尔费尔特（Inger Edelfeldt）也巩固了其作为瑞典重要作家的地位，《神秘的名字》（1999）等作品深入弱者的意识，展示他们内在的渴望与现实的冲突。

5. 21 世纪以来的文学

　　多年来，瑞典文学批评家对很少有作家描写大城市郊区和移民的生活感到奇怪。这种状况在进入 21 世纪后有了改变，一些移民作家出现了，描绘少数民族生活的作品也逐渐增多。生于伊朗的移民作家法蒂姆·贝罗斯（Fateme Behros）2000 年发表了第二部小说《牢犯的合唱》，描绘了乌普萨拉地区难民女性的生活。一些批评家将她视为瑞典强大的"工人文学"传统的继承者。智利裔作家温格尔（Alejandro Leiva Wenger）则将嘻哈（hip-hop）风格融入他用瑞典语写的散文。赫米里（Jonas Hassen Khemiri）于 2003 年发表《一只眼睛红了》，通过"洋泾浜"瑞典语展示了其讽刺幽默的风格。芬兰族作家涅米（Mikael Niemi）的小说《流行音

266

乐》（2000）成了国际畅销书。弗吕克特（Torbjörn Flygt）的《失败者》描绘了70年代马尔默一个工人家庭的生活。约翰松（Elsie Johansson）带有自传体小说色彩的三部曲《玻璃鸟》《银莲花》《南希》和诗人隆卢根（Kristina Lugn）2003年发表的诗集《再见啦，自得其乐吧！》，则传达了对福利国家的郁闷情绪，进一步延续了"工人文学"的传统。2011年，瑞典诗人托马斯·特兰斯特勒默（Tomas Tranströmer）被授予诺贝尔文学奖，这是1974年以来瑞典人再次获诺贝尔文学奖。诗人主要探讨自我与周围世界的关系，死亡、历史和自然是作品中常见的主题。他的多部诗集包含对自己童年生活的回忆，其作品的最大特点是简练而不抽象，其晚期作品更加简洁。

瑞典作家的读者群一度锁定在本国。但现在越来越多的瑞典文学作品被翻译成多国文字，畅销世界。瑞典著名作家有以创作侦探、冒险故事著名的亨宁·曼克尔（Henning Mankell）、霍坎·内瑟（Hakan Nesser）等。

二 戏剧和电影

1. 戏剧

（1）20世纪以前的戏剧

瑞典戏剧始于中世纪的宗教剧，内容取材于《圣经》故事和神话，既没有剧场，也没有布景，在教堂演出。16世纪20年代以后，随着新教的传播，瑞典产生了取材于《圣经》的"学校戏剧"。宗教改革家彼得里（Olaus Petri）的《杜毕叶喜剧》（1550）是保存至今的瑞典最早的"学校戏剧"。1600年后，瑞典出现了世俗戏剧和历史剧。瑞典第二部世俗剧是阿斯特罗菲鲁斯（Magnus Olaf Asteropherus）于1609年创作的滑稽剧《提斯倍》。历史学家梅塞尼耶斯创作的历史剧中，最有名的两部剧作是《迪萨》（1611）和《西格尼尔》（1612）。

1649年，克里斯蒂娜女王在斯德哥尔摩王宫内修建了第一座舞台；1667年，她又在斯德哥尔摩狮子山修建了第一座剧院。17世纪60年代，乌普萨拉大学的学生创建了瑞典第一个剧团，演出了耶尔纳的剧作《露丝蒙达》（1665），这是瑞典第一部有故事情节的悲剧。1682年，乌普萨

瑞　典

拉大学成立了第二个学生剧团，1686~1691年在斯德哥尔摩狮子山剧院演出，剧本均由剧团成员编写。这一创举使瑞典戏剧进入了一个新的时期。这个剧团在同德国剧团的竞争中因失败而宣告解散。此后半个世纪中，外国剧团一直占领着瑞典舞台。1737年，几个青年贵族组成瑞典皇家剧团，演出了瑞典戏剧史上第一部喜剧——卡尔·于伦贝里（Carl Gyllenberg）的《服饰讲究的瑞典人》。由于王后露易莎·乌尔丽卡（Louisa Ulrica，1720~1782）极力推崇法国戏剧，招来法国演员，瑞典皇家剧团被排挤出剧院。

18世纪下半叶是瑞典戏剧史上的重要时期。国王古斯塔夫三世恢复了瑞典本国剧团，大力赞助演出。他亲自编写剧本，并提倡用瑞典语演出。从此，瑞典戏剧逐渐摆脱法国影响，为现代瑞典戏剧奠定了基础。

韦兰德（Johan Wellander）的歌剧《泰提斯和佩雷》于1773年1月18日演出，轰动了瑞典。这是瑞典第一部歌剧。1782年，皇家歌剧院迁到新址，1787年皇家话剧院建成。此后，各地也纷纷建起剧院，演出剧目以歌剧和悲剧为主。

18世纪末期，瑞典戏剧界出现了演莎士比亚剧和历史剧的热潮。

19世纪中叶，随着资本主义的兴起，产生了一批描写资产阶级生活方式和风俗习惯的滑稽剧和轻歌剧。这一时期最重要的剧作家是奥古斯特·布兰克（August Blanche），他以斯德哥尔摩市民生活为素材的滑稽剧《拾来儿》（1847）和《一个巡回剧团》（1848）曾轰动瑞典剧坛。

1871年，丹麦文艺评论家布兰德斯（Georg Brandes）呼吁文学要批评社会，提倡现实主义创作方法，并把欧洲大陆上的写实主义作品介绍到北欧。在他的影响下，挪威的易卜生、比昂松（Bjönstjerne Bjönson）、瑞典的斯特林堡等作家创作了一批揭露社会矛盾的社会剧和社会讽刺小说，瑞典舞台上兴起了演出北欧剧作家作品的热潮，这是瑞典戏剧史上较为繁荣的时期。这个时期最著名的剧作家是斯特林堡，他早期的现实主义历史剧《奥洛夫老师》（1872）、欧洲戏剧史上第一部真正成功的自然主义独幕剧《朱丽小姐》（1888）以及欧洲最早的表现主义戏剧作品《到大马士革去》（1898~1904）等，使他蜚声世界剧坛。

第七章 文化

(2) 20世纪的戏剧

20世纪上半叶的瑞典戏剧，继承了易卜生和斯特林堡的传统，以写心理或暴露资本主义社会阴暗面的戏剧为主，作品带有鲜明的政治倾向。主要剧作家有西格弗里德·德·西韦茨（Sigfrid de Siwertz）、贾马尔·伯格曼（Hjalmar Bergman）、拉格尔奎斯特、莫贝里（Vilhelm Moberg）等。拉格尔奎斯特进一步发展了斯特林堡的表现主义传统，剧作有揭露德国法西斯主义惨无人道的《刽子手》（1934）和描写一个残酷无情的政治掮客天良发现的《一个没有灵魂的人》（1936）等。著名导演有莫兰德（Olof Molander）和英格玛·伯格曼（Ingmar Bergman）等。

20世纪50年代以来，主要剧作家有塞特霍尔姆（Tore Zetterholm）、斯蒂格·达格曼（Stig Dagerman）等，他们更多地受到德国布莱希特和美国奥尼尔的影响。但总的来说，70年代以前，斯特林堡的传统在瑞典戏剧界具有绝对的影响。

到了70年代，终于出现了"新瑞典戏剧"，代表人物诺伦系诗人出身。其中，诺伦的戏剧在欧洲各地演出。90年代之前，他的剧作一般场面宏大，演员众多，剖析了瑞典中产阶级的生活。90年代，其剧作如《7比3》等主要展现处于福利国家的边缘人。有评论认为，从剧作的分量、广度和深度而言，诺伦是唯一可以与斯特林堡媲美的瑞典剧作家。

自20世纪60年代以来，尽管戏剧面临电影、广播、电视和数字媒体的激烈竞争，但瑞典的戏剧仍很繁荣。剧种非常多，风格也多种多样，适合在各类场合演出。在戏剧创作和表演形式上，越来越多地融入了音乐、舞蹈、新型灯光等元素。以英国著名导演彼得·布鲁克斯（Peter Brooks）和法国著名导演阿里亚娜·诺克金（Ariane Mnouchkine）为代表排演的欧洲戏剧对瑞典产生了很大影响。在舞剧方面，瑞典舞剧吸收了德国舞剧家皮娜·鲍赫（Pina Bausch）的风格。

儿童戏剧繁荣，是瑞典戏剧的一大特征。瑞典号称拥有"世界上最好的儿童剧"，其教育体系中有一个传统，就是试图将最高水准的文学艺术传授给每个儿童，而林德格伦的《长袜子皮皮》等深受儿童乃至大人喜欢的优秀作品不断诞生，也激发儿童对戏剧的兴趣。

瑞典

随着戏剧的发展，除首都的瑞典国家剧院、皇家话剧院、皇家歌剧院和市剧院外，其他城市均有了市剧院，各地还有许多私人剧院、巡回剧团和靠筹集资金办的"自由剧院"、业余剧团等。政府也对戏剧给予慷慨的补贴，一般占到剧团开支的 3/4 以上。

2. 电影

（1）初期的成就

瑞典是世界上最早出现电影的国家之一。早在 1896 年，就开始有外国人在瑞典拍摄新闻片。瑞典人自己拍片从 1898 年开始。1907 年，在斯德哥尔摩成立了斯温司卡（Svenska）影片公司。当时所拍的影片主要是改编北欧国家的文学作品，如《幸福的套鞋》（根据丹麦作家安徒生的作品改编，1912）等。1911 年，瑞典出现了 4 家电影公司，其中一家专门拍摄根据瑞典小说家、戏剧家斯特林堡的作品改编的影片，如 1912 年摄制了《朱丽小姐》和《父亲》。1912 年，两位后来成为瑞典电影界泰斗的舞台演员舍斯特伦（Victor David Sjöström）和斯蒂勒（Mauritz Stiller）加盟斯温司卡影片公司，从此，公司兴盛起来。最初几年，这几位电影艺术家所拍摄的故事片主要效仿当时丹麦情节戏的模式，如斯蒂勒的《黑色的面具》（1912）、《吸血鬼》（1912）、《当爱情死去的时候》（1912）、《红塔》（1914）、《翅膀》（1916），舍斯特伦的《血的声音》（1913）和《爱比恨有力量》（1914）等。到 1917 年，舍斯特伦已拍摄了 32 部故事片。他探索电影的表现手法，力求揭示社会问题。1913 年，他停止模仿丹麦电影，拍摄了一部重要作品《英格保·贺姆》；1915 年，他又拍摄了影片《罢工》。斯蒂勒为瑞典喜剧影片的发展奠定了基础，他拍摄了喜剧片《现代女权运动者》（1913）、《爱情和新闻事业》（1916）、《汤姆斯·格拉尔最好的影片》（1917）等。

（2）瑞典古典学派

1917 年，舍斯特伦拍摄的故事片《赛尔日·维根》（又译《巨浪的日子》，根据易卜生的诗作改编），开始了瑞典电影发展的新阶段。在这部影片里，确定了后来被称为"瑞典古典学派"的一些美学原则。这个学派曾对世界电影艺术的发展产生过影响。舍斯特伦对瑞典电影的题材进行了改革，他使农民、渔夫、城市贫民第一次登上银幕。这个学派的影片，对传统的生活方式和习俗做了富有诗意的描绘，常常采用实景拍摄，力求表现人与大自然的和谐一致，同时也展示了人们与邪恶的斗争。舍斯特伦和他的追随者以革新精神解决了把文学作品改编为电影的一些问题，塑造了许多不逊色于原作的鲜明视觉形象。瑞典古典学派的美学原则体现得最完整的影片，是舍斯特伦根据冰岛作家剧本改编的《生死恋》（1917），以及根据瑞典女作家拉格洛夫的长篇小说改编的《煤矿女》（1917）、《英格玛的儿子》（1918）、《卡琳·英格玛的女儿》（1920）和《鬼车魅影》（1920）。

斯蒂勒也是这个学派的大师。在他的作品中，人物造型优雅，情节结构动作感强，细节富于联想和表现力。他的影片有根据芬兰作家林纳科斯基（Johannes Linnankoski）的作品改编的《火红的小花之歌》（1918）及根据拉格洛夫的作品改编的《阿尔纳的宝藏》（1919）、《古庄园》（1923）、《古斯泰·贝林的故事》（1924）等。

瑞典古典学派兴盛时期，培养了葛丽泰·嘉宝（Greta Garbo）等一批著名电影演员。这一学派的美学原则在另外一些导演的创作中也得到了发展。1919年，斯温司卡影片公司与斯堪的纳影片公司合并，组成了斯温司卡影片企业公司。新公司领导人极力想占领国际电影市场，仿效美国方式拍片，但没有成功。1924年，斯温司卡影片公司的四大台柱——导演舍斯特伦、斯蒂勒和演员嘉宝、汉松（Lars Hanson），以及其他创作人员离开瑞典前往好莱坞，从此瑞典电影陷入一蹶不振的境地。虽然有人试图继续发展瑞典古典学派，但也仅拍摄了屈指可数的几部影片，如导演舍贝里（Alf Sjöberg）拍摄的影片《最强的一个》（1929）等。

（3）低潮与复兴

20世纪30年代有声电影在其他国家的出现，使瑞典电影在国际市场上丧失了竞争力。瑞典第一部有声电影，是舍斯特伦从美国回瑞典后拍摄的影片《瓦德雪平的马库雷尔一家》（1930，根据瑞典作家贾马尔·伯格曼的长篇小说改编），它具有音画结合的特点。1931年，导演莫兰德（Gustaf Molander）等人拍摄了叙述芬兰革命事件的影片《某一夜晚》。此

瑞 典

外，艾德格伦（Gustaf Edgren）等导演拍摄了《查理·腓特烈在指挥》（1933）等以社会问题为内容的影片。1936年，莫兰德拍摄了他的成名之作《午夜琴声》[英格丽·褒曼（Ingrid Bergman）主演]。总的来说，30年代瑞典电影的产量不多、质量不高。

第二次世界大战开始后，中立的瑞典处于隔绝状态，外国影片停止进口，本国的电影生产有所增加。1940年后，瑞典电影开始复兴。这期间的影片虽然大部分是娱乐片，但反映尖锐社会问题的现代题材也得到了一定的发展，如亨里克松（Anders Henrikson）导演拍摄的《一件罪案》（1946）、《第56号列车》（1944），莫兰德的《诺言》（1943）等。这些影片的特点是深刻的心理描写，从中可以看到创作者继承了无声电影时期瑞典电影的优良传统。这些年代里，还摄制了一些描写被占领国家的抵抗运动的严肃作品，如《危险的道路》（1942，导演亨里克松）、《第一师团》（1941）和《阁下》（1943）[导演均为埃克曼（Hasse Ekman）]，《永恒的火焰》（1943）、《一堵无形的墙》（1944，导演莫兰德）。特别是导演舍贝里的影片《冒生命的危险》（1940），以创新的电影语言展示了与法西斯斗争主题；他的另一部重要作品，是既富于哲理又富于讽喻的叙事诗式影片《天国之路》（1942）。

(4) 四十年代学派

1944年，导演舍贝里拍摄了被称为"四十年代学派"的宣言的作品《折磨》。编剧是后来成为世界著名导演的英格玛·伯格曼。四十年代学派是瑞典文艺界青年一代当中文艺创作的一种美学思想流派，它反映了知识分子对战争中、战后的欧洲局势和资本主义社会感到失望的情绪。四十年代学派的思想原则，在伯格曼早期电影作品中得到了最明显的体现，如他执导的影片《危机》（1945）、《雨中情侣》（1946）、《开往印度的船》（1947）、《黑暗中的音乐》（1946）、《港口城市》（1948）、《监狱》（1949）和《渴》（1949）。与此同时，莫兰德根据伯格曼的剧本拍摄的影片《没有脸面的女人》（1947）、《爱娃》（1948）、《离了婚的男人》（1951），表现了资产阶级社会人们空虚的内心和颓废的思想。导演埃克曼的影片《伴随月亮流浪》（1945）、《姑娘和草籽》（1950）等，也展示了同样的主题。

20世纪40年代瑞典电影的喜剧样式，也反映了这个学派的创作原则。如由著名演员波佩（Nils Poppe）主演的讽刺闹剧分集片《演员》（1943）、《金钱》（1945）、《气球》（1946）、《士兵包姆》（1948）等，影片塑造了在资本主义世界被压榨的小人物滑稽可笑的形象。1943年，导演福斯特曼（Erik Faustman）在影片《海港之夜》里，第一次表现了工人阶级的团结精神和阶级斗争，其后又拍出《草原开花之时》（1946）、《外国海港》（1948）、《拉尔斯·汉德》（1948）等。导演马特松（Arne Mattsson）以现实主义手法描述了工人的日常生活，如影片《铺设路轨的人》（1947）。1951年，他拍摄的抒情电影《她只在一个夏天跳过舞》得到了国际上的好评。此后，1954年，他根据冰岛作家的长篇小说拍摄了影片《沙尔卡·瓦尔卡》；1955年，又根据斯特林堡的同名中篇小说改编了电影《海姆斯岛上的居民》，但后来，他转而拍摄警探惊险电影。

第二次世界大战以后，导演舍贝里在把瑞典的文学作品搬上银幕的创作中善于深刻地剖析主人公的精神世界。如根据洛－约翰松（Ivar Lo-Johansson）的作品改编的影片《只有一个母亲》（1949），根据斯特林堡的作品改编的《朱丽小姐》（1951，获威尼斯电影节大奖）、《卡琳·曼斯多特》（1954）和《父亲》（1969），根据拉奎斯特长篇小说改编的《巴拉巴》（1953），根据莫尔贝里（Vilhelm Morberg）作品改编的《法官》（1961）等。在处理个人与社会这一主题时，舍贝里继续保持早期影片的艺术美学原则：剧情紧张，人物感情充沛，形象鲜明，摄影角度奇特，明暗处理大胆。在1956年戛纳电影节上，伯格曼更是以《夏夜的微笑》轰动国际影坛。

成功拍摄众多优秀影片，使伯格曼在瑞典电影史上占有特殊的地位。他在20世纪50年代中期便跻身世界著名导演之列，许多影片接连在各个重要的国际电影节获奖。在拍摄了几部反映社会问题的影片之后，他把注意力集中到如何在银幕上阐述哲学，探索人生的意义，表现个人的感受、体验及精神上的疑惑，探讨宗教甚至上帝是否存在等问题。他的影片几乎每部都包含着隐喻的象征，并且善于刻画人物的内心世界，主人公总是试

瑞典

图克服个人与现实之间的矛盾，为摆脱内心危机而寻找出路，然而总是徒劳无功。

（5）新瑞典电影

20世纪60年代，瑞典电影界出现了一代新人。1963年，瑞典政府对电影事业的政策进行了改革，为开始从事创作的新导演创造了一些比较好的条件。这个时期，出现了所谓的新瑞典电影学派。这个流派的很多导演本人就是作家，他们根据自己撰写的文学剧本进行电影的拍摄。该学派的著名代表人物有维德贝里（Bo Widerberg）、舍曼（Vilgot Sjöman）、格雷德（Kjell Grede）等。

新瑞典电影学派的创作特点是真实地描写生活中的冲突，进行社会分析，力求在复杂的相互关系中探究个人和社会的生活。该学派对电影语言富于表现力的新手段进行了探索，为了使作品更接近实际生活，在艺术片里也运用了纪录片的手法。以维德贝里为首的编导和评论家反对老一辈导演（主要是伯格曼）的创作倾向和美学原则。他指责伯格曼的创作"过分脱离实际，说理过多，具有玄妙色彩"，并反对把伯格曼当作瑞典电影的代表人物。新瑞典电影学派的影片题材，都是以普通人的日常生活为内容。如维德贝里的《乌鸦居民区》（1963）描写一个瑞典工人家庭简朴的生活经历；《爱情——65》（1965）和《你好，罗兰德》（1966）涉及了战后瑞典的青年问题；《阿达伦——31年》（1969）和《乔·希尔》（1971）反映工人运动，作品的社会倾向性体现得最为明确。属于该学派的导演特勒尔（Jan Troell）的作品具有史诗般的气魄，如《这就是你的生活》叙述了一个年轻人的生活，展示出20世纪初瑞典的时代面貌，《侨民》（1971）和《移民》（1973）生动地再现了19世纪灾荒年代瑞典贫苦农民迁徙美国的情景。导演舍曼的影片《情妇》（1962）、《491》（1964）、《服装》（1964）、《你们说谎！》（1969），特别是叙述1909年大罢工的影片《一掬爱情》（1974），都是关于社会和政治问题的作品，但他的影片时常由于赤裸裸地描写性变态，冲淡了对社会生活现象的揭示意味，如影片《兄妹的床铺——1792》（1966）、《我是个喜好黄色的女人》（1967）、《我是个喜好蓝色的女人》（1968）等。导演唐纳（Jörn Donner）

拍摄了描写资产阶级婚姻崩溃的影片《九月的星期天》(1963)、《一次恋爱》(1964)、《奇遇从这开始》(1965)、《酒后头痛》(1973)等。

(6) 20世纪70年代至20世纪末

在20世纪70~80年代的瑞典影坛，老一辈的电影工作者一直没有停止拍片。如伯格曼又拍摄了《面对面》(1976)、《秋天奏鸣曲》(1978)、《芳妮和亚历山大》(1982)等，并逐渐恢复了传统叙事结构。这期间，一些人又对改编古典文学名著产生兴趣，如斯科格斯贝里（Ingvar Skogsberg）的《我幻想的城市》(1977)、布雷恩（Anja Breien）的《严肃的游戏》(1977)、瑟德曼（Jackie Söderman）的《夏洛塔·廖文绍尔德》(1979)、维德贝里的《维多利亚》(1979)等。

黑尔斯特伦（Lasse Hallström）是这一时期在国际上最有影响的瑞典导演。他于1975年以《一个家伙和一个姑娘》一举成名，之后拍摄了一系列浪漫喜剧片和儿童片。而80年代的《我活得像一条狗》(1985)以及90年代的《一旦回头》(1991)和《谁在吃掉吉尔伯特·格雷普》(1993)等打动人心的伤感影片，使他蜚声国际影坛。

20世纪70年代和80年代，瑞典电影界还涌现了一批女导演。总的来说，瑞典的女导演所占比例比一般国家都要多。如塞特林（Mai Zetterling）在60年代导演了影片《两个相爱的人》和《姑娘们》，以独特的妇女感情叙述了西方国家的妇女地位问题。70年代末，又涌现出一批女导演，她们之中较重要的有：阿尔内（Marianne Ahrne）导演了《在法尔乔宾文的五天》(1975)、《遥远和近前》(1976)和《自由墙》(1979)；林德布卢姆（Gunnel Lindblom）导演了《天堂一角》(1976)、《萨里和自由》(1981)；赫内（Ian Herne）导演了《狡猾的窃贼》(1979)；斯文松（Beth Svensson）导演了《玛坎》(1977)、《英贝尔·列勒》(1981)；图林（Ingrid Turin）导演了《打碎了的天空》(1982)；奥斯滕（Suzanne Osten）导演了《妈妈》(1982)。同一时期，作家林德格伦也是瑞典电影界最繁忙的人物之一。她协助制作的瑞典儿童电影在很多年里吸引着世界的注意。80年代中期以后，又出现了新一批女导演，包括奥林（Lisa Ohlin）、勒姆哈根（Ella Lemhagen）、法比克（Teresa Fabik）、内

275

昂-法尔克（Cecilia Neant-Falk）等。

20世纪80年代以来的媒体爆炸，完全改变了瑞典电影业运作的条件。好莱坞影片在瑞典影响的扩大，使瑞典影院上演的大部分是美国影片。但通过融入电视、录像和付费电视等媒体，瑞典电影业顽强地求得生存。90年代，电影制作的很大一部分活动离开了斯德哥尔摩。同时，由于新的录像和数码技术使制片成本下降，故事片拍摄的数量也在上升。

（7）21世纪以来

进入21世纪后，瑞典电影增添了健康、自信的新气息，涌现出众多优秀导演与演员。移民人数的增多，在以多样性为特征的瑞典文化沃土上，新一代的电影人成长起来了。不少瑞典影片因深刻的社会洞察力而赢得广泛的国际声誉。瑞典自己的电影奖项——金甲虫奖（Guldbagge）于1964年设立，共有19个类别。2016年最大的多重奖项得主是彼得·格伦隆德（Peter Grönlund）的《漂泊者》，获得了5项大奖；紧随其后的是马格努斯·冯·霍恩（Magnus von Horn）的《从此以后》，获得了包括"最佳影片"和"最佳导演"在内的3项大奖。

英格玛·伯格曼在20世纪80年代以后在斯德哥尔摩皇家剧院制作了一些大型戏剧项目，他还在皇家歌剧院导演了多部作品，出版了回忆录《魔灯》《影像：我的电影生活》。2003年，他为国家电视台导演了自己的最后一部电影剧本《萨拉班舞曲》。2006年，他与李安在法罗岛相见。2007年7月30日，一代电影大师辞世。

20世纪20年代以后，瑞典最大的电影公司是1919年成立的瑞典影片公司（SF）。该公司既制作电影，也拥有全国规模最大的连锁影院。80年代初，它与另一家瑞典大电影公司欧罗巴电影公司合并，并被并入瑞典最大的媒体公司之一邦尼尔（Bonnier）集团。此后，它开始涉足电视和广播等其他媒体部门，并在国外开展业务。瑞典另一家大电影公司桑德列夫电影公司（Sandrew Film）成立于20世纪20年代，40年代发展到一定规模，也拥有自己的连锁影院。它与挪威电影公司希布斯特德集团（Schibsted Group）联合，近年来有较快发展。90年代末以来，瑞典又出现了一家非常成功的电影制片商——索内电影公司（Sonnet Film）。如今，瑞典电视台（SVT）也是电影行业的重要一员，成为很多影片的制片合作方。

2015年，瑞典电影院数量出现了多年来的首次增长，总共有800个大荧幕，共415个影院。当年放映了270部故事片，其中46部是瑞典生产；瑞典电影院共售出1700万张电影票，票房收入约为18亿瑞典克朗（约合人民币14亿元）。2015年，有30部瑞典电影在国际上销售。

瑞典电影学会从1966年开始摄制影片，该学会是电影信息和科研单位，有自己的电影俱乐部。学会所属斯德哥尔摩电影资料馆是世界上最大的电影资料馆之一。活跃于20世纪70~80年代的许多青年导演，有一部分是瑞典电影学会培养出来的。电影学会从1965年起附设电影学校，培养电影导演、摄影师和录音师，而电影演员则由斯德哥尔摩剧院附设的学校培养。斯德哥尔摩大学设有电影艺术系。从1979年起，每年2月在哥德堡举行国际电影节。出版的主要电影刊物有《卓别林》《电影鲁坦》《电影与电视》等。

除哥德堡电影节之外，瑞典举办的电影节还有：每年11月的斯德哥尔摩电影节，9月的于默奥电影节（主要展演纪录片），10月的乌普萨拉电影节（主要展演短片），BUFF国际青少年电影节。

三 音乐和舞蹈

1. 音乐

北方的严寒和冷峻，反而使瑞典成为一个喜欢歌唱的民族。瑞典人创造了丰富多样的音乐形式和作品，从古典音乐到爵士乐，从民间音乐到电子乐和流行音乐，从中诞生了众多的音乐家。特别是流行音乐使瑞典成为世界上文化产业的大赢家，其流行音乐产品的出口居世界第三位。如今，每年全国要举行大约120个有组织的音乐周。这些音乐周的共同特点是，专业音乐家与当地艺术家和业余爱好者一起演奏或表演，节目内容从古典音乐、民间音乐、爵士乐到流行音乐，丰富多样。从全国来看，合唱是瑞典群众最喜欢的音乐表演形式，也是音乐节、音乐周上举办得最多的活动。虽然全国只有900多万人口，却有60万人参加合唱团或合唱组。

瑞 典

（1）古典音乐

18世纪和19世纪之交，一股爱国主义和斯堪的纳维亚主义之风横扫瑞典，形成了瑞典古典音乐的风格，诞生了被公认为瑞典最伟大的作曲家弗朗茨·贝瓦尔德（Franz Berwald）。他与舒伯特是同时代人，比舒曼、李斯特要大十多岁，但创作期大致重合。从1842年起，他三年之内一口气写下四部交响曲，被后人认为是19世纪中叶北欧交响乐创作的最高成就。他的音乐思维具有鲜明个性，从未诉求于浪漫主义的宣泄和夸张，交响乐作品往往具有严整的形式，音乐结构设计很有特点，注重平衡和整体性。同时，他拒绝浪漫主义者的多愁善感、阴郁和挣扎，音乐中具有一种理性的愉悦。贝瓦尔德真正受重视，始于20世纪初，新一代北欧作曲家摆脱德、奥的影响，寻觅自己独特的交响语汇，重新发现了贝瓦尔德的价值。

到了19世纪末20世纪初，交响乐在瑞典进一步流行开来。1905年，在哥德堡诞生了瑞典第一个交响乐团。1914年，斯德哥尔摩的音乐家也成立了自己的常设性交响乐团。1926年，在斯德哥尔摩建起了音乐厅。被瑞典人视为可以与挪威著名作曲家格里格媲美的埃米尔·舍格伦（Emil Sjögren），打破传统，创作的音乐中具有一种严肃、深沉的诗意。受到勃拉姆斯影响的威廉·斯滕哈马尔（Wilhelm Stenhammar）是一位多才多艺的钢琴家，作品中融入了斯堪的纳维亚风格。作曲家威廉·彼得松-贝耶（Wilhelm Peterson-Berger）创作了一系列有瓦格纳色彩的轻音乐。而在20世纪60年代现代主义音乐取得突破之前，被视为最能代表瑞典声音的音乐家则是胡戈·阿尔文（Hugo Alfvén），他是把握形式的大师，擅长对位，作品大部分是交响乐，展现了北方的朦胧韵味和小调的欢快，他的《瑞典叙事诗》是在国外演奏得最多的瑞典古典音乐作品。

作曲家希尔丁·罗森贝里（Hilding Rosenberg）开创了瑞典古典音乐的新时期，他的音乐演奏手法严谨，在瑞典最先创作12调音乐。拉尔斯-埃里克·拉松（Lars-Erik Larsson）的作品则较平易近人，欢娱而出人意料。他以一种轻松、"流动而又保持艺术上的完整"的莫扎特风格谱曲，《田园曲》和《伪装的上帝》是其创作的精品。卡尔-比耶·布洛姆达尔（Karl-Birger Blomdahl）创作的作品则乐观而躁动，被视为瑞典第一个"现代派"音乐家，以为作家马丁松诗歌谱写的歌剧《安尼亚拉》和为作家林德格伦作品谱写的乐曲而闻名。

古典歌剧从18世纪末以来就在瑞典得到很好的传承，产生了一批著名的歌剧演唱家。19世纪，瑞典最著名的歌唱家是珍妮·林德（Jenny Lind）。而尤西·比约林（Jussi Björling）是20世纪最伟大的男高音之一，以充满激情的北欧音色而闻名于世。他在瑞典斯德哥尔摩的皇家剧院开始歌唱生涯，1938年后主要居住在美国，是纽约大剧院的主要演员。著名的歌剧女主演比吉特·尼尔松（Birgit Nilsson）是歌剧历史上最伟大的女高音之一，曾因在斯德哥尔摩的皇家剧院出演很多角色而成名。其他享誉欧洲和世界的著名歌剧演员还有霍坎·哈格高（Håkan Hagegård）、安妮·索菲耶·冯·奥特（Anne Sofie von Otter）、约斯塔·温贝里（Gösta Winbergh）等。

对20世纪瑞典古典音乐做出较大贡献的音乐家还有：林德（Bo Linde），他的作品婉转曲折；彼得松（Allan Pettersson），创作了很多广受欢迎的手风琴乐曲和舞会音乐；尼尔松（Bo Nilsson），作品清新自然，在国际上有较高知名度。当代瑞典的古典音乐作曲家在创作时，通常将讽喻与浪漫的象征主义结合起来。

第二次世界大战后，瑞典曾进行过从大城市音乐中心向各地推广古典音乐的努力，各地纷纷推出音乐节、音乐周等夏季音乐活动。

（2）民间音乐

和世界上很多地方一样，20世纪瑞典的民间音乐显示出某种新旧共存的状态。除了歌唱之外，民间音乐中最常见的乐器是小提琴。此外，还有带键竖琴、手风琴、风笛等单管乐器以及犹太人竖琴等。民间音乐往往是在给"瑞典波尔卡"伴舞时演奏。这种舞17世纪从波兰传到北欧。20世纪初年，受欧洲大陆影响，瑞典也产生了一种追求"民间"的倾向，民间音乐被认为具有原始的力量。20年代以后，民间音乐家建立了自己的全国性组织，各地民间乐手也分别组成当地相应的组织，它们组织演出，评选优秀乐手。其中，最高荣誉是Riksspelman（全国大师级乐手），授予"左恩奖章"。1970 年和 1980 年前后，对民间音乐的兴趣在欧洲两度流行，瑞典也不例外。也正是从那时起，瑞典开始举办"法伦民间音乐节"。如今，这一活动的影响之大甚至走向了世界。随着移民的增多，一些其他民族和文化的民间音乐和乐器也传到了瑞典。

在杰出的民间音乐家当中，最著名的是小提琴家培科斯·古斯塔夫（Päkkos Gustaf）及其父亲培科斯·奥勒·古斯塔夫（Päkkos Olle Gustaf）。小古斯塔夫自学成才，演奏的民乐欢闹而带有一点野性。

（3）爵士乐

爵士乐从 1919 年起在瑞典出现，但真正开始流行是在第二次世界大战前，20 世纪 50 年代则是爵士乐的黄金时期，产生了萨克斯管演奏家、作曲家拉尔斯·古林（Lars Gullin）等爵士乐演奏家。古林把民间音乐的曲调与爵士乐的技巧之美结合起来，成为那个时期最有影响的爵士乐手。60 年代，摇滚乐占据主导地位，但也有例外，钢琴家扬·约翰松（Jan Johansson）将民间音乐改编成爵士乐，使爵士乐融入了瑞典特色。70 年代，爵士乐以爵士－摇滚乐的形态再次兴旺起来。80 年代中期以后，爵士乐发展得更加精致，表现形式更加多样，如萨克斯管乐手约阿基姆·米尔德（Joakim Milder）将传统爵士乐乐节与现代音乐用不同音调反复演奏的乐调结合在一起。同时，瑞典出现了莫妮卡·塞特隆德（Monica Zetterlund）等数位优秀女爵士乐歌手。

20 世纪与 21 世纪之交，瑞典爵士乐迎来了新的发展时期。放弃了摇滚乐的新一代瑞典音乐人重新发现了爵士乐的潜力。在这一趋势中，产生了一些优秀爵士乐队。EST（Esbjörn Svensson Trio）三人组合是目前瑞典最优秀的爵士乐组合，而 Oddjob 组合的成员卡菲（Goran Kajfe）2004 年发行的专辑 *Headspin*，被认为是尝试新表现形式方面具有里程碑意义的作品。

（4）先锋派音乐和电子音乐

音乐是一种社会现象，它会随社会发展而改变空间。如今，随着技术的发展，音乐创作的条件也在变化，如由模拟变数码、由音乐会向多种扬声器传播、由磁带和 CD 到互联网等。瑞典的电子－原音乐（electro-

第七章 文化

acoustic music，EAM）的发展别具特点，它追求开放的空间、声音的深度和纵向的自由扩散，信息流更加密集，形象和灯光被融入创作之中，表现形式趋向多媒体化。在此过程中，产生了多位敢于探索的先锋派音乐、电子音乐乐手和多种组合。冯·豪斯沃尔夫（Michael von Hausswolff）和波塞（Erik Pauser）的音乐装置 Godtphauss，类似于为瓦格纳歌剧所设置的布景，只是增添了扬声器的喷出物和飞溅的火星。在有些演出中，他们还从黄纸袋中放出号叫的"北美草原狼"。法伊勒（Dror Feiler）播放的音乐音量极大，认为自己的音乐不光是为了让听众用耳朵听，更要让他们用整个身体感受。2004 年 1 月，他在斯德哥尔摩国家博物馆展示的有争议的音乐装置，吸引了全世界的注意。和着巴赫《我的心在血中游动》的声音，一条小船扬起画有巴勒斯坦人自杀炸弹的风帆，漂荡在血红色的水池里。另一个将音乐与视觉艺术结合在一起的组合"神之子"（Guds Söner），也吸引了许多瑞典人的目光。

（5）流行音乐

瑞典流行音乐的历史，在很大程度上就是抒情歌曲作者变为民谣歌手、民乐歌手、流行歌手乐手、摇滚明星，并使流行音乐产业最终演变为瑞典最大出口行业之一的过程。

20 世纪上半叶，陶贝（Evert Taube）是最受瑞典人喜爱的民谣歌手。当时，以民谣和民歌形式演唱的一些轻松活泼的小歌剧在瑞典很流行，产生了莱安德（Zarah Leander）等广受欢迎的明星。战后，流行民歌开始受到来自世界各国音乐的影响。1963 年，甲壳虫乐队访问瑞典。之后不到两个星期，瑞典便涌现出 100 多个歌手组合。最早的响当当的流行乐乐队有 Mascots、Tages、Shanes、Hep Stars、Ola & the Janglers 等，但第一个享誉国外的乐队是 Spotnicks，他们在英、美举行巡回演出获得成功。

瑞典流行音乐在国际舞台取得历史性突破，是在 1974 年 4 月 6 日。这一天，Blue Swede 乐队的歌曲 *Hooked on a Feeling* 登上美国流行歌曲排行榜首位。也是在同一天，成立于 20 世纪 70 年代的 ABBA 乐队以一首《滑铁卢》勇夺全欧歌曲大赛的总冠军。此后，ABBA 成为继甲壳虫之后世界上最成功的流行乐乐队。其歌曲开始以不可思议的速度和气势席卷全

281

球，亮丽的声线、动听的旋律、高质量的录音技术，使 ABBA 成为世界流行音乐史上的又一历史瑰宝。

ABBA 的成功，吸引新一代瑞典音乐人不仅争取在本国取得成功，而且要扬名世界。20 世纪 80 年代，重金属乐器乐队组合 Europe 推出了一首后来在大型运动会上经常播放的歌曲 *The Final Countdown*。接着，出现了 Roxette，这个二人组合在 1989～1992 年迅速走红，并且在全球英文流行乐坛上叱咤风云整整 10 年，唱片总销量突破 4000 万张，全球巡回演唱会也取得巨大成功。20 世纪 90 年代，又冒出了 Ace of Base 组合，一首 *All That She Wants* 在欧洲 MTV 和各大电台不断播出，专辑 *The Sign* 发行达 1900 万张。进入 21 世纪后，瑞典流行乐坛又出现了"人气天后"丽莎·艾克达尔（Lisa Ekdahl）。回顾瑞典流行乐坛的历史，可以看到巨星层出不穷，由此也使得流行音乐产业迅速国际化，产品出口额排在美国和英国之后，居世界第三位。尽管乐队早已解散多年，但在首都动物园岛上的 ABBA 博物馆，仍旧吸引着游客们近距离感受乐队的辉煌。

2. 舞蹈

受欧洲大陆影响，古典芭蕾舞很早就传入瑞典。1773 年，国王古斯塔夫三世创建了瑞典歌剧院。其中，芭蕾舞是歌剧院表演活动的重要部分。1786 年，70 名舞蹈演员组成了瑞典皇家芭蕾舞团，它是世界上四个最古老的芭蕾舞团之一。1953～1962 年，该团被改造成国际级的芭蕾舞团。如今，它拥有 73 名舞蹈演员，是瑞典三大舞蹈团体之一（另外两个是古尔贝里芭蕾舞团和"舞蹈之家"），长期以来演出保持着很高的水准，剧目既有瑞典最优秀芭蕾舞演员主演的经典作品《天鹅湖》《睡美人》等，也有现代芭蕾舞。

现代舞在瑞典也有很高的水平。最早将现代舞引入瑞典的是歌唱家和钢琴家安娜·贝勒（Anna Behle），她于 1907 年在斯德哥尔摩建立了安娜·贝勒形塑艺术研究所，开始在瑞典教授现代舞。

"舞蹈之家"于 1991 年成立，是瑞典舞蹈界与其他国家，尤其是与欧洲各国舞蹈界交流合作的平台，经常组织演出、讲座、展览、研讨会等活动。

除了三大舞蹈团体之外，瑞典还有几家独立舞蹈团和地方舞蹈团。"斯德哥尔摩北59度"（Stockholm 59° North）是一家著名的独立舞蹈团，成立于1997年，由一些来自皇家芭蕾舞团的独舞演员组成，他们与国外一些著名演员合作，在瑞典和国外演出富有特色的舞蹈节目。地方舞蹈团中，有哥德堡歌剧芭蕾舞团、马尔默的斯科讷舞蹈剧院、西诺尔兰省海讷桑德市的"北方之舞"舞蹈团以及以青少年为主要观众的艾尔夫斯堡剧院舞蹈团等。

20世纪70年代，瑞典现代舞蹈进入繁荣时期，这在很大程度上要归功于几位富有天才的舞蹈家。

比吉特·库尔贝里（Birgit Cullberg）是20世纪瑞典最杰出的舞剧先驱者。她最先在瑞典建立舞蹈剧团——库尔贝里芭蕾舞团（Cullberg Ballet），以现代舞著称。其所创作的《朱丽小姐》（1950）被视为现代舞剧的经典之一，曾在30多个国家上演；随后创作的《月亮驯鹿》（1957）也产生很大国际影响。她还探索了如何利用电视向更多观众传播舞蹈艺术的方法。库尔贝里芭蕾舞团到过40多个国家演出，是瑞典最重要的文化大使之一。近年来，该团面临其他舞蹈团体以及诸多编舞者如肯内特·夸恩斯特伦（Kenneth Kvarnström）、维尔皮·帕基宁（Virpi Pahkinen）等的挑战。

马茨·埃克（Mats Ek）曾表演舞蹈三十多年，从20世纪80年代起领导库尔贝里芭蕾舞团，1993年才离开。他对经典舞蹈《吉赛尔》（1982）、《天鹅湖》（1987）和《睡美人》（1996）等做了大胆演绎，指导了自己独特形式的舞剧《与邻居起舞》（1995）、《唐璜》（1999）、《安德洛玛克》（2002）等。从他为库尔贝里芭蕾舞团创作的《侥幸》（2002），可以看出其作品中不断出现的主题：家庭、幸福和权力。

比吉特·奥克松（Birgit Åkesson）是欧洲舞蹈界先锋派的杰出代表之一。20世纪40年代，她就与瑞典诗人林德格伦和作曲家布洛姆达尔等人合作，创作了《西西弗斯》（1957）、《安尼亚拉》（1959）等作品。

20世纪70年代后期，奥克松的学生奥斯贝里（Margaretha Åsberg）

成为与埃克齐名的舞蹈家,她创作的《金字塔》是瑞典第一部最简式抽象舞蹈艺术作品。80年代,她又创作了《尤卡坦》(1986)、《大西洲》(1989)等。1986年,她还创建了斯德哥尔摩第一个现代舞中心。

20世纪80～90年代,可以说是瑞典舞蹈最繁荣的时期,又产生了一批优秀舞蹈家,如莉亚(Efva Lilja)、帕基宁、夸恩斯特伦、卡普廖利(Cristina Caprioli)、埃格尔布拉德(Birgitta Egerbladh)、约瑟夫松(Lenna Josefsson)、维特(Gunilla Witt)、布兰查德(Philippe Blanchard)、安德松(Örjan Andersson)等。这种繁荣,与瑞典重视舞蹈的教育和传授有关。斯德哥尔摩设有大学舞蹈学院和瑞典芭蕾舞学校,专门培养舞蹈教师和演员。全国290个地方当局中,多数给当地教育机构配备了合格的舞蹈教育辅导教师。

四 美术

从新石器时代起,瑞典就有了人类文明的足迹。历经数千年的历史沧桑,瑞典的美术在欧洲文化体系中占有重要的地位,其发展经历了5个阶段:史前及蛮族文化时期、中世纪、宗教改革时期、18～19世纪以及20世纪。

1. 史前及蛮族文化时期

瑞典美术最早的类型,属新石器时代晚期的陶器和打磨石器,它们形制规整,数量巨大。艺术价值较高的是崖刻画。崖刻画内容有南北之分,南部以布胡斯地区为中心,多刻画船只、植物和巫术符号;北部以诺尔兰为中心,多刻画动物图形。根据考古学推断,这些崖刻画与南北部落的生产方式有关,处于早期巫教文化阶段。

公元5世纪,席卷欧洲的移民浪潮带来了维京人的工艺品和青铜武器。如今,在东约特兰省及哥特兰岛还发现了属于这一时期的装饰图案,与早期德国动物装饰风格很接近。到6世纪,哥特兰岛出现了在石头上雕刻彩绘动物、人物和各种纹饰的艺术,考古学家将这种遗物称为"画石"。有的画石刻有兵士、车马出行和战斗场面,内容常取自斯堪的纳维亚的古代英雄传说。画石艺术从出现到流行,历经400年之久。画石的场面宏大，人物众多，动物纹饰和文字杂错其间，格外别致，其中艺术水平最高的是鲁涅画石。

2. 中世纪

10世纪以后，随着基督教的传入，蛮族艺术逐渐与基督教美术合流。早期基督教美术遗迹在瑞典很少保存下来。从现今仅存的亚当教堂（11世纪）的保存情况来推断，此时的教堂多为木结构禅板式，教堂内还供奉有挪威神奥丁、图尔和弗雷的雕像。异教文化最后消失于12世纪。这时，罗马式美术已在瑞典出现，现保存下来的早期罗马式教堂是锡格蒂纳的圣佩尔教堂和圣奥拉夫教堂。圣佩尔教堂以其高度著称，圣奥拉夫教堂则以形制变化丰富而闻名。稍晚，在南部和哥特兰岛出现了带塔楼的罗马式教堂，建于12世纪的隆德主教堂是保存下来的较有特点的一座。

12~13世纪，哥特兰岛成为圣像雕塑的主要生产地，大量的圣像物件由海上行销到波罗的海沿岸国家。从现存的维克劳圣母像和海瑟姆教堂的《耶稣受难像》上，可以看出这个阶段雕塑发展的一般状况。13世纪下半叶的宗教雕塑，被注入了世俗性和装饰性的特点。瑞典哥特式美术的成就集中反映在教堂建筑及装饰雕塑上。

瑞典中世纪的壁画发展，与欧洲大陆的绘画风格相关，罗马式壁画数量不多，保存下来的主要在斯科讷、东约特兰和哥特兰。哥特式壁画现已不多见，保存至今的属哥特式晚期的作品，内容多为圣经故事和缠枝纹装饰，艺术价值略逊于雕塑。

3. 宗教改革时期

1527年，古斯塔夫一世实行宗教改革，造型艺术仍得以持续发展。16~17世纪，瑞典美术的发展速度超过北欧其他国家。首都斯德哥尔摩成了美术活动的中心，大量外国建筑师、雕塑家和画家被聘到瑞典宫廷，艺术得以繁荣发展。

在雕塑方面，16世纪出现了两种新的形式。一种是用作教堂、宫殿装饰的屋顶雕塑和山墙雕塑，另一种是陵墓纪念性雕塑。装饰雕塑的代表作品是弗莱明（Hans Fleming）的瓦斯泰纳城堡山墙雕塑；纪念性雕塑成就最高的当属博延斯的古斯塔夫一世和王后陵墓雕塑。17世纪，雕塑在样式上又出现了肖像雕塑和大门装饰雕塑，并涌现出一批雕塑家，他们的作品主要是乌普萨拉、蒂勒索、韦斯特罗斯等地的教堂和宫殿装饰雕塑。来自安特卫普的雕塑家米利奇（Nicolas Millich）是瑞典肖像雕塑的先导者。

在瑞典皇室的荫庇之下，绘画也得以迅速发展，宫廷中聚集着国外和国内的肖像画家和壁画家。尤瑟（Johan Baptista van Uther）是瑞典肖像画的开创者之一。在他的影响下，肖像画得以广泛传播。壁画在此时期多为湿壁画，保存至今的作品有兰布雷希茨（Arendt Lambrechts）为卡尔马城堡作的一组湿壁画，具有尼德兰样式主义的风格特点。17世纪20～30年代，绘画具有明显的世俗倾向，佛兰德斯画家凡·戴克（Anthony van Dyck）的学生D.戴克（D. Dyck）和法国画家勃尔东（Sébastien Bourdon）是肖像画家的代表。德国人埃伦斯特拉尔（David Klöcker Ehrenstrahl）是个多产的画家，19世纪中叶入选为瑞典宫廷画师，被誉为"瑞典绘画之父"。他为斯托尔基尔卡教堂作的巨幅宗教画《耶稣钉十字架》和《最后的审判》，人物造型和色彩具有鲁本斯（Peter Paul Rubens）的风格特点。他还创作过大量的风景画和风俗画，真实地表现了瑞典的风土人情；他的肖像画作品具有巴洛克美术的特点。克拉夫特（David von Krafft）是埃伦斯特拉尔绘画的继承者，肖像画艺术承前启后。瑞典静物画则出现得稍晚，主要受17世纪荷兰静物画的影响，在市民中较为流行。

4.18～19世纪

瑞典雕塑的繁荣，是在新古典主义兴起之时。在此之前，仍然延续着前代的风格。洛可可时期，王族贵戚崇尚豪华，宫廷雕塑家的作品主要符合宫廷的审美趣味，而且带有明显的外来痕迹。从1780年起，新古典主义思潮遍及全欧，瑞典雕塑在古斯塔夫三世奖励之下得以发展，雕塑家塞格尔（John Tobias Sergel）成为新古典主义的领袖。他长期旅居罗马，研究古希腊和罗马雕塑艺术。1779年回国后，他极力推行古典的艺术风范，与艺术理论家埃伦斯韦德（Carl August Ehrensvard）、装饰画家马斯雷利埃斯（Louis Masreliez）紧密合作，成为瑞典新古典主义三大领袖之一。他的主要艺术成就是肖像雕塑。同新古典主义艺术追求相背离的雕塑家，

第七章 文化

有福格尔贝里（Bengt Erland Fogelberg）和莫林（Johann Peter Molin），他们追求民族化的雕塑风格，雕塑作品大多具有民族的传统审美趣味和世俗化的内容。

绘画方面，在这个时期瑞典绘画进入全盛阶段。很多画家游学国外，蜚声画坛。伦德贝里（Gustaf Lundberg）从1720年起在巴黎学粉笔画，1745年回国，成为改变肖像画传统的革命性人物。韦特米勒（Adolf Ulrik Wertmüller）是个成就卓著的肖像画家，代表作有《玛丽·安托瓦内特和她的孩子们》（藏于斯德哥尔摩国家博物馆）、《乔治·华盛顿像》（藏于纽约博物馆）。皮洛（Carl Gustaf Pilo）是18世纪著名的色彩大师，曾长期出任丹麦宫廷画家兼皇家美术院院长，1772年回国。他的作品色彩丰富和谐，肖像作品尤其精致。曼德尔贝里（Johan Edvard Mandelberg）早期受法国画家布歇（François Boucher）的影响，后师从德国画家门斯（Anton Raphael Mengs），主要从事历史画创作。

洛可可绘画的典型代表是拉弗伦森（Niclas Lafrensen），以水彩画见长。在1774～1791年定居巴黎期间，他创作的水彩肖像和宫廷风俗画曾刊行欧洲。回国后，转向细密画创作。希勒斯特伦（Pehr Hilleström）对历史有浓厚的兴趣，早年从事编织设计，1770年改绘画，作品取材于市民生活和街头实景，改变了绘画为宫廷贵胄专有的情形。风景画家马尔廷（Elias Martin）早年求学英国，专事油画风景。他以和谐含蓄的色彩、绵密细腻的笔法，追求优美宁静的田园诗境，其大幅风景画常有一种浪漫神秘的意蕴。

约1810年，瑞典的文学艺术出现了民族化的倾向，以哥特兄弟会为首的艺术家团体积极主张恢复民族信仰和传统道德观念。在这种思潮中，历史画和风俗画应运而生，改变了肖像画独尊的局面。霍夫曼（J. Hoffmann）和松德贝里（J. G. Sandberg）是历史画的先驱，他们对绘画的取材，上自古代传说，下至近代历史事件。在他们之后，历史画的发展出现了两种势头：自然神话和历史风俗。自然神话作品有很强的文学性和想象力，属浪漫主义的绘画，代表画家有温厄（Mårten Eskil Winge）、马尔姆斯特伦（August Malmström）等；历史风俗画以瑞典现实生活、风俗习惯为内容，具有现实主义特征，代表画家有瓦兰德（Joseph Wilhelm Wallander）等。

1880年后，一批瑞典画家出于对主导瑞典美术界的皇家美术学院的画风和长期影响瑞典艺术创作的杜塞尔多夫画派的不满，形成了所谓的"反对派"，其中包括拉尔松（Carl Larsson）、努德斯特伦（Karl Nordström）、克雷于格（Nils Kreuger）等。他们聚集到巴黎附近的小村子格雷索洛因（Grèz-sur-Loing），研究法国印象主义，对色彩与光的探索成为这些青年画家们的主要课题。他们普遍走出沉闷的画室，直接观察自然，注重光与色的关系，排除过多的文学性和象征意义。其中，拉尔松是位色彩大师，善于捕捉丰富的色彩变化。1885年，84位"反对派"艺术家向皇家美术学院提出改革的要求，但遭到拒绝。于是，他们组织"艺术家联盟"，自行举办艺术展。在此过程中，出现了约瑟夫森（Ernst Josephson）、希尔（Carl Fredrik Hill）、阿奎里（Ivan Aguéli）、伊萨克松（Karl Isakson）、扬松（Eugène Jansson）等杰出画家。作家斯特林堡的画作也属于这种风格。

5. 20世纪

进入20世纪，瑞典美术以多元化形式发展，先后受到立体主义、表现主义、超现实主义、抽象艺术等众多思潮的影响。最初，部分"反对派"画家的艺术实践，使现代主义美术实现了突破。1909年3月3日，一群自称为"青年派"的艺术家在斯德哥尔摩举办了他们的第一次艺术展，领军人物是西蒙松（Birger Simonsson），还有格吕内瓦尔德（Isaac Grünewald）、比尤斯特伦（Tor Bjurström）、恩斯特伦（Leander Engström）等。几年后，青年派发生分裂，格吕内瓦尔德及其妻子耶滕（Sigrid Hjertén）和约林（Einar Jolin）、恩斯特伦等人形成"斯德哥尔摩派"。这些画家受法国画家马蒂斯（Henri Matisse）的启示，追求绘画的装饰效果，对形式进行大胆的改变，使用强烈的原色。达代尔（Nils Dardel）、西蒙松、桑德尔斯（Gösta Sandels）等人则形成"哥德堡派"，画作优雅质朴，风格比较抒情、逼真。

1920年，立体主义思潮传到瑞典。受此思潮吸引的代表人物有阿德

第七章 文化

里安－尼尔松（Gösta Adrian-Nilsson，瑞典美术界一般称为"GAN"）、舍尔德（Otte Sköld）等。阿德里安－尼尔松作品的立体－未来主义风格最为明显。埃格林（Viking Eggeling）的《对角交响曲》（1921）运用分析的立体主义方法将人物肢解，呈长卷形式展开。福格斯泰特（Arvid Fougstedt）和弗里德尔（Axel Fridell）等人也深受这一思潮的影响。

20年代同时兴起的还有表现主义。瑞典的表现主义在形式上要更加严谨，德尔克特（Siri Derkert）、尼尔松（Vera Nilsson）、赫德伯里（Kalle Hedberg）等人是这种风格的代表。结果，30年代瑞典画坛形成了"色彩和形式群体"。哥德堡一些画家的表现主义作品色彩的运用也具有强烈的表现性，只是更加抒情，代表人物许尔贝里（Carl Kylberg）的作品显示出某种色彩的神秘主义。伦德奎斯特（Evert Lundqvist）具有特异表现方式的画风坚持了50年，在20世纪80年代再次激起了一阵表现主义的复兴潮流。

超现实主义勃兴于40年代，主要体现在以默纳（Stellan Mörner）为代表的哈尔姆斯塔德画派和斯科讷南部的一批"想象主义者"身上。哈尔姆斯塔德画派受达利（Salvador Dali）和滕古伊（Yves Tanguy）等人的影响。例如，默纳的画作就试图展现孩提时期美妙或怪诞的梦想。斯科讷的"想象主义者"则被吸引到超现实主义源头的"超自然的无意识行动"之上，代表人物是斯万贝里（Max Walter Svanberg）和胡尔滕（C. O. Hultén）。

瑞典艺术家对抽象艺术的研究，从1930年斯德哥尔摩博览会就已经开始了。在这次博览会期间，举办了一次由瑞典抽象艺术的真正先锋卡尔松德（Otto G. Carlsund）安排的艺术展。不过，只是到了战后，抽象艺术才在瑞典确立自己的地位。50年代，涌现出一批抽象派美术家，包括罗德（Lennart Rodhe）、林德尔（Lage Lindell）、佩尔松（Karl Axel Pehrson）、邦尼尔（Olle Bonniér）、约内斯（Arne Jones）等人。这一派的兴起，以1947年春在斯德哥尔摩"色彩与形式"画廊举办的一次艺术展为标志，因此又被称为"1947人"。同一时期还出现了另一派的抽象艺术，创造出一种"非形式"抽象艺术，体现了瑞典抽象艺术形式的多样性，代表人物是杨松（Rune Jansson）、菲格（Eddie Figge）等。

50年代抽象艺术达到高峰之后，迎来了纷乱的60~70年代。这一时期的突出特点是，绘画和符号等象征性的大众形象通过通俗文化的形式进入美术领域，法尔斯特伦（Öyvind Fahlström）和雷乌特斯弗德（Carl Fredrik Reuterswärd）的抽象画作品体现出大众形象的强烈影响，比尔格伦（Ola Billgren）和弗兰森（Johne Franzén）代表着一种新现实主义。1968年欧洲发生的青年学生政治反叛运动引起的激进化思潮，也在一些瑞典艺术家的作品中得到体现。

80~90年代，瑞典艺术家恢复了对艺术探索的平静心理，重新产生了对艺术理论和社会生活的兴趣。这一时期有影响的画家和艺术家有伦贝里（Håkan Rehnberg）、斯科特（Johan Scott）、汉松（Rolf Hanson）、布克（Max Book）、勒夫达尔（Eva Löfdahl）、舍隆德（Stig Sjölund）、奥法里（Ingrid Orfali）、里特曼（Fredrik Wretman）、霍坎松（Hedrik Håkansson）等人。画家埃德法尔克（Cecilia Edefalk）和雕塑家罗洛夫（Ulf Rollof）的作品在国际上名气较大。

20世纪20年代以后，瑞典雕塑从传统的纪念性形式中解放出来，发展为"体块"和"动力空间"的形式，米勒斯（Carl Milles）、艾尔德（Carl Eldh）等人是卓有成效的探索者。艾尔德创造的形象充满社会同情心和理想主义，米勒斯则对与形式相关的动感和历史神话表现出强烈的兴趣。艾利（A. Ayley）的青铜马雕塑，在技巧和空间形式上都具有较高的艺术造诣。

6. 21世纪以来

进入21世纪的斯德哥尔摩已经跻身于现代艺术的国际性大都会之列。现代艺术馆是其代表，引领着世界艺术的新潮流。现代艺术馆收藏了大批20世纪的艺术作品，其中流行艺术作品的收藏在全球所有艺术馆中最为出色。

此外，很多女性艺术家活跃于摄影、影像艺术领域。如安尼卡·冯·豪斯沃尔夫（Annika von Hausswolff）、安尼卡·埃里克松·里克松（Annika Eriksson Rixon）、安-索菲·西登（Ann-Sofie Siden）以及玛丽亚·米森贝耶（Maria Misenberger）。

五　文化政策和文化设施

1. 文化政策

1974年，瑞典议会通过决议，为国家文化政策确定一系列目标。同年成立瑞典艺术委员会作为文化部的行政执行机构。1984年，政府加大对文化领域的资金投入。1996年，议会对这些目标做了进一步的修订，完善了国家对地区文化机构的资助体系，并制定了《图书馆法》。根据1996年秋议会的决议，文化政策的目标为：保护言论自由，创造使所有人都真正得到这种自由所必需的条件；采取措施，向每个人提供参与文化生活、体验文化活动以及发展个人创造性的机会；促进文化多样性，推动艺术的发展和质量的提高，抵制商业主义的消极影响；提供使文化成为社会中动态的、具有挑战性的、独立的力量的必要前提条件；保护和利用文化遗产；促进文化教育；推动国际文化交流和国内不同文化之间的联系。

2009年，议会对国家文化政策予以修订。在文化政策目标的指导下，瑞典规定了政府机构支持文化发展的责任。中央政府对中央级文化机构和全国性文化活动给予资金支持，投入资金的总额由议会决定，分配则由文化部和文化领域的公共机构确定。瑞典艺术委员会负责全国性的文化政策执行、分配国家财政预算资金以支持文化事业，该委员会在文化部的领导下履行职责。它管理涉及政府资助的事务，制定有关以下各方面的措施：戏剧、舞蹈和音乐，文学、公共图书馆和定期出版物，视觉艺术和设计、博物馆和展览，民众教育和民众活动等方面的文化活动。瑞典艺术委员会负责管理"阿斯特丽德·林格伦纪念奖"（ALMA）。

在瑞典，由国家资金支持的中央一级文化机构有很多，其中包括皇家歌剧院、皇家戏剧院和国家级的图书馆、博物馆等。对于地区性和地方性的文化活动，国家也给予一定的资金支持。中央政府的职责还包括推动文化领域的立法、保护文化环境和通过立法管理公共图书馆等。省议会则负责管理地区性的、涉及几个或多个市的文化事务，包括地区性的剧院、乐团、省级博物馆和公共图书馆等。地方（市）政府负责当地的文化事务。

其中,公共图书馆是需要经常给予支持的地方文化设施。其他由地方政府提供资金并管理的当地文化领域和设施包括音乐学校、民众教育协会、剧场、音乐、舞蹈、展览、博物馆等。

其他中央一级文化机构还有:国家文物中央委员会,负责保护瑞典的文化遗产;国家档案局,负责管理国家档案和提供有关服务;瑞典电影研究院,这是半官方性质的机构,负责根据国家与动画和视频行业的协议制定相关政策;瑞典对外文化交流委员会(Svenska Institutet),也是一个政府机构,负责有关瑞典在信息方面的国际文化交流。

2. 文化设施

瑞典各地拥有多种文化设施,而且一般设备先进、服务齐全。

公共图书馆被瑞典人视为国民文化生活的传统基石之一,因为它们是公众最经常利用的文化设施。1997年1月1日开始生效的《图书馆法》规定了公共图书馆的地位。该法为公共图书馆确定了两条原则:每个市都必须拥有一所公共图书馆,公众可以免费借阅文献。全国约有1300座图书馆。所有的市都已经建立了一家主要的公共图书馆,它们往往设有一些分支机构,并与学校图书馆建立联系。很多市的图书馆还提供图书借阅车辆接送服务。

2010~2011年,瑞典电子书的销售额翻了一番,但在出版商的年营业额中仍只占一小部分。电子书大部分由公共图书馆购买。每年,图书馆会通过Elib(一家主导瑞典电子书市场的斯堪的纳维亚经销商)向借阅者出借2万本电子书与1400册有声读物。

在剧院和电影院方面,除斯德哥尔摩规模庞大的皇家歌剧院和戏剧院之外,全国各大城市都建有自己的剧院;电影院总共有800个大荧幕,共415个影院。2015年,瑞典电影院售出1700万张电影票,票房收入约为18亿瑞典克朗(约合人民币14亿元)。其中,美国电影的票房收入比其他所有国家电影的票房收入加起来还要多。2015年放映了270部故事片,其中46部由瑞典生产。瑞典活跃的电影院数量出现了多年来的首次增长,2015年,有30部瑞典电影在国际上销售。

目前,瑞典电影业正在走向网络,这不仅意味着可以通过网络募集资金，还包括发行和观看转向线上的趋势。在瑞典，所有被观看的电影中，49%是在线观看的（其中13%是非法的）。数字媒体的突破和众筹资金的可能，为更多类型电影的制作和传播创造了更多的机会。许多瑞典YouTube用户在线生产包括搞笑、游戏、化妆和时尚类的内容，吸引着数百万名线上观众。自2014年以来，瑞典为YouTube用户设立了"金管奖"（Guldtuben）并举办了颁奖仪式，为视频博主、游戏、动作以及喜剧类型的获奖者颁发现金奖励。

众多的博物馆和美术馆在瑞典已经形成一个分布广泛和联系密切的网络。尽管并不是每个地区或每个市都有自己的博物馆和美术馆，但通过中央政府的财政支持，瑞典保持了若干个地区性和地方性博物馆的正常运营。

早在工业革命以前，类似"农村地区遗产保护协会"之类的组织便在很多地方出现，并且有自己的收藏地点。最近几十年来，学校博物馆、工人博物馆和类似现代都市人居环境保护区等文化保护设施迅速增多。

政府对博物馆的资金支持大部分投入中央一级的博物馆和美术馆，包括：国家历史博物馆，负责收集、保护和展示比较古老的历史文物；北欧博物馆，负责收集、保护和展示1520年以后的文物；国家民族学博物馆，负责通过文物和文化展示增强瑞典人对其他国家的文化，尤其是欧洲以外国家的文化的兴趣；国家级艺术馆，其中包括现代博物馆（主要收藏、保护和展示现代美术作品）、摄影艺术博物馆、国家美术馆和远东文物博物馆；自然史博物馆等。这些博物馆和美术馆组成一个特殊群体，负责协调和组织瑞典全国的文物、美术作品展览和交流活动。

自2016年2月1日起，18家国立博物馆免费向公众开放。2018年，政府向国立博物馆投入8000万瑞典克朗，以支持这些博物馆免费向公众开放。2019年，政府继续这一政策。2017年，政府决定将"Unga Klara"剧院指定为儿童和青少年的国家级剧院，每年拨款1500多万瑞典克朗支持儿童青少年演艺剧目发展。

瑞典

第四节 体育

瑞典人十分喜爱体育运动，也有开展体育运动得天独厚的条件。由于国土呈长带状，从南至北绵延1500公里，因此当足球和其他夏季运动项目在南部如火如荼进行的时候，住在北部的人们还可以滑雪、从事冬季运动项目。50%以上的森林覆盖率，星罗棋布的湖泊，绵长的海岸线，为开展各项体育活动提供了很好的自然条件。在瑞典，冬季流行的运动有滑雪和滑冰，而夏季人们最喜爱的有航海、划独木舟等水上运动，以及包括越野赛跑在内的森林运动。

一 体育组织和经费投入

瑞典是一个很重视体育的国家，制定有专门的法律《平常进入权》，鼓励人们从事野外体育活动，在赋予人们充分享受野外生活乐趣的同时，激发人们关心自然、爱护环境和保护动植物的情操。

瑞典的体育组织完全依靠人们的自愿参与，约有50万人在体育运动组织中担任一个或两个负责的职务。体育运动在这个国家植根于根深蒂固的民主传统。个体协会的活动组成了所有活动的基础。组织协会的权利受宪法保护。非商业性质的体育协会受法律约束，这些法律规定了民主的惯例，如每年的例会、理事会成员经由选举产生，每个成员享有选举权等。这种民主传统使得整个体育运动由个别的地方组织和专业体育联合会发展成为瑞典全国性的体育联合体。

在瑞典，基层体育的组织十分有效，体育运动主要通过自愿性的民间组织来开展。全国大约有22万个分属于67个专项体育协会和21个地区体育联合会的体育俱乐部或类似性质的团体。这些团体在项目性质、会员数量、资金实力等方面有很大差异，既有传统体育运动，也有现代体育运动，充满了多样性。例如，最大的专项体育联合会——瑞典足球联合会，拥有3300个俱乐部，而野外冰球协会（Swedish Field Hockey）只有17个俱乐部。从财务上看，有的专项体育联合会通过媒体对活动和赛事的报道

第七章 文化

与赞助，资金在相当程度上已经可以自给自足，而另一些联合会则完全要靠瑞典体育联合会提供资金。

在 700 万名年龄在 7~70 岁的瑞典居民中，有一半的人属于某个体育俱乐部或团体，他们进行体育锻炼完全是出于自愿，或是作为比赛选手、协会领导、教练，或是作为支持者。在这些人当中，有约 200 万人是积极的运动员，约 65 万人参加不同级别的竞赛，其中的 1% 属于体育精英，参加全国的锦标赛。中央政府和地方政府通过活动无偿赞助等形式支持年轻人的体育活动，体育俱乐部或团体每年要组织 700 万人次的锻炼活动，这意味着每天有约 14 万青年人在参加有组织的体育锻炼。大多数人从事体育运动是为了锻炼身体，众多的基层体育俱乐部也使人们在各地参加有组织的体育运动成为可能。除了有组织的体育运动外，还有私人体育馆和体育中心，为个人提供参加锻炼的机会和设施。

瑞典体育联合会（Swedish Sports Confederation）是一个覆盖全国体育运动的伞状组织，它只吸收非营利性体育团体为会员，由 67 个专项体育协会和 21 个地区体育联合会组成。它起到的作用包括：代表会员与政府等公共机构、政界人士和社会联络，解决涉及未来的重要问题，分配政府提供给体育活动的资金，启动和协调体育方面的研究，促进人们对体育的社会意义的了解，禁止兴奋剂的使用，协调国际性体育合作。瑞典体育联合会每两年召开一次代表大会，出席的有地区体育联合会代表和来自 67 个专项体育协会的约 185 名代表，是该组织的最高决策机构。大会代表选举产生由 11 人组成的执行委员会，执行委员会主席也是瑞典体育联合会的主席。除了选举产生执行委员会之外，代表大会还确定未来两年体育运动的方针，决定是否吸纳新的体育专项组织，选举产生审计委员会、国家体育审判庭、反兴奋剂委员会和提名委员会（负责推举下届大会代表的人选）的成员。

67 个专项体育协会中，有一部分也是瑞典奥林匹克委员会的成员组织。瑞典奥委会是瑞典管理奥林匹克体育运动事务的最高权力机构，由 35 个正式成员联合会和 12 个所谓得到承认的联合会组成（这些联合会从事的体育运动得到国际奥委会正式承认，但不包括在奥运会比赛项目中）。瑞典奥委会每隔4年选举新一届理事会，理事会由1名主席和8名委员组成。国际奥委会成员中的瑞典人理所当然成为瑞典奥委会理事会成员。瑞典奥委会的主要任务包括：组织瑞典参加奥运会，为参加奥运会做准备，选拔运动员，发展体育强项，承担国际任务，宣传提倡体育运动。瑞典奥委会每年给瑞典的奥运会项目比赛经费拨款约4000万瑞典克朗。

21个地区性的体育联合会在资金管理上居重要地位，目的是为区域内各体育俱乐部和各种专项体育团体提供支持和服务，它们有选举产生的委员会并设有办公室，负责组织本地区的体育活动和比赛，与省内政府机构和其他部门联系，并分配省政府和瑞典体育联合会拨给的资金。

学校体育教育和活动在瑞典教育系统中也广泛开展。在九年制义务教育和高中新的课程安排中，体育运动和健康教育被列为必修课程，以帮助学生为他们将来的业余活动培养积极的生活方式。在九年制义务教育中，所有的学生必须有至少390个小时的强制体育活动时间和健康活动安排，也就是每周有2小时的体育活动时间。一些高中还开设有特别的体育课。在这里，学生有额外的时间接受高级水平的训练。如果年轻人发现自己在某项运动上有天赋，就可以得到一流的体育活动条件和教育，这有助于挑选出有前途的运动员，提供给他们较好的训练设施和机会。

瑞典开展体育活动的费用，主要不是靠赞助商的赞助。地区性体育联合会每年有若干数额的资金可以调配使用，其中约80%由省政府提供，其余则由中央政府提供，文化部具体负责。有的时候，中央政府会就某项体育计划拨付一定数额的资金。最新的改革方案在2017~2025年进行，包括为社会弱势地区提供更多体育发展的措施，保障体育运动在各个层面的参与，每年中央政府提供1400万瑞典克朗乃至更多的预算。2019年4月，瑞典政府决定支持瑞典奥委会申办2026年冬季奥运会和瑞典残奥会。

二 体育水平

正是由于有深厚的群众体育运动基础，因此在不少项目上，瑞典培养出了享誉世界的著名运动员，如：哈格（Gunder Hägg，中长跑）、约翰松（Ingemar Johansson，拳击）、维贝里（Pernilla Wiberg，滑冰）、诺达尔

第七章 文化

(Gunnar Nordahl，足球)、比约恩·博格(Björn Borg，网球)、斯滕马克(Ingemar Stenmark，高山滑雪)、斯万(Gunde Svan，越野滑雪)、克纳佩(Ulrika Knape，跳水)、埃德博格(Stefan Edberg，网球)等。近年来，又涌现出了彼得·福斯伯格(Peter Forsberg，冰球)、索伦斯塔姆(Annika Sörenstam，高尔夫球)、斯蒂芬·霍尔姆(Stefan Holm，跳高)、克里斯蒂安·奥尔森(Christian Olsson，三级跳远)、卡罗琳娜·克鲁夫特(Carolina Klüft，女子七项全能)、卡伊萨·伯格克维斯特(Kajsa Bergqvist，跳高)、维兰德(Magnus Wilander，网球)、佩尔松(Anja Pärson，障碍滑雪)、永贝里(Fredrik Ljungberg，足球)等。

瑞典体育界的传统是相对重视团体项目。在团体项目中，足球和冰球等直接对抗的运动项目在瑞典开展得比较普遍并且水平处于世界级。瑞典足球队在世界杯和欧洲锦标赛上取得过好成绩。在这两项运动中，主要球星通常由瑞典专业的体育联合会培养成才，然后他们常常到国外比赛。在北美冰球联合会(NHL)，瑞典人尼克拉斯·里德斯特朗(Niklas Lidstroulm)和彼得·福斯伯格2002年度在世界排名前两位。

其他的许多运动项目，如田径、网球、乒乓球、高尔夫球和高山滑雪等，瑞典的水平也很高。

近年来，瑞典还在田径场上培养了一批男女国际级运动员，如跳高运动员卡伊萨·伯格克维斯特、斯蒂芬·霍尔姆和斯塔芬·斯特兰德(Staffan Strand)，女子七项全能著名运动员卡罗琳娜·克鲁夫特，撑杆跳高运动员帕特里克·克里斯蒂安森(Patrik Kristiansson)和三级跳远运动员克里斯蒂安·奥尔森等，都在国际重大赛事上取得过奖牌。

网球赛场上出现过维兰德、埃德伯格、比约恩·博格等超级明星。比约恩·博格被认为是瑞典有史以来最伟大的体育明星、网球技术的革新家。他在场上场下的表现以及冷峻的北欧面容，为他赢得了"Ice Borg"(冰山)的绰号。这位网球场上的天才在1976~1980年连续5届获得温布尔顿网球赛男子单打冠军，创造了体育史上的奇迹。他一共获得11个大满贯的头衔。

优秀乒乓球运动员瓦尔德内尔（Jan-Ove Waldner）、佩尔森（Jögen Persson）等，为中国人所熟悉。

到2018年，瑞典共获得637枚奥运会奖牌，其中487枚来自夏季奥运会，150枚是在冬奥会上赢得的。

三　体育设施

瑞典作为世界体育先进国家的地位早已得到国际承认，从20世纪初以来，主办过国际奥林匹克运动会和世界体育界的许多重大赛事，如1912年的斯德哥尔摩夏季奥运会等。之所以能成功主办众多大型体育活动，除了有丰富的组织国际体育比赛活动的经验外，良好的体育设施也是国际体育界选择活动举办地的重要因素，这说明瑞典的体育设施是相当先进的。

在为学校学生、地方体育运动协会运动员和其他居民提供高质量运动场所方面，瑞典地方政府承担着很大的责任。其中，越野滑雪和山坡滑雪都是真正的群众性体育运动，现在仍很流行，吸引了为数众多的爱好者。有关部门开放了许多新的山坡，安装了一些滑雪用的吊车。在南部地区，甚至安装了许多造雪机器来延长雪地运动时间。

由于湖泊众多，划独木舟也有了良好的场所。许多地方设有划独木舟中心，人们可以很便宜地租用独木舟。

瑞典还为行动有障碍的人进行运动付出了巨大的努力。例如，适当地对体育运动设施进行改造以便残疾人使用。瑞典残疾人运动组织特别活跃，发展残疾人运动的努力取得了累累硕果。

第五节　新闻出版

瑞典高度发达的社会物质和文化、科技环境，为新闻传播和出版业的发展创造了良好的社会条件。面临挑战的瑞典新闻传播业在变革中不断寻求发展，成为世界新闻传播业的先进国家之一。

20世纪60年代，瑞典有125份报纸。近几十年来，受到网络、新媒体冲击,到2009年,瑞典有90种瑞典语报纸。今天瑞典的报业仍然保持舆论权威的社会地位,拥有自己稳定的读者群。

在瑞典,"日报"(daily)是一个使用得很宽泛的概念,有的所谓"日报"每周可能只出一期。当下不少报纸既出版纸质版又有网络版。总体上看,瑞典的报纸主要是地方性和地区性的,主要有如下几种。

1. 日报:《每日新闻》(*The Day's News*,*Dagens Nyheter*)在斯德哥尔摩出版,面向全国发行,是瑞典发行量最大的日报。《哥德堡邮报》(*The Gothenburg-Post*,*Göteborgs-Posten*)和《瑞典日报》(*The Swedish Daily News*,*Svenska Dagbladet*)发行量位于《每日新闻》之后。报纸通过订阅发行。

2. 晚报:实际上早上10点就开售了,主要通过报亭、报摊销售。发行量最大的是《晚报》(*Aftonbladet*)、《瑞典快报》(*Expressen*)、《哥德堡报》(*Göteborgs-Tidningen*,*GT*)。

3. 免费报纸:完全由广告资助的免费报纸,是20世纪90年代的创新。《地铁报》(*Metro*)在首都、哥德堡、马尔默等全国67个市镇发行,使用小报格式。

4. 地区性的报纸,指在大城市之外发行的报纸,约40种。发行量较大的有《工人报》(*The Worker*,*Arbetarbladet*),是社会民主党的报纸,在耶夫勒出版。

另外,也有一些专题性报纸以早报形式出版,如《基督教日报》《工业日报》等。还有一些瑞典语报纸在芬兰以及美国出版。

政府对报纸实行补贴制度。规律性出版且达到一定的订阅规模、保证良好的新闻职业操守,报纸就可以向政府申请财政补贴。

TT(Tidningarnas Telegrambyra)是瑞典最主要的通讯社。瑞典的许多家报纸、广播电台和电视台都接受TT提供的新闻服务。TT向瑞典的所有的服务对象提供国内外新闻及体育方面的报道、证券交易所报告、经济新闻,还有新闻短片等。20世纪90年代末,一些地区性报纸及非社会民主党报刊还共同创办了FLT(Forenade Landsortstidningar)通讯社,不过影响不大。

瑞 典

瑞典的公共广播电视系统包括瑞典广播电台（Sveriges Radio）、瑞典电视台（Sveriges Television）和瑞典教育广播公司（Utbildningsradion）。拥有电视机或收音机的家庭都需要支付一笔费用以支持公共广播电视台的运转。2018年，这笔费用是2400瑞典克朗（约合人民币1800元）。瑞典的公共广播电视有了稳定而广泛的资金来源，可以专注为公众提供优质节目。但由于新媒体技术的发展，越来越多的家庭、个人不再从电视获取节目甚至不再购置电视。政府也出台新政策，取消旧收费制度。从2019年1月日开始征收"公共事业费"，最高每人每年1360瑞典克朗（约合人民币1000元），中低收入者或可免交纳。瑞典也有商业性的广播电台运营。

第八章

外　交

瑞典曾长期奉行"平时不结盟，战时守中立"的外交政策并免受两次世界大战战火的洗劫。同时，由于积极参与国际事务，提高了本国在世界上的影响力。冷战结束后，瑞典又适时对外交政策进行了调整。奉行"小国大外交"，视人权、民主和多边合作为外交政策的基石。支持经济全球化，倡导多边主义和自由贸易，反对保护主义、民粹主义。重视联合国等国际组织的作用，积极推动联合国改革，担任2017~2018年度联合国安理会非常任理事国。瑞典关注国际热点问题，希望通过提供发展援助、参与国际维和等方式发挥影响，外援约占国民总收入的1%。瑞典为欧盟成员国和北约"增强合作伙伴"关系国，积极参与欧盟事务，支持欧洲一体化，将对欧政策作为外交政策最重要一环，对英国脱欧表示遗憾，主张加强跨大西洋合作。近年更加重视发展同新兴国家的关系。

目前，瑞典外交政策的总体框架是：在邻近地区、欧洲和世界事务三个层面积极参与国际合作，认为合作即安全，邻近地区是自身的安全基础；支持欧盟在欧洲安全事务中发挥更重要的作用，承认北约在欧洲安全事务中的主导地位；重视同美国、俄罗斯的关系，视参与联合国事务为外交的基石。

第一节　外交简史与政策

一　中立政策和国际主义

瑞典在政治上曾与欧洲大陆保持密切的联系，从1630年以后的近

瑞 典

200年,曾热衷于欧洲政治并参与了大陆上许许多多的争战,直到1809年被俄国打败并被迫割让一块土地(即今天的芬兰)给后者为止。随后,瑞典发生了宫廷政变(相当于1688年的英国"光荣革命"),结束了独断专行的绝对主义君主制,并采纳了新宪法。新宪法大大削弱了国王的权力,规定国王与议会分享国家的统治权,并使其制度化,结果产生了建立在宪法基础上的精英"共识政治",瑞典的立宪主义得到进一步发展。由贵族、教士、资产阶级和农民构成的四级议会政治的发展,促使瑞典统治者开始更加关注国内的政治经济问题,而不是醉心于征战欧洲大陆、贪图王国的领土扩张。在这一过程中,形成了中立主义的外交政策。

冷战结束前的约两个世纪里,瑞典一直奉行中立的国家安全政策,其核心是"平时不结盟,战时守中立"。但在国际事务中保持中立的同时,瑞典强调依靠强大军事力量确保战时的中立地位。这一政策使其成功避免了两次世界大战的战火蔓延到自己的国土上,也为福利国家的建设与开辟"第三条道路"创造了相对稳定的外部环境。

在分别以美国和苏联为首的东、西方两大政治军事集团对抗的冷战时期,瑞典没有加入旨在对付苏联庞大军事机器的北大西洋公约组织。在军事上,它坚持独立于两个大集团之外,发展自己独立的军事工业体系,保持比较强大的武装力量,动员社会各个领域,实行"总体防御战略",防范苏联对瑞典可能的领土侵略。在国际事务中,既反对苏联向世界其他地区"输出革命",把苏联视为对世界和平与稳定的主要威胁,也反对美国在全球充当"国际警察",特别是反对美国侵略越南的战争。

"平时不结盟,战时守中立"的独特外交和安全战略,并不意味着瑞典不介入世界事务,置身国际事务之外。恰恰相反,中立主义是以积极的国际外交为补充的,目的是确保其最大限度的独立性、自主性和灵活性,而不是限制自己的活动空间。与其国家幅员和外交资源相比照,冷战期间瑞典在国际外交舞台上的活跃程度,十分引人注目。为缓和欧洲紧张局势,瑞典与其他中立和不结盟国家一道,充当东西方两大集团的桥梁,积极推动欧安会议进程和国际裁军谈判。同时,为缓和当代人类发展的突出矛盾,大力援助第三世界发展中国家,主张建立新的国际经济秩序,开展南北对话。

瑞典外交中的这种国际主义视野和诉求,源于经济上的利益与政治上的理想主义。经济上,瑞典是高度依赖贸易的国家,需要同其他工业化国家和广大发展中国家建立稳定的贸易联系,以保证国内经济的持续发展和国民生活的稳步提高。第二次世界大战后,瑞典介于资本主义与社会主义之间的独特政治经济体制,取得了举世公认的成就,国民生活水平达到了世界最高水准。福利制度之完善,即使是当时最成功的东欧社会主义国家也难以企及。一时间,"瑞典模式"成了各国学者和政治家研究和关注的焦点,甚至被经合组织誉为"世界的典范"。这一成就给瑞典政府带来的不仅仅是自信,而且使它获得一种道德上的优越地位,加上它不依附美苏两大集团中任何一方的中立主义外交取向,这一切很自然地将它推向国际主义的外交路线。在冷战期间,瑞典在国际上的行为充满了理想主义色彩,它不畏强权,伸张正义,捍卫人权,声援第三世界人民的正义事业,为维护世界和平所做的努力给整个世界留下了深刻印象。

二 加入欧盟对瑞典外交政策的意义

德国的统一和冷战的结束,促使瑞典重新审视其在欧洲乃至整个世界中所处的位置。首先,居于东西两大集团之间而小心翼翼地走中间道路的必要性已不复存在,在这种情况下固守中立主义已变得缺乏现实意义。其次,欧洲一体化的长足发展,使传统欧洲大陆国家彼此发生军事冲突的可能性微乎其微,因而瑞典不必因担心引火烧身而保持不结盟政策。再次,国际政治的多极化已使瑞典强烈意识到自身力量的单薄,它在国际舞台上传统的独特作用也已变得无足轻重,更何况联合国本身在处理国际高级政治事务中的权威性已大不如前,其化解地区冲突、解决热点问题方面的作用也越来越显得力不从心,因而瑞典的国际主义理想不再能够满足自己的外交抱负。

正是在这种情况下,瑞典开始重新考虑加入欧共体(欧盟前身)的可能性。一方面,在冷战和东西方两大军事集团对抗已经结束的情况下,如果固守不结盟政策,将使自己在国际政治舞台上难有作为,因此瑞典选择通过加入欧洲一体化的组织来作为扩大自己外交实力的手段。结盟外交虽然限制了自己外交政策选择的自由度,却可以增加瑞典的外交资源。另一方面,从20世纪70年代末以来,瑞典经济增长放缓甚至停滞,福利国家制度使国家承担着越来越大的压力。慷慨的国家福利制度需要维持充分就业和高税收,这导致经济缺乏活力,企业失去竞争力,进而投资减少,反过来又进一步导致失业率升高。进入90年代以后,经济全球化的趋势更是加剧了这一矛盾。1993年前后,瑞典遭遇50年来最严重的经济衰退和社会问题,瑞典模式开始受到质疑。由于福利标准高出欧盟国家的水平,采取欧盟共同的社会政策,意味着国家可以合法地减少公共支出,较少地参与福利的再分配,而是更多地由社会来承担福利分配。另外,虽然通过"欧洲自由贸易联盟"(EFTA,瑞典是其成员)与欧共体达成了协议,欧共体对EFTA国家开放了市场,使它们的产品自由地进入共同体国家,但瑞典等高度依赖共同市场的国家仍然不能参与不断深化的一体化新规则的制定。因此,成为欧盟成员国,就成了瑞典等多数欧洲国家在日益机制化的欧洲确保自身利益的唯一手段。

就在瑞典国内讨论是否加入欧共体的时候,欧共体正准备发展成为欧洲联盟,后者不仅正在形成共同外交与安全政策(CFSP),而且包括处于起步阶段的经济和货币联盟(EMU),这就意味着成员国将要向共同体让渡更多的主权。因此,申请加入欧盟,与瑞典长期以来所奉行的不结盟、中立的对外政策是矛盾的。如果瑞典加入并成为欧盟大家庭的一员,就意味着从拿破仑战争结束以来瑞典所遵循的外交路线将发生重大转变。尽管如此,瑞典政府充分认识到,本国经济已经不能承受因游离于共同体之外而导致的损失,不论是其经济独立性还是主权的完整性,都已无法通过避免加入共同体而得到保证,而且传统的"瑞典模式"正在出现一些难以独自解决的问题;相反,加入共同体,可以缓解自己面临的难题。

因此,1995年,瑞典正式加入欧盟。这实际上意味着实行了近200年的传统外交政策走向终结。当时,鉴于国内公众对于这一历史转折一时难以接受,也由于整个社会的历史惯性,瑞典仍然力图保留并维护中立主义路线。面对这一历史性转变过程,瑞典在1996年的对外政策公报中的解释是，瑞典安全政策的目标并没有发生变化，只是由于外部世界发生了变化，实现这一目标的方法必须做出相应改变，并声明瑞典在军事上依旧中立，目的仍然是在其周边地区发生战事时保持中立。

三　加入欧盟与军事不结盟：寻求平衡点

加入欧盟之初，瑞典协同芬兰力图使欧盟共同外交与安全政策的发展更符合其传统外交理念。首先，它们反对欧盟制定共同外交与安全政策的机构演变成未来的共同体防御机构，并寻求影响共同外交与安全政策的走向。瑞典和芬兰两国主张，共同外交与安全政策应该加强处理各种危机的能力，而不应该使其成为可能导致形成某种军事同盟的政策机构。

自签订《阿姆斯特丹条约》以来，瑞典对欧盟尤其是对共同外交与安全政策的看法逐渐发生了转变。共同外交与安全政策不再被看作首先是对其不结盟政策的限制，而是被当作在外交政策上协调立场、采取共同行动的可资利用的机制。瑞典虽然赞同共同外交与安全政策的政府间合作，反对将欧盟第一支柱（欧盟法）与第二支柱（共同外交安全政策）融合在一起的主张，同意在非关国家重大利益的领域扩大使用多数票表决制，以便加快共同外交与安全政策机制的决策过程。

从总体上看，冷战的结束意味着欧洲安全结构发生了根本变化，由于不存在明确的"安全威胁"和"敌对力量"，瑞典传统的外交取向也在发生越来越明显的变化。一方面，它试图在外观上继续维护传统外交理念，避免公开加入任何安全组织；另一方面，它又不得不面对客观现实，将主要精力用于与欧盟国家的各项合作上。首先，传统的"中立"概念被更加宽泛和可变的"不结盟"所取代，官方更常用的术语变为"不参加军事联盟"、执行"符合欧洲身份的安全政策"；其次，开始公开讨论瑞典是否在将来某一时间加入欧洲军事组织的问题，如北约和西欧联盟（WEU），这在过去一直是其国内政治中忌讳的议题。但实际上，接受《马斯特里赫特条约》，也就意味着瑞典将不可避免地介入西欧联盟的一些行动。《马斯特里赫特条约》第17条指出，"共同外交与安全政策将包括所有与欧盟安全有关的问题，包括共同防御"；在同一条款中，正式确

瑞　典

定了共同外交和安全政策与西欧联盟之间的联系："西欧联盟是欧盟发展的一个组成部分……它用来支持本条款中提出的欧盟共同外交与安全政策中的防御领域。"瑞典已获得西欧联盟观察员的身份。另外，瑞典于1994年4月同北约签订了"和平伙伴关系"框架协议。近年来，瑞典的外交和防务政策已逐渐被引向更加复杂、功能多样的西方安全组织，而且作为其义务的一部分，瑞典正有选择地介入它们的一些活动，如以联合国的名义参加维和行动或人道主义活动等，但它仍然避免正式加入安全组织，因为正式成为这些组织的成员，意味着要为其他成员国承担集体安全义务，而这恰恰是瑞典传统外交的一个禁忌。

但实践表明，瑞典"不参加军事联盟"的承诺并没有阻止其国防部允许它的部队在北约框架之下（作为联合国授权的一部分）部署在科索沃。不仅如此，从1997年起，瑞典的战斗机还参加了北约军事演习。自科索沃危机以来，对于是否在未获得联合国正式授权的情况下参与北约的军事行动，瑞典一直面临着两难境地。欧盟15个成员国中有11个同时是北约成员国，作为欧盟成员国，瑞典已不再具有如同在1995年以前那样的评判北约行动的超然地位。

瑞典政府正努力在传统的不结盟取向与同北约关系紧密的欧盟成员国身份要求之间寻求一个平衡点。在瑞典看来，进入90年代后，北约的角色发生了根本性的变化，因此只要北约不是在为其成员国的领土防御或其安全保障而采取行动，那么瑞典通过"和平伙伴关系"框架协议与北约进行合作是应该被允许的。同过去相比，瑞典对国际危机和欧洲发生的局部战争的态度也发生了明显转变：在科索沃战争中，社会民主党领导的瑞典政府默认了北约在未获得联合国安理会授权的情况下对一个主权国家进行的轰炸。这在过去是很难想象的。

因此，瑞典实行了两个多世纪的"中立主义"外交战略，到了20世纪90年代面临严峻的挑战。这一挑战出现在欧洲两个集团军事对抗结束、意识形态之间的对立不再具有决定意义的时代，而且它并不是来自外部军事力量的威胁，而是由技术进步导致的经济全球化发展和与之相对应的区域一体化的压力所引发的。加入欧盟，就必须满足其成员国间进行一系列军事合作的先决条件，这就使瑞典面临要么取消入盟念头，要么放弃"中立主义"的两难境地。

经过权衡，瑞典采取了逐渐转变外交政策的策略。瑞典的外交政策正在倾向于有选择的"半结盟"政策。瑞典军方在阿富汗和利比亚的行动中与北约并肩作战，被视为瑞典的中立立场有所松动。在这一政策主导下，瑞典加入了欧盟，并参与制定欧盟共同外交与安全政策，而且在同北约的合作中它也只对北约关于"集体安全"的第8条款存在保留。可以看出，20世纪90年代以来，瑞典在外交安全政策取向上，经历了从"不结盟"到"不参与军事联盟"，再到目前的"不参与集体安全保障组织"等过程。这一过程尚未完结，因为这仅仅是瑞典从一个奉行中立主义和不结盟传统的国家，走向积极参与欧洲各项事务的普通民族国家的一个中间环节而已。这一环节的长短，固然与外部安全环境是否持续稳定有关，但主要取决于国内舆论对于改变传统中立政策的认可程度。在这期间，政府将继续使用上述这些模糊的政策术语以达到缓慢过渡的目的。与此同时，瑞典试图通过加入欧盟，获得施展其外交活力与抱负的一个新"出口"。瑞典政府认为，与欧盟合作是好的、必要的，但必须在若干方面加以改进，特别是在创造工作岗位、性别平等、改善环境、公平贸易、更有效地打击国际性犯罪和加强公开、透明性等方面。在2001年上半年瑞典第一次任欧盟轮值主席国时，把以下三个方面作为重点工作领域：欧盟的扩大，推动欧盟就业率的提高，在欧盟合作中更关注环境问题。

瑞典政府认为，众多挑战是全球性的，因此只能寻求通过国际合作，至少是欧盟框架内的合作来解决。瑞典致力于在国家和国际层面对可持续发展的全球化做出贡献，并希望推动合作、公开和自由贸易。全球经济危机会带来保护主义和民族主义的危险。在全球化道路上设置障碍将是一种危险和具有破坏性的行为。为防止经济危机进一步恶化并转向贸易战，对国际金融制度进行更新是最重要的。瑞典继续坚持自由贸易、更开放和更多的经济合作。瑞典继续推动欧盟成为全球最开放的经济体。瑞典也继续强化与亚洲和拉丁美洲新兴经济体的关系。瑞典担任轮值主席国期间，欧

盟与巴西、中国和印度举行首脑会晤，与这些主要新兴经济体讨论气候威胁和金融危机的共同解决方案。

四 重视与北欧其他国家的关系

与北欧其他国家的关系，在瑞典外交政策尤其是安全保障政策考虑中处于重要位置。它把与北欧其他国家的密切合作视为其政治、经济和安全利益的关键环节。依靠自身相对雄厚的经济、军事实力，瑞典在北欧地区一直处于主导地位，通过北欧理事会与部长理事会等合作机构，实现了五国共同的劳务市场，推动了经济、文化及社会领域的合作；并且以"北欧平衡"的独特形式，长期保持局部地区的低军备状态，维护北欧稳定的安全局面。

金融危机爆发后，2008年10月，瑞典、芬兰、丹麦、挪威和冰岛北欧五国首脑召开特别会议讨论金融危机和冰岛局势。五国首脑一致同意建立一个北欧官方工作组，跟踪国际货币基金组织"稳定计划"（紧急借贷21亿美元），同时讨论和协调行动，以便使冰岛摆脱面临的严峻形势。强调其他北欧国家有责任对处于危机中的邻国提供支持，北欧其他国家央行已与冰岛央行签署了有关提供信贷融资安排的协议。在北欧五国集体力量支持下，冰岛走出了危机。

第二节 与欧盟的关系

瑞典的经济、社会活动对象主要在欧洲，对外贸易有70%是同欧洲国家进行的，英国、丹麦和德国是与瑞典联系最紧密的经济合作伙伴。瑞典的文化、社会传统也同西欧密不可分。瑞典认为，欧洲未来发展的总趋势，将是以欧洲联盟为核心，逐步向北欧、东欧扩大，同时不断深化合作，逐步形成多层次与多机构相互补充的政治、经济和安全体系。1995年加入欧盟后，为适应新的形势，瑞典积极调整国家安全战略，把外交政策的重心放在欧洲，全面参与欧洲一体化进程，积极支持和执行欧洲共同外交政策，确保其经济继续与欧洲其他国家同步发展。

第八章 外 交

一 支持《里斯本条约》，担任轮值主席国

2008年11月20日深夜，瑞典议会投票通过了欧盟《里斯本条约》，从而使瑞典成为第25个批准《里斯本条约》的欧盟成员国。瑞典议会当天在经过马拉松式的长时间辩论后进行的表决中，243名议员投了赞成票，投反对票的仅有39名议员，另有67名议员弃权或缺席。这样，瑞典议会以2/3的绝对多数票批准了《里斯本条约》。除联合执政的4个政党外，当时议会第一大反对党社会民主党的议员也大都投了赞成票。

在2009年下半年担任欧盟轮值主席国期间，瑞典努力推动2009年联合国气候谈判，促成《哥本哈根协议》。加强波罗的海地区合作和推动欧盟继续扩大也是瑞典担任欧盟轮值主席国期间的重点工作。瑞典关注并着手六大重点工作：①经济危机问题。金融风暴以来欧盟和其他国家都持续调整政策。瑞典的目标是使金融市场的信心得以重建，欧盟从危机中走出后更加强大。②气候问题。时任首相赖因费尔特领导欧盟代表团参加12月在哥本哈根举行的联合国气候大会。在会议前瑞典协调欧盟成员国减排指标达成一致。③法律问题。该议题包括开展打击有组织犯罪活动的跨境合作。目标是制订一个新的斯德哥尔摩计划，为未来几年有关警察、边境和海关等问题指明方向。该计划还包括移民和难民政策。④波罗的海问题。欧盟通过一项波罗的海合作战略，一方面旨在引导海洋环境合作，另一方面旨在推动区域经济发展。⑤世界中的欧盟问题。在轮值的半年期间召开与巴西、印度、中国、俄罗斯、南非、乌克兰和美国的首脑会晤。加强欧盟的全球性角色，提高应对国际危机的能力。⑥欧盟机构建设。2009年5月欧洲议会选举后，选出新的欧委会主席等人选。

二 参与欧洲一体化进程，但坚持自身利益

入盟二十多年来，很多瑞典人对欧盟的作用和任务仍持怀疑或批评态度，但反对入盟者的调门已经降低，他们重点反对的是"欧盟越来越强烈的联邦主义倾向"。大多数瑞典人关心的是欧盟应该如何改造、瑞典应在未来欧盟合作中发挥什么样的作用。

瑞 典

瑞典作为一个领导者，在欧盟中的作用越来越重要，目前瑞典与欧盟中和其大小相同的成员国相比，拥有更大的影响力。瑞典将努力确保欧盟能更好地解决人们所期待解决的问题，通过贸易创造更多的工作机会，实现巴黎气候大会的目标。如果欧盟成功实现这些目标，人们将在日常生活中感受到这些成果，从而欧盟的合法性也将会提高。

瑞典加强与法、德在欧盟事务方面的合作。2016年，瑞典欧盟与贸易大臣安·林德在柏林与法国和德国的欧盟事务大臣举行了会谈，探讨提高欧盟就业机会和继巴黎气候大会后建立更有效的气候合作机制等问题。三方一致认为，世界正面临重大挑战，合作与团结对共同成功至关重要。跨越国界的挑战，如气候变化、难民危机和失业等必须一同解决。时任瑞典国际发展合作和气候大臣伊莎贝拉·勒文表示："欧盟的目标是建设一个更加和平和强大的欧洲，这是目前最重要的任务。"

2011年，瑞典拒绝接受欧盟委员会关于征收金融交易税的提案。理由是该建议缺乏足够的分析，而简单地将金融体系不稳定归咎于金融交易。声明认为，征收金融交易税将严重影响瑞典金融市场的运作。在欧盟新的7年财年预算讨论中，有如果英国退出欧盟会减少欧盟财源问题。如何处理英国脱欧造成的缺口，瑞典作为贡献大国也面临不小挑战。英国脱欧导致每年1200亿~1500亿瑞典克朗的预算缺口。这个问题使欧盟各国产生分歧，有些国家愿意给予更多支持，而其他国家，如瑞典，则持更为严谨的态度，并与北欧邻国、荷兰和奥地利等国协商立场。瑞典反对欧委会关于提高缴纳额度的建议，因为该提案会使瑞典的欧盟费用高得不合理——据估算会增加150亿瑞典克朗。瑞典首相勒文对新费用的提议持批评态度，他声称，瑞典在难民危机的问题上承担了很大责任，这让瑞典面临着巨大的挑战。关于欧盟是否应建立更详细的选举制度，焦点是欧委会主席应该如何产生，瑞典不希望欧盟更加转向联邦制。

三　与欧盟成员国加强合作

2008年金融危机期间，瑞典对波罗的海邻国给予金融支持，缓解这些国家的危机和压力。瑞典银行给予爱沙尼亚5000万欧元贷款，缓解爱方公共财政紧张问题。贷款主要用于解决流动资金短缺问题，避免爱方经济陷入更大的衰退。瑞典央行向拉脱维亚放贷1000亿瑞典克朗以助其应对金融危机。2014年"克里米亚事件"后，瑞典加强了与北欧和波罗的海国家的关系，以应对周边安全局势。

瑞典也积极与其他成员国开展创新合作。2017年11月，在哥德堡欧盟峰会期间，瑞典首相勒文与法国总统马克龙签订了瑞法创新伙伴关系。沃尔沃向法国总统展示了几项创新技术，包括EX2挖掘机原型、提高施工安全的内置GPS工作背心等。沃尔沃集团表示法国市场非常有吸引力。

2013年，瑞典共接纳26395个难民申请，约占欧盟接纳难民总数的20%，为欧盟内接纳难民最多的国家。在瑞典接纳的难民中，叙利亚、阿富汗、索马里难民占比分别约为25%、12%和7%。

瑞典认为，英国脱欧并不意味着欧洲合作的暂停，恰恰相反，团结、民主、开放的欧洲政治联盟必须得到加强。瑞典在欧盟内失去英国这一重要合作伙伴的同时，需要寻找新的合作伙伴。英国是瑞典重要的贸易伙伴，对瑞典而言，首要问题是保持与英国和其他欧盟国家良好的经贸关系。尽管瑞典受到了不利影响，但瑞典会继续保持与英国的良好关系。英国脱欧将使近50份贸易协定失效，而且需要分别与各国进行谈判。2019年3月，勒文首相与瑞典议会欧盟事务委员会进行了磋商，表示瑞典愿意支持英国延迟脱欧："如果瑞典投反对票，会使英国脱欧的过渡时期非常艰难，对两国未来的关系造成不良影响。"

第三节 与中国的关系

一 双边政治关系

瑞典于1950年1月14日承认新中国，1950年5月9日同中国建交，是第一个与中国建交的西方国家。同年，两国互派大使，耿飚为中国首任驻瑞典大使。建交后，中瑞关系平稳发展，两国在政治、经济、文化等各领域、各层次的交流与合作日益增多并取得显著成果。

瑞典

20世纪50年代，瑞典一直支持恢复中国在联合国的合法席位。60、70年代，两国部级交往逐渐增多。80年代两国关系发展较快。瑞典国王对华进行国事访问，两位首相和议长访华。中国总理、全国人大常委会副委员长等领导人相继访问瑞典。

近年来，中瑞关系稳定发展，高层互访频繁，各部门、各级别的交流与合作显著增加，增进了两国的相互了解和友好关系。2006年7月，瑞国王卡尔十六世·古斯塔夫对华进行国事访问并出席瑞典"哥德堡"号仿古船驶抵广州的欢迎仪式。2007年6月，胡锦涛主席对瑞典进行国事访问并出席"哥德堡"号仿古船返航抵达仪式。此访是中国国家元首首次对瑞典进行国事访问。2008年8月和2010年5月，卡尔十六世·古斯塔夫国王分别来华出席北京奥运会闭幕式和参加上海世博会。2008年4月，瑞首相赖因费尔特对华进行正式访问并出席博鳌亚洲论坛2008年年会开幕式。8~9月，瑞国王和王室成员来华观摩北京奥运会和残奥会。2009年11月，赖因费尔特首相来华出席第十二次中欧领导人会晤。

2010年3月，习近平副主席正式访问瑞典并出席中瑞建交60周年庆祝活动。同年4月，卡尔十六世·古斯塔夫国王、赖因费尔特首相分别就青海玉树地震灾害致信中国国家领导人表示慰问。5月，瑞国王来华出席上海世博会瑞典馆日和中瑞建交60周年庆祝活动。11月，瑞国王随瑞典皇家工程科学院技术考察团访华。2011年，瑞国王夫妇因私访沪。

2012年4月，温家宝总理对瑞典进行正式访问并出席"斯德哥尔摩+40——可持续发展伙伴论坛"，这是中国国务院总理28年来首次访瑞。2013年6月，全国政协主席俞正声对瑞典进行正式友好访问。2015年3月27日，国务院总理李克强在人民大会堂同来华出席博鳌亚洲论坛2015年年会的瑞典首相勒文举行会谈。3月28日，国家主席习近平在海南省博鳌国宾馆会见瑞典首相勒文。习近平欢迎勒文来华出席博鳌亚洲论坛年会并启动中瑞建交65周年系列活动。2015年4月，瑞副首相罗姆松访华。2015年5月9日，国家主席习近平同瑞典国王卡尔十六世·古斯塔夫互致贺电，庆祝两国建交65周年。

2017年6月，勒文首相来华出席第十一届夏季达沃斯论坛。6月26日，国家主席习近平在人民大会堂会见瑞典首相勒文。习近平指出，瑞典是首个同新中国建交的西方国家。塑造健康、稳定、可持续的中瑞关系，不仅符合我们各自国家利益，而且有利于推动中国—北欧合作和中欧关系全面发展。新形势下，希望双方继续以长远眼光看待中瑞关系，以创新思维开展两国各领域合作，推动中瑞关系不断迈向新台阶。习近平强调，中方希望欧洲繁荣、稳定、开放。中欧要继续推进和平、增长、改革、文明四大伙伴关系建设，为世界稳定注入正能量。中方愿同瑞典等北欧国家加强政策沟通，推动中国—北欧合作取得新成果。勒文表示，瑞中两国长期友好，瑞方重视中国在重大国际地区事务中的影响力，重视同中国在联合国等多边框架内的合作。新形势下，瑞典致力于深化同中国经贸、创新、文化、体育、旅游等各领域及北极事务中的合作。6月27日，国务院总理李克强在大连国宾馆同来华出席2017年夏季达沃斯论坛的瑞典首相勒文举行会谈。李克强和勒文共同见证了双方质检、海关领域多份双边合作文件的签署。

2018年1月，瑞典第一副议长芬尼同北欧和波罗的海国家议长联合访华。国家主席习近平在人民大会堂集体会见北欧和波罗的海国家议会领导人。

二 双边经贸关系和经济技术合作

中瑞建交以来，两国经贸关系得到长足发展。1957年，两国签订了政府间贸易协定。两国建有经贸联委会机制，迄今共举行20次会议。

两国经贸关系飞速发展，两国互为在亚洲和北欧地区最大贸易伙伴。2017年中瑞双边贸易额为149.1亿美元，同比增长19.5%。其中中国进口额和出口额分别为78.8亿美元和70.3亿美元，同比分别增长28%和11.3%。截至2017年，中国累计在瑞典非金融类投资总额约36.9亿美元。2018年，两国双边贸易额为171.5亿美元，同比增长15%。中国出口额为82亿美元，同比增长16.7%；进口额为89.5亿美元，同比增长13.5%。截至2018年，中国对瑞典直接投资额约75.7亿美元。

瑞典重视开拓中国市场。截至2017年，瑞对华投资项目1455个，实际投入48.5亿美元。瑞在华主要企业有：伊莱克斯（中国）电器有限公司、斯凯孚（中国）投资有限公司、阿斯利康制药有限公司、济南华沃卡车有限公司、南京爱立信通信有限公司、北京爱立信通信系统有限公司、宜家家居公司等。

三 文化、科技、教育与军事等方面的双边交往与合作

2006年，瑞典"哥德堡"号仿古船复航中国并举办丰富多彩的文化活动。2010年两国签署《文化合作谅解备忘录》。2012年，两国以互换照会形式确认在瑞典首都设立中国文化中心。2015年，瑞典国家交响乐团来华巡演。2016年，中国文化中心在瑞典斯德哥尔摩落成。中国已连续多年在瑞典举办"欢乐春节"活动。中国乒乓球、速滑、田径等各类运动队也多次访问瑞典。

中瑞科技交流始于20世纪70年代。1978年中瑞成立了科技合作混委会（司局级），1981年中瑞签订科技合作议定书。1992年，中国为瑞典搭载发射科学实验卫星"弗利亚"号。目前双方科技合作已扩大到通信、环保、医药、农林、宇航等20多个领域的80多个项目。自1980年起，瑞典为中国培训各类技术和管理人员2000多人。2007年9月，中瑞科技联委会第一次会议和"中国—瑞典科技周"在京举行。2012年，中国国开行设立10亿欧元中瑞创新合作专项贷款，中瑞合作举办"绿色创新论坛"，中瑞交通安全研究中心成立。2017年，中瑞科技合作联委会第四次会议在瑞典举办。

中瑞自1964年起正式交换留学生。20世纪80年代以来，两国教育领域的交往增多。两国签有《关于高等教育合作的框架协议》。截至2017年底，中国在瑞有公派和自费留学生约6000名，中国在瑞典共开办1所孔子学院、1个独立孔子课堂和1个下设孔子课堂。2012年，中国作家莫言获诺贝尔文学奖。2015年，中国女药学家屠呦呦获诺贝尔生理学或医学奖。

中瑞军事交流起步较早。20世纪50年代，中瑞军方开始接触。60年代，瑞国防部军令部部长奥尔曼少将（1960）、中国副总参谋长彭绍辉

（1963）实现互访。80年代以来，两军保持互访。2004年7月，瑞典在驻华使馆设立武官处并任命了首位驻华武官。2005年，中央军委委员、空军司令员乔清晨上将访瑞，系中国空军司令员首次往访。2011年5月，中央军委委员、总参谋长陈炳德上将访瑞，系中国军队总长首次往访。2012年3月，瑞典三军总司令约兰松访华。2015年5月，中国人民解放军副总参谋长王冠中中将访瑞。10月，中国海军护航编队首访瑞典。2016年5月，中国人民武装警察部队政委孙思敬上将访瑞。7月，瑞军国防参谋长于兰斯波勒中将访华。

四　领事关系

1996年瑞典在上海开设总领馆。1997年中国在瑞典第二大城市哥德堡开设总领馆。1997年，中瑞双方就瑞典保留驻香港特别行政区总领馆达成协议并换文。2002年11月，瑞典在广州开设总领馆。2009年11月，因财政原因，瑞典关闭了驻广州总领馆。

五　友好省市

自20世纪80年代起，中国与瑞典建立31个友好省市关系，如表8-1所示。

表8-1　中国和瑞典友好省市一览

友好省市名称	建立时间
河北省唐山市与马尔默市	1987年
天津市与延雪平市	1993年
湖北省宜昌市与塞得港市	1994年
山东省与西曼兰省	1995年
广东省广州市与林雪平市	1997年
广东省与斯科讷省	1997年
安徽省铜陵市与希莱夫特奥市	1998年

瑞 典

续表

友好省市名称	建立时间
江苏省与东约特兰省	1999 年
浙江省与乌普萨拉省	2000 年
黑龙江省与西博滕省	2001 年
云南省与布莱金厄省	2002 年
山东省烟台市与厄勒布鲁市	2002 年
上海市与哥德堡市	2003 年
四川省攀枝花市与希尔特市	2005 年
吉林省长春市与穆拉市	2005 年
安徽省与西约塔兰省	2005 年
湖北省武汉市与博伦厄市	2007 年
江苏省无锡市与南泰利耶市	2007 年
安徽省池州市与斯文永阿市	2008 年
山东省临沂市与埃斯基尔斯图纳市	2009 年
福建省与韦姆兰省	2010 年
广东省珠海市与耶夫勒市	2010 年
海南省与哥特兰区	2010 年
湖北省与达拉纳省	2011 年
山东省滨州市与维克舍市	2011 年
江苏省苏州市与南斯莫兰地区	2012 年
安徽省黄山市与瓦拉市	2012 年
广东省与耶夫勒堡省	2012 年
江苏省苏州市相城区与维克舍市	2014 年
甘肃省敦煌市与奥莫尔市	2015 年
广西壮族自治区梧州市与本茨弗什市	2016 年

资料来源：中国外交部网站。

六 重要双边协定及文件

中国与瑞典签署了涵盖众多领域的重要双边协定及文件，如表8-2所示。

表8-2 中国与瑞典双边协定及文件

双边协定及文件名称	签订（生效）时间
中华人民共和国和瑞典贸易协定	1957年11月8日（1979年5月15日失效）
中华人民共和国政府和瑞典王国政府民用航空运输协定	1973年6月1日
中华人民共和国政府和瑞典政府海运协定	1975年1月18日
中华人民共和国政府和瑞典政府关于工业和科学技术合作协定	1978年12月5日
中国科学院和瑞典皇家科学院科学合作协议	1979年3月3日签订，7月1日生效
中华人民共和国政府和瑞典政府贸易协定	1979年5月15日
中华人民共和国政府和瑞典王国政府关于相互保护投资的协定	1982年3月29日
中瑞文化部门文化合作与交流会谈纪要	1983年
中瑞避免双重征税和防止偷漏税协定	1986年
中瑞知识产权谅解备忘录	1993年
中华人民共和国政府和瑞典王国政府关于瑞典王国保留在中华人民共和国香港特别行政区总领事馆的协定	1996年11月3日签订，1997年7月1日生效
中华人民共和国交通部和瑞典王国运输通信部关于交通科技领域合作的谅解备忘录	1996年
中瑞信息技术领域合作谅解备忘录	2000年
中华人民共和国交通部与瑞典国家公路总局道路规划、设计、建设与养护合作谅解备忘录	2001年11月12日
2002~2005年中瑞教育与科技合作意向书	2002年
中华人民共和国最高人民检察院和瑞典王国总检察院合作谅解备忘录	2003年9月15日
中华人民共和国国家林业局和瑞典国家林业局关于林业合作的谅解备忘录	2004年10月25日
中华人民共和国政府与瑞典王国政府科学与技术合作协定	2004年12月10日

瑞 典

续表

双边协定及文件名称	签订(生效)时间
中瑞投资保护协定议定书	修订,2004 年
关于加强中瑞两国中小企业合作的谅解备忘录	2006 年
中华人民共和国政府与瑞典王国政府关于卫生合作的谅解备忘录	2006 年 5 月 23 日
中华人民共和国政府与瑞典王国政府关于高等教育领域合作的框架协议	2006 年 9 月 14 日
中华人民共和国政府与瑞典王国政府经济、工业和技术合作协定	2006 年 9 月 15 日
关于高等教育合作的框架协议	2006 年
2006~2008 年度文化合作意向书	2006 年
中国社会科学院与瑞典皇家文学、历史、文物学院学术合作协议	2007 年
中瑞两国企业社会责任合作谅解备忘录	2007 年
中华人民共和国国家环境保护总局与瑞典王国环境部环境合作谅解备忘录	2007 年
中华人民共和国国家发展和改革委员会与瑞典王国环境部和外交部关于环境与能源技术合作框架协议	2008 年
瑞典环境保护局和中华人民共和国环境保护部关于中国环境与发展国际合作委员会的合作协议	2008 年
中华人民共和国住房和城乡建设部与瑞典环境部关于可持续城市发展合作的谅解备忘录	2008 年
成立企业社会责任合作工作组谅解备忘录	2009 年
中华人民共和国工业和信息化部与瑞典王国企业、能源和交通部中小企业合作备忘录	2010 年
中国商务部与瑞典外交部关于企业社会责任合作中长期规划	2010 年
中华人民共和国政府与瑞典王国政府文化合作谅解备忘录	2010 年
中华人民共和国国家环境保护部与瑞典王国环境部环境合作谅解备忘录	2012 年 4 月 24 日
中华人民共和国和瑞典王国关于在可持续发展方面加强战略合作的框架文件	2012 年 4 月 24 日
瑞典王国企业能源和交通部与中华人民共和国交通运输部关于建立中瑞道路安全研究中心合作谅解备忘录	2012 年 5 月 28 日

续表

双边协定及文件名称	签订(生效)时间
中华人民共和国教育部与瑞典王国瑞典学会2014年至2016年教育和科技合作意向书	2014年4月2日
中国社会科学院、瑞典银行三百周年基金会与瑞典高等研究院谅解备忘录	2014年4月16日

资料来源：《中华人民共和国和瑞典重要双边协定及文件汇编（1950~2015）》，世界知识出版社，2015；中国外交部网站。

第四节 与联合国的关系

积极参与联合国事务，参与全球范围的重大活动，是瑞典外交活动中的重要内容。长期以来，瑞典主要是通过其中立的地位，参与国际裁军、缓和紧张局势、维持和平等活动，特别是积极援助第三世界国家，发挥其独特的影响力。冷战结束和加入欧盟以后，瑞典并没有忽视通过这些方面提高自身的国际地位和影响。

一 积极参与联合国事务，重视全球性问题

瑞典把支持联合国作为本国外交政策的基石。像其他北欧国家一样，瑞典努力促进和加强联合国的维和行动。瑞典还与其他欧盟国家一起，主张对联合国进行根本性改革，以加强联合国体系建设。自加入联合国以来，瑞典一直积极支持联合国应对诸如发展、裁军和环境方面的长期性全球问题。在人权领域，瑞典主张遵守普遍接受的国际标准并促使其落实，对与妇女儿童权利相关的问题给予特别的关注。2018年冬，在瑞典首都进行了联合国也门问题斡旋。

在裁军和军备控制领域，瑞典自1962年日内瓦多边裁军谈判开始以来一直是活跃的参与者，在众多国际论坛上提出了若干建议，目的是降低发生核战的风险和增加相互对立国家的互信。瑞典还积极参与常规武

器转让的控制和限制，支持核武器、生物化学武器和导弹不扩散的国际控制体制。

在联合国体系中，瑞典是努力应对气候变化、臭氧层损耗、生物多样性丧失等全球性环境威胁的积极参与者之一。它越来越重视环境与发展之间的关系，大力支持可持续发展委员会、环境规划署等联合国相关机构的工作。在波罗的海地区、欧盟和全球层面，瑞典都提出过加强国际合作行动的具体建议。它还提议以地区公约的框架来处理波罗的海和北海地区的海洋环境恶化问题，并在起草波罗的海地区21世纪议程方面发挥领导作用。

2018年，瑞典捐助了2000万美元支持新创办的联合国基金"2030年议程联合基金"。该基金旨在帮助各国实现2015年提出的"2030年议程"框架下的全球可持续发展目标。瑞典政府认为，当前很多人质疑联合国维护和平、发展和稳定的能力，但瑞典支持古特雷斯秘书长的改革议程和方案。

二　促进发展合作

瑞典非常重视发展援助。瑞典是世界上提供开发援助最多的国家之一。战后数十年里，瑞典一直积极地向第三世界发展中国家提供各种援助。根据联合国开发计划署2006年1月7日发表的《2005年人类发展报告》，在世界上所有的发展援助国中，如果按人均对外援助金额计算，瑞典人最为慷慨，为每人200美元，而美国只有51美元。2000年以来，瑞典对外援助力度很大，每年的援助总额约占国内生产总值的0.8%。2004年瑞典外援额为233亿瑞典克朗（约合32亿美元），占国内生产总值的0.9%，主要受援国是安哥拉、埃塞俄比亚、刚果、莫桑比克、卢旺达、南非、坦桑尼亚、乌干达、尼加拉瓜、墨西哥、阿富汗、越南、巴勒斯坦、洪都拉斯、孟加拉国等。

瑞典关于全球合作促进发展的主要管理部门是外交部，对外援助的资金也由外交部统一管理。外交部将援助总额的2/3交由瑞典国际发展合作署（SIDA），由其具体负责援助项目的选择与执行，主要用于瑞典与其他国家之间的双边合作。余下 1/3 的援助由瑞典外交部负责,用于执行其他双边或多边协议,主要是通过联合国的相关机构拨给世界银行、发展银行以及作为欧盟的发展合作预算等。加入欧洲联盟后,约 10% 的经费通过欧盟外援系统进行。

进入 21 世纪以来,瑞典比以往任何时候都更加提倡援助国和受援国在发展问题上的合作,并且利用担任欧盟轮值主席国之机,大力主张援助国和受援国更加紧密地合作,针对不同的受援国提出不同的发展战略,并通过发展援助,有针对性地予以实施。因此,瑞典主张使用"发展合作"而不是"发展援助"概念。

瑞典的外援政策在民主和反独裁方面提出更高要求,新的外援政策将以自由价值观为基础,将个人置于中心。通过联合国千年发展目标在公民权利和政治权利方面进行不懈努力;瑞典的外援政策以加强民主和健全法制机构为目标,主要通过支持选举、鼓励民主党派发展、与腐败斗争以及加强人权等形式进行;瑞典民主援助将置民主行动者于中心,如支持有组织或个人的民主力量、自由媒体以及提高女性参政机会等。2008 年,瑞典的民主援助总额约 43 亿瑞典克朗,2009 年为 44 亿瑞典克朗。2011 年,瑞典对外援助额为 360 亿瑞典克朗(约 55 亿美元),占国民总收入的 1.02%,对外援助额占国民总收入的比例位居全球第一。2019 年,SIDA 负责 423 亿瑞典克朗的对外援助。

大事纪年

冰河时代	公元前 11 万年前，瑞典尚被厚厚的冰层所覆盖。
石器时代	公元前 12000 年至公元前 1800 年，首批移民在瑞典定居。
青铜时代	公元前 1800 年至公元前 500 年，气候实际比现在还要温暖。财力、物力相对雄厚的人们开始使用青铜制造的、更为先进的工具和武器。
铁器时代	公元前 500 年至公元 1050 年，书面文字首次出现，即北欧文字；它源于希腊和罗马字母，但做了适应性的改变和调整。铁器的出现不仅带来了更好的工具和武器，更让制造成本下降了。维京时代（公元 800 年至公元 1050 年），历史见证了维京人在欧洲的征途和掠夺，尤其是东征。维京人在地中海沿岸虽然带来不少麻烦，但也同时促进了南北的贸易往来。
1008 年	奥洛夫·斯科特康农（Olof Skötkonung）成为瑞典第一任基督教国王（当时的瑞典王国名为 Svea Rike，之后改名为 Sverige）。
1050～1500 年	**中世纪**
1155 年	十字军东征（crusade），芬兰被并入瑞典。
1248～1266 年	政治家伯吉尔·雅尔（Birger Jarl）起草了第一份瑞典法律，涉及包括女性、家庭、教堂/宗教

	和法庭的内容。
1349 年	黑死病横扫瑞典/芬兰，人口锐减 1/3，随之而来的是相当长一段时间的经济减退。
1520 年	斯德哥尔摩大屠杀。
1521~1611 年	**瓦萨时期**
1523 年	古斯塔夫·瓦萨（Gustav Vasa）登基成为瑞典国王，继续实行中央集权制，瑞典成为一个统一的国家，人口也在逐步增加。
1527 年之后	瑞典与教皇决裂，开始宗教改革。天主教会在瑞典失去了世俗权力，但天主教与新教长期共存。
1544 年	瑞典引入世袭君主制。
1593 年	瑞典教会正式皈依路德教会/新教。
1611~1721 年	**政治强国时期**
1611 年	古斯塔夫二世·阿道夫（Gustav II Adolf）与大法官阿克塞尔·奥克森谢尔纳（Axel Oxenstierna）共同统治瑞典。奥克斯蒂尔纳组织了瑞典的行政管理，并由此使自己在欧洲名声大振。
1628 年	瓦萨战舰在首航时沉没。
1645 年	瑞典的第一家周报《每日邮报》（*Ordinari Post Tijdender*），后名为 *Post-och Inrikes Tidningar* 出版发行（它也是世界上最古老的、仍在发行的报纸，现在是网络版）。
1617~1658 年	瑞典在波罗的海扩张。1658 年签订罗斯基尔德和平条约（the Peace of Roskilde）之后，瑞典版图扩张到历史最广。瑞典花了不到一个世纪的时间，从一个贫穷、落后、不知名的国家变成了欧洲强国。
1660 年	卡尔十一世（Karl XI）4 岁时加冕为国王。

1668 年	世界上现存最古老的国家银行——今天的瑞典中央银行（Riksbanken）成立。
在 17 世纪晚期	瑞典国旗成了这个国家的象征，而不仅仅象征王权。
1709 年	自 1700 年以来，卡尔十二世（Karl XII）卷入俄罗斯、丹麦、波兰、萨克森同瑞典之间的武装冲突，史称北方大战（the Great Northern War），在波尔塔瓦战役中输给了俄国的彼得一世大帝，这也标志着瑞典作为欧洲强大政治体的由盛转衰。
1710～1713 年	瘟疫使斯德哥尔摩、哥德堡和马尔默锐减了大约 1/3 的人口。
1719～1772 年	**自由的兴起**
1719 年	新宪法削弱了王权，明确了政府和议会的作用，使瑞典政府成为世界上最民主的政府。
1721 年	随着波罗的海地区在《尼斯塔德条约》的规定下成为俄国的一部分，曾经的霸主瑞典帝国也随之衰落。
1766 年	瑞典颁布了世界上第一部《新闻自由法》。
1772～1809 年	**古斯塔夫时代**
	宗教自由得到提升——犹太人和天主教徒获准在瑞典定居并保持其宗教信仰，但在职业和生活地点方面仍然受到限制。
1786 年	瑞典学院创立，旨在保持瑞典语言的"纯洁、强大和高贵"。
1789 年	法国大革命前 6 个月，瑞典的第一次阶层平等进程开始了——当时的瑞典分为贵族、神职人员、市民和农民四个阶层。通过这个进程，非贵族出身的社会群体获得了福利和补贴，农民

	也开始参与到国家的政治和经济里。
1809 年	瑞典成为君主立宪制国家,权力由国王、议会和议会分享。立法权由国王和各阶层共同享有。从现代意义上说,议会监察员成了瑞典的第一位监察员。
1814 年	在卡尔十三世(Karl XIII)在位期间,挪威被迫与瑞典结成联盟,一直持续到1905年。
1842 年	瑞典开始实行义务教育,覆盖7~13岁的少年儿童。
1850~1930 年	130万名瑞典人移民,主要移民到北美洲。移民到美国的高峰出现在1887年。
1862 年	斯德哥尔摩和哥德堡之间的主要国家铁路开通。
1876 年	拉尔斯·马格纳斯·埃里克松(爱立信)开了一家电报修理店,于是与他同名的通信公司诞生了。
1918~1921 年	首先是全体男性公民,此后是所有女性公民都享有选举权。
1932 年	瑞典首相佩尔·阿尔宾·汉森(Per Albin Hansson)执政,开启了40多年的社会民主党政府。"Folkhemmet"(人民之家)的概念为瑞典的福利系统和"瑞典模式"开辟了道路。
1939~1945 年	瑞典在二战期间保持中立,但瑞典媒体受到审查管控。此外,德国人和德国武器被允许经由瑞典运往纳粹占领的挪威。
1944 年	瑞典外交官瓦伦堡(Raoul Wallenberg)在匈牙利布达佩斯从纳粹手中拯救了大量犹太人。战争结束后,瑞典王室成员Folke Bernadotte通过谈判从德国集中营释放了21700人。
1946 年	瑞典加入联合国。瑞典外交家达格·哈马舍尔

	德（Dag Hammarskjöld）在 1953～1961 年担任联合国秘书长。
1979 年	瑞典成为首个禁止针对儿童体罚的国家。
1980 年	瑞典皇室女性开始享有王位继承权。
1986 年	社会民主党首相奥洛夫·帕尔梅（Olof Palme）在斯德哥尔摩市中心遇刺。
1995 年	瑞典加入欧盟。
1999 年	新的立法规定购买性服务违法。
2000 年	瑞典和丹麦之间的厄勒海峡（Öresund）大桥开通。
2001 年（以及 2009 年）	瑞典担任欧盟轮值主席国。
2003 年	外交部长安娜·林德（Anna Lindh）在斯德哥尔摩市中心遇刺。
	瑞典人在全民公投中对加入欧元区投了反对票。
2008 年	瑞典议会通过信号情报监测法令（FRA），作为反恐措施，瑞典国防广播电台（Swedish National Defence Radio Establishment）有权监控所有跨境互联网活动和电话通信。
	新的劳工移徙政策使非欧盟/欧经区和非北欧公民更容易前往瑞典工作。
2009 年	同性婚姻在宗教和世俗的层面上都得到承认。
	89% 的 16～74 岁的瑞典人家中都接入了互联网，86% 的人每周至少上网一次。
2011 年	向外移民高峰。离开瑞典的人比 19 世纪末大规模向外移民高峰时还要多。
2014～2015 年	向内移民高峰。从活跃的战区来的难民人数创下了历史新高。
2016 年	议会通过法律，将住房抵押贷款偿还期限最长设定为 105 年，新增贷款有 5 年宽限期，此后

	每年须偿还贷款本金。
2017 年	瑞典房价连续上涨 16 年后，出现下跌。
2018 年	瑞典七至十二年级的学生在暑假期间可免费乘坐公共交通工具。
	瑞典能源消耗总量中可再生能源占比一半以上，达 53.8%，是欧盟成员国中利用可再生能源比例最大的国家，政府鼓励公民"零废"生活。
2019 年	1 月，社会民主党和绿党（环境党）组成联合政府。

参考文献

一 中文文献

Gustaf, Nanna Brickman,《豪商巨贾 集于小国：瑞典—中国商贸千年记》，商业史出版部，斯德哥尔摩商业史中心，2016。

Kjell Sedig:《瑞典——创新之国》，瑞典对外文化交流委员会，2006。

Summit:《瑞典设计与建筑简介》。

〔德〕APA, Publictions:《瑞典》，毕崇毅等译，中国水利水电出版社，2004。

高放等编著《万国博览》（欧洲卷），新华出版社，1998。

顾俊礼主编《福利国家论析——以欧洲为背景的比较研究》，经济管理出版社，2002。

韩晓东:《瑞典连锁经营模式和特点》，中华人民共和国驻瑞典大使馆经济商务参赞处《经贸调研》2005年第7期。

极地光影:《气象万千》（第二届展映）、《惊奇的北极》（第三届展映）。

荆晶:《童之境——斯德哥尔摩体验》，上海远东出版社，2016。

梁昊飞:《关于瑞典外资政策的调研报告》，中华人民共和国驻瑞典大使馆经济商务参赞处《经贸调研》2005年第3期。

梁昊飞:《瑞典外资、税收政策和对瑞投资指南》，中华人民共和国驻瑞典大使馆经济商务参赞处《经贸调研》，中华人民共和国驻瑞典大使馆经济商务参赞处网站，2006年1月25日，http：//semofcom. gov. cn/

article/ztdy/200601/20060101433048html。

刘沙：《瑞典人：斯堪的纳维亚生活影像》，上海文艺出版社，2008。

〔瑞典〕玛奥丽特·考斯金纳：《英格玛·伯格曼》，张可译，瑞典对外文化交流委员会，2007。

〔英〕迈克尔·布斯：《北欧，冰与火之地的寻真之旅》，梁卿译，三联书店，2016。

瑞典对外文化交流委员会（SI）：《瑞典和瑞典人》，2007。

〔瑞典〕斯·哈登纽斯：《二十世纪的瑞典政治》，戴汉笠、许力译，求实出版社，1990。

孙清香：《浅析瑞典医疗体制》，中华人民共和国驻瑞典经济商务参赞处《经贸调研》2004年第10期。

孙清香：《瑞典社会保障体系简析》，中华人民共和国驻瑞典经济商务参赞处网站，2005年11月28日，http://semofcom.gov.cn/aarticle/ztdy/200511/20051100899964html。

田英：《2004年瑞典经济发展状况和2005年经济形势预测》，中华人民共和国驻瑞典经济商务参赞处《经贸调研》2005年第1期。

谢惠芳：《瑞典的高等教育——历史与现状探讨》，《外国教育资料》2000年第3期。

杨瑞明：《当代瑞典新闻传播业概观》，《新闻战线》1998年第4期。

臧金军：《2005年瑞典经济发展状况和2006年经济形势预测》，中华人民共和国驻瑞典经济商务参赞处网站，2006年2月7日，http://semofcom.gov.cn/aarticle/ztdy/200602/20060201460218html。

臧金军：《2006年瑞典经济发展状况和2007年经济形势预测》，中华人民共和国驻瑞典经济商务参赞处《经贸调研》2007年第1期。

中华人民共和国外交部欧洲司编《中华人民共和国和瑞典重要双边协定及文件汇编》，世界知识出版社，2015。

二 英文文献

Agriculture and Food Processing in Sweden, FS 131B Qd (June 2004).

Biotechnology and Pharmaceuticals in Sweden, FS 132 B UED (December 2003).

Bo Streiffert (senior editor), Sweden, DK, 2017.

Childcare in Sweden, FS 86 I Ohfb (June 2004).

Construction and Infrastructure, FS 130 B Pp (Oct. 2004).

Engblom, Sren (January 1998) Swedish Culture: Modern Art, Swedish Institute, FS 113 a.

Environmental Protection, Environmental and Energy Technology, FS 134 A Uh (June 2004).

Furhammer, Leif (Sep. 2004) Swedish Culture: Film in Sweden, Swedish Institute, FS112 c.

Goran Everdahl, The Book of LAGOM, Norstedts, 2018.

Grünbaum, Catharina (Jun. 2004) Swedish Culture: Swedish Language, Swedish Institute, FS118 a.

Hadenius, Stig (1999) Swedish Politics during the 20th Century: Conflict and Consensus, Svenska Institutet.

Information Office at the National Agency for Higher Education (May 2003) The Changing Face of Higher Education in Sweden, Swedish Institute (Kalmar: Lenander Grafiska AB).

Jan-Swahn, Swedish Traditions, Ordalaget Bokforlag, 2012.

Johnsson, HansIngvar (1998) Spotlight on Sweden, Svenska Institutet.

Jonson, Lotta (August 2005) Swedish Culture: Design in Sweden, Swedish Institute, FS 111 c.

Jordahl, Anneli (August 2004) Swedish Culture: Modern Literature, Swedish Institute, FS 114 c.

Labour Relations in Sweden, FS 3 q (February 2005).

Participating State (The Kingdom of Sweden) (March 2005), Annual Exchange of Information on Defence Planning (Vienna Document 1999).

Persson, Bodil (September 2004) Swedish Culture: Dance in Sweden,

331

Swedish Institute, FS110 b.

Rikard Lagerberg, Emma Randecker: This is Sweden, SI, 2014.

Sports in Sweden, FS 60 j (May 2005).

Strmberg, Mikael, Gradvall, Jan (Apr. 2005) Swedish Culture: Music in Sweden, Swedish Institute, FS 115 b.

Sweden in European Union, FS 94 g (October 2005).

Swedish Agency for Economic and Regional Growth (Nutek) (May 2006) Tourism in Sweden (2006 ed.), Stockholm.

Swedish Cultural Policy, FS 66 k Bf (February 1998).

Swedish Disability Policy, FS 87 o (January 2006).

Swedish Engineering Industry, FS 126 B Pe (November 2005).

Swedish Foreign Policy, FS 18 x (May 2005).

Swedish Industry, FS 124 B P (July 2003).

Swedish Institute, Fact sheets (FS) (瑞典对外文化交流委员会出版活页资料,瑞典王国驻华大使馆提供)。

Swedish Inventions and Discoveries, FS 91 d P: k (November 2003).

Swedish Labour Market Policy, FS 6 y (May 2005).

Swedish mass media, FS 45 v (November 2006).

Swedish Ministry of Defence (2006) Swedish Armed Forces: The Facts, Stockholm.

Swedish Research System, FS 24 r Bf (September 2004).

Srenson, Margareta (July 2006) Swedish Culture: Theatre in Sweden, Swedish Institute, FS116 d.

Telecommunication and Information Technology in Sweden, FS 125 D UED (November 2003).

The Swedish Engineering Industry, FS 126 B Pe (November 2005).

The Health Care System in Sweden, FS 76 y Vbp (May 2005).

The Mining and Steel Industries in Sweden, FS 128 B Pde (October 2003).

The Monarchy in Sweden FS 108 e（2003）.

The Motor Vehicle Industry in Sweden, FS 127 B（October 2004）.

The National Emblems of Sweden, FS 127 c（March 2006）.

The Service Sector in Sweden, FS 133 B Qadg（June 2004）.

The Swedish Economy, FS 1 ad（June 2006）.

The Swedish System of Government, FS 55 y（2004）.

Thomas Lindkvist, Maria Sjoberg, Susanna Hedenborg & Lars Kvarnstrom: A Concise History of Sweden, Student litteratur, 2018.

TorbJorn Larsson & Henry Back, Governing and Governance in Sweden, Studen tlitteratur, 2011.

Weibull, Jorgen（1997）Swedish History in Outline, Svenska Institutet.

Wrn, Rasmus（March 2006）Swedish Culture: Architecture, Swedish Institute, FS 109 c.

三　主要网站

瑞典国家教育署网站，https：//www.skatteverket.se。

瑞典地方当局与地区协会网站，https：//www.skl.se。

瑞典电影委员会网站，https：//www.swedenfilmcommission.com。

瑞典电影学院网站，https：//www.sfi.se。

瑞典国家议会网站，https：//www.riksdagen.se。

瑞典军事网站，https：//www.forsvarsmakten.se/en/。

瑞典国家中文官方网站，http：//sweden.cn。

瑞典政府和政府办公室网站，https：//www.government.se。

瑞典政府网站，https：//www.sweden.gov.se。

瑞典统计局网站，https：//www.scb.se。

萨米议会官网，https：//www.sametinget.se/lang/english。

瑞典驻华大使馆网站，https：//www.swedenabroad.com。

瑞典政府人权网，https：//www.manskligarattigheter.se/en。

中华人民共和国商务部网站，https：//www.mofcom.gov.cn。

瑞 典

中华人民共和国外交部网站,https://www.fmprc.gov.cn/chn。

中国驻瑞典大使馆网站,https://www.chinaembassy.se。

瑞典主要城市网站,https://www.visitstockholm.com,https://www.goteborg.com,https://www.lulea.se。

索 引

A

ABBA 乐队　281
阿比斯库　4，25
《埃兹沃尔宪法》　60，64
爱立信　29，70，138，143，153，154，156，157，175，183，314，326
奥洛夫·斯科特康农　35，323

B

《北欧共同劳动力市场协定》　214
贝纳多特家族　12，59，93，104，106
便帽派　52，55，56
《表达自由基本法》　103，105，107
冰酒店　25

C

《出版自由法》　82，102，103，105~107
创新体系　254，255

D

达拉木马　29
《地方政府法》　114
帝国时期　48

F

福利国家　73，74，77，81，82，97，98，115，117，123，126，135，136，142，175，219，258，265，267，269，302，304
Fika　17

G

工人文学　264，266，267
古斯塔夫二世·阿道夫　19，41，46，47，90~92，185，324
古斯塔夫时代　57，93，325
国际主义　301，303

335

H

华人华侨　218
混合型经济　136，139~141
活动扳手　249

J

基督教路德宗　8，13~14，106

K

卡尔马联盟　22，34，38，39，185
康有为岛　23

L

拉链　250
"蓝厅"　23，28
礼帽派　52，56，57
"零废"生活　225，328
露西亚节　20

M

米勒斯　219，290

N

能量特列克　249，250

《尼斯塔德条约》　51，58，325
诺贝尔奖　23，30，31，95，104，219，229，247
诺尔兰区　2，3，5

P

派役制　49，62，91，185
《贫困法》　61

Q

"权利书"　37
全民公投　80，109，123，124，131，132，327
全瑞典战略　215~216

R

瑞典模式　75，77，78，123，205，303，304，326
瑞典体育联合会　295，296
瑞典学派　258
瑞挪联盟　64，67

S

萨米议会　9，116
三点式安全带　250
《什切青和约》　46

斯堪的纳维亚主义 63，64，278

斯堪尼亚 157，159

斯特凡·勒文 114，120，122

《斯托尔波瓦和约》 46

斯维娅区 5

四级议会 43，44，47，51，52，58，62，90，94，102，106，118，302

W

瓦萨时期 40，324

《王位继承法》 82，102~106

维京人 34，284，323

"温代尔时期" 33，34

沃尔帕吉斯之夜 19，20

沃尔沃 24，138，153，157，158，175，223，226，250，311

X

锡格蒂纳 23，99，285

宪法改革 71，82，86，98，111

心电图 250

心脏起搏器 249

《选举法》 67

Y

雅尔马·哈马舍尔德 68，119

"野猫罢工" 86

"野宴之国" 18

宜家家居 30，169，227，314

议会内阁制 102，103

约塔兰区 5

Z

《政府文约》 19，43，51，52，56，58，60，82，90，93，102，103，105，106，109，112，114

中国宫 22，27

中立政策 59，69，75~77，83，84，94，96，127，130，185，186，214，301，307

自动识别系统 249

后　　记

　　瑞典王国是世界上最北端的国家之一，是北欧最大的国家，有45万平方公里领土和1000余万人口。瑞典是一个人口稀少的国家，拥有漫长的海岸线、广阔的森林和大量的湖泊。瑞典自然资源丰富，铁矿、森林与水力资源占有量均居世界前列；经济高度发达。在17世纪，瑞典曾成为欧洲大国，在历史上产生过巨大影响。1814年以后，长期奉行"平时不结盟，战时守中立"的对外政策，近两个世纪没有任何内外战争，在一个世纪的时间里从一个贫穷落后的农业国一跃成为最现代化的福利国家和发达的工业强国。多年来，瑞典遵循"第三条道路"，对财富进行再分配，成为世界各种类型制度国家效仿的社会公平样板，属于世界上生活水准最高的国家之一。20世纪90年代起，面对国内外形势的巨大变化，瑞典政府开始对政策进行战略性调整，对外融入欧洲一体化进程，加入了欧洲联盟，对内削减公共开支，降低公司税率，提高企业的国际竞争力。

　　瑞典人聪明能干、吃苦耐劳、责任心强、彬彬有礼，富有创业精神。在瑞典，曾产生一系列对人类历史进程具有重大影响的发现和发明。瑞典工业生产先进，教育体系完善，科学技术发达，文化艺术繁荣。瑞典人引以为荣的台词常常是："在瑞典，不存在一个贫穷与无家可归者。我们享有从摇篮到坟墓的终身福利制度。"瑞典的创新能力也始终位居世界前列。在自然生存环境方面，瑞典也堪称世界一流。走遍这个国家的每一个角落，即使是在最繁华的首都斯德哥尔摩市区，天空也是湛蓝湛蓝的，到处是郁郁葱葱的森林，鲜花、嫩草散发出阵阵沁人心脾的幽香。政治上，各党派能够和平竞争，竞争中又善于合作，政府管理透明，官员廉洁度很高。在社会治安方面，犯罪率极低，警察很少，死刑已被废除……进入21世纪，瑞典面临金融危机、难民危机以及欧盟变革等诸多挑战。当下，以社会民主党为主的政府努力施政，保持其经济稳定发展和世界一流福利国家的地位。现在，从北京直飞斯德哥尔摩的国航航班约9个小时的航程，中国与瑞典的距离并不遥远。

衷心感谢梁光严老师精心编著的列国志《瑞典》第一版（2007），在他细致工作的基础上，笔者做了更新、修订、补充。我们试图带您进入这样一个秉持环保、创新的美丽国度，帮助您对其有一个总体的基本了解。本书中提到的地名译名，以《世界地名翻译大辞典》（中国对外翻译出版公司，2008）为准。如果出现《外国地名译名手册》中没有的地名或古地名，首次出现时在译名后面附上外文。人名在首次出现时附外文（表格和列举人物时除外）。本版对涉及的瑞典人名做了较大修订。如果是著名人物，除采用约定俗成的译名，其他以《世界人名翻译大辞典（修订版）》（中国对外翻译出版公司，2007）为准。在此仅列举一例，我们过去经济类教科书介绍的瑞典学派代表人物之一的贝蒂尔·俄林（Bertil Ohlin，1977年获诺贝尔经济学奖，本书第七章第258页），按照前述人名翻译词典译为贝蒂尔·奥林。

由于编著者对瑞典的了解还不够深入，难免有疏漏和错误，请读者给予谅解并指正。本书的出版要感谢中国社会科学院欧洲研究所及国际合作局诸位领导的大力支持；感谢瑞典驻华大使馆欧瑞雅（Gabriella Augustsson）女士、施子天（Sebastian Magnusson）先生以及马福力（Mathias Lafolie）先生的热情帮助；感谢瑞典对外文化交流委员会（SI）Susanna Le Forestier女士等组织的精彩活动。感谢在调研、写作过程中所有帮助过笔者的中瑞两国朋友们，让笔者有幸亲身感受这个充满魅力的国度，为修订再版收集一手材料。特别感谢社会科学文献出版社谢寿光社长对新版《列国志》项目的重视和支持，感谢国别区域分社张晓莉社长，以及郭白歌、叶娟、徐花和闫富斌等编辑，他们的严谨细致让笔者及本书受益。

在此真诚感谢王凯虹女士，她对中国与瑞典社会的熟悉为本书撰写贡

后　记

献了不小的力量。

2020年1月，新型冠状病毒肆虐中国，瑞典华人华侨与中资机构迅速开展捐助行动，本书提及的众多华人华侨等为采购首批医疗物资并运抵中国助力武汉抗疫做出积极贡献。特补记致谢。

贾瑞霞
2020年2月

新版《列国志》总书目

亚洲

阿富汗
阿拉伯联合酋长国
阿曼
阿塞拜疆
巴基斯坦
巴勒斯坦
巴林
不丹
朝鲜
东帝汶
菲律宾
格鲁吉亚
哈萨克斯坦
韩国
吉尔吉斯斯坦
柬埔寨
卡塔尔
科威特
老挝
黎巴嫩
马尔代夫

马来西亚
蒙古国
孟加拉国
缅甸
尼泊尔
日本
沙特阿拉伯
斯里兰卡
塔吉克斯坦
泰国
土耳其
土库曼斯坦
文莱
乌兹别克斯坦
新加坡
叙利亚
亚美尼亚
也门
伊拉克
伊朗
以色列
印度
印度尼西亚
约旦
越南

非洲

阿尔及利亚
埃及
埃塞俄比亚
安哥拉
贝宁
博茨瓦纳
布基纳法索
布隆迪
赤道几内亚
多哥
厄立特里亚
佛得角
冈比亚
刚果
刚果民主共和国
吉布提
几内亚
几内亚比绍
加纳
加蓬
津巴布韦
喀麦隆
科摩罗
科特迪瓦
肯尼亚
莱索托
利比里亚
利比亚
卢旺达

马达加斯加
马拉维
马里
毛里求斯
毛里塔尼亚
摩洛哥
莫桑比克
纳米比亚
南非
南苏丹
尼日尔
尼日利亚
塞拉利昂
塞内加尔
塞舌尔
圣多美和普林西比
斯威士兰
苏丹
索马里
坦桑尼亚
突尼斯
乌干达
赞比亚
乍得
中非

欧洲

阿尔巴尼亚
爱尔兰
爱沙尼亚
安道尔

瑞 典

奥地利
白俄罗斯
保加利亚
北马其顿
比利时
冰岛
波兰
波斯尼亚和黑塞哥维那
丹麦
德国
俄罗斯
法国
梵蒂冈
芬兰
荷兰
黑山
捷克
克罗地亚
拉脱维亚
立陶宛
列支敦士登
卢森堡
罗马尼亚
马耳他
摩尔多瓦
摩纳哥
挪威
葡萄牙
瑞典
瑞士
塞尔维亚
塞浦路斯
圣马力诺

斯洛伐克
斯洛文尼亚
乌克兰
西班牙
希腊
匈牙利
意大利
英国

美洲

阿根廷
安提瓜和巴布达
巴巴多斯
巴哈马
巴拉圭
巴拿马
巴西
秘鲁
玻利维亚
伯利兹
多米尼加
多米尼克
厄瓜多尔
哥伦比亚
哥斯达黎加
格林纳达
古巴
圭亚那
海地
洪都拉斯
加拿大
美国
墨西哥

尼加拉瓜

萨尔瓦多

圣基茨和尼维斯

圣卢西亚

圣文森特和格林纳丁斯

苏里南

特立尼达和多巴哥

危地马拉

委内瑞拉

乌拉圭

牙买加

智利

大洋洲

澳大利亚

巴布亚新几内亚

斐济

基里巴斯

库克群岛

马绍尔群岛

密克罗尼西亚

瑙鲁

纽埃

帕劳

萨摩亚

所罗门群岛

汤加

图瓦卢

瓦努阿图

新西兰

国别区域与全球治理数据平台

www.crggcn.com

"国别区域与全球治理数据平台"（Countries, Regions and Global Governance, CRGG）是社会科学文献出版社重点打造的学术型数字产品，对接国别区域这一重点新兴学科，围绕国别研究、区域研究、国际组织、全球智库等领域，全方位整合基础信息、一手资料、科研成果，文献量达30余万篇。该产品已建设成为国别区域与全球治理数据资源与研究成果整合发布平台，可提供包括资源获取、科研技术服务、成果发布与传播等在内的多层次、全方位的学术服务。

从国别区域和全球治理研究角度出发，"国别区域与全球治理数据平台"下设国别研究数据库、区域研究数据库、国际组织数据库、全球智库数据库、学术专题数据库和学术资讯数据库6大数据库。在资源类型方面，除专题图书、智库报告和学术论文外，平台还包括数据图表、档案文件和学术资讯。在文献检索方面，平台支持全文检索、高级检索，并可按照相关度和出版时间进行排序。

"国别区域与全球治理数据平台"应用广泛。针对高校及国别区域科研机构，平台可提供专业的知识服务，通过丰富的研究参考资料和学术服务推动国别区域研究的学科建设与发展，提升智库学术科研及政策建言能力；针对政府及外事机构，平台可提供资政参考，为相关国际事务决策提供理论依据与资讯支持，切实服务国家对外战略。

数据库体验卡服务指南

※100元数据库体验卡，可在"国别区域与全球治理数据平台"充值和使用

充值卡使用说明：
第1步 刮开附赠充值卡的涂层；
第2步 登录国别区域与全球治理数据平台（www.crggcn.com），注册账号；
第3步 登录并进入"会员中心"→"在线充值"→"充值卡充值"，充值成功后即可使用。

声明

最终解释权归社会科学文献出版社所有

客服QQ：671079496
客服邮箱：crgg@ssap.cn

欢迎登录社会科学文献出版社官网（www.ssap.com.cn）和国别区域与全球治理数据平台（www.crggcn.com）了解更多信息

卡号：285562713576

图书在版编目(CIP)数据

瑞典/贾瑞霞编著. --2版. --北京：社会科学文献出版社，2020.4（2022.3重印）
（列国志：新版）
ISBN 978-7-5201-5878-7

Ⅰ.①瑞… Ⅱ.①贾… Ⅲ.①瑞典-概况 Ⅳ.①K953.2

中国版本图书馆CIP数据核字（2019）第278849号

· 列国志（新版）·
瑞典（第二版）（Sweden）

| 编　　著 / 贾瑞霞

| 出 版 人 / 王利民
| 责任编辑 / 叶　娟
| 文稿编辑 / 徐　花
| 责任印制 / 王京美

| 出　　版 / 社会科学文献出版社·国别区域分社（010）59367078
　　　　　　 地址：北京市北三环中路甲29号院华龙大厦　邮编：100029
　　　　　　 网址：www.ssap.com.cn
| 发　　行 / 社会科学文献出版社（010）59367028
| 印　　装 / 三河市尚艺印装有限公司

| 规　　格 / 开　本：787mm×1092mm　1/16
　　　　　　 印　张：23.75　插页：1　字　数：354千字
| 版　　次 / 2020年4月第2版　2022年3月第2次印刷
| 书　　号 / ISBN 978-7-5201-5878-7
| 定　　价 / 89.00元

读者服务电话：4008918866

版权所有 翻印必究